穿越时空话扶桑 一眼两千年

兼说徐福及其时代文明的东传

程天良 [著]

民主与建设出版社
· 北京 ·

图书在版编目（CIP）数据

穿越时空话扶桑，一眼两千年：兼说徐福及其时代文明的东传 / 程天良著. —北京：民主与建设出版社，2020.1

ISBN 978-7-5139-2626-3

Ⅰ.①穿… Ⅱ.①程… Ⅲ.①徐福(秦)—人物研究—文化交流—中国、日本 Ⅳ.①K828.9

中国版本图书馆CIP数据核字（2019）第199177号

穿越时空话扶桑，一眼两千年：兼说徐福及其时代文明的东传
CHUANYUE SHIKONG HUAFUSANG, YIYAN LIANGQIANNIAN:
JIANSHUO XUFU JIQI SHIDAI WENMING DE DONGCHUAN

出 版 人	李声笑
著　者	程天良
责任编辑	刘　芳
封面设计	北京中尚图文化传播有限公司
出版发行	民主与建设出版社有限责任公司
电　话	（010）59417747　59419778
社　址	北京市海淀区西三环中路10号望海楼E座7层
邮　编	100142
印　刷	河北盛世彩捷印刷有限公司
版　次	2020年1月第1版
印　次	2020年1月第1次印刷
开　本	710mm×1000mm　1/16
印　张	28
字　数	350千字
书　号	ISBN 978-7-5139-2626-3
定　价	78.00元

注：如有印、装质量问题，请与出版社联系。

目 录

序言

001　倾心推荐这部当之无愧的精品力作

引言

008　照亮蒙昧东瀛的第一缕曙光

　　　——从并具传奇色彩的两大史事说起

上编　数典

029　一、僭代大雅反露家底：一个没有古代史的古国

036　二、说空白：成因与真相

042　三、空白的背后：一个被遮掩了千年的伟大时代

063　四、大陆渡来人：引领弥生时代的伟大旗手

090　五、空穴来风：对拒祖背种者说"倭"

102　六、不矜不伐，乃为建言：填补国史库馆内那段千年的空白

121　七、所谓皇图宏远皇谟雄深的皇纪纪年

140　八、前事为师：军国史上的两大败绩

　　　——从白村江之战说到二战

目 录

下编　论祖

155　一、华夏民族的一件大事是怎样从史实沉入虚妄世界的

162　二、蒙始皇帝青睐的现实中人却被推进神话世界的一段前尘

179　三、神秘之雾的消散与徐福重返历史舞台的二三事

211　四、跨海东渡的前前后后

240　五、徐福东渡究竟到了哪里
　　　　　——"'止王不来'地"诸说

268　六、徐福在日本

308　七、徐福就是神武天皇吗

330　八、徐福在世界史上的地位

346　九、徐福研究的现实意义

附编

350　虹桥人影

外编

371　话说中华文化与一代海上伟人徐福

附录

417　附录一　以图明文和以图作注的几组图片

437　附录二　主要参考书目

倾心推荐这部当之无愧的精品力作

汤重南 [①]

能够在今年 6 月中旬面见家住上海的程天良先生，很是机缘巧合。6 月上旬，先生来函，希望我为其大作写序，并用电子邮箱分次发来全部稿件及相关资料。先匆匆浏览一遍，知晓这是先生自写作以来，耗时费力最巨的一次劳作。我原本就对徐福研究很感兴趣，于是，发上 2016 年 6 月在象山县"中日韩徐福文化现象"研讨会上的发言稿，与先生进行了初次交流。恰好，我 6 月 14 日将到上海复旦大学参加中国日本史学会 2019 年年会，就约定并期盼在复旦大学与先生的见面。年会期间，我与先生一见如故，谈得很是投缘，留下了极为美好的深刻印象。

先生是国内著名的记者、编辑和作家，在多种报刊发表有海量文章。其中，《东京旧书节亲历记》曾获得全国文学艺术大奖赛散文一等奖；也有许多厚重著作，如《改革风云初览》《神秘之雾的消散》（已在日本翻译出版）《钱君匋及其师友别传》（系由《文汇报》连载的《此生只与翰墨亲》改编而成），以及"希冀不断向人类灵魂深处去做探索与开掘的小说《情渊》"。

这部《穿越时空话扶桑，一眼两千年——兼说徐福及其时代文明的东传》30 余万字，50 余幅照片，所涵盖者从两千多年前茹毛

[①] 中国社科院世界历史研究所研究员、中国日本史学会名誉会长、中国中日关系史学会顾问、中国徐福会顾问。

饮血、与动物为伍的野蛮时代的原始岛国，至接受大陆文明开化，一步跨入世界民族之林，当今已身为世界经济大国的日本。

拜读此大作，确实是一次美好的、极大的享受。该书涉及问题之广、之深，令我敬服之极。本书深入浅出，堪称一部可读性强、通俗易懂的历史著作。细细品读，深深感到，这更是一部具有诸多鲜明特色、难能可贵的文化著作。笔者不揣冒昧，将其概括为三大特点，且随感而发。以下，就我所知所想，一并敷衍而成此小序。

第一个最为鲜明、突出的特点，是本书的唯一性。

这是本著作最大特色，主要是指其呈现的资料极其珍贵，来源极其丰富：从文字铸就的典籍史料，到地下出土的实证实物，可谓"文""物"并重。内中尤多国内外罕见的文献、文论，以及未曾面世的第一手珍本、秘籍、私藏，从而将日本两千年间疏繁不一的历史进程和脉络，及其与中国的种种关系，浓缩、集聚一册。

本书确实完满地做到了精品力作的"四好"标准，即题目、问题选得好；论说、表述方法用得好；资料、数据选得好；铺陈叙事写得好。本书将延绵两千多年的日本历史文化之来龙去脉，并其国家体制发展演变的全貌，极为生动地展现在读者面前。在书写中日两国历史及两国关系史时，作者的叙事风格恢宏，所涉领域宽泛广阔，尽显作者的十足底气与自信，作为多知道一些日本历史及中日关系史，同时又作为读者的笔者而言，对此也是完全认同确认的："如此巨著，仅此一例！"

第二个特点是此书的著作论及对徐福问题的研究具有前沿性。

徐福研究前沿问题之一：本书向读者揭示的不再是关于徐福的传说、秘密、谜团，等等，而是一个站立在中日两国历史中，真实而全面的历史伟人徐福。

本书作者对中外徐福研究的历史、动态如数家珍。全书旁征博引，多有亲力亲为、实地考察之收获。作者以其特有的、极高的文学素养，创造出这部颇具文史高度又及精致文字的著述。全书充分阐明了徐福其人、其东渡及徐福文化皆系确凿的历史事实。

我们知道，长期以来，徐福、徐福东渡始终以传说、故事的面目流传于世，是一个扑朔迷离又引人入胜的千古之谜。近年来，随着徐福故里在我国被发现、被确认，学界得到共识：徐福、徐福东渡、徐福文化是真实的历史存在。

与此同时，通过对中、日、韩三国古代史、文化遗迹的考证，及历代不断地发掘、研究，也都从不同角度充分证明徐福、徐福东渡、徐福文化的存在是真实的。

作者在书中对徐福研究中一直存在的争论，即徐福东渡是否到达日本的问题，明确地表示了自己的立场和观点。特别耐人寻味的是，本书对近年在日本佐贺吉野里的考古发掘（展示了日本从绳文至弥生文化跨越所受到中国文明的影响）的客观叙述，又透露了此项挖掘突然受到日本"右翼"干扰而被叫停的原因，实在令人扼腕。令人十分欣慰的是，中国徐福会会长张云方已在两次中、日、韩徐福论坛研讨会上公开宣称"徐福到了佐贺"，并对此进行了详尽的论述。

徐福研究前沿问题之二，据中外历史文献，徐福是世界上最早、最伟大的航海家。

本书将徐福与明代七下西洋（首次在 1405 年）的郑和进行了比较；与世界公认的航海家，开辟世界"新航路"的葡萄牙人达·伽马、担任西班牙政府"远洋统领"的意大利热那亚人哥伦布等也都进行了令人信服的对比，并给出了明确而清晰的结论：徐福东渡的时间要比他们早 1600—1700 余年。徐福是世界航海史上最早的、当之无愧的伟大航海家。而其不以劫掠、杀伐开道的，和平的进入方式，更是世界航海史与拓殖史上绝对的仅有。

徐福研究前沿问题之三，日本历史上的弥生文化与中国的关系。

这与第一个前沿问题密不可分。众所周知，古代日本从绳文时代发展至弥生时代是一个历史性的大跨越。中日两国的研究均已证明，这是由中国秦代大量移民带着先进的物质文明进入日本的结果。徐福东渡时期，大量中国移民或从海路、或从陆路经朝鲜半岛迁居到日本（超过100万人），他们被称为"秦人"，成为日本的"渡来人"，带去了先进的水稻耕种、纺织缝纫、冶炼制铁的工具和技术，并在日本播撒开来，从而加快了日本由原始狩猎状态跃进到奴隶社会的步伐。这是东亚地区文化交流的第一次高潮。

该部著作在从各方面对此进行充分论证和说明后，给出了正确的结论，这就是——徐福及其时代文明的东传，也即本书贯彻始终、层层展开的论述主题。诸多日本史学家及其著述也都公开认为，中国文化的东传是使日本从蛮荒走向文明最为重要的原因；古代中国是有恩于日本的，而中国学界也不断批判近代日本对中国的侵略是"忘恩负义""恩将仇报"。本书的上篇是"数典"，下篇为"论祖"，特别是作者在此基础上首次提出"祖文化国"的新概念，并说明及论证了其丰富的内涵，无不是紧紧扣住主题，发出了作为传统道德规范"感恩"的国人应有的正义之声。笔者发自内心地愿为作者的"引言"及全书精彩的论述叫好，点一个大大的赞！

徐福研究前沿问题之四是对徐福文化应该如何认知。

我们认为，徐福文化的起源当是徐福、徐福东渡之事实；徐福文化的理念是东亚，乃至世界永恒的理念和极其宝贵的精神财富。

中国徐福会会长张云方先生指出，徐福东渡"是以寻求人类长寿不老之法、传播技术、传播友谊，以和平为出发点的"，既非下西洋的郑和是为"宣示国威"，更不是欧洲达·伽马、哥伦布等人为西方国家开拓殖民地。徐福文化的博大精深在于：历史和当今世人已经把对幸福、友好、交流、和平与发展的不懈追求、无限向往紧密地联系、融汇在了一起。

而徐福文化的内涵极其丰富：一是将海洋视为进行和平交流的桥梁，充分重视、发展东亚的海洋文化；二是将东亚地区看作和打造成和平、合作，谋求共同发展的最佳平台；三是为东亚，乃至全世界人类的文明、幸福、安康和长寿而尽心竭力；四是为东亚各国人民的友好情谊、友好交往提供了充分的历史依据，指明了传承发展的光明前景。综上，徐福文化是东亚人民极其宝贵的精神财富，也是属于世界人民的宝贵的精神财富，是当之无愧的世界非物质文化遗产。徐福文化的核心精髓具有真正、永恒的普世价值，是人类对美好理念、理想的最好昭示。徐福文化、徐福精神理应得到弘扬，我们应该充分发挥该文化的软实力正能量。

谈及徐福文化与东亚文化、世界新文化的关系问题，我们认为，徐福文化是东亚文化中极其优秀的积极因素和重要组成部分，亦是未来世界人类社会新文化中不可或缺的重要因素和必不可少的重要组成部分。而本书对徐福文化、东亚文化及其关系都有着极其具体、生动的表述，值得我们仔细品读。

第三个特点，也是最为重要的特点，即本书当之无愧是一部学术价值与现实意义交相辉映的精品力作。

本书对前述四大徐福研究前沿问题的论证，是"持之有故，言之有理"的。这一切均集中表现为本书具有很高的学术价值，对徐福文化、东亚文化的论述更是具有远见性、永久性的，从而也充分肯定了徐福东渡、徐福文化的当代价值与实际意义。这些都具有强烈的现实意义。

从 20 世纪七八十年代起，经济全球化浪潮对东亚地区产生了深刻、广泛的影响。当前，建立中、日、韩三国自由贸易区的共同需求，以及打造东亚命运共同体的理念，更是新时代对徐福文化的历史性呼唤。当代东亚命运共同体思想的提出，对弘扬徐福精神、徐福文化，提出了时代的新需求。而徐福文化的理念、内涵为这些

序言

新的时代需求，提供了充分的历史依据；徐福文化的当代价值得以凸显，并发扬光大。特别是习近平主席"一带一路"倡议的提出及其伟大实践，更使徐福文化研究前程似锦。

2015年，"徐福文化与'一带一路'交汇点建设国际论坛"在连云港成功举办，百余位中、日、韩各路专家与会。接着，2016年在象山县成功举办了百位以上中、日、韩三国专家学者参加的徐福文化研究的盛大会议。

2000多年前，徐福带着中国先进的生产技术、工具和文化知识，最早开拓了"海上丝绸之路"的东方航线，开创了中、日、韩友好之先河。徐福是传播中华文明的伟大使者，是他架起了中外友好合作的桥梁。张云方会长说得好："'一带一路'正是继承了徐福的这种文化内涵。希望各位能够把连接东亚各国的和平、交流、发展、繁荣的纽带，做得更切合各国人民的长远发展，使东亚人民共享'一带一路'的辉煌成果。"

对中国而言，其文化遗产的独特性、稀缺性、珍贵性令世人惊叹、瞩目；各个相关地区对发掘、调查、研究徐福文化遗迹的高度重视令人感动、敬佩；具有发达的海洋文化优良传统、丰富厚重的徐福文化积淀和新时代"一带一路"倡议的独特优势、多年来发展经济文化建设的宝贵经验和财富。象山会议提出了发掘中国徐福文化遗迹、搭建平台、大力开展海洋文化建设的新课题和新目标。

在中国进入习近平新时代中国特色社会主义的伟大时期，我们处于"海阔凭鱼跃，天高任鸟飞"的大好内外环境中，肯定能够充分发挥自身特有的自然人文和历史资源优势，讲好徐福故事，发掘亮点，打造名片，利用徐福文化的杠杆，释放活力，吸引人气，推动旅游业及其衍生产业的互动和发展；肯定能够在徐福文化国际研究协议会和中日徐福文化与"一带一路"合作研究中心发挥重要的作用。

值此中日和平友好条约缔结 41 周年纪念之际，本书的出版对期望相向而行、携手面向未来的中日两国人民而言，不啻是不可小觑的一份重礼。让我们展开双手，将徐福研究向东亚及世界的深处推进吧！

一个最新信息传来，2019 年 7 月 12—14 日，汇集我国多省市广大地区近 10 万会员的中国徐福会，将在北京召开会员代表大会，进行换届选举，产生新一届领导班子。我们在这里衷心祝愿中国徐福会不断壮大、发展，衷心祝愿徐福研究在中国徐福会的引领下，高歌猛进、日新月异地向前发展，在各个方面取得崭新的、更大的成就。

在此，应该衷心感谢作者为新时代的到来、为新中国成立 70 周年，贡献了这样一部厚重的精品力作。这不仅是作者文字生涯中一项极具分量的成果，也应该是他对国家、对民族的一份宝贵贡献。

我们也应该衷心地、深深地向具有学术慧眼和新时代理论勇气的民主与建设出版社的领导及其相关各位编辑致以崇高的敬礼和真诚的感谢！

2019 年 7 月 9 日

照亮蒙昧东瀛的第一缕曙光

——从并具传奇色彩的两大史事说起

一、特洛伊传奇、《荷马史诗》与斯里曼的导引

不久前，笔者去了一次土耳其，得以参观紧邻碧波万顷的达达尼尔海峡的那处特洛伊古城遗址。该遗址 1998 年被联合国教科文组织列入"世界文化遗产名录"，现则已被辟为土耳其国家历史公园，成为一处名副其实的世界级旅游胜地。

人到此处，你就不能不想起一百多年前，德国那位颇具传奇色彩的考古学家亨利奇·斯里曼。世界旅游地图上多出这样一处从古希腊神话传说返回现实，且闻名遐迩的胜地，应该说是纯属他那执着而坚忍的努力所造就的。公元前 13 世纪那场打了十年的特洛伊战争中的人、事、物，由于此人对《荷马史诗》那雄伟构架的独特感受，犹如古人李华在古战场上面对旷野"往往鬼哭，天阴则闻"的那份超验敏感，由于他的依之做导引的那份自信，和随后的倾尽毕生精力与财力的挖掘工作的推动，终于从悬浮在奥林匹斯山巅那虚幻缥缈的传说中，返回到眼前这清晰可见的现实。深埋地下三千多年的数以万计的历史遗存，终于得以重见天日，昔时行吟诗人口中的民谣与传说，竟至定格为今日的史诗！

如今，遗址一边的恰纳卡莱博物馆内能够见到的出土文物，虽然只是很少的一部分，但百闻不如一见，总比先前只能在神话传说里，至多在若干聊可充饥的图片、绘画上见识，要实在得多。

站在希沙里克高地——这块当日斯里曼从《荷马史诗》的传说中钩沉出来的特洛伊古城遗址上，遥望那一片永远蔚蓝的爱琴海，发生在三千年前希腊英雄时代的那段传奇，便悠悠然地浮现在眼前——小亚细亚半岛上那位英俊潇洒的特洛伊王子帕里斯，在伯罗奔尼撒做客期间，将斯巴达国国王梅内莱厄斯的娇妻海伦拐回他的王宫。一位貌若天仙向日受着全希腊护持的绝世美女被拐属他人，那还了得！"必须立即完璧夺回！"这是海伦夫君的第一反应。于是，他的兄长，希腊联军最高统帅迈锡尼国王阿伽门农，便起而向特洛伊宣战了。战争，是英雄时代解决重大争端的唯一手段。

　　史前处于男性时代的希腊，领袖们号召人民同仇敌忾奔赴战场时，并不提及政治、宗教、种族等一干后世视为天大的事由，而只是诉诸对美女的一腔情愫：为夺回海伦而战——为荣誉！为美！多么富有感召力的口号。于是，阿伽门农登高一呼，迈锡尼、斯巴达、梯林斯、底比斯……各国勇士们闻令即到。数以十万计的希腊联军便浩浩荡荡地东向跨越爱琴海，刀剑直指特洛伊。

　　为了一个美女。是的，就只是为了一个海伦，双方兵戎相见，而且旷日持久地一战就是九年。希腊人浪漫情怀的澎湃激越，真的是无以复加了。又岂止是希腊人？便是拐走海伦一方的特洛伊人，对美的膜拜也绝不逊于他们的对手。于是，我又想起余秋雨在《荷马的迈锡尼》一文中，关于这段史事的数行文字来。海伦的美艳，不但使数以十万计的希腊勇士们热血为之沸腾，即在战争另一方，特洛伊元老院那些白发苍苍的元老们，也因惊此一艳，连一国之重大决策，都来了个一百八十度的大逆转——想来是过惯了狩猎、竞技、游乐、饮宴等快活日子的特洛伊人，在长达九年的战争中，颇有了些不胜其扰之感，遂萌发了"这场战争还要再打下去吗"的疑惑。此疑惑被传到元老院之后，这些宿耄们似也觉得，为一个女人打九年的仗，如今已进入第十个年头了，好像真还有点不大值得。

就在此时，这位海伦美女竟出现在众人面前。与会的元老们一见之下，全部惊艳，立即改口道："再打十年也值得！"美色对男子的蛊惑力之强大，一至于斯！于是，战争进入了第十年。

如果将特洛伊战争比作历史长卷巨绘中的一条龙，这一幕"元老惊艳"便十足地可被赞作点睛的一笔。十年恶战终于成就了战火纷飞的一段传奇：希腊联军最终借木马计破城而入，美女海伦终于完璧返回斯巴达。

二、东渡传奇、《史记》与卫挺生的考证

面对波涛滚滚的爱琴海，我不由得想起古老东方的另一位海上传奇英雄，他就是《史记》记载的公元前3世纪跨海东渡日本的徐福。这两段传奇的根由与金银财宝的物欲、官爵名分的权欲都无干系，只在于一腔浪漫主义情怀的激荡。如言区别，只在希腊英雄们的奔赴战场，是起于对美女的护持，而大秦帝国那位英雄的起而作为，却在于远较一个美女更具价值、更为高贵的对自由的追求。但若论这二者的伟力与其对世界历史的影响，却又同样可用"惊天动地"四字加以形容。前者，摧毁并彻底消灭了一个强大的国家；后者，却催生并抚育了一个新兴国家跨越数千年的新生。

当日，大秦帝国的功业与荣光固然赫赫，但同时，那又是中国历史上以专横跋扈的个人意志，凌驾于一切之上的时代。始皇帝口含天宪，生杀予夺。崇高的自由如残垣颓壁下的蝼蚁，栖栖惶惶。就在那样一个专制帝国统治之下的徐福，以一介布衣之躯，硬是伺机斗胆上书，以潜藏于内心的摆脱专制的宏旨，与那有百万雄师作伥的帝王颉颃，周旋九年。

希腊英雄时代崇尚强力，恣肆奔放的刚健孕育了人们对美的膜拜；中国诸子百家时代思维腾跃，热力四射的恢宏则孕育了人们对

自由的向往与追求。在那绚烂思想大爆炸时代余绪中走来的徐福，为了挣脱桎梏，竟胆敢九年行走虎蹊，而终成其事，获准出海。其精魂之魄的高贵、其智慧之力的雄奇、其周旋之功的坚韧，牢笼万象，迈越时空。其成功之巨更令人不可思议："秦皇帝大悦，遣振男女数千人，资之五谷种种百工而行。徐福得平原广泽，止王不来。"（《史记·淮南衡山列传》）。而其中的"五谷种种百工"六字，字字皆有万金之重——正是它们造就了日后一个灿烂耀眼的弥生时代，以及由此孕育而成的日本国。

唯有能深蕴如此深厚的一腔浪漫情怀者，才能成就如此伟大的传奇。起于稷下学宫诸子百家大脑中的灿然思想，虽飘然如轻裘缓带，却悠然间自蕴含一种内力的积淀，一旦彰显，便立时可见其收放自如、雷霆万钧般的伟力，即所谓积健为雄，横绝太空，超以象外，得其环中者。这就是何以公元前 13 世纪，声色绚烂、耀眼一时的希腊诸国，迈锡尼、斯巴达、奥立斯……只经历百余年时间，便王胤中断，灰飞烟灭，音韵俱绝地相继消失到史称"黑暗时代"的深渊中去，哀为广陵绝响，连些许遗迹都是到了三千多年后，才历经曲折，重见天日；而以文化积淀和思想定力维系的中华古国的文明，却如骊珠绕梁，余响铿锵，传承千年而不衰的原因。

唯因沉着，其绵延之力才更见强劲，也才有了即使中华人物的落荒拓殖所至，其文明之光也仍旧同样熠然有开榛辟莽之功，才能成就徐福那样超然物外、立足异域，传奇般瑰玮巍峨的业绩。须知，徐福在公元前 3 世纪东渡列岛时，日本先民过的是原始的漂泊迁徙、胼手胝足地，与动物争食也难以果腹的采集渔猎生活。彼时，是在史称的，在绵缈深远的大黑暗中存续了八千至一万年之久的"绳纹时代"末期。而其后的日本，仅以数百年时间，便进入了具有高度文明的，稻耕农作的弥生时代。此一超越世界文明发展规律，令人百思不得其解的飞跃式的突变现已为史界定论，确系由大陆输入的中华文明的强大催生而成。中村新太郎在《日中二千年》一书中，用一句话将之概括为："拯救了日本列岛饥饿的人们，揭开了该岛一个全新历史纪元的弥生文化的最大恩惠，便是稻耕文化的输入。"在日本文艺家协会的作家兼日本徐福会会长，对中国古代史与传统文化都有极深研究的饭野孝宥先生在北京召开的徐福国际学术研讨会上，更将携中华文明东渡的徐福，尊置到人类文明发展史上，对他作了由衷的赞颂："在公元前的人类历史上，我们找不到像徐福那样通过和平方式，对人类文明史的发展，起过那么巨大作用的例子。"该书在日本本国公开出版发行时，日本民主党创始人，前首相羽田孜等政要也到场为之揄扬，可见，此一观点在日本的深广影响力。

诚然，如言及徐福其人一生的伟业，主要是在海外异域的日本所成就。司马迁未曾出海，无由述及。但他对徐福其人在大陆上的这段传奇，却仍是写得锵然有力，又极其动人的。惜墨如金的太史公记叙帝王将相，有时仅以一二处、数百字便打发过去，而记此布衣方士却有一"纪"一"传"一"书"，三文五处共两千余字。其赞叹之词中，又无不深含在曲折与玄机之中。《史记》中凡写到君臣之间事，出言皆持慎有余。在那样一个专制的时代，要忠于史实，又要保全手中这支笔，便只有"诙诡"一途了。故司马迁写浮海东渡前，历时九年的，与秦始皇帝的那段周旋，虚实怪诈，闪烁其词，其实只在徐福伺机王命的欣然，因他实已深知君王心意之所在。只是，其危乎险巇，简直可以说是脑袋系于腰间的委肉虎蹊了。始皇帝其人，只要稍一起疑或略有愠意，即便玉阶彤庭之上的将相王储，也顷刻会有身首异处之虞，况一布衣？但壮哉徐福，却以坚忍与智慧，胜出强横，事载史册，传颂至今。而且，其人其事其业其绩，以及其余续，还远未止于此呢！中华儿女有见识的后人，念及司马迁对这位先人的昭彰，更为他的大作补写了不少新的篇章，从 20 世纪至今，迄未停止，现举其荦荦大者数则，以飨读者。

其一，令今之读《史记》，观徐福其事者深感遗憾的东渡传奇海外篇，终于在 20 世纪中期得见。执笔人为留学哈佛的中国学者卫挺生。卫氏身为民国时期的立法委员兼复旦大学经济系主任，却对东渡传奇里的那位主人公情有独钟。秉承太史公"止王不来"中那个"王"字的提示，将徐福的"王业"分成十大要，数十细则，详加罗列，并以日本第一代天皇神武作为比较对象，广搜博取，一一予以考证，恒三十余年之久，终于写成皇皇数十万言的徐福在海外异域的那段传奇——《徐福入日本建国考》（又名《日本神武开国新考》）。其书其事将在下编中详予铺叙。此外，同类的相关研究散见于东南亚、中国大陆及港台地区各书刊者不赘。其二，20世纪下半叶，徐福故里在齐琅琊旧地赣榆被发现，又使《史记》中"齐人徐福"那太过浮泛的出生地终于着落细处，魂归故土。使先前人云亦云、以讹传讹了好久的"传说"质疑，就此淡然匿迹，少再有人纠缠。已故的前中国日本史学会名誉会长吴杰先生曾对笔者说，他任会长以来，最令他高兴的一件事，莫如徐福故里的发现。其三，是 20 世纪末，北九州吉野里环壕遗址的挖掘：携中华文明东渡的徐福其人的身影，在其中仿佛随处可见（挖掘现场担当主干七田忠昭语）。其四，则是已进入 21 世纪的前几年的事了。这位传说中的伟人不但返回现实，更翩翩然来到上海，得以与全世界慕其令名者"相见"：2010 年上海世博会，徐福的塑像峨冠博带地被尊置在中国航海博物馆的第一展厅，供来自上海、全国各地和全世界各地赶来参与盛会者们瞻仰、缅怀。此一盛事，令中外的徐福研究者与崇拜者们弹冠相庆，奔走相告。这位长期以来被误推进神话传说世界的远洋航海与文化交流的先驱，不但得以返回现实，还终于在涌动着全世界人民热情的盛会上，以如此庄严隆重地亮相国家博物馆第一展厅的形式得以正名。

日本的徐福研究者、国际文化博士逵志保女士，在上海世博会期间，专程前往瞻仰塑像，特地在徐福像前留影，并将此照片发到笔者的电子邮箱里报喜。据告，她还将此照片广发给未能前来瞻仰的众多日本同好，兴奋之情溢于言表。巍巍哉徐福，中日两国人民对这位海上伟人的尊崇，从此将绵无绝期，久而弥隆！

三、数典论祖说东瀛，日本历史绕不开的两大话题

徐福其人其事在中国的返回现实，固然令人欣慰，但这位先人在止王异域后的种种瑰意琦行，尤其在日本创立的种种业绩被确认，在一部分居心叵测的日本人中，却就远未如在大陆这边那么幸运，甚至出现了"日本不需要徐福"的叫嚣，终引来对那些人"数典忘祖"的斥责。

那么，作为东渡先人的徐福，何以又偏在日本陷入如此境遇？问题究竟出在哪里呢？细细翻检几年来所见所闻的记忆，终于发现，这与日本军国主义分子及右黑势力的作祟有关。仅就本人亲历与闻，略举几件事例。其中较近的，又是最大的一则，即发生在徐福在日遗迹最丰富、与徐福传奇关联最密切的九州岛上的佐贺县。20世纪80年代后期，弥生时代的最大遗址——占地50多公顷的吉野里环壕遗址，在佐贺平原上被发现。因为日本于公元前3世纪进入弥生时代的最初发祥地就在该县，遂轰动一时。1989年起，该遗址进入挖掘工序。初定，期以20年使遗址的分布与概况渐见分明。人们有充分的理由期望，与徐福东渡关联密切的该遗址，将有惊人的文物出土。其后，笔者在一次赴日参加文化交流活动时，曾前往参观，果然，相继出土的不少文物，确有可为此提供极有力佐证的可能，真正可以"自将磨洗认前朝"了。

主管此项挖掘的担当主干七田先生甚至不胜感叹地说："我们在其中，初步已可看到徐福为代表的中国文化流入的实际情形了。"故开挖后没多久，国内外闻讯涌往参观者，从天皇夫妇、首相、大臣、政经各界名流及于为数更众的芸芸众生，竟多达500余万人。未料，参观者的热情、大报小报的吆喝，却为它的夭折埋下了可怕的祸根。

2008年，就在人们期待着它有更多、更重要成的成果传来时，笔者又去了一次佐贺，却得知，占地如此广大的一处遗址的挖掘工作早已终止。不是有一个至少须进行20年挖掘工作的宏伟设想吗？吃惊之余，便直接向主管该遗址挖掘的七田忠昭先生发问："还会再开挖吗？何时再得开挖？"七田先生如实奉告，"不知道。"他是按上面发来的文件照本宣科："上面的通知，只告诉我们终止挖掘作业的时间。"

无论在政治领域，抑或工作职守、家庭生活方面，日本人都有严格的等级划分。七田先生明白自己属于哪个等级，回答遂止乎此。后来，从七田先生在同成社出版的《吉野里遗迹》一书中所见，从该遗址北坟丘墓遗址等处的"复屋工事"已动工来看，此问题已不会有得到任何确实回答的可能了。休息期间，我无意中从一位会议的志愿者，一名在当地读研究生的中国留学生口中，却获知了不少其中的原委：原来是出自日本国内军国主义分子与尊皇保皇的右黑势力上下其手介入的阻挠。日本右黑势力掩盖历史，尤其是掩盖古代史，即其文明发展史，而代之以神国皇统伪历史的真相，愚弄民众，欺骗社会，向军国主义急剧右转，打的就是"尊皇保皇"的旗号。吉野里遗址的持续挖掘将可能拆穿这一虚构的皇国神话，等待它的就只能是被恶意封杀了。

又岂止吉野里？举凡有可能拆穿皇国神话之秘的活动，都被视为对其尊皇大业的挑衅。就在吉野里遭封杀之后不久，迫于众多学者研究需要的合理要求，日本宫内厅放言将考虑有限度地向部分考古学家开放奈良等几处皇陵。敏感而又颇为熟悉日本皇室历史的《泰晤士报》即于第一时间对此做了报道。一提到日本古代史，或云日本御用史家杜撰的神国皇统历史和大陆的渊源关系将有可能被揭示，日本的右翼势力便坐不住了，幕前幕后地群起哄涌，强烈发出干预拦阻的警告，甚至公开叫嚣要杀死胆敢踏进皇陵的考古学者。这种丑陋的做派令我猛然又想起《徐福研究》一书的作者，台湾的彭双松先生曾亲口告诉我的另一件事。

彭先生在阅读卫挺生的《徐福入日本建国考》一书后，备极赞赏，但总感"纸上读来终觉浅，绝知此事须躬行"，便起而对徐福在日遗迹进行实地的田野考古与考察。彭氏不惜自费专程赴日，前后 10 年，共 8 次，每次的行程都在 2000 公里以上，共发现日本各地与徐福关联的遗址 56 处、传说 32 个，记载徐福其人其事的各种古文书 46 种。这一连串数字一经披露，不但中国人，连日本人自己都吃了一惊，遂使卫氏之说更见峻挺。孰料，此番作为却冒犯了日本右黑势力。一次，一个不速之客径直来到彭氏在日下榻的宾馆，甫一见面，就突如其来地从怀中拔出一柄匕首，凶神恶煞般地向其面前晃道："你少到处乱窜！日本不需要你的徐福研究！"彭双松当场怒斥来人："需要不需要，写文章报纸上见！要来要流氓，宾馆门外广场上奉陪！我是柔道三级，不会怕你！"当彭双松正准备赤手空拳与其对搏时，定睛一看，却发现那凶煞候地已消失在过道的暗处。事后得知持刀人是山口组成员。山口组为日本三大黑帮之首。

至笔者写此文的今日，越见这股右黑势力的猖獗。岂止历史问题，连最切近的政治现实也搅和其中。且看原系日本三大黑帮之一的住吉会负责人右翼团体"日本青年社"会长松尾和哉，与极右分子石原慎太郎合作演出的，先是在钓鱼岛竖立灯塔，随后由石原出面募捐购岛，进而由右翼政客堂皇出面欲予吞并的围绕钓鱼岛的一系列闹剧，就发生在眼前。动辄闹事行凶的右黑团体在日本却个个都持有政府合法给予的注册，实为世界各国所罕见，其势力也自非一般。恫吓一个手无寸铁的学者、封杀区区一处遗迹的挖掘、拦阻零星分散的几处学者进入皇陵等，直如小菜一碟，谁又奈何得了他们？这足以证明中国社会科学院在《日本研究》上发表的《日本社会科学现状与发展》一文中，关于"由于右翼当政者们的干预，日本在考古与历史研究方面，有严重的掩盖事实，篡改与杜撰历史的倾向"的分析，是一针见血、有理有据的。

进入 21 世纪的今日，又见日本的古代史学者，曾兼职北京大学历史系教授的井上亘在其《虚伪的日本》一书中披示，日本当政者以学科改组为名，明目张胆地下令：日本在历史学中需要的只有近现代史。一个国家只需要近现代史，还称得上是历史学吗？进入文明社会以来的世界教育史、学术史上，闻所未闻。此后，讲授古代史的讲座教席果然全部被公开叫停，日本古代史的研究完全陷入停滞。竟至如井上亘等只有手中一支笔的古代史学者们不得不向社会，其实也是向世界发出"日本古代史正面临存亡之秋"的警示。

历史的确可能遭黑手们一时的掩盖与封杀，却永远无法被收买或改变。纵观今日之日本，右黑势力虽以其所把持的朝政与话语权为所欲为，但自有一批正义的有识之士不与为伍，如前述中数次提到的井上清、七田忠昭、逯志保、井上亘等人。对于日本历史，他们相信，种种掩盖、篡改的丑行充其量只能得一时之逞。

从日本有现代意义上，科学的历史叙述以来，其古代史中最绕不开的话题有两个：一是就历史分期来说，是从绳纹时代向弥生时代飞跃跨越的问题；二是就历史人物而言，是对与日本民族形成及国家建立相关的两个人物，即传说中从天上飞来的神武天皇和携带大陆文化跨海东渡的徐福其人的正确认识与正确评述的问题。

综合前文所述，答案其实已经很明白：催生弥生时代的最强大的动力之源，是秦代中国大陆输入的先进文化；使蒙昧未凿的日本一跃而成为东亚古文明的朝阳初升之地，与日本民族的形成及其建国关联最为密切的历史人物，不是纯系杜撰的那位太阳女神的子孙神武，而是声震山海的大陆渡来人代表——徐福。

这皦皦煌煌的两大史实正应了《诗经·大雅·卷阿》中最为壮美的两句颂诗："凤凰鸣矣，于彼高冈。梧桐生矣，于彼朝阳。"这可不是笔者出于民族情结的自鬻自矜，更有日本出版的《日本文化史》可为佐证。其书洋洋 14 巨册，书内所载的顾问 30 余人皆为在国际学界也颇负盛名的日本一流历史与考古学家，而名列第一位的正是当年曾与卫挺生数度论争，最后默认后者大部分研究成果，此后因反对日本政府篡改历史教科书、伪造历史，与政府对簿公堂 30 余年，轰动学界、声闻于世的正义学者家永三郎。该书出版至今已逾整整半个世纪有余，可能早已淡出人们的视野。今特撮录其第一册所引用的诸项结论中与本文有关的两处：一是日本弥生文化乃中国文化；二是弥生文化乃秦始皇时代输入日本。结论所言，颇有尊重历史科学的学者风范，故为人所重。唯其措辞，于具体人事则稍嫌婉约而委曲。出于种种原因，并未明示大陆文化携往人的代表徐福其人的令名。然稍具历史常识者一眼也可看出，秦始皇时代能携五谷百工浩浩荡荡跨海东渡，向日本列岛输入先进文化，因而照亮蒙昧东瀛那绵缈深远之大黑暗的代表人物究属何人。

四、吾爱曙光，吾愿这曙光更加明亮

"吾爱曙光，吾愿这曙光更加明亮，普照环宇，能成为照亮世界文明发展史的又一具光芒四射的灯塔。"已成为悬持在徐福的崇拜者，日本的徐福研究专家逵志保女士，及其同志们心头的一大愿望。虽然这一追求在争取其实现的长途上历经跋涉，磕磕绊绊地经过了那么多岁月，近若干年又在几个非常重大的环节上取得突破，但自问，却尚未在事事件件上都能达到有证有信，人人都能领首的境界，这也正是令笔者及所有关心这些问题者略感遗憾，并正在为此付出更大努力的事。但已故的，在"无征不信"这四字上特有心得之见的唐德刚先生，曾经语重心长地告诫后来者，切不可太拘泥于他老师——胡适之先生的这一教诲了。尤其在每每动辄又以千年计，形影难追的上古史事上。若一丝不苟地都循着那四字前行，岂止磕绊，还将会自怯信心，或至多与他老夫子一般地，即使摆弄出一两本《中国哲学史大纲》《中国白话文学史》这样的书来，也可能只是抱恨终生的半部头。倒不如学学同是前辈的冯友兰和顾颉刚二位先生，即或仅有二三得，且并未十分成熟之见，也不妨拿出来让大家瞧瞧。历史有时是经几代人的努力与积累，方有一大结论可得的事。众多人一代一代地添砖加瓦，才有惶惶然一座座龙楼凤阁拔起的可能。

"江海虽大，岂独潇湘。云何一陛，亦属庙堂。"沉浮千古案，与君共析疑：冯友兰先生后几版的《中国哲学史》，果然就比初版好出了许多可作明证。

如把目光放得高远点，转向周边世界去看看，证明唐先生"此说有理"的例子，也是可以找出不少来的。前述所引，举世皆知的特洛伊战争那段传奇的返回史实，便是其中之一。若依"无征不信"那一标准做去，则特洛伊其地其事从传奇返回史实的那场大戏，不待开锣便得鸣金，因为事关特洛伊的遗址在何处，就其可予设证的史上资料与地下遗址，当时远远还都不到可与"无征不信"四字沾边的那一层次。可是德国的考古学家斯里曼先生硬是以雄辩的推断与自信，即使在手中尚无足够取信天下之据之证的情况下仍鸣锣开场，起步前行。在有了一二点终于可以耀眼的成果之后，即如冯、顾二先生一般地，将之亮向世界。几乎在质疑、讥讽乃至嘲笑之下踽踽前行，却就是没停下脚步。终于，渐次地，在荷马的吟唱中曾经提到过的几处地方，挖出了一批青铜器皿和黄金首饰。于可证其事虽远未臻圆满，只有一小部分所得被人认同，成绩却又令人刮目：那可是三千五百多年前，希腊青铜时代的遗物！一如殷墟遗址出土的那些铜铸器皿，尤其是后母戊鼎，因印证着三千五百年前殷商晚期文丁王朝的存在，曾轰动世界考古界。斯里曼那些渐显的成果一经披露，便即引起轰动。当时和嗣后，即激起了不少国家为数颇众的考古学家和历史学家们的热情。自斯里曼起，由几代人前接后续地，在爱琴海周边的古希腊故地上的寻觅，和多回高层次的学术会上的交锋……出土，展示，交流，争辩，质疑，否决，易地再干……直至被学界戏称为已蔓延到现代的这场"新特洛伊战争"的暂时稍息。

举世希冀见到的结果，虽仍未都达到铁锤敲钉钉入木一般可被确凿认可的高度，但地下遗存的种种珍物，终于陆陆续续被以各种不同的形式奉供入世界各大博物馆。一首被传唱了数千年的《荷马》民谣，终于被定格为史诗，一段被转承到已陷入神话世界中去的传奇，终于从荷马时代跨入了今日的现实，一座悬浮在千万人们眼中的古城，终于落显在今日的土耳其濒临达达尼尔海峡南岸的希沙利克高地上：它就是本文开头即被搬抬上场的特洛伊古战场遗址。1998 年，该遗址被联合国教科文组织列入了"世界文化遗产名录"，成为历史学家、上古史爱好者，乃至全球旅游者们朝圣的世界级旅游胜地。促成这一成果的斯里曼们，当日付出的种种艰辛，其间的种种纷争、反目、共识与喜悦，一言难以备述。可是，龙楼凤阁，终于耸立在传奇万千，永远蔚蓝的爱琴海的东北岸端。

面对斯里曼及续其而起的一群勇者们垒起的如此高耸的丰碑，方今中日韩三国的徐福迷们当然还远未企及。但虽未能至，却心向往之。那一颗颗跃跃欲试，欲在西太平洋海岸也竖起一座东渡丰碑之心，着实感人。而且并非出自仅是无所依凭的一种自信，且看以下几点：（一）这往事越千年的两大史事都曾身陷过"传说"泥淖，但徐福东渡其事，出自在史学界就其记史叙事的可信度与权威性而言，都远胜过《荷马史诗》的史学专著《史记》，却是人尽皆知的事。故其可征、可信、可作凭依的厚重度，自然会给人以更大的鼓舞之力。（二）是其中的人物。前者，在徐福之外，躬临海上参与其事的另一主要人物秦始皇，是史上确有其人的，威名赫赫，驰骋大地之上的一代大帝。后者，征讨特洛伊的阿伽门农王之外，驾临海上，介乎其间的主要人物，如挑起战争，庇护帕里斯的阿弗洛狄德等，却都是鸾飘凤泊，云游渺乎天际的仙界中人，虽于传奇其事的最终，其中不多一些，也都朝返回大地的方向走去，成为史诗中人，但给人的感觉，前者终究比后者要更具庄重的分量。（三）最后一点，特洛伊时代的遗存，深埋地下已逾三千多年，才得出土，而徐福时代至今，才 2000 多年，比爱琴海畔黄金首饰的出土，和殷墟遗址上后母戊鼎的现身，要迟上 1500 多年呢！地下文物的出土，虽还有着不少的偶然因素，但有这一千多年时间的余裕，即使是纯属"偶然"的这一因素，毕竟也是会平添出许多来的。也许是由于这一原因，笔者对那些勇于进取者们所怀的希望，自然也就更大，信心也更足。尤其是那些日本朋友们。不只由于徐福先人开化日本的史迹代代传承的回声，常得一见的信物也更多的是出现在日本，还因为他们对此事的投入，比中韩两国的同道们表现得更坚定与执着，如我在九州、本州、北海道、熊野和东京与当地民众交流时，从言语，从行动，从在各种不同场合中自然流露的种种气息中所感受到的。且不说日本前首相羽田孜，名满佐贺的学人内藤大典，深受熊野滩人钦敬，年逾九旬的新宫徐福会推助人与会长奥野利雄，呕心沥血撰写过《弥生的日轮》的日本徐福会理事长饭野孝宥，出版过《一个日本人眼中的中国》、翻译过《神秘之雾的消散》等书的职业作家，日本翻译家协会常任理事池上正治，即使全在研究圈外的，徐福圣地金立神社门外的清道工大妈，提起神社供奉的徐福先生时，那满含真诚与崇敬的神情，也让人久久难以忘怀。

徐福东渡其事所揭示的，虽仅这一群大大小小的列岛间事，其所容涵的，却是贯穿人类历史发展全景的，从开凿蒙昧，造就文明；一个民族的形成，一个国家的建立；直到对血腥战争的批判，对世界和平的祈盼等一系列具有普世意义话题。大哉天宇，广袤无垠；永哉时纪，恒无止境。浩瀚深广，茫无际涯中，面对东海东那一群列岛作穿越时空的扫描，一眼两千年，其间种种，一览无遗。笔者在多年的探索中有感：即使将之视为毕生事业，也一快意事，岂止值得！

而在言谈的褒贬中，常被视为只重当代一切，淡漠上古精神的中青年一代人中，也有如此识见的人物，其给人的印象，自然就格外深刻了。如常有的交流活动之外，仍与我保持着联系与往来的逯志保女士即是。逯女士是国际文化博士出身，因一偶然机会得闻徐福其人其事，转而投身此一事业，专注倾情地竟坚持近三十个年头，与痴迷于上古史事的斯里曼一样，联动着一些志同道合者，锲而不舍地前行着。凡与上古史事，诸如与徐福先人关联的传承地，即使僻在海隅、岬地、小岛，也不辞艰辛地前往探访。便只是一枝一节的末事，只要与徐福其人关联，也视为珍宝，一一录册、编目、成文、存档，而不使其湮没，不但使存于今生，且可传诸后世。传说不是历史，却常常是历史的折射或投影，所以才有斯里曼的将之作为开启历史宝藏导引的钥匙：就看你如何对待它们了。

这位现职爱知大学讲师的逯志保，经不倦地探求与搜集，果然，陆续地使徐福在日韩两国的史料与传说的传承地增加到了53处，且绝多都有千年以上的历史，很多见载于当地的地方志或代代相传的家传古抄本（如《宫下古文书》等），弥足珍贵。因此，她更萌发了，就徐福其人其事对转承东亚与世界文明发展所做的贡献，由日中韩三国共同向联合国教科文组织申报，使其载入世界非物质文化遗产名录的设想。笔者闻此，特将国内出版的一厚册广论"申遗"的专著邮赠，以示激励。徐福其人其事，或云徐福文化，诚如对中日关系史深有研究，对徐福文化也投以相当关注的中国日本史学会老会长汤重南先生所说，为东亚各国人民的友好情谊、友好交往提供了充分的历史依据，指明了其传承发展的光明前景，是东亚乃至世界人民极其宝贵的精神财富，是当之无愧的世界非物质文化遗产。其申报成功可毋庸置疑，只在程序，只在时间而已。

她的另一项收获是，在此一调查与探访过程中获悉，三国投身于此一事业的有名有姓的徐福研究与崇拜者（或按中国的习惯所云，即参加各地此类徐福研究团体、协会等民间组织活动的"在册人员"）已达数以十万计。这可不是媒体造势、为之进行的什么"民意调查报告"云云，而是比此类调查报告可信度更高得多的实地踏访所得。近日承中国日本史学会名誉会长汤重南先生告诉，此一实地踏访所得的成果，已在一次徐福国际学术研讨会上公开披示，使与会内外的徐福崇拜者与研究者们受到极大的鼓舞。笔者前些年就曾参加过其中一个经日本文部省、外务省批准的民间团体组织的一次"飞行研讨"活动（详情将于下编中细述），深感，那种实地踏访当中产生的能量，及其对周边人群产生的影响与鼓舞之力，不可小觑。

于是，对她发来的，谦逊地说是求教的探访成文，复以"岂敢"之外，我还很乐观地做了一番展望：痴迷此段史事并为之做出贡献的，大有人在。有特洛伊古城遗址经几代人努力终入世界文化遗产名录的前例，世遗申报的成功，只是待以时日的事。

更见又有陆续投入的，数以十万计大军做后盾的，堪称雄厚的规模之众。以此制敌（那前行中种种可能的障碍）何敌不摧，以此图功（在望的更大成果）何功不克！犹如终于显现于爱琴海畔的特洛伊古城遗址那座丰碑，再显徐福，及于当代的羽田孜、内藤大典、山本弘峰等一干人物（此数人物，本书后文将各有更详细的叙及）心目中那座遥耸云端的蓬莱仙阁，也就绝不会是渺杳无期的事了。毕生追求唯美的川端康成，曾将日本描绘成一座美轮美奂的蓬莱仙境一般的岛屿，如能使历史穿越到弥生时代，日本列岛没有了声言要对进入皇陵的考古学家大开杀戒，没有了闯进宾馆，对一个手无寸铁的徐福研究者亮出匕首那般丑类的汹汹然、嚣嚣然，又何尝不曾经是过呢！

在为本书杀青的最后一天的夜晚进餐时，上海广播电台晚十点准时开播的"寒江夜读"那档节目，又传来了主播人那熟悉的声音。断断续续入耳的，似乎有"樱满开""落英缤纷""零落成泥"那样的一些词儿；若干断句，和穿插其间的几些评述。之所以说断断续续，是因为那正是在我准备晚餐的时段里，没听清楚全文。其实，樱花其种，在人们所知的花卉品类中，一无足取。它既不结果，也不可食，花色也并不鲜艳亮丽。与之关联最深、还值得一提的，或许便是日语中被深自为之礼赞的"樱满开"三字了。其中的"满开"二字，确也能给人一种可感的亮色，但那也只是日本人眼中口中的自赞自赏。在世人眼中，或在一般不谙日语者人等的眼中，实际上，就连这个"值得一提"的价值，也没有什么可资炫耀的。

鲁迅先生就曾以淡淡的笔触，写过"也无非是这样"的，东京上野公园里的樱花。从那段文字前前后后的措辞与意蕴中便可见出，笔者此一看法的尚足可信。

但此番，我却因为"樱满开"和"零落成泥"这两个反差极大、对比强烈的词汇的骤然入耳，头一遭猛省到，日本民族性中"对比与反差皆极大"的这一面，竟然会在樱花的"盛开"和"落英"之间的骤尔与短促中，被表现得如此强烈，如此厚重，如此彻底。开与落，生与死，乐与悲；突显与突殁，光灿一时与即成敝屣，转瞬明灭。从外相，一眼直窥到其灵魂深处一般地入骨入髓，直有一种令人悚然的震撼感。尽管在"满开"的一片欢乐之际，已然知道其瞬间即将零落成泥的下场，但那种早已明然心间的，此物就将陨落的不祥之感，和行将就木的宿命感，却并不影响他们对眼前这一短暂欢乐的尽情享受。此一心态，似乎普遍存在于日本人心灵的深处。看看每当樱花盛开之际，上野公园里席地坐、躺、看的那一片片如醉如痴的人群便可见出。但眼见此景此情的我，却不能泰以为然，且每当我的此种心境出现之际，心头便同时会氤氲起一种深深的压抑感，为这个民族的此种心态，感到一种无可名状的悲哀：如此民族，最终将会走向何处？是川端的唯美的山巅，还是三岛那无底的深渊？因为持此种心态者，既然如此看待世界，什么样的事情干不出来？什么样的结果又会是他们所在乎的？痛苦悲戚与欢愉快乐，魄消肠断与狂喜销魂，都能既来之则受之，管它明天后天，管它明年来年，遑论永远……

笔者长久以来萦绕脑中，反复琢磨，苦苦思索着的，日本历史文化现象中的种种诡异，种种梦境一般的神秘，竟由此而渐得破解。

这样，小到那些在某种场合，一两个人物突然亮相做一番惊人之举，然后又如樱之满开后的迅即凋谢，屑物般地倏然消失，一如在日做考察行的徐福研究专家彭双松，在他的宾馆里遇到山口组歹徒的那一幕；大到二战中称雄一时，猖狂至极的大日本帝国，与战败后最初几年被全世界唾弃，蔑视得抬不起头来的小日本，在那样对比强烈到令人难以置信的情境中，何以会并现在列岛之上，并一一度过、熬过等，便都找到了解释。这样，明亮如上天堂的，川端康成那自足的唯美，晦暗如下地狱的，三岛由纪夫那自虐的切腹，以及渡边淳一书中诸人物的，总在人性两个极端上的跃动，便也都有了可资依凭的解读。

于是，我更联想到美国作家阿列克斯·科尔在他的批判日本政治，深刻关心日本国情及其子民心态的《犬与鬼》一书扉页上那段对日本读者字挟风霜的题词并未言过其实，也无夸张的成分："我要说的，是迄今为止最令人愕然之事，最让人瞠目结舌，最使人叹为观止，最诡异、最辉丽，最令人困惑、最闻所未闻，最唯一、最特别、最难以置信、最无法预知，最宏观、又最微观，最罕见、又最平常，最被谈论、又最秘密之事。"这是该书作者引自塞维尼侯爵夫人在 1670 年写于凡尔赛宫的书信中的数语。其人其言虽已属三四百年前事，笔者却与科尔一样，感到它并未过时，且就对日本的历史与现实而言，仍有其很强的可移用性。这可绝不只是指它可以引来作为本书上编（尤其是其结尾部分那几个起落极大的，对白村江、二战、西周殷纣时代等几个场景并列端出后）所发的一段序跋。而是更感到，即使从本书引言到全书的立意，乃至其措辞成句，直至那当中隐隐散发着的语气、声情，也都可以视作一份笺注。虽然注词稍显尖利、激越，但对一个一向在事物的极端两向上行走着的民族，或许正恰如其分。

科尔先生是一个在日本社会工作了数十年，并已定居日本的美国人，以第三者的目光，对他所在国的观察、了解与研究都甚具深度。其对与日本文化有深厚渊源的——它的祖文化国中国的文化，也有相当了解，一如他的同胞赖肖尔。故在此一比较之下，对日本所持的评述与批判，比他的另一位（连这个国家都未去过的）同胞本尼·迪克特要深刻得多，尖锐得多，也到位得多。一些日本人甚至因此而视他为仇日乃至反日者。但他的这本书出版以来，在日本却重印了七次之多。其读者之众却又表明，有见识、有正义感的日本人仍居多数。

为这仍居多数者代言的许多刊物，如科尔介绍的《新潮周刊》《现代周刊》等，甚至为之叹息地，以为"尽管那些人中常常不善于用言语与文字来表达，但在内心深处，他们清清楚楚地知道，自己的国家已偏离了理性，远远地离开了真正的理想之路，且越走越远。"

也许会令有些人感到危言耸听，《现代周刊》为一些著名经济学家和新闻工作者的系列文章出版专辑时，用的标题竟是：《如果日本沉没——如何保护你的生命和财产》——这不但指日本自然地理环境恶劣得随时可能沉海，同时也指对他们的同胞，重重地敲着二战后，又一次大战如被日本引发，灭国乃至灭种的悲剧或许会真正降临的警钟了。

这里不惮其烦地再引录科尔先生在其书前言中的几句话："我的许多同事目前仍在继续以向各国展现日本的迷人之处为业，不管怎么说，是因为很大程度上他们还有赖于日本谋生。就让'亲日派'和'哈日派'继续说谎吧，否则，'亲日派'成了'反日派'，他们可能就不再有机会被邀请出席任何重要的会议，他们的那些在东京的企业界、政府内或文化圈的朋友可能就不再会透露任何消息给他们。"

这是一个很真实，很有趣，却也令人很悲哀的现象。是只有对日本知之甚深的、真正的"知日派"中人才说得出来的至真之言。如今，走进"日本学"圈的人正越来越多，固然不必将如此的一家之言奉为圭臬，但相信，此说和本书一样，却可以为他们将来的认识与走向，提供一份颇具分量，可供思考的参照。

常见某书的前言或后跋中有"抛砖引玉"一说，笔者自忖，本书尚未到"砖头"的分量，但"引玉"云云，却倒是有所期盼的，此言绝不只是针对专家学者，便是对平日少有时间涉猎文史的读者，同样有所期待。

"不拒众流，方成江海"，先作此瞩望之待，且以此权作引言。

数典

一、僭代大雅反露家底：一个没有古代史的古国

（一）重塑战后时代形象者们的一番表演：过去账中的两个日本

为洗刷二战中对全世界犯下的滔天罪行，改善自身的形象，战后，日本从废墟上滚爬一番，又站立起来，经济上也有了鼓鼓囊囊的偌大钱袋后，以重塑"战后新人"的姿态，制订了一份详细的"国家形象推广计划"，尤其在文化方面，在世界上进行了一场颇费心计的"讳言战乱，多说文化"的自我宣传。以技艺精巧的晶体管收音机、电视机等产品制造国的身份，在做商品广告的同时，捎带着在文化方面进行了一番自我揄扬。谓其商品技艺的精巧，渊源有自：是来自其国家悠久的文化传统，源自上古那传统文化中蕴涵着的典雅与清丽……

于是，书道、茶道、花道等艺术门类，以至文学上的诗词，如俳句、和歌等欧美知之甚少的东方文化，与大小商品扎堆捆绑，打包输出，以展览、演示、艺术讲座、文化交流等形式，更配以同样是日本产索尼机录制的色彩亮丽的映画画面，渐次推进，交叉渲染，古色古香，美不胜收，唤起西方人的阵阵新奇感。加之最爱顺势煽风的媒体人等一吆喝，如德国的《图片报》就曾公布过一个号称"日本在欧洲范围内的形象图"：日本已俨然以"东方文化代言

人"的形象出现在国际舞台上了。

西方人之看外国，犹如今日中国青年人看西方，重异而轻同，又兼其对地处东方的诸国知之甚少，诚如对西方文化知之颇深的季羡林先生在为《东方文化集成》丛书写的总序中，曾不太客气地指出的："其绝大多数人，不但不了解，还压根儿也没有了解的愿望。"这些年，走南闯北，遍及世界，又极擅刺探各国国情的日本，对此种种都有远较他国人更深刻的了解，他们正是利用了这一点。且由于宣传工作设计得也挺周全，还由于面对的又多是这样一些对东方文化知之甚少、竟或一无所知的欧美人士，他们这几招的收效还挺不错，竟至发生过有人对参观现场的中国人问起："你们中国也有书道吗？"

爱热闹而又满怀好奇的西方看客，更从欣赏、好奇、受到熏染，直至有了仿效者，以至出现了欧美人学习日式俳句的"美俳""法俳"等一类仿日的诗歌来。比起听惯了的、东方人模仿学作莎士比亚十四行诗，和他的十四行诗的模学者波德莱尔的象征派大作"感应篇"等雅事来，简直成了别开生面的一则又一则文坛佳话，让日本人好不得意了一阵子。其实，所谓日本的俳句，也就是移挪，且更自由，更缩短了的元宋散曲小令乃至汉唐诗歌中短而优美的佳句而已，比如松尾芭蕉在《无题》中的"春将归，鸟啼鱼落泪"之于"烟村院落，是谁家绿树，数声啼鸟"（宋·柳永的《留客住》），比如"唯余天际孤悬月，万里流光远送君"（嵯峨天皇的《秋月别友》）之于"两岸猿声啼不住，轻舟已过万重山"（唐·李白的《早发白帝城》）和"风萧萧兮易水寒，壮士一去兮不复还"（《易水歌》）。且从这当中还可看出，以"拿来"见长的日本人，直已将这"拿来"的功夫发挥到极致了，连根本无法玩转的文学明珠诗歌，都拿捏到运用自如：倘将如《离骚》《木兰辞》那样的长诗"拿来"，谈何容易！则这由日本式小聪明引发的对风雅附庸的再附庸，如美俳、法俳等，也就无从谈起了。

由鲜血淋漓的战场经铺天盖地的大小商品，过渡到与这些商品一起带来的古意盎然的书画、优美动人的诗歌，渐次引人进入古香悠远，一派宁静的艺术氛围中。一时给人的印象，日本的先前似乎真还曾是一个拥有悠久文化历史的国度。于是，不劳他人之手，若干年间，日本人便将自家前后截然不同的两本"过去账"——"过去账"一词在日语中，大而言之，可指其国家民族记忆的过往历史；小而言之，则可指一个家族或家庭的族谱、家谱——向世界做了摊示。这两本账遂也道出了这世界上，仿佛有两个面目全然不同的日本。

前一本账中展示的，那场血腥的侵略战争是凶残暴虐、烧杀奸淫的无法无天，是一部血淋淋的军国主义罪行史，自不待言。日本投降后，历时两年有余的大审判中揭露了其发动侵略战争的罪行，以近五万页、两千余万言，历历数于光天化日之下。五十五宗世界战争史上罕有的大罪，其暴戾恣睢的程度，令人发指。如此一个披着人皮、禽兽不如的民族，罪不容赦，绞杀再多的军国主义分子，也不足平息天怒人怨。遭其暴虐的许多敌国当时甚至发出"为了全人类的安全，必须消灭这个大和民族"的严正呼吁。据作为二战中遭创惨重、继而成为四大主要战胜国之一的英国的一位学者肯尼斯·韩歇尔在他的《日本小史》中披露，甚至连诸如美总统罗斯福那样的、以人道主义者著称于世的人物，似乎也认为这样的"灭种"对全人类都可能是有益的。

战争是残酷的，可因为超出人类常识容忍底线的，过甚的至残至虐，而陷于罪罚灭种、命悬一线之危，连与战争无涉的那些老幼众生都险遭连带灭绝之灾，这在世界历史上，怕只有日本一国了。可见，其对人类犯下的弥天大罪深重到何种程度。时至今日，身受二战之苦的中国、韩国、东南亚各国，直至当时惨遭虐杀迫害的欧美战俘并其国家，还都在等着它的谢罪和道歉。

我们再看看第二本过去账中的那个日本。那是在日本得以幸存于世后，为刷洗血迹斑斑的罪孽而精心包装设计过的一种自我粉饰。一如前述，最初，对那一切知之甚少的西方世界还曾以为，那些看去较西方文化别有一番韵味的花道、茶道、书法，以及俳句、水墨画等珍品中的文静优雅、古意盎然就是日本文化，就是东方悠久传统文化的代表。惊艳之余，还真曾让日本不小程度地达到了其自我粉饰的目的。但是，这一本过去账上种种文化艺术上的宣传，虽在一段时间里光鲜夺目、美轮美奂，却终不能长久。以书法为例吧！书法是基于汉字的一种艺术。直到公元 8 世纪初才学成汉字，并以之写成一部国家历史的日本，有资格向世界炫耀在文字上须积累几千年才能形成的书法艺术吗？对能将此一基础拿来当书写工具使用者而言，学好用好已属不易。凭那点基础，又怎能将之说成什么"自家独创"的一门"传统悠久"的书道？

这些搬到欧美人面前，或可赞可赏，或可学可摹，但拿到中国人跟前，无异于班门弄斧。哪用得着饱学之士，便是几位西方汉学家们稍一发声，日本那些俳句高手和专家们也就绝不敢再自吹自擂了。曾经时髦过一阵子的"美俳""法俳"自然随之同欧美人餐桌上最常见的一道道猪排、牛排一起，被排比到一堆儿去，成了人们饭后茶余的笑料。

真所谓"成也出诸口，败也口由之"。对那种种书道、艺道、俳句什么的，已有点被说得天花乱坠了，"起自上古"云云的怀疑，由此而起，直逼得日本的这批玩家们不得不寻找遁词应对一番。他们放出声音来，汉字、书道等自是源于中国，但当中多有出自日本"自己传统"的新创，是推陈出新的一种融合，却不能说全属于"拿来"。这里所谓的"自己传统"或"推陈出新"更引起人们的反感。就书法而言，也只是在"假名书法"兴起之后。而"假名"的产生，本身就是在汉字身上劈出一半，或拉下一边傍使成。古代的日本人视大陆王朝为"天朝"，对高低端俗之间的关系自是分得明白，又受大陆传统观念的熏染，对"尊严""面子"等领会得也还是蛮深的，尚不至于因攀附而至僭越。在当时，他们就谦卑地将之唤作"假名"——这也只是八九世纪平安时代中后期的事，云何"上古"？假名既是取诸汉字，考其起源背景全在大陆，纯属"拿来"，又云何"自己"？

可起疑者们的心态却又更有不同，原因是，内中"自己传统中的新创"一说似曾相识，且印象又一直不曾淡化。尤其日本人独有的那种俯首舆论，却又暧昧于两可之间转圜：一面半吞半吐地认一点账，一边又强调那当中有自己传统中的新创等。所以，此说一入耳，前事的记忆即被唤醒。现今日本许多风靡世界、精巧华丽的产品，也是他们从西方"拿来"，再加上与"自己传统"的融合，"新创"而成。所不不同的是，先前所为，赚的是大把的银子，使自身成了经济大国，而此番想赚得的，虽只是一个改善形象和得居文化大国地位的名声，却事与愿违：异见频发，横生出这么多节节枝枝来。

日本真的有那么多"自己的传统"吗？这些古色古香、精致典雅的艺术品和抹上一层厚厚的艺术釉彩的晶体管、索尼机，果真是饱含着他们上古时代"传统"的宝物？而且，向日并没有十分在意的一些传言，诸如"日本人最上手的功夫便是'拿来'"，诸如"日本民族擅长模仿而拙于独创"，诸如"没有深厚底蕴支撑的民族文化，根本不值得一顾"……此时也如雨前的风，拂拂然，飒飒然，起于四隅，让人们的肌肤与心灵上，渐渐都有了些感觉。颇为世人闻知的，便是日本政客得以参加国际经济大国俱乐部以来，在极具世界目光，又有相当文化底蕴的法国政治家，如戴高乐眼中的形象。20世纪60年代，日本首相池田勇人沾沾自喜地以大国首相之身份访问欧洲，在爱丽舍宫会见戴高乐，热情洋溢、眉飞色舞地向这位法国总统介绍了日本工业的进步、商品经济的繁荣。等池田勇人离开之后，戴高乐对手下说，"我怎么看都觉得这个人不像个首相，而更像是一个推销晶体管和收音机的商人。"

一旦起疑，身不由己。人们的将信将疑与一探究竟的兴趣同时并起。况且，历史和蕴涵其中的文化艺术本就是最足吸引人的一大话题。

（二）国史馆内令人吃惊的爆料：古文献库馆内空空如也的"0存储"

于是，众多前往日本的兴致十足的人流中，便又新增出这一部分身影来——只要得着机会和时间，参加文化交流的、进行经贸活动的，或干脆径直地做"列岛一游"专题探访的……战后名目繁多的"日本学"等机构或团体如雨后春笋般迅速扩展，很大程度上，还是由于日本人自己吆喝起来的呢！

于是，美术馆、博物馆、文史馆、图书馆，直至宫内厅控管的皇城府第京都御所等，只要是对外开放的，都不放过。日本文物文献的保管，除按文物文献的等级分类，还有按保管馆所等级的分类。只是，凡到属宫内厅掌管的京都御所、桂离宫等处参观，另有一种须提前相当长一段时间向宫内厅提出的预申请填报制。如京都御史，春秋两季之外，一年只允许申报两次，每次须提前一至三个月填报预申请。收到准许参观许可证后，按规定，须在指定的一段期限内进入。如预申请未被获准，连发问都只能得一个"无可奉告"或"无可查考"的答复，比获得入国签证还繁严。至于战前列为禁区的神社内的文物文献，至今还带着不少神秘兮兮的味道，其开放方式各有一套规定，更不是境外人一时所能搞明白的。笔者就曾不知有此等种种规定，到了门前也吃了闭门羹。

总之，从文化学术交流活动的发言、会后的交谊接触，或经由那些探访者发表在各种媒体上的文章等各种渠道获知，经过相当长时间，如此这般的一番探赜索隐、叩同问异的周章之后，却并没有发现一件其存在年代数千年，可称作"悠久历史"的艺术珍品。以西方人最感到与其油画迥异因而特有兴趣的水墨画为例：在室町时代才产生了专门的画师（即有着禅僧身份的画僧），这才有了花鸟和山水的水墨画。在如掘、周文之后，出现了雪舟，才算完成了有日本画样的水墨山水。但室町时代已是中国元明时期。即使上溯到平安时代模仿朝鲜的佛像人物画等，也只是在唐宋时期，与"上古时代"云云的渊源连边都沾不上。

　　好在古代的艺术珍品之作多具有艺术鉴赏与史料的双重价值，因此，他们在寻觅艺术珍品不得的同时，还迂回着，试图从历史文献或相关文字资料中去探寻那些瑰宝的踪迹，却发现，上述各处的档案库柜中，竟均无相关的片纸只字可见。为证实那些出发地虽大不相同，结论却并无二致的上述各说确实无误，笔者特地查阅了日本著名历史学家井上光贞的《纵观日本文化》一书。该书作者曾对日本全国 10 952 件有形文物（包括建筑、绘画、雕刻工艺品、书迹、典籍、古文书、参考资料、历史资料等文献）中列为国宝级的1026 件进行了考察，并列出了一份统计报表，那些属于前述宣传家常挂嘴边的，所谓上古时代艺术珍品的相关历史文献资料，毫无疑问应该都列在其中，可报表的"历史文献"一栏里，竟赫然显示着一个空洞的"0"——空空如也，确实什么也没有。

　　井上光贞先生为人直言慎行，是日本极有影响的古代史学者。该书得到文部省文化厅"国立历史民俗博物馆设立准备室"的栗原治夫、周山茂弘等专家的帮助，并为全书担任校阅、监修，提供统计数字的国立博物馆（计有三处，分别在东京、京都、奈良）、国立文物研究所（计有两所，分设在东京、奈良）、历史民俗博物馆

（设在千叶县佐仓），均为保存国家重点文物、国家级文物的主要场所。笔者做如此一番罗列，只是表明该书统计数字来源可靠。与那些掩盖历史真相，乃至伪造历史史实的人物相比，井上先生不渎史家天职，如实公示代表国家形象的文献史料真情的风范，直可追比中国秉笔直书、垂名千古的史家司马迁，值得尊敬。

人们想从日本古代历史文献中探究这些艺术珍品来龙去脉的希望也落了空。可资构成这个国家历史真实状况的那些文献史料空空如也。"日本没有一部完整的国家历史，日本古代史更是一片空白"的说法早有听闻，但从这么多专业收藏库馆的实际探访中，直面暴露出来，却仍是令人大吃了一惊。

当初的起疑者并非多疑；众多起疑者们的心态由此也终于放平：果如所疑嘛！哪里会有那么多"自己的传统"？连日本古代史料文献，也只是一个"0"，则上古历史之悠久云乎哉？古韵典雅的俳句、上古书画珍品更胡为乎来哉了？原来，说日本是"一个没有古代史的古国"，并非一句戏谑的挖苦。

一场以仿品、赝品，乃至映画影像的镜头中物僭代大雅的闹剧终于收场。尤其是拔出萝卜带出泥来的那一条意外的爆料：向日夸耀自己历史如何悠久的日本，其全部的古代历史竟然是一无所有的一片空白！

二、说空白：成因与真相

（一）日本古代史千年空白的真相

日本从公元前 3 世纪进入文明社会，到建成大和政权，已有长达近千年的历史。如此长长的一大段历史，怎会没留下一点文献史料呢？这就要从它现存的一部国史《记纪》说起了。

《记纪》由《古事记》和《日本书纪》两书构成。《古事记》今译"物语"，即"古代传说"，其序文（也称"上表文"）和正文均用汉字书写，其中的歌谣用万叶假名书写。《日本书纪》被称为"日本编年史"，全部用汉字书写。两书合称《记纪》。该书主要由太安万侣等一拨史官奉敕编撰，前后耗时三十余年成书。当时主政大和政权的是排序第四十代的天武天皇（如据史实，此时《记纪》尚未成书，并无"天皇"其名，应是"倭王"。此处为叙述上的方便从俗）。这位通过一番极费心机的"壬申大乱"登上宝座的天皇，据说是一位极具才干的人物，因为经历了国内外两场大战乱，深感执掌天下的不易，唯恐失手易主，在位十四年间，废除了太政等权重大臣后，再未任用过一个大臣，内外大事小事一手作主，大权独揽于天皇并皇族，建立起一个以大陆王朝为样板的中央集权国家，并由此萌发了强化皇权，确立天皇绝对权力和权威的向往。这位事无巨细、样样学着大陆王权，唯大陆朝廷是范的天皇，除了当时的大唐王朝，还颇知道不少唐朝以前诸王朝的历史。此前，中国的前四史《史记》《汉书》《后汉书》《三国志》已陆续传入日本，且在培养皇家学人的大学寮中成为教材。天武天皇对其祖文化所在的大陆文化固然崇拜得五体投地，但对其王朝的每每易姓、改朝换代却又颇不以为然。此人皇欲皇权极强，不但坐稳了江山，还要使这江山万世一系地由他一家独坐，并将此意写进历史，使这万世一系的皇权加以固化。奉旨执笔撰史的诸臣唯唯。不过，也有言在先：如此奢欲，民间凡人断无可能，只有天上的神才能摆脱兴衰荣枯，保持皇权的永世长存。

此说正合天皇圣意，着即以敕令颁行："斯乃邦家之经纬，王化之鸿基焉。"此之谓也。这便是《记纪》之所以满篇"神国""神话"的由来了。

从大唐获知，编撰国史是一件浩大的工程，包括建国史馆、设修史官、征集史料等，兹不一一备述，这里只讲与日本上古史料是一个"0"相关的事，也即其当时史料的来源。考证这来源，计有两大块：一块是国内各统辖小国，即大和政权当时治内的五畿七道诸国拥有和保存的旧王族的"帝纪"和"旧辞"，乃至豪族的"墓记""风土纪"，以及"寺庙缘起"等；另一块，是国外的，来自朝鲜半岛各国及大陆王朝的文献，特别是从纪元前3世纪日本列岛开始接受中国文明的开化，与大陆历代王朝或渡来人的往来，以及此后各倭国接受大陆王朝的册封、受赐等方面的记录文字资料及文献等。

其入史的取舍，概与修史的宗旨关联。则前一块的资料中，能符合圣意的可取者寥寥，其凡不合圣意的，便概予删削改写。有与上意抵牾乃至持反者，则或予冷置，或予隐毁，无有善存善终者，以为另撰另构合于圣意的神话让出空间。凡列入另予处置的文献，经年以后，便以兵燹、战乱、迁徙散失等为由（事实上，当日日本列岛各小国间的内外战乱的确也从未停息过），再无人得见其踪影。堂皇其名的国史馆库内，除毫无史料价值的一部《记纪》及其编撰过程中的敕令、文书与上表等，不见其余。其实，据山中顺雅在《法律家眼中的日本古代一千五百年史》一书中揭示，四十代天武的正室四十一代持统，也曾强迫巨势、春日和大伴等十八个氏族交出记录有祖先和谱系的《墓记》。四十一代持统的这种做法与四十代天武让旧王家交出《帝纪》《旧辞》，取舍之后予以毁散的做法如出一辙，旨在不让那些与《记纪》内容相悖的资料留存于世，这些资料若留传于世，对天皇王朝、神皇神统绝对有害。

这里还只是其统辖国内这一块儿的情况。至于来自朝鲜半岛各国的史料，特别是自日本文明开化以来，列岛诸倭国与大陆王朝或渡来人等往来的文献资料，凡属册封王位，略予垂青者取，其余概予摒除。为使《记纪》所建之时代与日本的史实不致相去太离谱，凡须提及那一时代的社会情状，而不得不参考中国史籍，如《三国志·倭人传》中内容者，也全部加以涂抹改造，务使不露移抄自中国的痕迹。

综上所述，从最初的《记纪》编撰人员对以上两大块文献资料所做的涂抹、隐毁或摒除等"技术处理"，以另构的神话遮盖史实，以及此后历代掌控国史库馆者，沿袭此一掩盖史实的做法，便是造成日本古代史空白的最主要致因。

为掩护其制造空白的种种行径，及持续掩遮日本古代史的真相，行事者们尚有其他种种手法，在此也顺带予以陈列。其一，他们将可以通过技术性操作处置的文献资料处理完毕后，对那些昭然于大地的皇陵古墓中可能埋藏的文献文物，则如前述，直至今日，仍以皇祖陵寝不可骚扰为由，严禁开挖。即使考古学家出于研究需要，也只能在获得宫内厅批准后，方可进行外观式的考察，连触摸都严禁，遑论开挖。此行遂被世界考古界视为令人匪夷所思的咄咄奇闻。除此高调强行规定的手法，另外可见于报刊公开揭示的，还有种种相反的低姿态手法，即上海人所谓的"捣糨糊"的手法：故作谦抑，自认"少文"，承认文明起步迟，上古其时，尚无文字可资记录，承认确有一个"阙史时期"；甚至谦卑恭顺到承认日本人自己也搞不清楚这笔上古时代的糊涂账……以此达到浑水放鱼、净收自如进退之效。总之，可予搪塞推托的，尽量搪塞推托，推托不了的，便淆乱黑白，装愚作傻。更多的则是"查无此件""无可奉告""等因奉此，不便多说"地一推了之……给人们一种无所不用其极的印象。

（二）假作真时真成空：遵旨造假取代真实

至此，可对那些曾做过探访的朋友们做一回顾，各位在那些库馆入目所见的，确是一片空白。但那都是人为制造的一个很大的假象。真相则由于上述那一拨又一拨的史官们及国史库馆的掌控者们的作为，被严严实实地掩遮了起来，且这一遮，就是一千年！至明治时代，神国神统、万世一系的皇国思想更为膨胀张扬，不但强令全体国民接受，更向世界公开吆喝起来，并将之写进《宪法》，写进教科书。即使学者教授也不许对之说三道四，更不用说直面质疑了。此后的"菊禁忌"（此处的"菊"指皇族皇统）更明示国民，凡属神国皇系的事一律列为禁忌，绝对禁止在一切"闲话"中冒犯言及，违者皆以不敬罪论处。二战期间，《记纪》中那征服世界的"八纮一宇"思想，更明目张胆地将天皇演绎成为"现人神"（按《记纪》神话，当政的天皇乃万世一系的神国皇子皇孙在世间的现身）。昭和天皇所有对内对外诏书、敕令中涉及日本古代历史的公开用语，并及国内所有的历史著作、历史教科书，一律取自《记纪》。显示历史真相的原典历史文献史料全然失去了其可存可在的容身之处——这种将历史一步跨入明治和昭和时代的种种作法，只是为了说明日本当政者此一驱除真实，掩盖历史，另在其上构筑神国神话这一自命自恃行径的沿袭之久。这种代代沿袭的劣习致使存放文献史料、堂皇其名的国史库馆，早已形同虚设，而且事逾千年之久，掌控也越见其严。只是在不明此一情状的国外探访者，对之"动真格"的直面探访之下，才露出了真相而已。战后，驻日盟军严厉地明令彻底废除《记纪》中伪造的神国神话及其产儿——第一代神武天皇。由此，天神派遣人世的"现人神"裕仁，也被迫自揭其底，以"人间宣言"的形式向全世界承认了神国神皇之伪说，回到了人的本位。照理，《记纪》的造神假面一旦被撕下，历史教科书中神国神皇等神学的内容一旦被抹掉，建构神国的鸿基已然倒陷，先前毁失之外，隐匿私藏各地神社、寺庙、各处神宫并今日皇室、宫内厅密室内的，具有原典性的文献史料，应该统统回归其应在的国史库馆，并亮相于国人世人了。然而，事实却并未如此，当政的右翼政客心怀叵测；加之尊皇保皇的皇国右翼分子千方百计地拖扯、牵制，阻滞重重，足以显示历史真相的史料至今未能重见天日，各国史库馆内的文献资料仍然空无所见。

《记纪》在制造空白，摒除中国在那长达千年的历史中，对日本进行文明开化史事的同时，更怀有一种表面纳贡臣服，实则逞强，暗中却与中国抗衡之心，这又足以从另一个侧面证明其"虽未明言却行其实"的摒除作为。这在日本国立民族学博物馆馆长梅棹忠夫对《记纪》其书的揭示与批判中，可以充分见得。且让我们先听听他应法国外交部邀请，在巴黎向公众就日本历史文化问题做演讲时，以《记纪》为专题的那次演讲。这位梅馆长在演讲中开宗明义地对《记纪》做了毫不容情的否定，指出该书除满篇神国神论，"根本没有史实可考"，还就《记纪》与中国的一些关联做了点评，尤其是在《记纪》中，编撰者带着强烈的民族主义因素，"意在表明日本是一个有辉煌历史的古国，它的每一位君主、皇帝和女皇都是这块土地上唯一的合法继承人……尤其力图说明，日本并不是中国的一部分，它有自己的主权，是一个独立的国家"那一部分中所显示的（见梅棹忠夫著《开启日本文化的奥秘》一书）。所以，在《日本书记》成书时，编者们就特意将"日本"二字加进书题中去。这一在史籍书名前加以国名的做法，在当日的日本，以及它在撰写国史时，无论体例、格局、形式都奉为楷模的中国，都是从无先例可见的。从中已分明可以看到，其强烈地想向周边国家显示自己已然是一个独立国家的意向。这是只有立足日本民族的正常心态，才能感受到，而且又只有能持一个史家的正直与良知者，才能将之演说到位的观点。

《记纪》成书时（公元720年），正值第七次遣唐使（此次遣唐使中，便有日后留唐不归、仕于唐的阿倍仲麻吕——唐名"晁衡"其人）西渡之后，学习大唐热情虽多，所获也日见递增，但毕竟尚是一个刚进入文明世界未久、羽毛未丰的国家。小有所得，便有着一种急切想要表示自己已经"能展经纶"之心。此一情状，颇类一个入世未深的十八九岁的小青年，一方面，已见到了世界之大，明白自己亟待学习，一方面又因已进入高等学府，学到了一点东西，有了一种急欲告诉周边人，自己已然有着一种像模像样的"存在的价值"。这确有一种超过事实的自大之态——如梅棹忠夫所言，仿佛已是一个"有辉煌历史的古国""一个独立的国家"等。因为其时的日本尚属一个受大唐册封的藩国，即使改一个国名，还须经过大唐王朝的恩准（此一更改国名的史事，后文另有详述）。但它当时的这种表现，还未到该受斥革的地步，故大唐王朝也未予理会。与此后发展到成为强梁，发动侵略战争，成为战争犯罪国家，终于在酷烈的打击下，屈膝投降尚不可同日而语。

三、空白的背后：一个被遮掩了千年的伟大时代

（一）弥生时代与吉野里遗址

1. 浅说弥生时代

经后世史家们长期的研究，已从文献与考古学诸多方面的发现证实，其实，那个被《记纪》作者们用拙劣手法或隐或毁、或散或失、或干脆予以封闭摒除致成的大段空白，并非真正的空白，只是他们人为制造的、遮人耳目的一个假象。其真相，则是被这一巨大的人造空白掩遮一千余年的一整段历史时代。其前期，即前述史称的弥生时代，也即从它接受大陆文明开化，进入文明社会；从原始族群到部落，再到部落联盟的百余小国，以后，便是统辖其中三十余国的邪马台国，直到大和政权建成前的一整段历史时代。

已如前述，弥生时代是日本历史上明耀煌煌的一个伟大时代，正是由于这个伟大时代，才有了从蛮荒蒙昧到文明开化的飞跃，才有了大和民族，才有了今日日本这个国家。这也正是本书要向读者

详予介绍的一大主题内容。由于那一大段空白的假象，以及操纵者李代桃僵构设的，那由冒填空白，满篇神话造成的一片迷茫与障碍，才有了后世千余年间直至于今，那事关日本古代史说法上的种种翻来覆去的折腾。本节行文至此，正可对这一被掩遮的真相，在千年空白中存在了六百余年，并将其与余绪直传至今的一个伟大时代，先期做一简要的介绍。

弥生时代又称"弥生文化"，是日本历史上极其重要的一个历史时期，其名起于一件地下出土物。1884 年，在东京都文京区弥生町出土的一件陶器，揭开了前述的这一伟大时代帷幕的一角。这件罐型陶器非常精致，其器身圆润细薄而又坚硬，饰纹简素而淡雅。如与原始时期出土的土陶器同置一处去看，如同市场上的细瓷器皿之于土坯瓦罐，一眼即可辨出其为全然相去极远的两个时代中物。这从其几何外形上也可看出：诚如著名的历史学家，京都大学名誉教授井上清在其《日本历史》一书中指出的，后者是原始时代人徒手抟捏制成，圆，不能称其为全圆的土坯；而前者，则是文明时代中人，用先进的辘轳陶轮旋转加工而成，圆则犹如圆规划定的成型物。据井上清的研究，在当日的氏族公社中，已有了专门生产此种陶器的人。经测定，出现这一陶器的年代在公元前 3 世纪左右，相关的历史时期便也被称为"弥生时代"。

特别是，与制作细致的弥生陶器处于同一文化发展时期的日本列岛，还出现了只有高度发展的文明社会才具有的，稻耕农作与金属工具的出土物。正是这两类出土物的出现，日本列岛弥生时代的序幕已然掀开。已如前述，如按社会发展史的一般规律，稻耕农作与金属工具的弥生时代，从日本处于采集渔猎的原始绳纹时代起，需要数千、上万年，乃至数万年时间才能到达。可在日本列岛上，这一时间只是在公元前 3 世纪到公元 3 世纪这短短的数百年间便完成了，井上清先生在《日本历史》一书中所说的"绳纹文化的进步是以千年为单位计算，但弥生文化的进步之快，甚至以百年为单位计算都有些不妥了"指的便是这一点。这表明，日本列岛在从原始社会向文明社会发展的道路上，出现了异乎寻常的巨大飞跃。如果说细瓷式弥生陶器的由土坯式原始陶器演变而来，即使是跨步极大的飞跃式发展，至少也还有一个实物上的踪迹可见，而那标志着高度文明社会中才有的、毫无形迹可寻可见的水稻和金属工具，又是从何突现而来的呢？

面对这种社会发展史上绝无先例的、巨大而无可名状的飞跃式发展，即使是训练有素的专业考古学家和历史学家，最初也只好瞪大了困惑的眼睛。如东京大学那位著名的历史学家泉靖一教授在他的《日本文化的源流》中发出的那个著名的"惊叹"："稻作农耕于日本出现，是在公元前两百年前后……日本文化的起源与稻作农耕之成立有很深的关系。但以采集狩猎渔捞为主的绳纹时代的文化，竟能将长期停滞（有八千至一万年之久）的情况克服，突然进入稻作农耕的高度文明，同时在短期中发展为具有高度文明的生活，此是一个很大很大的、历史的、考古的疑问。"

请注意，为提醒世人的关注，这位教授在"疑问"二字之前，还异乎寻常地加上了由一连串极具分量的修饰词组成的一个长长的定语："一个很大很大的、历史的、考古的"云云。

在一连串的惊叹、探究、寻觅无果之后，这个突然进入的稻作农耕的高度文明是来自列岛之外，已可肯定。那么，又是来自哪里呢？放眼四周，上古时代列岛的北边，是冰封千里、一片荒凉的西伯利亚，其与列岛虽地块相连，但本身尚处在草昧未开的时代，自无稻耕与金属工具传来的可能；东面是浩瀚无垠的太平洋；南面是太平洋最深的马里亚纳海沟及海沟之上的马利亚纳群岛以及更南的南洋群岛，较之西伯利亚，虽气候温湿，适合农耕，但其文明发展，也尚在原始时代。早已进入文明社会，且具备输出条件的，只有西边的中国大陆了；其时的中国有远远高出周边任何一国的文明积累，又正当从战国时代进入大一统的秦帝国时期，农耕并技艺等方面都具备了当日世界的最高水平；地理上，与列岛的距离仅一衣带水。尤其是这一结论从列岛自身历年地下的出土物的研究中也得到证实。日本北九州地区是弥生时代出土物最丰富的地方，这里也是日本列岛距离中国大陆最近，大陆移民最便于到达与止住。这一地区有明海畔的低温地带，气候温和，也最适合于水稻种植。在北九州福冈县八女郡长峰村岩峰居住遗址，曾多次发现烧焦的炭化米块。福冈市附近竹下驿遗址，也有烧焦的炭化米和弥生陶器碎片出土。在位于那一带的唐古地区的遗址中，与弥生陶罐同时出土的各种农具，如木柄的铁锹等，都说明了那一时期的日本列岛已经进入了稻耕农作时代。

其中的木柄铁锹，是中国农村最常使用的工具，其头部如刀般锋利的铁器，连其木质手柄，俱是中国样式。从同一遗址中，还出土了不少脱壳用的臼和杵。彼时，这种农具也只有大陆上可以见到。此外，福冈地区今川遗址中，与板付弥生陶器同层出土的铜镞和铁镞，与上述的铁器等等金属器物，均非日本列岛固有，经考古学家用当代科学手段验证，都是公元前 3 世纪的大陆物……凡此种种表明，弥生文化乃大陆文化，也即日本弥生时代这一历史时期是在中国大陆先进文化的影响与开化之下，以飞跃的形式进入的。

2. 吉野里遗址——弥生时代源自中国的最有力的物证

1986 年开始挖掘的北九州佐贺地区占地广阔的吉野里环壕遗址，是日本列岛出土的弥生时代大型遗址中规模最大、形制最完整、出土物种类最多的一处，为弥生文化的研究提供了一份最有力的、最新近的信息。该遗址位于日本国九州北部佐贺县的吉野里丘陵上，是一条南北向的土岗。从 1986 年开始，在 50 公顷范围内进行了全面发掘。1989 年 4 月，因突接政府一纸公文，从暂止至结束，全部被列为美其名曰的保护区，并被指定为"国家史迹"。从发掘范围内出土大量古代遗存，其中以弥生时代遗存为主。共计发现由内外壕沟所环绕的环壕聚落，包括半地穴式房址 350 座、干栏式建筑址 60 座、窟穴 260 个、墓葬 2350 座，还发现一座大型的坟丘墓。聚落遗址的范围达 25 万平方米，由内外两条壕沟所环绕。内壕发现 4 处排列成长方形的柱洞，可复原成高达数米的木构望楼。壕沟的外侧堆土成垒，上面树以木栅，即所谓"城栅"。以上的环壕、望楼、城栅，代表一套严密的防卫措施，均与中国历史典籍《三国志》中《魏志·倭人传》所载的"居处宫室楼观，城栅严设，常有人持兵守卫"一致，已俨然有中国城郭样式一般。遗址的文化遗物相当丰富，弥生中期以后的石制工具和武器已逐渐被铁器所代替。弥生后期还发现铜剑、铜矛等，表明同农耕农具已有了明确的区分。

中国社科院考古所副所长安志敏先生在一次演讲中表示，吉野里出现的规模宏大的环壕聚落和坟丘墓，为弥生文化，为日本文明的根之由来的研究提供了一份最有力的地下出土物方面的佐证。

吉野里的出土物与历史典籍《魏志·倭人传》的记载基本相符，更为历史上弥生时代的邪马台国的存在及其由来，提供了实物与文献两方面的证据。使邪马台国的历史完全可以被视作可信的历史。关于弥生文化的社会形态，历来有不同的见解，但《魏志·倭人传》所记载的邪马台国和卑弥呼女王更为人所关注，原因便在于此。吉野里遗址是弥生文化向中后期延伸的具体代表，是在其前期基础上发展起来的。从绳纹文化到弥生文化的变革，主要由于来自大陆的移民和其所携文化的影响。安志敏先生在那次演讲的最后，为吉野里遗址开放参观后不长的时间内，涌往参观的人数竟高达数百万而感到吃惊，表明人们对它有深层次的、历史性的认知。吉野里遗址绝不能仅仅看作是 2000 多年前的一桩古代的地下遗存，而应该从其内涵的历史容量上看，也即看作是那一时代确确实实存在过的最有力的物证。谁不想知道自己先人生活的邪马台国是一个什么样的国家？这些先人都是生活在什么样的环境之中，又是如何从那一时代走过来的？那可绝不只是一种简单的好奇，即使美国前总统奥巴马，如此一位时空感极强的人物，在获知自己先人所在地是肯尼亚的科盖洛时，也会禁不住想去亲眼看一看呢！

这从此后见到的，吉野里遗址挖掘现场担当主干七田忠昭，得地利之便所做的最切近考察与研究的结论中也可看到。他在《徐福上陆传说地——佐贺平原上出土的中国城郭》一文中写道："《史记》有载'徐福得平原广泽，止王不来'。这个平原广泽，究竟在何处？它应该是弥生时代初期率先接受大陆先进文化并得到发展的地方，同时也是广大的，适合于农耕的肥沃平原……佐贺平原肥沃广大，除了有明海沿岸的佐贺市诸富町以外，金立山麓附近的佐贺市的金立町一带，也有很多的徐福传说流传下来。吉野里环壕遗址横跨佐贺县神埼市和吉野里町，以其为中心的佐贺平原上的弥生文化，从诞生至发展过程之中受到中国文化很深的影响，在'平原广泽'的良好环境下得到了发展。最后还建造了一个像吉野里这样有着如中国城郭的弥生都市，我们可以在其中看到以徐福为代表的中国文化流入的实际情形。"

在听过安先生的学术演讲后不久，笔者也有了两次吉野里之行。在第二次吉野里之行的一次交流会上，给我留下极深印象的仍然是参观的人数。在做完遗址挖掘过程的详细介绍后，担当主干七田忠昭告诉与会者，吉野里遗址自向公众开放以来，参观人数直线蹿升，到 1999 年年底，到现场参观的人数已达到 1200 万！七田先生在公布这一数字时，语调里显示出了一种不加掩饰的自豪。这位毕业于日本国学院大学文学部史学科考古专业的担当主干，远较一般人更懂得吉野里环壕遗址历史意义之所在：它填补了日本历史的千年空白，使人们知道佐贺在日本文明发展史上率先进入文明的那段光辉的既往。还有比这个更令佐贺人感到自豪的吗？

佐贺人对一切与弥生时代、一切与徐福关联的事物都有着一份比其他所有人更亲切、更动人的自豪与关注；还因为，他们不愿辜负那庞大得简直令人难以置信的1200万颗身不由己支持着他们的人心。

其实，在1200万这一动人观瞻的辉煌背后，却有着不少不为人知的暗面。这里指的是，耍尽手段暗中阻拦这一历史真相的揭示，阻止这一辉煌显现的一群人的作为，以及由此而引发的义愤与抗争。然而，这些暗面的未能得逞，反而更衬出吉野里的辉煌。阿列克斯·科尔在《犬与鬼》一书为日本读者所作的题词，便是其情其状的显示：这是最令人愕然，最让人瞠目结舌，最诡异，最令人困惑，最罕见，最无法预知，却又是最平常（就这伙儿人而言，干起来，如臂使指，得心应手，自属最平常）的事。他们那一连串见不得人，因此也最不为外界所知的小动作，在不知其底里者的眼中，简直匪夷所思。这里仅举两件。其一，已如前述，是发生在笔者的第一次吉野里之行，挖掘工作按担当主干的设想与计划，正全面铺开，如火如荼。在尚未对外全面开放之际，忽然凭空从上方飞来一纸"告知"与"说明"："……挖掘将于某年某月终止。"（对考古者而言，这无疑等同于封杀）。初接此重任的七田忠昭毕业于日本国学院考古专业，深知此一遗址历史价值之重大，闻知获任此职之初，即按其图上展示，详详细细地做了一个至少20年的长期设想，以全面铺开、分区、分片地对出土文物做逐件地下细考察；以期揭示其全部的历史价值所在。一如初进敦煌，因惊讶于其古代历史百科全书式的内涵之富，即决心与之共此一生的常书鸿。是的，七田已做好了将此生奉献于斯的宏愿。未料，半途竟接到一纸如此这般的告知（详情见引言所述）。

笔者的第二次吉野里之行，挖掘工作早已"结束"，且遗址已被冠冕堂皇地定名为"国家史迹公园"。在之后的一次交流会上，笔者听到参加会议的佐贺县议员太田记代子在发言中讲道，她对今日有1200万人之众来此参观，固然有欣慰之感，但对当初开挖前，本县有关部门受到的冷待、不公，以至一直延续至今的才得见此一"成果"时，显然面有愠色，语含愤慨，艴艴然地竟因此而激动得流下眼泪来。深受感动的笔者于会后特往采访太田女士，以及她新近特地请来教授她中文的一位研究生。凭借这位同胞热情、详尽而又到位的译述，从太田女士的介绍中，笔者竟又得知，原来吉野里遗址早在20世纪30年代就已被发现。由于上述种种语焉不详的推诿，故作的隐约、含糊，及外界不明其底里的原因，拖至今日，才终于得以挖掘，并现身于世。在吉野里遗址初为人知即遭层层拦截，到其虽经开挖却又屡经磨难，终至在未毕全功之前便横遭封杀夭折的过程中，她感到了一种不义与不公。现在，此地虽被包装为貌似宏阔的"国家史迹公园"，她仍为其过早遭封杀，未能尽显其最重要的、自身蕴涵的全部历史价值而耿介于怀。

那是一次有来自世界各地人士参与的国际性交流研讨会，太田女士并未被安排在大会发言的名单中，属于自由发言。但在她那颇具揭露与批判意味的发言中，由于其措辞的率真与恳挚，其声情的俱动于衷，大有请自隗始之慨，令与会者无不为之动容。

对非善、行坏，直至阴阳两套，躲在不见阳光处下狠手的那一伙人，从起而谴责到口诛笔伐，越是在涉面宽泛的场合，越见其意义的深远。正义者的沉默意味着对作恶者的默许乃至纵容——太田女士显然站得比常人更高：她为执政者妄图掩盖历史真相的卑劣行径生出一腔义愤，理应受到礼赞——由于执政当局如此种种作为一直未受到严厉的谴责，多年以后，果然就有了井上亘在其《虚伪的日本》一书中，对日本古代史已面临存亡之秋的浩叹与警示——已于前述，进入 21 世纪 10 年代后的日本当局，竟以学科改组为名，索性将大中学校里的古代史讲座全部叫停，连古代史的传授与揭示都被彻底予以封杀。

岂止为获得关于吉野里遗址开挖前这一份极具价值的背景资料而心怀谢意，笔者更为能眼见到此一正义之举而深感庆幸，而感喟不已。正如科尔所言，只要还有这样一些身怀正义的人在，日本的前途，或许仍有被扳回到正道上来的可能。为此，当时笔者在采访之后，特邀太田女士并她的中文老师合影一帧，以作见证的纪念。

后来，我在七田先生相赠的大作《吉野里遗址》一书的附表中，看到了相关部门为此提供的统计报告，这 1200 万参观人数的精确截止时间是 1999 年 3 月末。统计报告中还附有统计人认为值得一提的，前往参观的人群中赫然载有的，上至皇族的天皇、皇太子夫妇，及于首相大臣直至政经学界人等的令名。笔者对此的吃惊程度远超当时听到安志敏先生发言提到数百万时。这哪里是对历史遗迹寻常意义上的所谓参观，简直是一个民族热情的蓬发。没有任何人的驱使，也没有任何组织出面动员，所有前来参观者听从的都是来自自己内心的召唤，不能自已。

1200 万人涌往一处古老的遗址。这里可不像北京的故宫、西安的秦俑博物馆，有一系列可资鉴赏的艺术珍品，而是地处西南边陲，对日本这片国土而言，堪称边缘之地的九州地区的一堆原始而古老的遗存。这分明已是一份狂热了。如果激动可以计算，如果热情可以丈量，岂止一国，世界量级的激动与热情都集中在这里了。上至皇族、首相、大臣，下至形形色色的芸芸众生，熙熙攘攘，络绎不绝。2000 多年以后，你终于可以零距离审视先人所完成的那一个飞跃，冥冥中仿佛见到那个开化的带头人及其随行者中，也许正有你的祖先，你的心如何能不被一种无形强大的磁力所牵引？这绝不是一时的好奇，你的心就这么受着曾受蒙恩的基因的躁动而情难自禁，一如奥巴马不辞万里之遥，前往其先祖生活过的科盖洛。

于是，我又想起吉野里遗址出土前两年，大海的对面，与其遥遥相对的古琅琊郡旧地上徐福故里被发现后，日本国土上的种种情景来。我忽然感到，此次吉野里狂热的喷涌正是那回热情的继续。也许，正是这一波又一波的热情，才使那群右翼人士因担忧造假的皇国皇统终于被识破，才干出那么多不齿于人的勾当。

（二）中国史籍《三国志》对弥生时代的记载

更有意思的是，连同吉野里遗址在内的如此大量的出土物，不但在日本列岛的实物验证上得到了它们是弥生时代中物的结论，在中国的历史典籍《三国志·魏志·倭人传》中，也找到了可资鉴照与比定的记载。这令日本的考古学家与历史学家们真有不胜惊讶之概。如环壕聚落的社会形态，在日本被确认是伴随水稻种植而发展起来的，吉野里发现的四十多个"邸阁"（贮藏稻谷的高床仓库群），在《倭人传》中竟都有记载："收租赋，有邸阁。"另如遗址中经复原而成的高达数米的木构望楼，及壕沟外侧土垒上的木栅，即《倭人传》中所记的"城栅"。其与环壕望楼、城栅组成的一套严密的防卫设施，与《倭人传》中记载的"居处宫室楼观，城栅严设，常有人持兵守卫"的中国式城郭完全一致。又如吉野里遗址中的墓葬形式，那以瓮棺葬为主的大型墓冢坟丘，《倭人传》中亦有明白的记载："大作冢，径百余步……"书中所记，犹如对遗址出土实物展览的对照说明一般。

为何会有如此惊人一致的记载呢？在于史实。

稍稍翻检一下《倭人传》成书的年代便可了然。作者陈寿的存世之期，正值日本弥生时代——原来是出自同一历史时代人物之手的记事，如同今日何建明等一干作家写下的纪实文学，多年以后便成信史。只是，一个是见诸吉野里遗址地下的日本上古时代遗物，一个是见诸同一时代成书的历史文献《倭人传》，其可信度自不待言。

此外，《倭人传》载："倭人在带方东南大海之中，依山岛为国邑。旧百馀国，汉时有朝见者，今使驿所通三十国……南至邪马台国，女王之所都……乃共立一女子为王，名曰卑弥呼……女王国东渡海千馀里，复有国，皆倭种。"及其"种禾稻……有屋室"两段文字中可以见出，该书对日本列岛从早期先民以孤悬海隅的山岛为国的落寞处境，直到其接受开化进入文明，以及渐次形成百余小国以来，文明程度越见其高的发展过程，也一一予录予载。

日本列岛自从与亚洲大陆脱开，成为孤岛，在旧石器时代，以极其缓慢的一种状态进化着。到新石器时代的八千余年间的绳纹时期，虽已是手执磨制石器的新石器时代，其向文明状态的进化仍是极其缓慢的，一如井上清在其《日本历史》中为之结论道："绳纹文化的进展是以千年为单位来计算的。"也即，仍是与兽类为伍的，以艰难而缓慢的步履踟蹰前行的时期。以列岛先民的寿命与生存期而言，仍处在抬头看不见尽头，一片绵渺、遥无尽期的大黑暗之中。日本先民在那一时代的进化过程中，支撑其举步的便在于一个"食"字。民以食为天，必先果其腹，方能生存，方能前行。其时的食物以捕捞所获为主，其他可资采集的瓜豆野菜等虽也有可得，毕竟还要受季节等因素所限。渔猎禽兽海鱼，费力甚巨且有危险。在草莽未开的时代，人与兽皆为大地的主人。人可食兽，兽也可食人，且猛兽之力，远胜过人，其时列岛先民生存的艰辛与危险，可想而知。所以，稻耕农作的传入使先民在很短的时间内，几乎是一步跨入地从一个大黑暗中，被送入另一个光明的世界。仅一个"食"字，就从朝不保夕的"与兽谋食"进入到有固定收获期的农作物可资果腹，这该是何等巨大的幸事。对日本先民来说，这不就是一个"突然进入稻耕农作的高度文明"以来"很大很大的、历史

穿越时空话扶桑，一眼两千年 兼说徐福及其时代文明的东传

的，考古的"价值吗？关于这一点，学者中村新太郎先生在其《日中两千年》中所作的"拯救了日本列岛饥饿的人们，揭开该岛一个全新历史新纪元的弥生文化的最大恩惠，便是稻耕文化的输入"的结论最具震撼力，要言不烦，一语中核。

一如前述，经近世考古学、人类学及历史学家们研究，已然见出绳纹时代与弥生时代之间，完全没有人类的认识史和历史进化过程中应有的承续性，也不见其发展前后的任何因果关系。二者之间是一个没有任何关联的巨大断层。也就是说，日本先民从"人吃兽、兽吃人"到"人兽分离"、有稳定的稻谷可食之间的过渡是跨越式的，是完全出乎任何规律与常识之外的一种奇迹。这才有了泉靖一教授要惊呼的那个"很大很大的、历史的、考古的疑问"。这一切不但在前述的列岛地下出土物中得到证实，在其渐次发展到弥生时代中后期的邪马台国，就看得更清楚了：从原始部落到旧百余国，直至统辖三十余国的邪马台国，已是普遍"种禾稻"的农业国家了。其时的列岛上人不但食有米、居有屋，所接受的其他方面的文明，也有了很大的发展，出现了"纻麻、蚕桑、缉绩，出细纻、缣绵……矛、木盾、木弓……珍珠、青玉……"等手工艺品；还因农业的发展和手工艺品的增多，各地集市和相互间的贸易也有了发展。邪马台国下属各国都设有贸易集市，"国国有市，交易有无。"除特定区域内的集市贸易外，还有远距离贸易，如对马国"乘船南北市籴"，一支国"差有田地，耕田犹不足食，亦南北市籴"……海行、陆路，已俨然有了颇具规模的商业活动了。虽无大商巨富，也足以调剂社会经济。

《倭人传》中有"人性嗜酒"的记载，岂止有食，这粮食还富足有余，有的小国已有余到可以以粮酿酒。其国之熙熙攘攘，已俨然一文明社会的模样。倘当日没有五谷百工东渡输往的开化与引领，没有如前述藤间生大所说的那一"划时代的进步"，没有如泉靖一说的那飞跃式的"突然进入的稻耕农作文明",仍处在"人吃兽,兽吃人"的那种社会状态中,不要说食有所余,甚至还有酒可享受,即使达到食可果腹,怕至少也得再过三五千,乃至万年。

从绳纹末期的原始社会到弥生时代中后期,已称文明,甚至可谓兴旺的邪马台国,变化之巨,于天壤之间。该时代的民众,可以说是从有初民以来的日本历史上最幸运的一代人。他们成了日本史册上最早脱离蒙昧苦难,进入人类文明社会的一群。美国民族学家摩尔根在《古代社会》一书中,将人类社会划分为由低级发展向高级的三个主要阶段:蒙昧时代、野蛮时代、文明时代。在更多的经典著作中,对这三个阶段又赋予了更浅显而明白的含义:"蒙昧"和"野蛮"是指史前的社会形态,"文明"则是指阶级社会。进入倭人、倭国、邪马台国之前的绳纹时代,正是日本的史前时代;而进入邪马台时代的日本,则分明已是有阶级的文明社会了。这从《倭人传》中的记载中便可见一斑:"南至邪马台国,女王之所都……官有伊支马,次曰弥马升,次曰弥马获支……常治伊都国,於国中有如刺史。王遣使诣京都……传送文书赐遗之物诣女王,不得差错。下户与大人相逢道路,逡巡入草。传辞说事,或蹲或跪,两手据地,为之恭敬。"

《倭人传》最具历史价值之处便在于这是日本弥生时代社会唯一的真实摹状,从而为那一时代提供了最有力的佐证。我们从中能看出何谓从荽茁未开到稻秧油绿的"突变",何谓从兽食人、人食兽的原始野蛮到食居相安、炊烟袅袅的文明社会的"飞跃",何谓从绳纹到弥生那两个毫无承续关系的社会之间的"划时代的断层"。

需要指出的是,这些并非笔者为文明民族对一个边夷的开化夸大其词,只是为它的际遇感到一种庆幸。日本先民遇上了一个千载难逢的大好时代:弥生时代前后数百年间的世界,正处在一个文明大提升的时代——是奇迹,是偶然,抑或是由于一种神秘之力使然，此处不做探讨，只说历史向人类所展示的那个时代。当时的日本遇上了一个深具能量与德性的好邻居。这便是德国哲学家雅斯贝尔思在其《历史的起源与目标》中所说的"轴心时代"。这个轴心时代被用以指称公元前 500 年（从公元前 800 年至公元前 200 年）为中心的那段历史时期，世界文化格局的新变化。这一说法因有一部举世可见的世界史明摆在那里，曾获得广泛的认同。据此说，这一时期，在中国、印度、波斯、巴勒斯坦和希腊充满了不平常的人事，人类文明取得了重大的突破。由于蓬勃的文化活动几乎同时各自独立地奠定了人类至今仍依附其上的精神文明的基础。这一时期，在中国，诞生了老子和孔子；在希腊，则有苏格拉底和柏拉图的现世。这一时期，中国哲学的各个派别如林兴起，是墨子、庄子以及无数其他哲人辈出的灿烂辉煌的时代。作为正处在那个时代东渡的大陆人，特别是作为其中一员的徐福等一流人物，深受当时稷下学宫中，驺衍等具有中国前所未曾出现过的海外思想的哲人的熏染，形成了那一灿烂时代中，不畏蹈海的一群。稷下学宫是轴心时代产生具有此种精神人物的典型学府。这世界虽大，可堪与稷下学宫媲美的，大概只有希腊的雅典学院了。那当中也曾产生过闻名的海上人物的先驱，这个由欧洲人自己去述评，这里就不赘言了。

与那一伟大时代相遇的亚洲最东端，仿佛被造物遗弃在与世隔绝的大海一隅的岛国日本，其时又正处在黑暗漫长、不知终期止于何时的公元前三四世纪的绳纹时代。一个不在人们视线范围的小小列岛上，一个正处在原始蒙昧的根本不起眼的历史时期的日本，因而得以沐浴那一伟大时代的圣光，得受开化于不止中国，同时又是具有世界人类精神基础这一高度的灿烂文化的启迪，这实在是日本民族极大的一种幸运。其所获得的划时代伟力的推涌，已如前述，就不再多论了。这海外文明对当日日本列岛上的先民来说，其神力、其神奇性，也许只有用今天科幻片中常以无限夸张手法显示的光灿耀眼的"外星文明"庶几可做比喻。

　　总之，这个因风云际会形成聚力而造就的弥生时代，对日本这个国家文明发展的重要意义是怎么评价也不会为过的。且看两位在日本史学界被称作不受来自任何一方意见左右的学者对此所做的评述，便可略知一二。其一，是因历史教科书问题与政府对簿公堂三十余年，震动世界舆论，被誉为"捍卫历史真理斗士"的家永三郎。他在叙及日本文化史的著作中言："不管怎样，长达数千余年之久，在这个列岛内部取得了特殊发展的原始社会的日本，由于公元前3世纪前后从大陆传入新的生产技术而实现了根本变革，这就是因使用金属工具，开始水田耕作而导致绳纹文化的终结。以弥生陶器为特征的新文化诞生了，绵延几千年的无阶级无政府社会，从此一变而形成了一直保存到今日的……政治社会。"其二，便是曾与前述那位独步史坛、大名鼎鼎的卫挺生博士就徐福与神武天皇问题展开过激烈辩论，却站在与日本正反两派支持者都对立的立场上，对徐福其人、对至今被封为日本造国者的第一代天皇神武其人全部持否定态度的藤间生大。他对弥生时代之于日本文明发展的重要意义，因使日本得以脱离原始状态而形成的"划时代的进步"，给予了至高的肯定："日本民族从未开化世界，进入原子能的时代，其间必须经过数千年的岁月，以及许多重要的发展。作为这种发展的第一步，是从中国输入水稻开始。公元前三百年间……我们的祖先，都是渔猎鱼类禽兽以为生活，停止在这种状态中，日本就恐怕很难脱开原始状态……正好水稻的输入，打破了这种原始生活状态，形成了划时代的进步。"（见朱云影著《中国文化对日韩越的影响》）藤先生执笔向纸的这一"划"，便将日本从蒙昧的绳纹时代，划到文明开启的弥生时代。（在此后一千七百多年的岁月里，又"经过许多重要的发展"，便到了今日的原子能时代的日本）。倘当日没有那一伟大的时代风云的积聚，没有在那一时代中尤见灿烂的中国大陆输往的稻耕农作等文化，哪来的见于倭人、倭种、倭国时期的飞跃？哪来的经此发展而来的邪马台国？更哪来的"一直保存到今日的"已更像模像样的日本国？遑论东京、大阪，并小泉与安倍一流的人等了。

秦统一中国前后至西汉初期，据中日双方的相关历史资料表明，两国之间的文化交流，也即本书所说的弥生时代的"开化""传播"的确实存在，已毋庸置疑。这一切的一切，由于日本民族进入文明社会起步太迟，尚处在无文字时代，在日本的早期历史上并没有留下只言片语。及待初知并学得中国文字，又由于前述那些史官们的作为，留下的仍也只是一片空白。欲探其时的究竟，就只能从中国的典籍中去求得了。于是，人们觅史的视线自然就转向了中国。这些珍贵的古典文献，已如上述，果然也不负众望，只要将之打开，所求所索即会一一给你一个明白。其中，又以上述的《倭人传》为最。

（三）无征不信：金印的印证之力

虽然，深具史学素养，对中日文化交流史又特予关注的人们却又并不以有此等文献可见为满足。进而便有了诸如更愿看到"见证之物"的要求：已迹近胡适之先生那"无征不信"的意蕴了。诚然，这可是事关人家民族起源、国家建立的大事，自是要比胡先生手中那部《水经注》被看得更重一些的。尤其在日本，又成了当下史界、学界、大小媒体都投以前所未有关注的时代。笔者便自感有义务将这个至关要紧的"征（证）"字，也尽可能广地搜罗一番，争取做到"征而有信"，在此向各位做一交代。即便是旁证、侧证，要的就是这个能拿得出手的"征"字来。不然"无征而不信"，以下之言便将失去坚实的基础。有鉴于此，笔者特郑重其事地选取一个在文物分类上规格最高的"王者之物"——大汉王朝天子恩赐倭奴国王的"汉倭奴国王印"作为印证。

中日之间的往来具体到有人有事有物，而又见之于史书之上的记载，自东汉起。与之同处于弥生时代的百余倭国中，与中国往来而又获得金印册封的，只有两个国家，便是倭奴国与其后的邪马台国。邪马台国国王卑弥呼受赐的那枚"亲魏倭王"金印，今日只存下印谱。所幸，倭奴国王所受的那枚金印至今仍见存于其故国旧地福冈博物馆内，已被奉为国宝。欲求证一窥者，随时可以往见。

弥生时代已是两千余年前的旧事了，能得到该时代一枚大汉天子册封一位倭国王金印的见证，也可说得上是"实属不易"的事了。便从这枚"汉倭奴国王印"先说起吧！

关于这枚金印的授受其事，见载于《后汉书·东夷传》。后汉光武帝中兴汉祚，国势兴隆，威震八方。当时的夫余、高句丽、韩、倭、貊人等相继内属。这段倭人纳贡并得赐印授的事，便发生在这一时期："建武中元二年（公元57年）倭奴国奉贡朝贺，使人自称大夫，倭国之极南界也，光武赐以印绶。"事过1700多年以后的1784年，即日本江户时代的天明四年，这枚金印竟然在这位倭奴国王当日统治的今北九州福冈县博多湾附近的志贺岛上被发现。此事见载于中国现代史上最早的中日交往史学者王辑五先生刊于20世纪30年代的《考古学》杂志上，译自日本学者青柳种麻吕《后汉金印略考》上的一段文字："天明四年（1784年）甲辰，二月二十三日戊申，一农夫（名甚兵卫）耕于筑前国那珂郡志贺岛之南边叶崎，田中巨石一，因碍于耕耘，乃掘除之。其下有三石侧立，似围绕一物。农夫怪之，乃以锹除其土，闻土中有落物声。取视之，则见有金印一颗。农夫初尚不知其为何物。后始知为金印，乃献于国厅。质系黄金，方七分八厘，厚三分，蛇纽高四分，重二两九钱。其文曰'汉委奴国王'。（按倭委通用）白文，篆体奇古，其为千古之物，故勿待论矣。"这枚金印被发现之后，曾引起一阵与其身价颇为相称的轰动。特别在日本人，又特别是在那些历史学家和学者们的眼中，其中内涵远比这二两几钱重的含金量要重得多。它直接记载了日本民族的起源，和其处于弥生时代早期国家形成的一段史实。见证着秦徐福东渡时代携往五谷百工后，日本文明的进展，印证着日本从原始时代走向文明的那段令全世界学者都为之瞠目的，划时代的飞跃行程。日本弥生时代那段史事之谜的解开，从此也都有了至为坚实的基础。

这是具有震动日本国体之巨力的事情，所以，这枚金印受到先是日本，后便是中日两国，更至研究日本历史的各国学者们的重视。他们环绕金印，进行了长期的研究，不仅实物，还遍及可能涉及的所有文献、史料，直至制印的成规，乃至制印的匠人等等。同时，也出现了对金印真伪的质疑之声。其中最引人注目的质疑和由此发出的、最动人心旌的否定，都起自最能道其原委的中国。初闻，质疑确也挺具分量：依汉代印绶之制，从印玺的材质、字体、大小，乃至重量，都有严格的规定。天子玉印、诸王和宰相金印紫绶、九卿银印青绶，其下依次为铜印黑绶、铜印黄绶……根据此制，即使汉皇认可了倭王为边夷之王的身份，其印也在"铜印黄绶"一级，大小规定在 2 厘米见方之内。但志贺岛出土的印为金质，大小为 2.5 厘米，应属于诸王等级。区区边夷的日本倭王根本没有得此金印的资格，那么，此印的真实性就大有问题了。甚至有无倭奴国及其国王，连及倭人、倭种、倭国，并及此后的邪马台国及其女王卑弥呼等等，都兼及受到了质疑。这一质疑存续了相当长的时间，使《汉书》《后汉书》《三国志·倭人传》以来的有关日本上古历史那几段记载的真实性，连带着也都受到了颇为严峻的挑战。

所幸，在 1956 年的云南和 25 年后又一次在扬州的两次地下出土物，再次为志贺岛出土的这枚金印的正名，提供了有力的证据。

在云南晋宁区石寨山古墓群中出土的"滇王之印"，为蛇纽金印。当时的滇王，也属于与列岛倭王同一等级的边夷，而汉皇所赐之印也是金印。这就证明了有类于滇王印的略异于汉制，可见出此制的例外性。则同属于此一情况的汉倭奴国王金印，也仍是在汉制的规范之内。之所以有此差异，实际上取决于汉皇当时的心情，或那位蛮夷王在其心目中的印象。略近的前代历史上便有一例，可为此说作证，且也发生在大海对面的倭国国王身上。大明王朝的第三位皇帝明成祖登基时，因有"皇室自残"（明成祖登基前后，均有密旨搜捕建文帝朱允炆事）的流言见传，虽得登基之荣，心中仍有悒悒，却又无由诉诸人，即使是亲信一干人等。正当此时，日本国遣使来贺登基，令明成祖心中一爽，甚感欣慰，于是在遣使回示的国书中写道："咨尔日本国王源道义，知天之道，达理之义。朕登大宝，即来朝贺，归向之速，有足褒嘉。用赐金印，世守尔服……"这明显是因心情与兴致俱佳，便在其时赐日本国王以金印一枚。须知，连这个国王的称号都是明成祖一手赐予。因为其时的源道义，虽行使的是国王的职权，实际上，只是幕府的一位将军。汉光武帝赐倭奴国王金印的前一年，据《河图会昌符》及谶文的说法，刚封禅泰山，并于当年改元"建武"为"中元"。给事中桓谭不信谶，对此种种颇有微词，光武帝自是心中不快。翌年，即中元二年，恰有倭奴国王遣使纳贡兼贺改元。在此情况下，心情为之一振的光武帝以诸王规格相待，厚赐倭王以金印，不但并非不可能，即说是意料之中，也不为过。

至于扬州甘泉山附近出土的那枚金印，经专家与志贺岛上那枚金印详予对比考证，两枚金印的边长、形状、花纹、篆刻字体等竟被鉴定为出自同一制印人之手。尤其据史料记载，二印赏赐的年代也仅差一年，其可信度殆无疑义。当年得光武帝在洛阳金銮殿上的赐印，1700年后在大海对面的倭奴国旧地被发现；又过了200年，另一枚出自同一印家之手的诸王规格的金印又在扬州出土，真可谓天下可供取信的证物先后竟都归集于汉赐倭奴国王金印一身了。

由于金印考古得以论证，不但金印本身，连同着对与之关联的记载弥生时代日本史事的《汉书》《后汉书》《三国志·倭人传》等可靠性的挑战，也一并卸除，证实了中国古代典籍记事的严谨。当中，因保存了弥生时代倭人倭国、先王先民，涉面如此广泛的史事，又是举状如此真切的实录，从而使其成为此后研究日本的史家学人最可取法的文物文献。其经典性的价值在一场喧腾之后，如金相玉质的瑰宝，益见其名实相符的珍贵。尤其《倭人传》，直如被上了金题玉躞的稀世拱璧，于治日本史的学者，更成了典中之典，声名贯世，备受倚重。数以千百计的研究日本通史、文化史、文明发展史乃至思想史、哲学史等著作，都以它为最可靠、最翔实的取材原本。各国各地涉足日本史、日本文化的学者，凡欲一探日本古代史上那一大段空白，无不以此作为凭依。美国史家对考古物的印证十分重视，对从考古物取证的历史特别感兴趣。从这一视角出发，由金印得以印证的《倭人传》大受赞赏。一个只有几百年历史的国家的史学工作者能见到一千七百多年以前的一位中国同行对如此不足道的一个小小邻国做这般翔实的记载而叹为观止，是很自然的事情。这从洋洋八十余万言的《日本史》作者康拉德·托特曼在自己的著作里大量引用《倭人传》的原文中可以见出。即使日本自己早期的史籍如《大日本国史》，乃至《日本书纪》，虽属虚构连连的大作，但凡欲以仅有的点滴史料为自己的真实性张目，或拉来虎皮做挡风墙的，也尽皆以此为其祖本。岂止历史学者，即二战后世界各地兴起的"日本学"，和20世纪80年代后因徐福故里的发现与吉野里遗址的开掘而兴起的"徐福学"，也从中找到了一条通往大道的坦途。《倭人传》被青睐若此，作者之功实不可没。顺便也将其人其事简介于读者，便是笔者该做的事了。

　　《三国志》作者陈寿为三国时代中人。其人先官于蜀，为观阁令史，已是专职的史官。晋武帝司马炎统一中国时，陈寿又仕晋，官授著作郎，着手修《三国志》。可谓在其位、谋其政、任其职、撰其文的资深史官了。同时代中人修史，又是亲自经历，见闻之真切，不言而喻。更兼其时司马氏移魏祚于洛阳，魏廷原文书档案皆完好无缺。此后，晋又兼并吴，所得吴原文书档案亦然。故陈寿得用三朝全部直接史料。此外，当时各国多有个人记载史事之书，如王沈的《魏书》、鱼豢的《魏略》，也皆同时代人之记事，均可供参考。故陈寿于写作《三国志》时，尤其是《魏志》，文献材料的占有可谓充分。而关于《魏志·倭人传》中倭国的史料又尤其丰富。因自汉代以来，与倭国往来最频繁的便是三国时代的魏国。三国时代，魏遣司马懿征辽东公孙渊，斩渊父子，传首洛阳。复潜军浮海，收带方、乐浪等地，威震半岛，海表谧然，东夷尽服。是时，邪马台国女王卑弥呼于魏明帝景初三年遣使入贡。此后九年间，倭使入贡者前后计四次，魏亦遣使入倭者两次，其所拥史料不但有梯儁与张政以魏国使节身份两次受遣入倭的全部记录，即这两位大使与当时入倭的随行人员，私下作记的，也复不少，且人亦均尚在世，自然可以随时访问取用。故在汉代以来至晋的历史典籍中，记载倭人倭国，直至邪马台国史事者，实以《倭人传》最为殷实可信，史学价值也最高。

　　由于该传在各界学人眼中具有的极高文献史料地位，在现代日本，竟因此产生了一门针对该传文本进行专题研究的"邪马台国学"。特别有意思的是，在此一经研究的基础上，还产生了一部独一无二的《邪马台国手册》。据手册作者统计，到20世纪80年代末，专门研究该传的洋洋论著已有46部之多，还不包括发表在专业刊物、报纸等上的长篇论述。直到21世纪，笔者仍得到日本学者藤田友治先生题赠、在东京论创社出版的一厚册《魏志·倭人传解明》的专著。笔者自写作本书以来，颇常参用《倭人传》，获知如此等情况后，着实吃了一惊，也深感此书备受重视的程度之极。

至此，越过 2000 年岁月的时空，跨过大海两边数处广阔的地域，这个曾被陷说为空白的弥生时代中，相当部分的史事（《倭人传》中的记事自然也包括在内）不但不再空白，还都成了有依有据、有征有信，更有声有色的史实。真可用"猗欤盛哉"来加以形容了。

四、大陆渡来人：引领弥生时代的伟大旗手

（一）日本学者的研究成果：弥生文化乃大陆渡来人携往日本

"弥生时代是由大陆文明的东传而造就的"——这一研究成果是属于日本史家们的。对日本古代史的研究事涉文献与地下考古成果两个方面，缺一不可。而这两方面，日本皆有地利之便。弥生时代的考古物如上所述，都出自日本，文献虽因前代史官们的造作，不见于国史库馆，但散见于各地方文化部门及民间的收藏，还是时有可得者，而可以得自邻国中国的历史文化典籍就更多了。中国的正史二十四史（日本全部有收藏）中，有十六史载有日本的史料，有的还相当详细，如上述的《倭人传》。确如日本史家心声所感叹：如果没有中国文史典籍的记录，再加上日本前代为人方正的史官们的作为，日本史家的古代史研究根本就无从着手。泉靖一式的惊叹与尴尬便是许多史家曾所共有过的遭遇。

当然，根据各人所拥资料的多寡和学者一己的智慧，正确而明晰的判断与结论还是有的，而且非常着力。且让我们再看看日本明治大学的历史学教授大塚初重在其《弥生时代的考古学》中的说法："弥生时代是日本历史中变动最大的时代，西元前三百年前后开始，约五百年间……可以说，日本现代生活的基础便始于弥生时

代。水稻栽培外，铁、青铜器……也由弥生时代开始，然后再发展下去，最重要的一件事是：弥生时代社会之发展，导致日本古代国家之成立。日本民族的祖先，由先进国——中国学了很多东西，而与中国渡来之人们也有了深厚的交流，积极吸收大陆文化。"大塚初重在这里对"渡来人"三字特予突出，说得够明白的了：造就了日本弥生文化的两大支柱——稻耕农作和金属工具是由大陆上的渡来人输往日本的。一切历史事件中，起主导作用的始终是人物，一个处于原始时代的民族从一个高度文明的渡来民族那里能学到什么，是不言而喻的。明治大学是日本在古代史研究方面最具影响力的大学。这样一所大学的历史考古学教授，通过其对弥生时代遗存的考古学方面的研究，终于做出了他们民族的形成、国家的建立，是通过吸取大陆渡来人所携文明的结果这一结论。正是"渡来人"三字，为泉靖一那惊呼，也为日本文明的起源、社会的发展与古代国家的建立找到了答案。其在日本产生的影响是可想而知的。

大塚初重的《弥生时代的考古学》是1977年出版的，其很多精彩的结论，笔者早已拜读过，对其中"渡来人"一说，尤感亲切。此番再度披阅时，想起北京大学世界近现代史研究室主任、日本史学会会长沈仁安先生也曾就"渡来人"问题写过一篇文章，是沈先生1992年应明治大学之邀，前往该校所做的一篇演讲，已是大塚先生专著出版后的第15个年头了。那正是20世纪80年代中后期，徐福故里在秦琅琊旧地已被发现，吉野里遗址已在北九州开挖之后。也即，其时的徐福已然从传说中返回现实；吉野里遗址也以"弥生时代的缩影"之名，表明日本那一时代中的稻耕文化确系大陆传来，力挺着弥生文化是由"大陆渡来人输往"一说。

随着时代的发展，历史处在不断变化之中。大陆渡来人并及徐福东渡，已作为历史事件为世人所认知。所以，沈先生的此次演讲，从史家的目光看，犹如对大塚氏的"渡来人"说在学术上的一大补充与发展。不但肯定了大塚其说，且连渡来人的代表人物徐福也一起被推向了历史舞台的前沿。

徐福东渡其事的真实性终于以如此隆重的形式得正其名，得正其义，被定格、被固化在弥生时代这一史事的文档之中。因此有人说，徐福其人其事的再认识、其研究得有今日的进展，沈仁远先生的在日演说、出书，以及其后此书在中国得以出版的影响与推助之力不可低估。笔者甚以为然。

（二）明治大学"渡来人说"的后续：内藤大典与梅原猛说徐福

一如前述，笔者在多年以前就看过沈先生那篇介绍徐福研究在日本和中国的状况的演讲，因赞赏，曾随手写下一点札记，至今仍夹在所做的卡片中。即撮录于此，以示其时心情的一斑：其实大陆渡来人移民日本，由来已久，从商周时代就陆续有人经过半岛或直接渡海而往，只是作为秦代的渡来人，所携最巨，又因时代上与日本历史上弥生时代的飞跃之谜契合，才格外为人关注起来。待徐福终于从传说中走出，已不是引人关注，而是被作为历史事件加以研究了。倘徐福作为渡来人代表的形象未因那两大发现（指徐福故里和吉野里遗址）而重返现实，倘没有前赴后继地对种种文献与地下出土物的深入研究，使之显扬于世，仍只如先前那孤寂了两千余年的"传说中人"，与张果老、吕洞宾等游弋于那虚无缥缈的仙界之中，他怎么可能实至名归地成为渡来人的代表，如此有力地驱散那些扭曲、异化了他们一千多年的种种诸如"神仙"，诸如"归化人"等等的"造名"，使自己以本来的面目重返历史舞台？于此，可以说大塚初重与沈仁安两位先生的劳绩功不可没。

尤其有意思的是，读者也许已经注意到了，关于与弥生时代关联密切的"渡来人"说，相隔十五年，一前一后两次被突出地引入人们视线，都是起自明治大学。这不啻是对明大作为日本古代史研究重镇的明证。虽然不能说由"渡来人"引领的弥生文化，由弥生文化形成了日本民族，造就了一个日本国家的结论，便是在明大其地，由中日两国这两位学者联手做出，但至少在徐福故里发现和吉野里遗址开挖之后，由于沈仁安先生的敏锐直觉和深湛的史识，顺势而及时地对这其中的种种内涵做了深入的分析研究，并将其公之于众，遂使一段沉寂了两千余年的史事及其中的人物得以在广阔的层面上，为更多的史界以外，乃至世界上的听众和读者所认识、所理解而做出的贡献，已无须笔者赘言。

据收入沈仁安演讲的那本终在十二年后得以出版的大作《日本起源考》的后记介绍，该书出版后，经藤田友治先生译为日文在日本出版，产生了极强的后续影响，更将广延。更巧的是，笔者与译者藤田友治先生曾有幸结识于在日本举行的一次文化交流活动的研讨会上，对方曾题赠我对弥生时代史事颇具独到见解的大作《魏志·倭人传解明》。已如上述，《倭人传》出自中国正史《三国志》，记载了弥生时代中后期社会实际状况，是为时最早、记事最详的历史文献。在日本古代史仍是一片空白的今日，对那一时代做如此纵横上下详细解读的著作，显得尤其珍贵。藤田氏对沈仁安先生那部大作的翻译，以及他本人这部大作的出版，对日本古代史学者和为数更多的"日本学"学者，尤其是对此有兴趣的广大读者们的作用更是可想而知。我与沈先生虽不曾谋面，也因此而有了一种仿佛相识且已获指教的亲切感。尤其是见到书中介绍，获悉沈先生曾是中国日本史学会会长，此种感觉更益见其深。因为前任名誉会长正是复旦大学历史系教授吴杰先生，恰是曾对笔者的此项兴趣研究给予极大支持与鼓励的一位长者。记得正是沈先生在明大做演讲的那年，我在吴先生寓中就赴日渡来人与徐福问题向其做了一次请教。吴先生毫无会长、权威学者的架子，不吝其学，侃侃为我解惑传道。其所授受，至今不忘。那不只是对徐福个人的评价问题，更包含着对大陆渡来人，对中国与日本列岛之间最初的文化交往问题：对待历史人物的评价，应包含他所生活的那一整个时代，以及拓而展之的更广阔的世界历史的背景。现在（指当年的 1992 年），徐福故里已被发现，作为东渡群体形象代表人物徐福的老家，他的根已被我们找到了，其人已从传说返回现实世界，此后的徐福研究一定会有更大的发展。吴先生所言与沈先生的演讲多有契合之处。他对笔者将徐福东渡其事置入世界航海史的大范围中加以探讨，颇为支持，并特为笔者当年写成的一本小册子作序。据吴先生一位同辈学人告诉，吴先生在日本是一位声誉卓著的学者。后来，在一次赴日文化交流活动中，我将被译介到日本去的那本小册子赠送给与会的日本前首相羽田孜先生。他打开扉页一看，即感叹道："哦，了不得，吴先生写的序，回去一定好好拜读。"由此得知，吴先生那位朋友的告知，并非同辈间的虚誉。此刻，我摩挲着桌上那本由吴杰先生主编的《日本史辞典》，感念之情油然而起：一位可敬的学人，一位对日本知之甚详、目光深远，对后学诲人不倦的长者。

此后，果如先生所言，随着大海两边前后的那两大发现，随着徐福研究热的升温，弥生文化及造就这一文化的渡来人对日本历史具有的非凡意义，益发被中日双方的国人深刻认识。而且这一认识又是如此接近，这在对徐福的身份与作用的认同上也可见出，日本颇负盛名的东亚古代史学者内藤大典便称："徐福是弥生文化的伟大旗手。"措辞上虽略有不同，其所内涵却仿佛有谋而合，都是否定了上述那一群体的扭曲与异化；褪尽了令人极易联想到的"传说"二字的神秘色彩，而将之置于与接受文明传播，接受开化的日本先民们同一条前行的大道之上：从大陆蹈海而来——移民——引领并与那一时代的先民共同前进的"旗手"。多么可亲可近的称呼！此说与前述大塚、沈仁安等学者所做结论，由"渡来人"——

移民说的再向前发展相去不远，都是将这位先人与其同时代的先民置于同一条行进线上，但又略有不同。这一措辞令人想起高尔基笔下那位引领、并与众人一起走出黑暗大森林的丹柯来：与众同行共进，却又是走在众人的最前面。

在日本，内藤大典是关心弥生文化，注目于徐福的众多学者中声名卓著的一位。这位学者出生于与渡来人、弥生时代、徐福其人关联最密切的北九州地区，那里被史家们公认为是日本弥生文化的发祥地。被称为"弥生文化缩影"的吉野里遗址便地处北九州中心，即他的故乡佐贺县。《史记》所载"徐福得平原广泽，止王不来"的平原广泽，也被史家认定为即在此处。

佐贺北傍博多湾，南依有明内海，境内百川汇流，水草丰茂，气候温湿，最宜于水稻生长。其地最动人之处，在于"平原广泽"四字。若探求与徐福个人的关联，也尽在于此四字之上。不但有《史记》上明白的记载，还有他个人意志上的向往：与秦帝国的治国之道持不同政见的徐福，承继老子"道法自然"的哲学理念，对有沛泽遗韵（《庄子·天运篇》："孔子行年五十有一而不闻道，乃南之沛见老聃。"）的佐贺平野情有独钟。盖老子最终的隐居之地，便在水草丰茂的沛地。在这样宜于稻耕的大地之上专务农桑，继承老子"无为而治"的思想，可以在此得到最符合他人生追求的展现。

徐福在北九州平原宽广的佐贺大地上，与当地先民一道，成就了自渔猎采集至农耕文明的飞跃并使之东传再东传，更普及于全部列岛。北九州的繁荣、日本列岛的文明，有此一哲学体系传人徐福的首开，实在是当地人民的福分。广受泽被的佐贺人因之也通过各种形式表达了他们对这位恩人的深切敬意与怀念，绵延千年至今，香火不绝。缘于此，内藤大典对徐福有先祖一般的至诚与崇敬。他坚信以家永三郎为总顾问的那洋洋十四册《日本文化史》上的"弥生文化乃中国文化""弥生文化是秦始皇时代输入日本"的结论，并为之进行了持续不断的巨大努力，除了对九州当地文献、考古物的深入考察研究，并将之拓展到中国大陆，以最终可向所有尚存的质疑，拿得出最有力的回答来。为此，他对中国大片关联地区，前后七次与其所组织的考察团前往。从大秦帝国的古都西安、徐福故里，一直到水稻传入途径的江南大片地区，进行实地考察，以求取得最丰富的成果。功夫不负有心人，内藤先生终于以其丰富的成果，积累成《徐福与日本的黎明——发祥于吉野里的弥生时代》一书。内藤先生为推进这一研究所做的努力令人钦敬。在吉野里遗址受到极大的关注以后，他又以东亚古代文化研究会的名义，前后两次积极筹备组织了中日两国多位一流学者，如安志敏、梅原猛、樋口隆康、金关恕等参加的，以"徐福的时代·古代日本之谜——水稻之路·吉野里遗迹与中国江南文化"为题的国际学术研讨会，试图以徐福东渡为转折点，填补被日本那些造史者造成的日本古代史的巨大空白。

参与那次研讨会的天理大学的金关恕教授说："按照带五谷的种子和百人工匠的记载，徐福集团在带着农耕技术人员的同时，还带着青铜器的工匠……由此，与徐福集团相关的范围将变得很广阔。"出席者中，那位对历史问题每每有与众不同观点的哲学家梅原猛，对徐福的研究视角最为宽广。据中国社科院日本研究所韩铎的介绍，一如前述，梅原所依据的文献是权威性最高的中国历史典籍《史记》，他不但据此肯定了徐福这位上古人物传授稻耕农作的历史作用："徐福是以稻作文化为中心的尖端技术集团东渡的象征……这样的集团定居于日本九州地方，开创了日本的农耕时代"，还将之引进涉及徐福时代精神文明东传的，他的关于日本宗教起源的研究中。这位梅原所长认为，最能将吉野里和徐福"扭成一股绳"的是那座巨大的坟丘墓，坟丘呈龟甲型。梅原据此指出，"龟是道家永生的象征，与长眠在那里的墓主人的向往很相称：要么盼望长生不老，要么追求永生再生：保存好尸体，不使腐烂，以便将来实现再生。"他还从科学的人种学角度，指出："吉野里遗址及其附近出土的弥生时代人遗骨，都是身材高，前额宽，不像长崎县等处出土的原住民遗骨那样，身材矮，前额窄，很显然地显示出其渡来人基因。"这里颇显示着他对前述的那十四册《日本文化史》中，对日本（九州地方）人种由来说的支持。据梅原的研究，"在稻作文化传来之初的九州地方，这两类人似乎是保持着共存的关系。"更有意思的是，由于对徐福其人其事强烈的关注度与兴趣，梅原这位颇具文学才能的哲学家，还曾在他参与的一次学术交流中，情不自禁地流露出欲将这位历史伟人的故事搬上歌剧舞台的想法。此后，果然，在其连载于《日本经济新闻》上的《古代幻视·吉野里》一文中，见到了梅原关于想写这部剧本的缘起，甚至连起笔的梗概也都和盘托出："时隔两千余年之久，他们这些人如果现在复活了，会说想什么呢？会大谈他们怀念故乡中国的种种思绪吗？会大谈自己的祖先来到日本后的艰辛，以及接着发生的战乱吗？或许他们当中还有些人要说，我才配称为徐福的子孙或徐福带来的三千童男童女的子孙……这虽然在学术上一时无法证实，但我准备以徐福为题材，写一部歌剧，用艺术手法加以表现。"梅原是否受了郭沫若曾将秦代高渐离的故事搬上舞台的影响，不得而知，但其对两千余年前跨海东渡，开化日本的徐福其人的赞赏，与一心想为其人史迹广传之心，由此可见。记得我在日本参观川端康成旧居时，曾见到梅原书法的墨迹高悬在这位作家的内壁之上，可见，他在这位文学前辈心目中的分量。再想起梅原曾经对表达男子威武气度的文学作品的钦羡，倘他果真将徐福写进他的歌剧，那必将会是一个顶天立地的角色，连川端其人为日本能有弥生那一辉煌时代的浩叹与自豪也将在剧中一展无遗。

可见，中日两国的日本古代史和文化史的研究者们表现了他们对当日打造这一伟大时代的渡来人及其代表人物徐福的至诚敬意与怀念，是何等深沉。如果再加上看到以上这些文字，且与上述诸位持同样观点与心情的读者，则其为数之众当更难以胜计，还有比这更有意思的事情吗？

（三）徐福其人其事在日本的备受关注远早于中国

1. 徐福故里的惊人发现在日本并无突兀之感

记得徐福故里被发现的论文在《光明日报》刊出的次日，日本的《朝日新闻》即予详细报道。此一消息即以"第一位到达日本的使者徐福确有其人""徐福故里在大陆被发现""徐福其人从传说返回现实"等标题迅速见诸日本报端。措辞虽皆平实，意蕴却极深厚，而其转载报道的速度之快、在读者中引起的轰动之大，均堪称最，却又仿佛只是对人们早已存在心间其事的重又提起：大众对此并无生疏之感，只有惊叹之声。

当时，《朝日新闻》的总发行量有 1230 多万份，如将其他大小转载报纸的印数算上，总数远超数千万份。日本订阅报纸的人数及其阅报的认真程度，名闻世界，有数千万人阅读，其影响之大之广，可以想见。兹再略举当时数例以证：其一，日本的玄奘三藏法师之会代表照应人篠原气峰见之后，即致信《光明日报》社称："这件事对我们来说，意义深远。《朝日新闻》的报道恰似黑夜的明灯，为我们暗中摸索的关注与研究带来光明。"致信人还托《光明日报》社引介，与论文作者取得联系，具体研讨一些有关徐福学术研究的问题。其二，已经移居海外的日本籍美国人小田先生看到《朝日新闻》的报道后，致信《朝日新闻》社，称自己是一个热心研究徐福问题之人，并曾在当地报纸上发表过不少有关徐福研究的文章，希望报社将这些文章转给论文的作者，就教之，并供参考，等等。这一切都反映了"大陆渡来人"说及其代表人物徐福其人其事已绝不只局限在小小列岛上传述，而是早已远播于世。据在多回交流会上结识，已入籍美国的台湾华人江炳辉先生介绍，尤其在徐福故里和吉野里遗址两大发现之后，徐福其人其事在美国的几所大学里也早已受到一些日本史专家的关注。从托特曼厚厚的一册《日本史》中已见到对弥生文化的叙述可证。这位徐福崇拜者甚至已与几所大学进行过联系，讨论并谋划在美国成立徐福研究会的事宜。

因各种原因蹈海的东渡者，大有人在，早自殷商，继自春秋战国，未曾间断。较具场面与规模的自属秦始皇统一中国前后那一历史时期。而徐福的东渡，因属朝廷所遣，更是规模最大的一次。事实上，渡来人以及作为其代表人物的徐福，在日本早有所传，早受关注，其在日本的知名度和影响力大大超过中国。中国驻长崎前总领事、日本中部大学教授曾文彬介绍说，在日本四十三个都道府县中，有十九个都流传有徐福的各种传说，存在有关徐福的遗迹，这十九个都道府的不少地方，现存的神社、墓地等纪念物共达六七十处之多，尤以九州的佐贺县与熊野滩上的和歌山县新宫市最为集中。这两个地方他都去参观、考察过，所见所闻真叫作为中国人的他感到骄傲。

曾先生作为外交官，深入了解所驻国的国情，可说是他的职责所在，而且，他比常人更有了解、考察与研究上的各种有利条件，所介绍的情况、提供的信息，其面之广、其度之深，超过常人，其可信度自也毋庸置疑。徐福其人，由于在历史上给日本带来的翻天覆地的变化，由于其从原始的绳文时代进入文明的弥生时代中的巨大影响，由于他对日本社会的进步与发展所起的划时代的作用，人们忘不了他也是必然的。有些地方，因自感受恩之深，更将他神化，奉他为农耕之神、蚕桑之神、医药之神、捕鱼之神等等，为世代所奉祈。人们从敬他、关注他，进而深入地去了解他、研究他，也就是很自然的事情了。事实上，如前所述，人们早已将徐福其人其事作为中国文明东传的一件历史存案进行研究了。诸如农耕稻种、金属工具、桑蚕、医药等，甚至那一时代稻种的原产地、传到列岛的路径、金属工具的冶炼技术并其操作工具，如坩埚、风箱等细部，直至东渡人死后入葬的瓮棺、土墩墓等，都被列入他们研究的专题。

历史文化的传播是一个非常复杂和漫长的过程，不能和自然科学的某一两个科研项目类比：只要有一连串演算的公式和数据，你就可以重复地进行推导和验证；或某一个科技成果只要将之置入展示厅内，人们便可从各个角度对之观摩。历史文化所包含的内容太丰富了，涉时涉面都广阔得多，既要考证分析它的传播过程，还要涉及其中的时间、地域。这时间往往又动辄千年，有时还要追溯到上古时代的起点、源头上去。就徐福其人而言，日本研究者从各种渠道，包括从中国获取的文献、史料乃至人物家谱，进行了系统的梳理，甚至连他的家世、本人出海时的年龄，一直细化延及到他去世的日子，都有了交代。最终的确论虽然还要待以时日，但从他们所下的这番功夫看，中国对其人其事显然还缺乏如此系统、如此精细的梳理。原因很复杂。首先，中国文明五千年，历史人物多如恒河之沙。但在以农为本的大陆中国，几千年来，眼中所视不离本土，更集中于内陆。史家们常用的"逐鹿中原"尽予概括了。几千年来，直至于今，大海及海上人物几乎不在人们的视野内。况且，徐福前往的又是海外边夷的蕞尔岛国，实在缺乏引人心动之处；又兼，在民族意识较强的爱国主义者们眼中，"徐福得平原广泽，止王不来"，再未回到祖国，又与中国何干？再就是具体史料欠丰。在官方修撰的二十四史中，《史记》之外，除《汉书》《三国志》《新旧唐书》和《隋书》等前述的若干册，在《边夷传》里有不多的几点记载，基本上没有与徐福其人其事相关的详细资料可稽。地方文献中虽也有徐福其人其事的零星记载，却多让《畏累子》《亢桑子》等说神说仙的坊间空语杂说所掩遮，难足为凭。直到后周时代的高僧义楚在其《义楚六帖》中，根据后唐时来中国习法的日本僧人宽辅的口述，记录了徐福到日本的相关情况，才使东渡徐福在历史长河中淹没了 1300 多年之后，复又得以重新进入国人的眼中。

2. 大陆唐宋时代的徐福"已被视为历史人物"说

在上文并及下文中，还可看到徐福其人其事为何在中国未受到足够的重视，而在日本流传之久之广的原因。《义楚六帖》所记为五代后唐天成年间事。此时距离日本视唐为"天朝"，顶礼膜拜并不很远，这就很值得注意了。当时的日本之于中国恰似孜孜前来求学求经的学生，故中国对边夷的国内事原不会有多大兴趣，却对徐福其事的记叙已有足堪入耳的听闻，可见其在日本，尤其是民间影响之普遍。

提供这段事实的宽辅是当时前往中国求法的一介僧人，对与之颇有交往的中国高僧义楚闲聊经义以外的本国历史、风土人情时，竟也提到了徐福止住东瀛其事，更可见徐福止居日本其事已普及到市井圩场，可谓家喻户晓，成为人们饭后茶余谈资中事。而义楚又是位爱好文史的有心人，便将之记入他的释学法帖《义楚六帖》中。未料，一段笔记如今却成了一份足证徐福其人在日早为人知的、极具史料价值的文献，野史笔记之于正史的补充之力，由此可见一斑。

可能是由于《义楚六帖》的记叙之功，徐福其人其事此后在日本有了更有力的传播。这一说法，却又是从中国人对徐福在日影响的肯定与赞颂中得来。特别是后周之后，宋代的欧阳修在其《日本刀歌》那首诗中，更首次对徐福其人及其时代文明的东传，饱含相当的历史分量地做了明白的称颂：

昆夷道远不复通，世传切玉谁能穷。

宝刀近出日本国，越贾得之沧海东。

鱼皮装贴香木鞘，黄白闲杂鍮与铜。

百金传入好事手，佩服可以禳妖凶。

传闻其国居大岛，土壤沃饶风俗好。

其先徐福诈秦民，采药淹留丱童老。

百工五种与之居，至今器玩皆精巧。

前朝贡献屡往来，士人往往工辞藻。

徐福行时书未焚，逸书百篇今尚存。

令严不许传中国，举世无人识古文。

先王大典藏夷貊，苍波浩荡无通津。

令人感激坐流涕，锈涩短刀何足云。

尤其末句，更充塞着作者满腔的感慨。欧阳修不但是北宋著名的文学家、诗人，同时还是一位造诣极深的历史学家，曾与宋祁分别执笔《新唐书》，又自撰《五代史》，二十四史中独占其二，史家之名，史识之富之深，少有可与伦比者。从他撰写的《五代史》四卷来看，其深研参阅的书籍既多且广，计有《五代会要》《五代史补》《吴越备史》《吴书》等不下数十种、百余卷，其对历史并中国典籍的积累，实不是"学富五车"之类所能形容得了的。他在《日本刀歌》中展现的是当时并不在常人眼中的日本国，其见识也远超于其同时代人对日本的了解。诗中尽显《汉书·地理志》《三国志·倭人传》等书对弥生时代的描写，不乏作为大陆渡来人徐福携五谷百工东渡日本开化列岛文明，传播中国文化功绩的赞语，相较唐代诗人李白等写徐福的诗，亦有截然不同的历史目光。李白宦海浮沉，郁郁不得志，常有乘桴出海、云游八极的向往，故每有以道家谪仙自居，或有将也是以道名，以乘桴蹈海为世人知的徐福引以为同宗同道的深意，所以，他写徐福的诗篇幅长，情也深。如他在《古风》中云："秦王扫六合，虎视何雄哉……明断自天启，大略驾群才……铭功会稽岭，骋望琅琊台。刑徒七十万，起土骊山隈。尚采不死药，茫然使心哀……徐市载秦女，楼船几时回？但见三泉下，金棺葬寒灰。"诗中因多有对秦始皇的讥讽之意，影响到了对徐福其人作为开化日本的大秦使者的评价。唐代诗人中写徐福者之众，居历代之最。其实，这里已显示了，"徐福为历史中人"，而非传说中人，在唐代已为世人接受。这一点，在众多研究与论说"徐福为历史中实有人物而非传说中人"时，尚少有人予以关注。原因与当时的文人尚无起自清代的，对历史人物的评述多有擅好考证的积习，故几乎没有此类涉及徐福其人其事的文献遗传后世。其名仅多见于唐代文人雅好且特别擅长的诗作之中，且写到徐福时，又绝多是在讥评秦始皇及其为政弊端中作为陪衬带过，即上述李白的这首诗也满含着此意，其他诗人更不必说，如白居易的《海漫漫》："……徐福文成多诳诞，上元太一虚祈祷，君看骊山顶上茂陵头，毕竟悲风吹蔓草……"如胡曾的《咏史诗·东海》："东巡玉辇委泉台，徐福楼船尚未回。自是祖龙先下世，不关无路到蓬莱。"皆是。故诗中虽视徐福为史上实有的人物，却并未以此为关注点，而只作为评论始皇帝其人的一个陪衬。能视徐福为历史中人，又为诗中主角，对徐福持公允之论的诗家不多，可以列举的，如罗隐的《始皇陵》，便是其中之一："荒堆无草树无枝，懒向行人问昔时。六国英雄漫多事，到头徐福是男儿。"诗人在提到秦始皇时，面对曾多受揄扬的六国英雄，大有不屑一顾之态，认为他们仅在秦始皇统一中国大业的过程中跃马扬鞭，驰骋一番而已，实在算不得什么英雄，远不如一介布衣的徐福蹈洋跨海去开辟一方新的天地值得称赞——"到头徐福是男儿"。其二是汪遵的《东海》："漾舟雪浪映花颜，徐福携将竟不还。同作危时避秦客，此行何似武陵滩。"此诗之意亦是笔者在本书中屡为赞叹的，作为深受老子道家思想影响的徐福，携五谷百工并三千童男童女东渡日本，得平原广止王不来，实际上是一个以陶潜的《桃花源记》其事为喻，脱离专制暴政，另觅一世外桃源式理想之境的高人。比诸托马斯·摩尔，徐福缺少的只是一部《乌托邦》的著述，但谈及真正将此追求付诸实践，摩尔就望其项背了。这自然也可称作是对徐福其人的一大肯定。但纵览唐宋代的文史大家，不但视徐福为史上实有的伟人，更明确指出其对日本文明开化居功甚巨，将其视作大有功于日本历史发展的人物亟予赞誉者，则只有欧阳文忠公一人而已。

读者从《日本刀歌》中分明可以看出，欧阳修不仅深信徐福止住日本，而且认为他对日本社会文明的发展、于日本历史的进步，都发挥过重大影响与作用。鉴于欧阳修的史学家身份，诗中所云自然不可仅视为诗人出于排比、铺陈、对仗等文学手法需要的随意挥洒，而应看作是一位目光态度都有史家审慎的，一种言之必有所据的论史之见。这从后世论欧阳修史学操守的"常以春秋之义自律"中也可见一斑。考证之学兴盛于清代，故欧阳修于徐福其人其事，虽并未留下当日做何考证的文字，但以史家写诗，如上所述，云其言而有据，当绝无问题。后世明代所印《听雨纪谈》一书的作者可以列为此一说法的代表："或谓之日本国有真本《尚书》乃徐福入海时所携者，余却未之信。后观欧阳文忠公《日本刀歌》诗有云'徐福行时书未焚'，则海外真有其本，欧公之言未必无据。"这自然是视欧阳修为一"常以春秋之义自律"的史家而言的，只是证据何在，则有待于以后的钩沉或发掘了。

（四）后来居上者的热情：中国对徐福其人其事关注度的转变

直到又一千年后的今日，徐福故里被发现，其人返回现实，加之沈仁安这样的史学家们对此又做出那样明白而有力的陈述，这件几乎又沉寂了一千年的往事才再次地被国人很当回事地对待起来。当然，或许还因为古代曾经载入正史的那段记忆又被唤醒，而时代又已进入日本远非昔时一小小边夷，而已经是一个像模像样，却又因顽砭乖张，常以匪夷所思之言之举自丑于世，因而尤其值得一窥的国家了。

这次"很当回事"可不只是修辞上的形容，而是动真格的，真当回事了，且其热情升温程度之迅速、其规格升级之高，均属前所未有，确实堪称史无前例。这可以从此后发生的以下两件持续见诸报端的报道中看出。一是除徐福故里。凡徐福东渡前曾因觐见东巡的秦始皇，曾进行过东渡前的海上操练，乃至秦始皇东巡曾到过的地方，先后都成立了省市一级注册的徐福研究会。很快，国家级的"中国徐福会"也在北京宣告成立。特别有意思的是，此后不久，经中央政府民政部批准，又一个国家级的"中国国际徐福文化交流协会"宣告成立。为纪念同一历史人物，由中央政府注册的国家级民间团体，前后竟成立了两家，这是绝无先例的。由此，前一家"中国徐福会"暨"中国中日关系史学会"并徐福故里的徐福研究会，以及各地先后成立的徐福研究会，经外交部等部委批准，趁热在北京等地先后召开了多次有中、日、韩三国并港台地区学界、政界名流参加的专题国际学术研讨会。日本的前首相、韩国等国的前部长，亚洲诸国的驻华大使等都赶来参加，影响不可谓不大。其二，世界知识出版社更以《徐福热》《徐福赞》这样给力加热的书名，前后为之出版了两册厚厚的专著。

其事在中国被"很当回事"地如此升温，之于日本方面产生的影响及其显示的意义，甚至远远超出中国。首先，它扳正了日本历史上长达1300多年之久的对"渡来人"这一历史概念的扭曲和异化。当然，这种扭曲和异化主要存在于其官僚层，又尤其是右翼官僚层及其附庸。其人数虽仅一撮，影响之大可就不是"一撮""一戈"等微小量词所能形容得了的了。

自日本有书论史以来那长长一段历史时期内，"大陆渡来人"被那些人标以"逃亡者""流民""秦人""汉人""归化人"等多种绕来绕去的称名，最后，又统统被归之于"归化人"名下。其流毒之源，盖出自成书于712年的那部所谓的日本国史《记纪》。该书的记载中，甚至还有所谓被当日的大倭国朝廷动用武力与船只，从半岛诸地"掠取而来"的奴隶一般的"新汉人"一说，比后世从非洲贩卖到北美的黑奴还不如：恃武力掳得，押运到列岛，小钱都不用破费的一批囚徒。如此这般的"归化人"，其数甚众。也是《记纪》所载，仅"弓月君所率的秦人"，就有百二十县百姓之多。此等"归化人"，据《记纪》记述，全为谋食而来，倭国所给的役侍行当，计有鞍部（养马的饲养员）、陶部（制造盆盆罐罐的泥陶工）、锦部、衣缝部（制丝、染织的成衣工）等等，一眼见出，都是打工仔的活计。一如今日发展中穷国向富庶的欧美各地谋食求生的打工群。最可称奇的是，其为数最众的拥有"秦人"和"汉人"的家世和出身的，却又均系秦汉朝廷皇族的后裔，也许这更可反衬出收容方已俨然有上国的高贵了。与史家已成定论的"渡来人"是向列岛输入先进文化的文明传播者、开化者这一身份比，岂止是相去云泥，简直是丑化到本末倒置。这不禁令人想起梅棹忠夫在巴黎的那次演讲来，甚至连略有些"日本学"常识的外国人见了也感到，这不仅与当时的史实完全不符，更显出他们一心想自我抬高，反而折损了自己的一种无知与愚昧。特别是自大塚等史家们的据实之论和沈仁远先生那次演讲和著作渐自为世人所知之后，这个主流群体已意识到，如再坚持"归化人"说，会是一种什么样的结果了。而被人，尤其是被外国人视为愚妄与无知，又是这伙岛国心理症患者们最大的忌讳。

《记纪》制造的前妄渐自收敛，和终于接受"渡来人"之说其事，已是进入 20 世纪后半期的事了。何等漫长的岁月，何等顽砭的心态！

（五）日本人民心中的感恩由何而来：且看徐福时代文明的东传及其延续

1. 徐福时代文明的东传及其延续

其实，广大的后世日本民众从来就不曾受过那些七弯八绕的"秦人""汉人""归化人"等名称的影响。

历史人物在后人心目中的地位并不是一两本由当政者制定的所谓国史，特别是那些杜撰造伪的，诸如《记纪》等所能论定的。若以当代人科学而理性的认知力，则必须有权威典籍或相关文献的记载，有地下出土物的物证，再经具有深邃学术素养的学者们的研究作为结论，方能让人取信。

中国社科院日本研究所的韩铎先生在 1992 年发表于《日本学刊》上的《新发现的吉野里遗址说明了什么》一文中，就从上述几方面，表现出比国内诸同行对弥生文化进行研究深刻得多的理解。韩先生首先指出，吉野里遗址出土后，最早引证司马迁《史记》中关于徐福其人其事的三处记载，即《秦始皇本纪》《封禅书》《淮南衡山列传》，指出出土物与此关联的，是联想力特别丰富的著名哲学家、日本国际文化中心的梅原猛。梅原氏指出："正是徐福，在日本弥生文化的发祥之地开创了日本的农耕时代。"确然，早在20 世纪 70 年代，东京商船大学名誉教授茂在寅男以其深广的海洋学研究，曾颇具先见之识地在其《日本古代航海术》一书中指出："日本的绳纹文化末期与日本有关的航海问题，若由外国文献中找寻的话，则不能不考虑中国徐福的出海。"梅原的研究与茂在的想法不谋而合，且由此可见，茂在先生显然也是知道《史记》中关于徐福其人其事的记载的。此外，作为海洋学家，他还引入了几点自己对徐福东渡可能的航道及相关海底出土物的研究。以上，足见典籍与上古出土物对学者们研究与结论的影响力之巨。

　　而京都大学名誉教授、橿原考古研究所所长樋口隆康则以曾作为到中国大陆进行实地考察的带团团长身份，在20世纪90年代于佐贺召开的以"跟踪徐福"为题的日中友好学术交流会上，更直白地指出："应该尽快地结束那种与揭开古代日本文化之帷幕并不相关的、无意义的争论，而以徐福传说的背景为题进行研究。"他别于其他学者的一大结论是："只有大规模的水稻种植，才能形成弥生经济，形成弥生文化的那一巨大飞跃。"组织并参与这一赴大陆进行考察等活动的东亚文化研究会骨干学者内藤大典，作为弥生文化发祥地的北九州人，因得地理之便，经过十数年日中两地的出土遗迹比较，通过实地考察与研究，结合中日两方面可得可见的典籍文献，更以弥生文化发祥地民众代表的身份，见证式地肯定了徐福其人在日本弥生文化开化与引领方面的作用与影响，从而在《徐福与日本的黎明——发祥于吉野里的弥生文化》一书中，将徐福奉为"弥生文化的伟大旗手"，为"唤醒日本列岛的救世主"，从而盛赞了徐福在日本弥生文化飞跃式发展中的巨大作用。

　　以上几位都是在各自领域里颇负盛名的学者。各人在不同学术圈内、不同的年代，以不同的形式发表的徐福与日本弥生文化关联的论述，虽各有其一己的视角与观点，但对徐福其人和弥生文化的至密关联以及做出的贡献均持肯定态度。且让我们循此回到日本先民曾与徐福共存、与之交往、受到影响、接受开化的时代源头，再做一番前瞻后顾的探究，看看这位"引领弥生时代的旗手"和由他所率的渡来人都往日本列岛上带去了些什么。那些所携对日本列岛先民的生活都产生了哪些影响，以及那些影响在他们后人的眼中、心中都留下了何等可感可受、可言可传的业绩。而各种埋藏这两千余年前的文物（以北九州吉野里为代表）的遗址，各种记载这一切的典籍文献，又各都向人们做了怎样的展示、怎样的解读，才使得他们铭记不忘，直至于今。

还是从第一部让徐福及其同行者走上历史舞台的《史记》开始吧！

"秦皇帝大悦，遣振男女三千人，资之五谷种种百工而行，徐福得平原广泽，止王不来。"（《史记·淮南衡山列传》）徐福东渡携往物中最重要的便是以"五谷"为核心的稻耕文化。如前述的中村新太郎在其《日中两千年》中所云："拯救了日本列岛与饥饿的人们的最大恩惠，便是稻耕农作的输入。"尽管中国远在殷商时代便已有人断断续续前往列岛的记录，但正如考古学家樋口隆康所说，其仅为自身生存而进行的"小规模的水稻栽培，产生不了弥生经济，也产生不了弥生文化"。真正能促使日本从原始落后状态迅速进入文明社会的因素，一如上述，已为日本众多学者所共识，仍要归功于自秦代徐福最具规模的东渡以来所携往的大陆先进文化（尤其是农耕文化，包括优良物种、先进的生产工具与生产技术等）的大规模传授、开化与影响。在弥生时期的众多遗址中，尤其是徐福的登陆地北九州的众多遗址，包括弥生中后期吉野里遗址的出土物中，曾广泛地发现了炭化米、稻谷、稻草，以及陶器上的稻谷压痕。其后的发现地域已不止九州和本州岛的西部地区（其中以九州为最多），主要有佐贺县的宇木三田遗址、熊木上原遗址、大泽町遗址、长崎县的井寺遗址、百花台遗址、广岛县的帝释名越岩阴等多处遗址出土物。以上，炭化米等等的发掘与研究表明徐福登陆地的西部日本在当时确实存在稻谷农耕生产，而且当时西部日本人（如徐福传说遗迹最丰饶的佐贺等地）的食物，也已逐渐以大米为主了。而从考古资料可知，我国的稻耕农作最早出现在秦岭和淮河以南地区，从上古的春秋、战国直到秦代的遗址中，也广泛发现了炭化米及陶罐等容器内的稻谷压痕。日本学者对中日两国发现的炭化米、稻痕等进行了非常细致的比较研究。从这一研究结果看，上述结论至今尚无任何其他说法可以取代。日本种的稻米实际上也就是中国的粳米品种。

与稻耕农作的稻米同时在日本早期稻谷种植地被发现的，是稻耕农作所必需的与水稻种植配套的水利灌溉设施及农具。日本地下挖掘发现的水田遗址，如最早的九州出土的井堰和水路齐备的灌溉遗址，及遗址上的锹、犁等铁木农具，从弥生发祥地九州逐渐东移到畿内地区，显示出当时水田灌溉系统与设施都是比较先进的，都属于中国大陆型。这在日本关于古代稻耕的水利灌溉和修筑沟渠等方面的研究著作中也多有记载。核之于《倭人传》，从当时邪马台国及其统辖小国普遍种植水稻、收成可观中都可见得，其收成的可观又从已有余粮可以酿酒中见得。

其次便是"五谷"之外的"百工"了。"百工"是指与"五谷"（稻耕农作）一起携往列岛的秦代先进工艺技术及掌握此种技艺的人员。其时，农器具的主要部分是与稻耕农作关联最多的斧、锄、锹、镰等。九州熊本县藤山遗址中发现的两刃铁斧，是迄今为止日本发现的最早的铁器。据日本学者考证，该铁器被认定为典型的锻造品，而且是从中国大陆传入的。

经天津社科院日本研究所所长王金林考证，该两刃铁斧从中国大陆输入的结论是正确的。他还认为，此类铁器除锻造外，还有铸造。兵库县、福冈县和佐贺县都曾发现过专门冶炼铜或铁的作坊，使用石制或砂岩制成的铸模制造农具。据日本学者研究考证，这些制造设施和技术也都是从大陆传来的。

铁器在我国的出现时间较早，春秋时已广泛使用。战国时期，铁制农具更趋普及，因而涌现了大批制铁工匠。以齐国为例，当时已发明了使用风箱的冶炼术，造铁匠多达四千多人。考古学者在齐国临淄的古遗址中，发掘出六个制铁作业场和两个制铜作业场。身为齐人的徐福，对本国具有如此规模的制铁业自然有所了解，又是当日农业生产中最得力的工具，其携往与传授，实属自然。而且就徐福时代的亚洲与世界的冶炼技术水平而言，尚找不出任何另一个可资传授又可证的传入者。此说虽有推论的性质，但当一项推论具有如此不可推翻的证明之力时，也就可与结论相仿佛了。事实上，历史著述与记载中有不少章节，取的便是推论的结果。当然，须是如上那样具有无人可予推翻之力者。徐福时代的制铁技法已有锻造和铸造两种，秦汉时的制铁业尤盛。自春秋战国至秦汉时代，其铸锻制造铁农具的技术进步和铁农具的普及，对周边地区产生了很大的影响。铁器从中国大陆或经朝鲜半岛或直接传入日本是很自然的事情。事实上，到徐福东渡对日本开化的影响已越见广泛和成熟的弥生时代中期，铁器的锻造和铸造法已成为列岛铁器农具生产的主要制作技术。被称作"弥生时代缩影"的吉野里遗址出土的铁斧铁刀，是我们每一回去那里，挖掘现场主干担当七田忠昭先生必要展示的几件珍品。而从《倭人传》中获知，随着水稻越来越成为主粮产品，随着弥生经济的发展，铁锄、铁锹等早已成为从事水稻耕作的主要农具。工欲善其事必先利其器，铁器的传入和普遍使用对稻耕农作逐渐向列岛以东直至全岛的普及，起着非常巨大的作用。

其次是民间用物。以在食、居、衣、行四大件中尚居其次的衣物为例。织布制衣也无不可见东渡人传授的痕迹。绳纹时代的日本先民与动物为伍，断发文身，赤身裸体，无衣物可言。即使弥生时代中后期的邪马台国，《倭人传》中记载的也只是"男子皆露紒，以木绵招头。其衣横幅，但结束相连，略无缝。妇人被发屈紒，作衣如单被，穿其中央，贯头衣之"。忙于改变和发展食住为大要的日本先民，衣虽无今日之考究，毕竟已可遮体。这"衣可遮体"也可称作是以徐福为代表的大陆先人对当日日本列岛先民文明开化的一大成果。"遮体"岂止只是蔽寒，其更主要的含义是开一代衣冠文明之先河，这是构成日本先民真正进入文明社会的一个重要侧面。对列岛前期与原始野蛮人般的先民共处，具有引导与开化其文明意识的作用。这一点，前述的日本教育家太宰春台在其《论语古训》中说得最是真切："我国人始知礼义，悟人伦之道，弃禽兽之行。"其中的"文化初识""文明渐启"指的便是这层意思。此后品质更高的蚕桑丝绸的持续传授，对提高岛国先民的生活方式和社会景观方面的文明程度，更有了一种可以使之锦上添花之感。

在古代中国，植桑养蚕技艺是不轻易外传的。据说，汉代有位和亲西域的公主，是把蚕藏在自己的帽子里才带出去的。而徐福所携的五谷百工中，自不会独缺蚕种与擅长此道的匠人，乃至高手。蚕桑丝绸的传授与提高已日渐成为日本先民生活中人人关心的一件大事，以至此后每年的大节，都要隆重地祭祀徐福这位"司织大神"也就不足为奇了。这种种传授以及此后的发展，在《倭人传》的记载中可以见到："种禾稻、纻麻、蚕桑、缉绩，出细纻、缣绵……"且其时之出产已可作为向大陆上国纳贡的贡品，可见这方面的技术及产品已发展到可以"拿得出手"的水平了。

与民生相关更密的另一个领域是医药的传入。在与动物为伍、人兽互食的绳纹时代，因初民的生死等同虫豸，根本没有"生病与治疗"的概念。到文明初具时代，生命已非昔时般等同虫豸，济世救人、提高民族繁衍能力的医药，便成了文明社会生活的重要构成部分。徐福时代的中国，已有积数千年之久的文明，故于医学，也已有相当深厚的积累。其时传世的《黄帝内经》成书于战国时代，是总结了周秦以前医学成就的典籍，分《灵枢》《素问》两大部分，已有十八卷一百六十条篇。周以后至战国时的名医有矫氏、文挚、医缓和扁鹊等，他们对医药知识的积累均收集其中，内容非常丰富，包罗虽广泛，然分类却很是清晰，医理尤其精湛，如其"上工不救已病，治未病"语等，历两三千年，时至今日犹被中西医学界叹为经典之论，奉行如仪，可见其达到的深度。中国古代儒医不分，凡有相当学养者多谙医术。故谓有此等典籍润染为基础的徐福及其所携百工，能携其时代医药学识东传，绝非虚言。且即在东渡移民群中，也不能排除身有疾患者，也须治疗。故以此传于共处共居的周边先民是再自然也不过的事情了。列岛生民因得其救治，得其传授，铭感不忘。汉医直到今天仍是日本国民求医问药的重要途径。这也就是奉徐福为"司医"大神的缘由。

以海岛构成的日本盛产鱼类。故弥生时代的日本虽已飞速进入农耕社会，鱼类仍是其食物的一大来源。但沿"采集渔猎"时代仍是以鱼叉为主的捕鱼方式却极为落后，故其视庞大的鲸鱼为恶魔，捕捉者时有伤亡，苦不堪言。常有出海之行，尤其亲历始皇帝护送出海时，亲射巨鱼壮举的徐福及其渡来随员，自然怀有与巨鱼搏斗的经验可传。而于寻常鱼群的网捕在中国虽已是平常手段，但对日本渔民却不啻是令人惊喜的先进经验。临海捕鱼对徐福一群移民来说，本也是生活中的一种需要。所谓传授、开化云云，其实就是在所居周边地区，从生活必需中发轫，渐传渐多，渐传渐广，渐传渐远……并非必得有形式上的端坐、开讲、上课。其他种种技艺上的传授莫不如此。大陆文化本就有早于日本数千年的积累，所谓先进，即如前述所谓的开化等等，只是一种宽泛的概念，一如我国史家吕思勉关于文化悬殊则感觉与行事也自殊异之议。从生活上的必需到平日的行为举止，因相差悬殊，大陆渡来人在日本先民眼中，自有如从天上来一般的高明感、先进感，而并非当日移民或今日笔者的一种拔高或自诩。可生活在日本当日的徐福本人却肯定不曾这么想过。这不过是后人站在此后时代回望历史，必然会生起的一种感慨。既然徐福本人当日并无此种居高临下的赐予之意，又何来要人感恩戴德之思？至于受惠者的难忘，则是他们自己的感受了。即如前述，日本先民和其后人高奉徐福为大神的情状，也大抵如此：

很敬重，也很平常，如上述的渔人，遇到高兴时，还会有一阵子的狂欢之态。如果在捕鱼的季节来到熊野浦，正好又遇上满载而归的渔船，你便可能见到如下场景：渔船刚在三轮町或太地町港靠岸，船上的渔民便会从最肥硕壮美的一尾鱼身上割下一块肉来，送到徐福墓前奉献供祭，让子子孙孙永不忘记当日传授人的功德。当人们因情不自禁而歌、而舞、而雀跃时，歌声中便离不了传授人的身影："从大岛区游来的锤子鲸鱼，是二十只秦氏船的好目标。"而那模仿鲸鱼在海中动作的鲸踊（鲸鱼舞），如今更已成了祭祀捕鱼大神徐福时必不可少的一场经典之作。

　　由于东传文明最核心的稻耕农作从发展至普及，经济形态随之变化，同时也必会促进社会及其上层建筑的一系列变化，这既属自然形成，也在社会的一般发展规律之内。文明国家形态的变化也就寓在农耕生产方式的发展过程中：首先由生产方式形成的定居、群居、部落，以及以部落共同体为基础的村落出现，地域联络日渐超越血缘关系的联络，进而形成许多原始小国。考古资料证明：弥生时代初期，日本列岛，特别是九州北部地区，出现了许多原始的小国群。这在该时期出土的诸多上古遗址中，也都有明白的记载。这些小国大多在以适合种植水稻的平原、盆地为中心，而有河流流经的地域。这种地域状态的形成与徐福一行东渡人传授稻耕农作，并由此带动整个社会向文明飞速发展之间的关联，已昭昭然可见，并显示于载有其事的几乎所有已见的文献史册之上。与中国历史典籍《汉书·地理志》所载"夫乐浪海中有倭人，分为百余国，以岁时来献见云……"及其后的《魏志·倭人传》上的"倭人在带方东南大海中，依山岛为国邑。旧百余国，汉时有朝见者，今使驿所通三十国"等记载全然吻合。显然，当时的日本正在由低级阶段的杂居、群居、部落向部落联盟及文明层次更高的原始小国逐渐过渡，如史上记载更为详细的飞速发展的邪马台国。之所以冠以"飞速"二字，是因为此种进展按社会发展的规律，都是需要几千年的时间才能完成的，而日本仅用了短短几百年。这自然要归功于造化赐予它的福祉，使它有幸贴近西边这么一片已有数千年文明积累的大陆。所以，明晓文理的日本人不论黎庶，及于学人，不能不由衷地感慨：这不仅是"得天"，更是"独厚"的一种大幸运了！

2. 西方的感恩节与日本的徐福祭

至此，列岛后世人，尤其北九州、熊野滩，日本海沿岸直到北海道一带，这些相传为徐福及其一行先后登陆和生活过地方的居民，逢年过节便举行祭祀活动，将徐福奉为大神，便是可以理解的了。这不禁令人联想至美国的传统节日——感恩节。

1620 年，英国一批因理想和抱负不能实现而退出国教的清教徒，因不堪承受统治者的迫害和歧视，乘坐"五月花号"乘船远渡重洋，准备流亡美国，漂泊了 65 天，102 人于 11 月终于到达美国东海岸普利茅斯。但此时的美国还是一片未开垦的蛮荒之地，他们面临着恶劣的环境，缺衣少食，只有随处可见的火鸡和其他野生动物。最后，只有 50 多人幸存。心地善良的印第安人为这些移民带去食物、生活用品和生产工具，教会他们怎样狩猎、捕鱼和种植玉米、南瓜，并帮助他们建立了属于自己的新家园。后来，每当玉米、南瓜等作物获得丰收，移民和他们的后人便会想起彼时印第安人的馈赠与扶助，感激之情溢于言表，遂邀请印第安人和他们欢聚一堂，庆祝丰收和感恩帮助。这一习俗相传不衰，令"感恩节"美名不胫而走，不但成为美国全民的大节日，还逐渐传到北美及其他地区一些有过同样际遇的国家。

日本"徐福祭"中的祭祀仪式与仪式中各种欢庆、欢宴、宴请等活动，以西方的习俗而论，便是感恩节，只是名称不同罢了。日本"徐福祭"的起源之地，也是节庆气氛最为热烈的北九州佐贺，一如当年位于北美东海岸的普利茅斯。徐福一行所赐的大米与所授的水稻种植方法，又与印第安人馈赠的玉米、南瓜与其种植方法相仿佛。其所以得以向全国各地延展（这是笔者在那次飞行考察中所见：其延展直到日本最北的青森和北海道），正如前述，和后来的弥生文化与渡来人的研究等也有些关系。明治大学是日本的私立大学，与有政治背景的东京大学不同，在学术上有很强的独立性，所以大塚初重先生在《弥生时代的考古学》一书中对弥生文化的论述，因与史实最相一致，最为人信服，影响力也最为深广。而沈仁安先生在明大的演讲与他的《日本起源考》，在某种程度上则是对大塚研究的深化与发展，把中国文明的东传具体化到人这一指向。由于《记纪》的恶劣影响及此后对《记纪》的附会之说，这"渡来人"的概念至少在相当长的时间内，在历史上、学术上曾被严重扭曲异化，变得模糊一片，甚至面目全非。对此的澄清与正名是历史的责任，也是现实的必须。上述所著所论的意义也正在这里。

大塚的大作与沈先生的演讲使《记纪》及由它而产生的许多对"渡来人"的篡改曲解与本末倒置的内容得以纠正与补偏。其次，"渡来人"及其代表徐福在弥生文化，也即在日本文明发展上所起的作用，得到了符合历史真情的反映与评价，从而使他们终于得正其名，使徐福其人得以以一个历史人物而非传说中人或被扭曲的身份进入历史文档。第三，人们由此得以明白，徐福其人在日本何以会被视为"稻耕之神""蚕桑之神"和"医药之神"，以及受到隆重祭祀的原因所在，更证实了上述关于"一个历史人物在一个国家民众心目中的地位，是该国人民因自己的感受和由此起自他们内心深处的认定"的结论是何等的正确。

五、空穴来风：对拒祖背种者说"倭"

（一）讽诵热议中的不和谐声音

为告慰曾在日本古代史，特别是在上古时期关于弥生时代，又尤其是事关该时代中大陆渡来人的研究方面著作甚丰的那些学者，也为今日对中日关系中那段史事投以关注的人越见其多，笔者决意将近来披览的诸大作、听过的各演讲后的所思所感，结合先前的所历所见，整合起来，写入书中。

夜阑人静，披览翻检诸书，灯影摇曳间，时觉有"对影成三人"的情状，只是月光由灯光代替了，但心境却又大不同。见与未见过的诸先贤、同辈友朋，又岂止三人？其自书中发出的琅琅高见，一如相聚一室的讽诵热议，比起古人花间独酌时冷冷然的那杯边吟啸，更具热力多了，直有"见与未见皆高朋，书中意气共接云，落笔挥洒千年事，灵犀相通几多人"之慨。想到此愿已近完成，终可以不负爱我、助我的诸先贤与友朋，心中确有一份欣然的自喜。然而，犹如世间万事，即使美如圣诗仙乐，也会有不和谐音逸出一般，尽管弥生时代这段史事千古辉煌，于日本有千般重大的意义，于中日之间的交往有万般重要的价值，值得被说、被写、被传、被颂，其间，却也还真的就平地冒出几声舞文巧诋、谤讪其事的刺耳声息来。而且这些声音正来自不久之前，从最大受益者日本那里发出，在报端、在刊物、在书页上。如"弥生时代乃日本独自发展而成""吉野里遗址与弥生时代无关"；连邪马台国是倭国，卑弥呼是其女王，因女王其人曾向中国纳贡、受赐、受封，丢了今日日本那一群体的脸面，也被逐出历史，落得了比虚构成形的神功皇后还不如；直至人种上的攀白耻黄："倭人非日本人""大和民族是神的后裔""弥生时代的倭国、倭种、倭人，不是今日的日本人"……岂止拒祖，连人种的归属都要一弃背尽，其言已纯然是妄言呓语，不知所云。

否定自身的所由何来，生命便没了出处。来历不明，灵魂将无舍可守，无枝可栖。历史是人类的雕刻师，凿塑了一个民族最真实的形象。任何猥琐的恶语、咨訾的巧言、黑黄的段子，也蒙骗不了世人，更改变不了它。倭人也好，和人也罢，即使果真如你朝思暮想地脱开了亚洲，挤进了欧洲，你也必须有一个归属，像一个人样，才能立足于人世。让我们还是从历史典籍上说起吧！

（二）典籍上的一个"倭"字，说尽其祖、其古、其今

"夫乐浪海中有倭人，分为百余国，以岁时来献见云。"这段文字出自《汉书·地理志》。这个"倭人"及"倭国"便是日本自进入人类文明世界以来首次的归属记录。此后，在长达两千多年的岁月里，这个"倭"字便成了日本民族人种与国籍的称名，并从此为世界所认识。

《汉书》所载的这段"以岁时来献见云"的纳贡史事，发生在公元前108年，正值汉武帝元封三年，西汉政权在朝鲜半岛上设置乐浪、临屯、玄菟、真番四郡之后，距今两千余年。其时，半岛上的夫余、高句丽等国与中国已有献见纳贡的往来。经大陆渡来人开化，已走进文明社会，成为世界民族之林中一员的倭人，这时也常过海在半岛上往来。获悉半岛国家与大陆王朝这种外交上的往来之后，为提高自己已进入文明社会后的国际地位，他们也跻身进献的行列，并终于也获得当时西汉王朝的册封，入籍藩国的行列。所以，现时的日本在国际上动辄自称是有悠久历史的文明古国，倒也并非空穴来风，"言之有据"的正是《汉书》上可以见得的这段记载。其后的《后汉书·东夷传》上有载："倭在韩东南大海中，依山岛为居，凡百余国。自武帝灭朝鲜，使驿通于汉者三十许国，国皆称王，世世传统。其大倭王居邪马台国……"《三国志·倭人

传》上也有"女王国东渡海千余里，复有国，皆倭种"等，都有"倭人""倭种""倭国"的记载。换言之，两千多年前，正是这个"倭"字把日本民族从僻处孤岛引进了人类的历史。就此而言，这个"倭"字对最要面子的日本民族来说，可真正称得上是有字挟千金之重了，一下子就获得了拥有两千多年悠久历史的金灿灿的外衣。

自从见诸中国诸正史典籍之后，这至简至单的一个"倭"字就成了此后至今，尤其是"日本学"中至纷至繁的一大重点了。特别是到了近当代，由于自大逞强，梦想一步登天的勃勃野心，日本成了众矢之的。因此，几乎所有历史学、"日本学"的研究者，尤其到了事涉日本人种、民族，乃至国家起源的古代史部分，便再也少不了、离不开这个"倭"字了。随着历史的发展又出现了一系列与"倭"字关联的衍生词：倭种、倭奴、倭面土国、邪马台、邪马台国……它们也统统由西边大陆王朝为之成形、称名、制字、造就而录入史册：《后汉书》《三国志》《晋书》《宋书》《梁书》《隋书》《唐书》……从此，中国的二十四史中的十六史，都对倭人、倭种、倭国直至日本国有着记载。当然，这与倭人在中国王朝册封体系中的地位逐步靠近、逐步提高、由外臣晋升到内臣也有关系。总之，这个"倭"字从此便与日本列岛其地一起，长期共存，以至于今。

探本溯源，就这个"倭"字的由来，却又并非为日本民族所专设、专造。古代中国对周边种族的命名，虽无皇制规范，却也都有其出处："莫不因其土宜习尚，随物立文。"如对当时中国东西南北周边的少数民族的命名，因其开化度、行为举止，在"华夷之辨"这一观念下，以粗野之状（即因其"土宜习尚"）而命名，确有着明显的鄙视之意，如南蛮从"虫"、北狄从"犬"，西羌从"羊"，东貉从"豸"等等。倭人的命名自也在"因其土宜习尚，随物立文"之例。唯其时的日本，虽尚在边夷之中，但已与其他外族略有区别。秦汉之际的日本列岛已处在向弥生时代的过渡中，虽尚保持着未完全开化的风习，但已与文明亲近，故在天朝上国的眼中，已然有"异于三方之外"的"柔顺感"，才得以入"东夷"之一（夷，《说文解字》解曰"夷从大，大，人也"），并以"倭"命其名。"倭"字因直接带上了个偏旁"亻"，使得当时崇仰中国的倭人、倭种、倭国等等众皆自喜，认为中国竟对自己高看一等。

　　此后，随着社会的发展，以及词义上的变化，对"倭"字也产生过别样的解读，如"恶其名之不雅"等。据传，当日的倭国略懂得此意之后，还曾向宗主国大唐王朝提出要求更改国名云云。其实，此事和当时倭国与唐王朝之间的一次白村江海战有关，颇有一番经过与曲折，后文将另有详介。总之，这个"倭"字并非为当时的日本人所专设，在其以人种、以民族、以国名载入中国历史典籍之前，在另两部非历史类的古籍《山海经》和《论衡》中也出现过。如在《山海经》中，作为标示地理位置这一概念时，有"盖国在钜燕南，倭北"，其中并无人种、民族、国家状况等概念。再早，则出现在中国第一部诗歌总集《诗经》中："四牡騑騑，周道倭迟。"（《诗经·小雅》）。这里的"倭"字与人、人种、民族、国家等概念更是全无干系，但其字义与人种的特征等，却又不无关联。此处的"倭迟"二字在《说文解字》上的释义为"路途偏远、迂回、窄长意"，故又可引申为"遥远、幽狭、逼仄"诸意。可见，该字得以初次冠于列岛其人、其种、其国之上者，盖与此字的多种释义都不无关联。笔者对《山海经》作者在那段文字中，将此字冠于叙述方位的岛国倭地之上，颇有赞赏之意。赞其虽未及于倭之历史，但对"倭"字字义理解得既宽泛又精准，不论对其人、其种、其国之概略形态，其地理位置，乃至相对于半岛诸国与大陆燕地的距离……全都有所关联。说其统统包含在内，也不为过。作者在该书中虽作为地理学者，仅说起倭地的方位，未及其余，但其对"倭"

之作为一岛国的大体概略，却不会毫无所知，因为大陆与日本列岛的关系自商周便已开始。作为一个地理学者，对其地、其人种之矮于常人等等情状，当也有所闻知。有人从地理学视角出发，仅对将倭地之见于《山海经》的地理记事中，比之于可与地理典籍《禹贡》相提并论而大加肯定，予以点赞，是太窄看了《山海经》作者的学识、目光与表述的涵盖力了。其时，大陆与列岛之间的往来较之半岛诸国，虽说不上密切，却也由来已久，上溯可达商周时代。春秋战国，北方的燕国势力东渐，今日的辽东半岛已在其统辖之内，燕国与遥对日本海的倭之据地，陆路经朝鲜半岛与对，即直接跨海，水面之宽也仅一衣带耳，其得载于《山海经》上，是可以想见的事。至汉代时，又有"以岁时来献见"的纳贡，其得以进入中国历史典籍，更可说是顺理成章的事了。

已能指出"倭"在盖国以南这一地理位置的《山海经》其书，《四库全书》提要谓其"殆周、秦间人所述，而后之好异者又附益之"。该书中固然有不少"好异者"蒐罗的上古乃至先史时代的如刑天、如夸父、如强良等貌似怪诞的神话，其实，依笔者之见，上古文献中的神话等等所记，有的皆属于上古无文字时代的口耳相传，故多有神话、传说夹杂其间。其虽不免有怪诞之嫌，却向来有"听闻"与"见闻"而得传之分。此一情况，不独中国，各国皆然。其属神话的听闻，虽多皆上古对自然现象等等的不解而产生，经口口相传而来，难足凭信，但其间的山水地理等内容确属"见闻"，而经"口传"下来的，复也不少。尤其是见于地理等方面的记述，如"盖国在钜燕南，倭北"等便是，且与后期诸典籍所记也相一致。其他属"见闻"而得传的不胜枚举，就不一一罗列了。中国是一个大陆与海洋兼具的国家，上古便有先人在海上活动的记载，如《竹书纪年》载夏朝第九代国王帝芒"命九夷东狩于海，获大鱼"。《尚书大传·汤誓》载有夏末代国王桀，其国被商汤灭后，遁海逃亡之时的一段话："吾闻海外有人……与五百人俱在。"商之先祖相土，《诗经·商颂》则载有他在海外有治理朝鲜的业绩："相土烈烈，海外有截"……傍海沿河地区的先民，如齐之先人（也属东夷之一支）在殷商时代已有迁移徙海的活动，且迁移徙海者中有相当数量皆经燕地，由朝鲜半岛而往。无论于半岛的朝鲜，还是于岛国的日本等处，得见岛上人种明显矮于本族同类者的"倭人"，不但"好异者"会上心，便是严肃的地理学者们也会以飘海旅者的心态传述或入书。《山海经》作者之所以能惟妙惟肖地以"倭"字为列岛其地称名，便是成例。

　　果然，这个源于《诗经》《山海经》的"倭"字，此后便在《汉书》《后汉书》《三国志》等正史典籍上稳稳落座了，且一直沿用至今，即使在明白该字字义之后，颇有些忌讳之意的日本国，无论前朝，至于现当代，在所有事涉日本古代史、日本民族形成、日本建国过程的种种著作中，为表示其起源之早之古，在最前的几页也必定都得请出它的尊驾来。而对这个"复有国，皆倭种"的倭人、倭种、倭国记述得最详尽的，便是上述《倭人传》。它将处于刚进入文明社会未久，正沿着大陆渡来人为它铺好的路走去，处在弥生时代中后期的日本列岛上倭人诸国的全貌，举凡国名、地理方位、人口、国之建制、政治、外交、军事与兵器、官吏称谓、法律与犯罪处置、风俗习惯、婚姻状况、居民寿命、服饰、礼仪、葬仪、占卜、手工艺，商业贸易，居住饮食，及于动植物、物产……一应俱全，均有详尽的记载。该传是同时代人记同时代事，一如前述，属于同时代史料，不仅与现代考古发掘所得多相一致，与日本仅有得见的文献记载也相吻合。那颗展示于福冈博物馆内的金印，更板上钉钉地见证了那段史实的可信。在日本古代史料几乎一片空白的今日，已被视为日本民族先祖的倭人、倭种，以及倭国时代所有仅见仅得的记载中，最全面也最珍贵的文献，岂可

上编　数典

假作视而未见?

大陆渡来人开化了日本的文明,造就了一个世界文明发展史上独一无二以飞跃论其速度的弥生时代,大陆的典籍记录了它落座中国史册,从原始人——开化人——文明人的形象进入世界民族之林的过程,书写了它作为岛国人与大陆人民往来之后有声有色的独特历史。数其典,论其祖,观其古,知其今。翻翻世界文明发展史,还有一个国家为他人种、他民族、他国家,记其底里由来,延续时间如此长久,详尽细致到如此地步的吗? 这本身就是一个无上的善举呢!

(三) 再说典与祖,细说"祖文化国"

作为东渡人代表的徐福,在弥生文化,也即日本文明发展史上所起的作用,在以上几节中已可见出,则中国文化与日本文化之间的关系,由此也可以一目了然了:那便是,中国是日本的"祖文化国"。这里的这个"祖"字,并非直指徐福或东渡人,它只是指广义的,文化意义上的起源,而非血统所系的,种族上的"祖"。徐福是秦代跨海东渡那大队人马的代表,其所携者,本就有童男童女若干,此后的后裔自然也就会有,但也只是日本列岛初民中少量移民的掺入。移民与当地人民的混合,其牵其染,其形其态,自古存在,万国共有(即如居住在加拿大魁北克地区的法国人等等),自可由其族群来加以区分:中国人是中国人,日本人是日本人,既非同一国家,也非同一种族,更扯不上"日本人是中国人的子孙后代""日本人与中国人是同文同种"等等。郭沫若在他的《同文同种辨》里更直接明白地说:"中日两国并非同文同种。夫以人道正义为国是,虽异文异种,无在而不可亲善,以霸道私利为国是,虽以黄帝子孙袁洪宪,吾国人犹鸣鼓而攻之矣。同文云乎哉! 同种云乎哉!"

往历史文化的源头上去探究上古社会的事，首先是在文化上的开化，即如梁启超关于从历史源头看文化源起的持论：文化实乃物质的附庸。即如今所说的，日本倘无弥生文化这一稻谷与金属工具等物质上的输入，使之发生脱离原始野蛮的绳纹时代的历史巨变，就说不上什么开化，什么文明的初起，什么此后的进入世界民族之林，遑论这日本国的建立了。前述的日本教育家、思想家太宰春台，在《论语古训》中就中国文化对日本民族文明的开化时所说的"我国人始知礼义，悟人伦之道，弃禽兽之行"等等的"文化初识，文明渐启"，指的也便是这层意思。

"中国是日本的祖文化国"一说，最初，其实只是笔者在中日文化交流活动发言中的一个观点。关于日本文化的起源，多有其说，其以母系社会云云为发端的"文化母国"；其有大唐遗风的"国风文化"；乃至"同源分流"，以至"同文同种"，等等。尽管各有其述，却总令人感到，在其总揽与统率的气势与气度上各有其不足之处。尤其那欲以"同文同种"一语代其全者，更属别有所图的浑说不论。总之，前述的种种已有令人眼花缭乱之感了，但使之与"祖文化国"，与"祖"与"国"直接关联者，尚未有见。

无论作诗为文，倡导一说，还是构筑一科学理论，很重要的一条，就在于整体上的把握。把握整体，需要一种气势与气度，就这两点而言，在"祖文化国"一说中，"祖"与"国"这二字，最能使其得到充分的体现。

且听听几位影响力较大的历史文化学者，从文化、文化史方面发表的与此关联的观点看看吧！这里，先举出美国历史学者，著名的日本问题专家，前美国驻日本大使赖肖尔。先听听这位赖先生在他的《日本人》那部举世尽知的著作中，是怎么说日本文化与中国文化以及日本和中国这两个国家之间的关系的："日本的文化是从中国借鉴来的，正如北欧人民同地中海地区的人民具有共同的希腊—罗马文化的传统一样……这种文化借鉴，从 7 世纪到 9 世纪间最为盛行（笔者注：这是指日本对隋唐时代的全面模学），并一直持续到 17 世纪。甚至在 19 世纪初，许多受过教育的日本人仍感到自己是中国文化的子孙……日本人非常清楚，他们的文字、词汇、艺术和许多传统的价值观念，全都来源于中国。中国是他们的希腊和罗马（此处的"罗马"，指的是古罗马帝国，即灭于公元前 470 年的西罗马帝国和灭于 1453 年的东罗马帝国的统称，是古罗马文明的一个历史阶段，而非今日概念中的罗马）。"这里，已很有些"祖"与"国"这层意思了。

赖肖尔的青少年时代便在日本度过，成年后在哈佛专攻日本史和中国史，留学巴黎重返日本后，再度专攻盛唐文化并留学北京。此人在中日两国历史文化方面有如此深厚的造诣，才说得出这般有见地、有分量的话来。且看，直至今日，日本这个国家还使用着它的"祖文化国"的汉字。至于它的建筑、它的民风民俗，直至它的民习，以至居家、饮食中嵘绕氤氲着的，中华香火的汉唐遗风，更是踏上列岛便随处可见。故笔者所云的"中国是日本的祖文化国"，并非强立新说，实乃赖肖尔所云，不但"日本人非常清楚"，且是全世界人所共识共见的事实。

特别是其中又将欧洲人在对待其"祖"其"国"之所由来，在对待其文化传统、文化渊源上的作为与情状当作旁注引入，将欧洲国家与古希腊罗马和日本与中国，以一个"中国是他们的希腊和罗马"的借喻作结，将欧洲人如何对待开化他们的典之所存，祖之所在的希腊罗马视同祖文化国这层意思，都一揽子包含在内：日本、欧洲，一并双指，措辞不但高妙，而且精准，表现了一个哈佛学者宏博的文化视野和深湛的文化素养——略知道一些欧洲文化史的人，当都知道，今日欧洲的文化传统及其观念，全都源自古希腊罗马。其事虽然已逾两三千年，且此一传统早已有了不少的渐变，但身为欧洲各国并其子民人等，却绝不否认此段历史，以为，凡欧洲今日文化所有的种种，皆是受了古希腊罗马文化的恩典——虽然今日的希腊罗马已远非昔时那般辉煌。且此说坦坦荡荡地见载于欧洲各国小学、中学、大学的教科书以及各种极具权威的历史、学术著作之上，而绝无一人为羞为耻。以至连熟悉欧洲文化的中国精英层中人，每逢提及这一点来，也都有了"言必称希腊罗马"的积习。日本当日的攀附模学中国文化与此相比，远有过之而无不及，因为仰慕中国文化过甚，大有只恨不能整个儿地傍上去，或将其吞下去之态。而今日，尤其是左右政局的那一主流群体中的若干人，却将之全然忘却，绝口不提。更有甚者，则是公开予以否认：说什么"祖文化国"，说什么"祖文化国的代表人物"等等，仿佛承认了中国是日本的"祖文化国"，便如同蒙了羞似的：确乎有目共睹地，已绝对可以被说成是数典忘祖之举了。受其掌控的，用于若干日本大中小学的教科书，则等此处置，如数照搬。便是稍知此一情状的外国人等，都不齿于如此人性不具的一群，何况国人？

再听听身为日本人的加藤周一先生是怎么说的。加藤周一是一位在国际上也享有颇高声望的"知识巨人"，有"时代的代言人"之称。他在他的《21世纪与中国文化》一书的序言中，对中日两国文化的关系，是从文化的广义上，也即从诸凡日本文化历史所创造的一切，整体地、无所不包地都统揽在内地加以叙述的："每当我寻求日本文化的历史性源泉时，几乎所有的领域，归根结底都与中国的古典文化联系在一起……汉字、法律、宗教等等，古代中国对日本具有压倒性的影响。"加藤先生的此一说法，在容盖面与表现力上，对本说所显示出来的支持强度，大大超越了一地一域、一种一族诸说，使笔者的"祖文化国"说，更具有了一种别样的气势：高屋建瓴，如在极峰，俯览一切。在气度上，较诸前说之只着眼于藩国天朝、君臣父子等等高下尊卑的小家子腔，也更宏大壮阔得多，如万里长城，如黄河长江，令人只会想到那个"祖"，那个"国"的丰赡雄伟、浩浩荡荡，消除了一切可能的含糊与混同，含义所指，也更允当、明白、确切，自有一种巍然挺立于种种前说之外的意态与价值。使笔者产生了一种在本书中，必要将之专列一章，如此刻这般地再详细展说它一番的想法。

特别是其中提及中日两国关系便饱受垢议的"同文同种"云云。早在20世纪30年代日本侵占我国东北后，王辑五在《中国日本交通史》中，就以"日本近来以'日本出自大陆，返回大陆'为口头禅，是别有隐衷"说，予以揭露——这也表明岛国那边对开化日本的徐福东渡其事，其实早已心知肚明，而又以在对其择时择机地加以利用这一点上，暴露得最为充分。

后来闻知与此也有关联的"单一民族""混交民族""独自文化"说什么的，20世纪90年代，在日本又曾热闹过一阵子。且闻很有几个风头甚健的政客介入其中，并出语惊人地，还很是滔滔嘈嘈过一番，更感到这"祖文化国"说有提出的必要了。因为此说还兼有对上述那些浑说予以澄清与批判的意义。

这里且先提提那个石原慎太郎的表演，便可见出，此说或许可将"凡此种种"歪歪斜斜、不无偏颇的诸多争论，都引向一个更符合历史事实，更具理性，因此能为更多读者接受的定位上来。

石原慎太郎曾连任数回东京都知府，在日本，是一个名噪一时的政客。20世纪60年代末，他曾就以上问题振振有词云："大体可说日本是单一民族的国民，说的是跟其他国家完全不同的单一的国语，长年形成了完全独自的文化，这是绝无仅有的。"在如此截然绝对的说法之前，哪还有什么"日本文化源自大陆"，以及"中国是日本的祖文化国"等等的声音可言？可是，"一代人"的时间还没过去，到了90年代，还是这个石原慎太郎，却又自扇耳光地说什么"有一种日本是独特的单一民族的说法，完全是扯淡。"明白无误地宣称"日本人是全亚洲系统的混交民族"，目标已不只是要"返回大陆"了。

什么"单一的""混交的"……一龙一蛇，摇身可变。哪里像是在说国家、文化、民族等等的大事，简直是街头艺人儿戏般地在玩杂技、耍嘴皮，染苍染黄，说转就转。其政治意图如何暂且不论，出于此等人物口中，随意辗转的话语，却极易混淆人们的视听，将本就似是而非的问题，更引向连路径都找寻不见的迷途。如果将问题提高到历史的源头——如"祖文化国"这一高度上去，如此猥琐多变的说法，哪还会有供其嚣嚣的市场？

说来简直有些令人难以置信。人所共知，中日恢复邦交30周年前后，在东京举办过一次"中国国宝展"。为力促这次国宝展的成功，从展览的筹划到展出，村山富市先生以耄耋之年，奔波于大海两边。这位前首相为此所做的种种努力与那些谈话，就如同对此说法做出的一次回应。与上述的那段加藤周一在《21世纪与中国》一书的序言中的所言，可谓异曲同工，令人不胜感慨。二战结束后，由于对日本军国主义者发动侵略战争中偷袭、虐杀等一系列卑劣疯狂行径的极端仇恨，以美国为首的盟国，对日本孕育那一切的神道、皇统、史论，兼及与此牵连的各种祭神、祭祖等祭俗、民习，进行了大扫荡式的全面打击（详情见后文）。城门失火殃及池鱼，作为日本祖文化国的中国文化，同时也受到波及（连从中国传去的中医汉方都一起遭到了禁除）。西方——其实即是美国的文化及其思想，专横而独尊地一统列岛，以至一两代人过后的日本，不但本国文化在酷烈的冲击下被淡化，对其祖文化国文化的认知，也都变得更依稀起来。在此一情状下，村山富士意识到了在日本举办"中国国宝展"的意义。这一展览可以让日本人，尤其是战后的年轻一代了解"中国对历史文化的重视"，了解"中国文化和中国的山谈话"精神的一种深化了。这一期间，村山先生由此而提及的，对年轻一代的教育问题，更是语重心长。他曾就此不加掩饰地屡屡直言自己的观点："日本年轻人对中国文化、文物还不够了解。除了用语言教育他们，还应该让他们看到实物，让他们了解中国文化和中国的伟大。他们在参观了中国的国宝展之后，可以产生自己的省悟，原来日本好多的文化都是从中国学到的"，从而使那已经依稀了的中国与中国文化，.即日本祖文化国的形象，得以重又清晰起来。这是只有对中日两个国家的历史文化有深切了解，并都持清醒认识，且在出任首相前曾长期从事过文化研究的村山富士才能说出的至真之言，人们对他那"此举功或不在禹下"的赞语，实不为过。这也表明，笔者所倡导的"祖文化国"说，不但必要，而且及时。否则，再过一两代人，怕除了汉字，什么是"中国文化"的最浅显认识，都将变成天边一片渐去渐远了的浮云，遑论显示两者之间联系的"祖文化国"说了。

六、不矜不伐，乃为建言：填补国史库馆内那段千年的空白

（一）赖肖尔先生的善意提示：功德无量于子孙后代的大事

至此，关于弥生时代、关于引领这一时代的渡来人，至于渡来人的代表人物，并日本人种、日本的"祖文化国"、日本民族及其国家的前世今生，读者想必已可有一个初步的了解了。这个得以用极短的飞跃成就了弥生时代，提前数千年跨入文明社会的民族，到了今日，确然已是可以号称自己是一个有着悠久历史的国家了。虽然由于一个"很大很大的、历史的"过人的飞跃，使它的文化带有先天的不成熟性，以及对祖文化国不得不强烈的依赖。

比如作为显示一国国体文明度的文字，至今依然要依赖汉字的撑持才能成文。一篇日本文字中，若无半数汉字作为可资表意的关键字，只靠着那一堆"假名"，纵有王国维那能破解甲骨、识读天书般的本事，也休想看懂那说的都是些什么。所以，对文字学深有研究的郭沫若先生说："世界万国中，其文字之无条理、无美观、无独立性者，无过日本。"这绝不只是对日本历史文化的一种轻蔑之语。尤其在其国之最高表意文字，如天皇的诏书、敕文、皇室典记等等中更是如此。这里有一段日本二战战败屈膝前，为求自保，必须颁发一份投降书（日本自谓为《终战诏书》）的往事，便可作此说的旁注。

因所需十万火急，投降诏书如不在勒令的期限内发出，日本民族将面临覆国灭种的天大祸事。而按皇制规范，诏书采用的又必须是标准汉语的文言文。以致成文的措辞必须使用大量的古汉字和中国典籍里的成语典故等等，否则根本无从成文，搞得受命起草参与讨论修改的诸大臣不得不连夜搬出《历代诏敕文集》《汉日大辞典》《广辞林》等数部大辞典来。涉及投降诏书成文的那一群人，一时都成了热锅上的蚂蚁，忙成一团地去翻检词典，互探词义，以逐句逐段地核检那佶屈聱牙、深奥难懂的汉语规范文言的构词，及其成语典故的用法。

时过境迁，此事已渐为人知后，虽有为之窘促者，却也并未使他们因此而放弃文言汉语，至少在场面上，那还可以为无条理、无美感的日文，博得一点出典高雅的意蕴。

诚然，文字是构成一个国家国体文明程度的重要部分，但又并非全部，并不影响国家形成历史的短长。所以，那个"两千多年的建国历史"依然成立，谁也无权因此而抹去它一截，将之说成是一千几百年，或几百年。它照旧可称自己有"堂堂皇皇两千余年的悠久历史"。于是，一拨善于利用这一非物质文化遗产资源的日本人，便将这洋洋乎长达两千多年的悠久历史当作一份堪足自炫的家底，向西方世界兜售起来，也还真就获得了不少诸如"法俳""英俳"一类的捧场者，并因此而沾沾自喜起来。

最终，由于那一拨始作俑者的善于迂回，且又因中日两国也确有着那俨然出于一辙的文化上的渊源——长长一摞的古书典籍上的记详，又为遁词者们做着"证明"：那并非全属凿空之语。更经境外识者们的为之解读，这里所指的"识者"，既有国外的汉学家们，也有已入籍外国的华人，如深谙中国文化与中国艺术的赵无极、程抱一等人，都是即使在法国那样极重视文化的国度里，也属顶尖一流的文化人物，他们也常有介绍中国文化艺术的文字或演讲面世。其中，在艺术事业上曾得到宋庆龄悉心关怀和热情鼓励的高醇芳女士，更是在法国公开授课，成为教授中国书画的先行者，在巴黎及各地做过数百场有关中国书画及中国汉字的讲座，影响已远至法国以外。耳濡目染间，为数不少的欧洲艺术爱好者也都知道一些中国文化以及中日文化之间、日本文字与汉字之间的关系等等。于是，搞得沸沸扬扬的一场闹剧方得以渐自淡化，那一难堪也终于过关。

事后反观，对那一拨自炫者们来说，其实不只是运作不当的问题，更暴露了他们对作为祖文化的中国文化缺乏修养，对这两种文化之间的渊源知之甚少、甚浅，对中国传统文化的底里及其雍容缺乏深刻的理解。这些人对前述的，赖肖尔在其著名的《日本人》中所作的"自己是中国文化的子孙""他们的文字、词汇、艺术和许多传统的价值观念都源于中国，中国是他们的希腊和罗马"这一结论，可能浑浑然，根本就不明其人文化底蕴之所在。

赖肖尔是美国驻日大使，又是对中日文化深有研究的学者。对一位学养有素，但身在其政的学者，于日本，从其长处看，多有肯定之处，不少地方甚至不乏溢美之词。但他毕竟是一位学者，对中日之间文化关联的了解是深刻的，对作为日本祖文化国中国的态度与评述，其持论于公允中，不失一种恰如其分的尊重。故赖氏之所以不无尖锐地指出这一点，绝无羞辱日本人的意思，只是对那颇有些不识好歹的一类人的指正。对广大日本人民，那实际上只是将中日文化交流史形诸笔墨的一种善意的缕陈。因为他也见到两国人民由于那种文化上的密切关联，千余年来，至今保持着友好关系。笔者在写下这段文字时的心情，同样如此。当你面对着的就是这样一群"不肖子孙"，你不可能因为对这一群偏离正道者的不快，而迁怒于广大日本人民和这个国家。在历史上，要将日本人民和利用神国鬼话发动侵略战争的军国主义罪犯分别开来；在现实问题上，要将日本人民和右翼政客集团与其当政者区别开来。不能"恨大和尚之不善而累及袈裟，砸恶人老宅之城门而殃及池鱼"。因为，至今仍以汉字为自己文字的日本文化与中国文化之间，始终有着一种无法割裂的联系。

祖文化者，其文化起源之谓也。犹如一个长者对自己启之、育之、携之、教之的后人，如对其由于幼稚而蒙受的褒贬、毁誉都不放在心上，何以配称作长者？则其处于"祖文化国"中人之地位者，意义尤为高远，更不能漠然置之了。坦陈而言，战后至今，已是第二、三代人在支撑日本社会的门面了，不能让他们与本国千年的文化传统就这么在一直面对的荒芜与空白中渐疏渐远。如果任那一切淡化成尘，化为乌有，成了绝响，那可就不只是令人遗憾，而是令人痛心的事情了。

自从《记纪》制造神国皇统，其形成的劣作一直沿袭至近代，从来就没有搞成一部据实写成的国史。明治以来，尤其甚之。记录自己民族真情实况的文献根本就没了容身亮相的可能，遑论据以成书。自明治宪法公布以来，更将那纯属虚构的造神国史明目张胆地置于"官学"首列。"皇国史观"经强制推销，恶意蔓延，一直灌输到全国全民。当日的历史学者被强令告知：只有对皇统万世一系这一"国体"做证实与维护的义务。不服或拒绝此一敕令者，轻则训斥，重则以不敬罪论处，甚至下狱。二战战败后，这一切才被统统予以否定。对战争负有主要责任的"现人神"——裕仁天皇，在盟国占领军司令部授令下，向全日本、全世界宣读的"人间宣言"，承认"现人神"造假，承认自己也不过是人类的一员而回归人世。历史教材中宣传神国神权、皇国史观的部分全部明令废除；支持皇国史观的学者被开除公职；规定历史教科书的内容只能从历史的事实出发；教学与研究均须老老实实地面对历史。但在占领当局以文告明令下的此一规定仅维持到 20 世纪 60 年代。此后，随着官学派的复兴，从 70 年代起，受抵制暗流牵扯造成的拖滞日渐其浓，又兼命令的执行者，主要是美国占领当局。对日本古代历史本就知之甚少，一纸命令，便大打了折扣，在很多方面只是徒具形式而已。加之其他种种原因，连余毒的消除及其宣传都由渐滞而至终止。让日本人民摆脱欺骗，明白自己国家真实的民族历史，越发成为一件必要的大事。

（二）拯救陷入存亡之秋的日本古代史（附填补日本国史空白的《备检要目》）

近日，又阅一本日本历史学者井上亘先生关于日本古代史研究方面的专著《虚伪的日本》。在我对今日日本当政者对待日本古代历史态度的真相有了最贴近的了解后，竟有了一种悚然的惊心之感：书中披露的日本当政者对待日本古代历史的态度，竟已倒退到战前状态。

进入 21 世纪第 10 个年头后的日本，在大学里进行了广泛的学科改组。历史学科中予以保留的竟只有经过严重篡改过的近代史，及由其生发而成的历史教科书，其内容即是右翼之流的言论及日本发动侵略战争的罪恶历史，全然不顾史实，颠倒黑白，拒绝认账，备受世界舆论愤怒谴责。即便如此，当政者依旧一意孤行，如此教科书照印不误。而批判这一切，揭示那段所谓空白真相的日本历史讲座，在日本大中学校被明令禁止。日本古代史的研究被迫完全陷入停滞，与维护神国观念进行坚决斗争的史学观受到战后以来前所未有过的重创。笔者之所以说今日日本当政者对其古代历史的态度已倒退到战前状态，是因为战前很长一段历史时期内，由于神国思想作祟，或直白了说，出于发动侵略战争的需要，日本古代史，包括处于弥生时代中后期的邪马台国等内容即被列为禁区，大中小学一律不设此一课目。战后，由于盟国一系列严厉的制裁，才在由盟国重压监督下的国定中学以上（开设历史课程）的学校里打破这一禁区。如今，日本当局对古代史的态度竟公然倒退到战前状态，正可谓司马昭之心，世人焉有不明者？

战前的日本古代史，实际上便是《记纪》所立下的大量神国皇统思想，是日本走向军国主义，发动侵略战争的催生器。如今，不顾本国人民坚决抵制，无视世界舆论一致谴责，一心往右转，妄图复活军国主义的日本当局，对揭示此一历史真相的课程和讲座视如洪水猛兽，将批判此一史观的古代史学者视若政敌。

井上亘，一位对日本今日现实知之甚深，对日本古代历史及其形成深有研究的学者，撰写了《虚伪的日本——日本古代史论丛》一书，书名也涵盖了今日与昨日的两重世界。书中揭示的正是著者（包括其周边众多有良知、有正义感的学者）近来至为关注的日本古代史在今日日本的处境与近况。这本书是在进入21世纪10余个个年头后出版的新书。从目前正当其政的政客们对待日本古代历史恣意妄为，却少为人知的这一侧面，有力地揭露和证实了他们复活军国主义的勃勃野心，值得引起全世界爱好和平人士的警惕。

今日日本虽号称民主国家，但因前述的沿袭千年虚构而成的神权皇统的余毒未能铲除尽净，至今所奉行的仍是一种无形的、神权之下的"唯权独尊"的治国理念。而行使此权的只有两类人，一是自首相至各省厅的官僚，二是与这些官僚沆瀣一气，站在同一阵线上的政客以及为其所用的学界御用精英。事关国之政策，国之形象的舆论、决策权，均在上述一小撮人手中。身为有识之士的学者，如井上亘等人，面对如此国情，并未屈服，而是勇敢地向全世界发出"日本史学界正处在危急存亡之秋"的警示，这必将引起世界正义力量的关注和支持。相信，日本广大的民众也不会同意当局如此撕裂历史、篡改历史、遮掩历史真相的行为。所以围绕历史问题的斗争从未停息过。笔者因此想到因家永三郎在"历史教科书诉讼案"中不畏强权，凛凛然的正义感而聚集起来的那一大批支持者与追随者；想到敢将矛头直指天皇体制下的右翼政权践踏人民意志的、极具感召力的大江健三郎等作家；更想到时至今日，日本国会大厦前，为反对当政者复活军国主义，那动辄数以十万计的民众的吼声。

从家永三郎的"历史教科书诉讼案"得到全日本民众的大规模支持，进而成为一件具有世界影响力的事件中，可以看出日本民众中正义与向善的力量是强大而有力的。

持此信念的笔者建议在日本建立一个"填补日本空白国史基金会"，并为未来的基金会拟定了一份填补日本国史空白的"备检要目"，以供将来会中的朋友们在进行此项工作时，有一份可资参考的资料。谨将"要目"以列表形式附下。（见表1）

表 1 填补日本国史空白的"备检要目"

备检要目	历史纪年
日本列岛与欧亚大陆连接。由于冰河时期海平面的高低变化，日本列岛西部九州地区间歇地与大陆连接。在其连接期间，欧亚大陆东北部的原始人群为追逐兽类，东移向日本列岛，形成最早的日本人。	约公元前200万年
由于海平面上升，日本列岛最终与大陆分离，成为孤岛。进入与农耕文明的弥生时代做时代划分的绳纹时代。故有些西方史家，如康拉德·托特曼在其所撰的《日本史》中，将绳纹时代称作"前农业社会"。本备检尊重日本史界的称名，对弥生时代以前的那一时代仍以"绳纹时代"名之。	约公元前10000—8000年
日本开国天皇神日本磐余彦（死后，《记纪》为前代天皇排序时，谥号第一代神武天皇）从九州率众渡海东征。	公元前667年 甲寅 周惠王十年
神日本磐余彦在大和南傍山东南的橿原宫即建国。日本的皇纪纪年由此起始，为皇纪元年。	公元前660年 辛酉 周惠王十七年 第一代神武天皇元年
中国战国时代末期，战乱频仍，大陆东渡日本列岛的渡来人较以前更多，又以秦始皇三十七年（公元前210年）规模最大的徐福东渡集团为其代表。日本进入弥生时代。	公元前250—210年 辛亥前后 战国末期 秦孝文王→秦始皇 七代孝灵天皇→孝元天皇
汉武帝在朝鲜置乐浪、临屯、玄菟、真番四郡。汉人移植于其间者益众。而往来半岛之倭人遂也不免传闻于汉庭。《汉书·地理志》遂有"夫乐浪海中有倭人，分为百余国，以岁时来献见"之记载。司马迁卒是年是倭东渡其首见于其所著的《史记》。	公元前108年 癸酉 汉元封三年 九代开化天皇四十九年

备检要目	历史纪年
"汉建武中元二年，倭奴国奉贡朝贺……光武赐以印绶。"（《后汉书·东夷传》）该印于1784年被发现，现存福冈博物馆内。 要目中的汉建武中元二年倭奴国王和皇纪纪年中（垂仁天皇八十六年）的垂仁天皇是否同一人，已如前述是史实不明。因倭奴国奉贡朝贺出诸《汉书》，中所载人事多有杜撰，若剔除杜撰成分，探求其人身上含有多少史实，尚需经过考证。此后凡引自《记纪》中的人事，从皇纪元年的第一代天皇神武起计，均可照此处理。	公元57年 丁巳 汉建武中元二年 十一代垂仁天皇八十六年
安帝永初元年，倭国王帅升等献生口百六十人。	公元107年 丁未 汉永初元年 十二代景行天皇三十七年
"桓灵间，倭国大乱，（七八十年间）历年无主。有一女子，名曰卑弥呼，能以妖惑众……于是共立为王。"（《后汉书·倭传》）	公元184年前后 甲子 汉中平元年 成务天皇五十四年
倭女王卑弥呼遣大夫难升米等献生口方物。次年，魏明帝遣遣梯儁等奉诏诸邪马台国，诏封卑弥呼为亲魏倭王，赐金印紫绶并礼物。（《三国志·魏志·倭人传》）	公元239年 己未 魏景初三年 摄政神功皇后三十九年

备检要目	历史纪年
履中天皇在各地设置国史，掌管记录当地各小国之大事，其记事虽未见有史书存世，就日本的信史纪年，当以他执政的时代起计。日本历史四字而言，却是有功的的一人。故史家们仍颇含尊重地认为，	公元404年 甲辰 晋元兴三年 十七代履中天皇五年
倭王遣使贡方物。(《晋书·安帝记》)	公元413年 癸丑 晋义熙九年 十九代允恭天皇二年
倭王武遣使上表献方物。表文中称："自昔祖祢，躬擐甲胄，跋涉山川，不遑宁处，东征毛人五十国，西服众夷六十六国，渡平海北九十五国。"(《宋书·蛮夷传》)宋顺帝诏封武为安东大将军、倭王。《宋书》所载倭王武，或即《记纪》排序二十一代之雄略天皇。	公元478年 戊午 宋顺帝昇明二年 二十一代雄略天皇二十二年
"大业三年，其王多利思孤遣使朝贡。"因日本当时已习得汉字久矣，学习中国文化大有长进，故交往礼仪上也趋见隆重。其时，隋炀帝为对外藩宣扬中国文化，乃遣文林郎裴世清等十余人随来使小野妹子使于日本答礼。次年四月抵九州筑紫，日皇遣难波吉士雄成从数百人，设仪仗，鸣角鼓来迎。后十日，又遣额田部比罗夫从两百余骑郊劳。既至彼都，日皇与世清相见，大悦曰："我闻海西有大隋礼仪之国，故遣朝贡。我夷人僻在海隅，不闻礼仪，今故清道饰馆以待大使，冀闻大国惟新之化。"(《隋书·倭国传》)此种学习之风直延续到唐代，有增无减。这一时期开化的飞速长进，只有弥生时代那一向文明开化的飞跃可比。	公元607年 丁卯 隋大业三年 三十三代推古天皇十五年

穿越时空话扶桑，一眼两千年
兼说徐福及其时代文明的东传

备检要目	历史纪年
由于学习中国文化长进之益大，开始学习中国的修史。当时，摄政的圣德太子与我马子等人修成《天皇记》《国记》等，据传皆毁于后世执政者战火。许是当时对大唐崇拜过甚，才在日后有了那部《记纪》。上述"两记"等所收集的文献史料，凡与王旨不能容者，是否已毁得片首无存，似可列为补填日本国史空白者探铁的一大重点内容。	公元620年 庚辰 唐武德三年 推古天皇二十八年
日本与百济联军被唐罗联军大败于白江村上，成为日本历史上最惨败绩之一。	公元663年 癸亥 唐龙朔三年 天智天皇二年
唐高宗咸亨五年，改元上元元年，高宗并皇后武改称"天皇天后"。时值日本战后遭唐求学最盛期间，获知此一称名，十分符合当时高宗的敬畏心意，大感兴趣，即便拿来取用，其中自然还含着对唐高宗的敬畏相迷之意。按《记纪》"皇纪纪年"的推算利排序，其时倭国当政的应是改政的天武天皇之后的天武天皇。如从考证角度而论，此人正是白村江之战时倭国的当政人。此或即日本"天皇"称名的由来。	公元674年 甲戌 唐咸亨五年（上元元年） 天武天皇三年
《日本书纪》成书，与712年成书的《古事记》合称《记纪》，1300年以来，长期被称作"国史"。《记纪》炮制了神国，造假了神武天皇，虚构了神国皇统。从此，日本貌似有了国家，历史，实则将真实的历史抹成了一片空白。	公元720年 庚申 唐开元八年 元正天皇养老四年

（三）关于"备检要目"的几点说明

这是一份供探轶、寻找、补白日本古代史料的参考目录。上古史料中记载日本历史的中国典籍尚——可录，但其数量甚众，尤其是二十四史之外的史料，探寻起来，并非易事。而日本自有数百小国以来，其先后从中国习得汉字后所做的，从简至繁的各种史料也多到难以胜计，只能先择与历史进程中的主要史事关联者，略做列举，故名之为"要目备检"。其起讫的时间，从公元前 3 世纪的弥生时代至公元 720 年《记纪》的面世。即由于《记纪》掩遮历史真相使成空白的那一千年，或云史家出于无奈而为之冠以"欠史时代""阙史时代"等名目的那一千年。

"要目"中资料的所据，约而言之有四：一、文字的，如各种文献、金石铭刻与历史典籍。二、古遗迹的出土之物，及其发掘与研究成果。如在弥生时代等几节文字中已有述及的，有"弥生时代缩影"之称的吉野里遗迹的地下出土物，以及号称"弥生时代发祥地"的北九州、佐贺等地的出土物等。三、修《记纪》时已征集到手但尚未被隐匿，或毁于战火，以"漏网之鱼"散失到民间，或与记事同时代的文本散页、零星碎片等初期资料，以及大和政权当时尚未控制地区各小国的原始资料。四、口传的，如民谣、民歌、民间传说等等。这些资料除了得见、得读、得录于刊物、书籍，不少是得自各种形式的文化交流活动中，如吉野里挖掘现场担当主干七田忠昭、东亚文化研究会主将内藤大典等人所持有的一手资料，得自古文献爱好者、收集者，古文化史或徐福研究者须田育邦、田岛孝子、壹岐一郎、遽志保……乃至辗转得自中国港台地区的收集者们的馈赠。更有得自在日期间，由日本朋友陪同共行的田野考察，于宫崎、奈良、熊野几处神宫与各僻地神社、寺庙等探访的所得。

须加以说明的，是这份"要目"的"虚实兼容"。这不是寻常

上编　数典

意义上的一份历史年表或大事记，其中所列既有史实，也有并非史实的伪造。史实全部出自中国的历史典籍，伪造则出自《记纪》。非史实中的人物、纪年、记事，在正式出版的历史著作、年表或大事记中，是绝不可能占有一角一隅的，"要目"之所以予以收留，是与其设立的目的有关的。本要目是一份供未来基金会中人搜轶钩沉历史文献资料时参考使用的。神武天皇其人和由其人垒起的皇纪纪年，尽管都不是历史上实有的人事，其中人物也多是一堆披有一件历史外衣的造假人物，但二战前两千多年间的日本历史，如按《记纪》为源为本的学校教科书、各类历史读本及由此制定的"教育敕语""军人敕谕"等一切指导全体国民的典章制度，全部由此生发。日本国内一切的一切，上自形而上的文化、历史、思想意识、国家建制，下至民生碌碌的日常起居、衣食住行等，在那一个纪年的漫漫持续期内，完全被一座尊神、一个旨意、一个声音所覆盖，所笼罩。总之，在日本长达 2000 多年的历史廊柱上，刻痕深深。它不是历史，但又必得被作为历史的一个参照比勘的对象，而收进"要目"，而且，这不但可与其同时代的诸段史实作比勘的参照，即于解读今日的日本历史、日本现实，也有明白可见的深深关联，有的还是非常密切的关联。比如上述的神武天皇和由神武天皇起计，延续至今仍印在年历上的那"皇纪纪年"，把好端端的一段文明初起的上古历史，搞成了信誉全无的一笔糊涂账——仅记载这段史事轨迹的历史纪年，在日本就出现了三四个之多：什么"欠八史时代"的纪年、"阙史时代"的纪年、"信史时代"的纪年，直至以神武天皇登基为起始元年的"皇纪纪年"。真的、假的、存疑的……尤其是那个纯系造假，但经当政者钦定的"皇纪纪年"，以及由此纪年造就而成的，直至二战之前昭然于世的神国皇统思想，更成了日本走向历史舞台以来诸多罪恶的源头。一直延续到今日的日本，仍未脱出那魔障，才有了一小撮右翼政客至今仍拒不承认发动侵略战争，不承认战争罪恶，仍然高唱神国神皇皇统，甚至毫无罪恶感地以虽败犹荣的态度对待那场战争，对待那个第一号甲级战犯——第一百二十四代昭和天皇。将一系列公然与世界人民为敌的秽言乱语与列在"要目"之内的纪事加以对照，予以详细地揭示，不但对补白日本国史者们是一种需要，便是从战后七十余年，谴责日本右翼军国主义分子，防止战争再起，维护世界和平的角度考量，也是一种必须。

范围遍及全世界的反法西斯战争暨中国抗战胜利 70 周年的纪念活动才过去不久。70 年前那场惨绝人寰的大战，仅鲜活的人命就被夺走了 9000 万。战争波及四大洲、八大洋，其祸及地域之广、人员伤亡之多、财产损失之大，都是人类历史上前所未有的。作为东方战场上的战争罪犯国——日本，自己军民的伤亡也居其历次对外战争之最，仅民众中的志愿者及童子军就有 40 多万。屈膝投降前，经多次大规模轰炸和原子弹的打击，日本本土的主要城市已成惨不忍睹的一片废墟，东京等大城市也尽成焦土。战后，人民流离失所，饥寒交迫。整个国家被浓重的惨败阴云笼罩着，整个民族精神极度颓丧，灭国乃至灭种的担忧令人心中惶惶难以终日（有笔者收集于附录内惨不忍睹的一组照片为证）。停战已 70 余年，至今提起这次惨败造成的巨大创伤，仍如抹不去的一场噩梦。所以，日本人民面对这场全世界的纪念活动，回忆起那种种惨烈的前事，反战的情绪最是悲壮，也最是激烈，对当局不顾全国人民强烈的反对，强行通过"安保法案"，企图将国民再次引向战争的深渊，难以容忍。

出自《记纪》皇胤的第三十七代齐明和第一百二十四代昭和两位天皇都曾做过惊天动地的战争梦，却都以将全国臣民驱为炮灰作为代价，最终以彻底的惨败收场。这种覆车之鉴，不但有至今国土仍为异国占领的今生之创缠身，翻开历史，还有前世的覆国之创书写在史书之上：只因当日唐王朝的大度，不追穷寇，日本的国土才未被扫平，但其举国惶惶不可终日的灭国深忧，至今说起，仍有余悸在心的便是列于本"备检要目"栏中的，发生在公元663年的白村江之战了。

那场在齐明天皇和天智天皇驱使下遭受的覆国重创，其在当日日本全国造成的影响和1300年后，落在以昭和天皇为发动者并驱使者头上的那场覆国重创的景象，宛如复制，相似乃尔。如言区别，只是当时全部沉海的日本战船全系木制，而70年前二战中沉海的战舰则全部是钢铁制成。历史知识极度贫乏的当今日本政客们可能对这段历史毫无所闻。当年的小小倭国竟敢自不量力地挑战大唐帝国，令人感到吃惊。此行与近代偷袭珍珠港挑战美国之举，如出一辙。其时，大唐之国力与二战时的美国之状仿佛，故其使日本遭受的毁灭性重创也不差累黍。由于这两大战胜国所处时代和各自的文化传统不同，其对待战败国日本的处置方式及种种经过，虽异趣两歧，大相径庭，但对其国、其民族造成的创伤与影响却又全然相同。本节的下文将对那场白村江之战及其惨败后的举国惶恐、不可终日，与二战惨败后日本国内的茫然慌乱、不知所措的景象并列迭加在一起，做触目便可令人惊心的直示。

由此，也可见出本"备检要目"不但日后于填补日本国史空白者们有用，便于今日日本之现实，也深具鉴照之力。只冀此一鉴照能拯救日本国民可能陷入的第三次水深火热之中。鉴于日本的古代历史，其从有文字以来的全部文化都是从中国移去这一特殊情况，为使探寻往事时，便于对两国那段历史时期中史事与年代的相互稽考与推算对照，特将每一要目中，中日双方的历史纪年从干支纪年、帝王纪年、年号纪年直到公元纪年一一列入。日本人的历史纪年虽取自中国，也自有其本身的不少特点与"创造"，为此，本书特在下一节对此分别做必要的解说。

（四）浅说历史纪年与迥异于世界各国的日本纪年法

按照年份记载历史，谓之"纪年"。"纪年"二字于历史，至关重要。有时，仅此二字就内含着一个朝代、一个国家，乃至一个民族的全部历史。纪年的起始年，则称作"纪元"。这两点就科学的历史记事而言，是断不可缺的两大要素。缺了它们，历史将成为一团乱麻。尤其是事涉日本民族与将这个民族携入历史的中国，又特别是遥乎邈兮的上古时代，离开确切的纪年，更可能连头绪都理不起来。而对若干日本纪年以及其中的隐晦暗机，如不列入并另作说明，读者面对其诸般本就含糊不清的历史，将如堕五里雾中。为此，本"备检"的"要目记事"在每一栏之后，都尽可能将可用于互相查对的如干支、帝王、公元等纪年一并附上。

纪年的方法很多，除上述提到的几种，还有天文纪年、年号纪年，由宗教或由民间信仰、民间传说而产生的纪年，如犹太纪年、耶稣基督纪年、弥生纪年等。为方便使用查对，对其中的几种并与之相关的内容，也同时做了一些必要的介绍。

干支纪年是中国特有的纪年方式，即把十天干和十二地支分别组合起来的纪年法。虽然每六十年一个重复，看起来挺复杂，但与朝代和在位的帝王联系起来，仍井然有序。我国使用干支纪年的历史十分悠久，在出土的商朝的甲骨文中，就已经有完整的六十甲子的记录了。民国成立前的中国社会，帝王是社会活动的中心，在干支纪年的同时，又采用帝王纪年。汉武帝时，改用年号纪年。从汉武帝到溥仪没有间断过，成为另一种帝王纪年的方法。

这种干支和年号纪年的方法经日本"拿来"之后，一直沿用至今。中华民族的历史文化对日本的影响至深至远，前述的"中国是日本的祖文化国"之称，也表现在历史纪年方法的使用上。他们不但从有历史以来就使用中国的干支纪年、帝王纪年和年号纪年，且沿用至今。这就使人有点茫然。中国自清朝覆灭，干支、帝王、年号等纪年方式也随之废弃不用，何以他们至今仍抱着不放？笔者以为，其中有两个原因。一是对历史悠久的文明古国这一纪年方式的眷恋。日本历史，尤其古代史，本就是造假而成，有了中国这一古老悠久的纪年法做依傍，仿佛这"古老"二字就无人起疑了。这实乃一种拉虎皮当大旗的心理。再有，就与这皇纪纪年起自"辛酉"大吉有关了。因为《记纪》造假，又要套取"辛酉"这一干支大吉大利之意，这些帝王级的天皇其人，连及其帝王纪年、年号纪年，便出现了许多相互衔接上的漏洞，弄得连一部"国史"都因此大大失去了可信度。如上述"要目"栏目中的汉光武中元二年时授予倭奴国王金印其事。那一年按公元纪年法推算，应为公元57年；按《记纪》中的帝王和年号，当在十一代天皇垂仁执政时。而这位垂仁天皇却是《记纪》作者为了硬凑"辛酉"，填补历史造成的年代漏缺与空白而"设置"的一位历史人物，其人连岁数都因而被"造就"为139岁。其人在日本历史上的作为与政绩就更不必提了。总之，垂仁其人浑身上下、前后左右，无一处可自圆其说。而这正暴露了日本国史库馆真实史料何以会成空白的真相。将来基金会中人也可由此一开眼界，探出《记纪》中的许多蹊跷与奥妙的底里来。又如公元纪年，日本却拒绝认可其合法性，以为现今的世界采用古老的欧洲宗教纪年法，是非常可笑的事情。但当它介入世界事务时，又不得不与各国一致地采用此种纪年方式。这情形与笔者认为皇纪纪年纯属虚构，应予不认同，却仍将之纳入"要目"中的情形颇有点相似。再如弥生纪年，这是由最初的所谓民间传说终至成为事实、成为定论、成为真理，乃至信仰的纪年方式，其间的递进、考古学家与历史学家的结论等，俱见前述"弥生时代"一节，就兹不另述了。其他录入这部"国史"中的历史人物与历史记事的纪年，自也只好都请照此理解。

这份"备检要目"是为填补日本国史库馆空白而制作的，所以，对与日本几个纪年关联的内容关照得格外详细，连日本历史纪年之前的地理年代也做了交代。由于日本历史文化的独特性，其国家虽不大，历史纪年却特别多，常见于各种史籍之上的少说也有五六种之多。此处为节省篇幅，只择其三则，即"信史纪年""弥生纪年"和"皇纪纪年"予以介绍。

信史纪年　从第十七代履中天皇在位起，据日本史家经多年研究的结果称，因《记纪》中神话造假甚多，前十几代天皇的历史多不可信。只是自履中天皇起，才算有了日本可信的历史记事，故以"信史纪年"称之。以公元纪年计，至今1600年。如历史学家井上清在其《天皇制》中所云："天皇的祖先，比较确实可信的信史，是在第十六代仁德天皇或下一个履中天皇，从现在起，大体上，顶多是1600年以前的事情。"学者中村新太郎在其所著的《日中两千年》中也说："在《记纪》中，只能确认到第十五代天皇即应神天皇，这以前的天皇是否真实存在，是值得怀疑的。"其实，以上两位的说法都是基于从第十六代仁德天皇开始，日本史书上的叙述才从"天上的神"转入"人间的人"。但如从第十五、十六代两位天皇的年龄分别是111岁和143岁来看，日本历史上的这个"信史纪年"的可信性，还大有再加深入研究的必要。但目前这个"信史纪年"毕竟也是日本史家们努力的结果，姑且存入"要目"，聊备"纪年"的一格吧！

弥生纪年　目前为止，能被中日史家一致确认为可信度最高的纪年便只有这个"弥生纪年"了。一如前述，起于公元前3世纪，以公元纪年计，至今两千余年。因其在日本古代史研究中的显赫地位，被沿用至今。中日两国、美国、英国并英语世界各种版本的《日本史》，对于日本的国家体制、意识形态，尽管观点、看法各异，但于弥生这一纪年的可信度，却是众口一词，并无二致。打开上述各种版本的《日本史》略做披阅，其对弥生时代的详引中便可见出。自徐福故里发现及吉野里遗址开挖后，随着徐福研究的升温，其后出版的《日本史》中尤其如此。所以，已不需要对此做更多的引介了。

皇纪纪年　据《记纪》载，从第一代神武天皇登基建国（公元前660年）起至今，以公元纪年计，为2600余年。这是由一个子虚乌有的历史人物、荒诞不经的历史叙述垒造起来的，纯属虚构的纪年。由此，也成为一个可以由掌权者任意涂抹、任意造假的纪年。造假的后果中尤其引人注目的，便是此后它既成了日本走向军国主义的孵化器，继而又使日本列岛变成侵略战争的滋生地，和产生战争罪犯与制造战争罪恶的渊薮。

请注意，这是皇纪纪年生成以来，笔者为它总结的三大恶果。二战的东方战场便是皇纪纪年之下，日本皇国思想的产物，是经它孵化而成的一个巨大的、吞噬理性的怪物。这从战争前后，日本天皇政府在对全国进行的思想造势中，可见分明。尤其战争进行到最惨烈的1940年，日本军国主义政府发起了那场全国性的，声势浩大，为期一年，横跨两届政府的庆祝"皇纪纪年2600年"的庆典活动。在那次庆典活动中，神武天皇又一次被捧上了天。在他"登基"的橿原宫，日本政府大兴土木，又修建了八竑寮、国会馆、橿原文库、野外讲堂、大和历史馆。还为祭祀神武天皇的全国199个神社组织了升格运动。日本全国广播协会则在全国征集"庆祝皇纪2600年歌"……二月十一日，是神国的缔造者神武天皇即位之日的纪元节。这一天，庆祝活动达到高潮。昭和天皇当日亲自在宫中举行纪念仪式，全体皇族成员、内阁大臣暨2000余名文武官员参加。昭和天皇在此仪式上向全国军民发布诏书："尔臣民宜骋思神武天皇之创业，念皇图之宏远，皇谟之雄深，和衷勠力……昂扬国威，回答祖宗之神灵。"

120

正是打着为回报 2600 年前这位皇图宏运的皇国创造者的旗号，才策动了这场血腥的侵略战争，造就了这批十恶不赦、残忍嗜血的军国主义分子，致使曾遭战争荼毒的国内外人士，一闻"军国主义"四字便切齿痛恨，才有了国内的激烈抗议，也才有了全世界人民，特别是深受其害最烈的中国人民的全力声援。二战之后的日本，之所以落下一个至丑至恶、不齿于全人类的名声，这笔总账全部都可记在这个虚存了 2600 年皇纪的皇国身上。这个皇国使日本列岛成了侵略战争的策源地，成了人类历史上制造战犯最众，犯下战争罪行最多，罪犯、各种罪行积聚最集中的人间罪恶的渊薮。

七、所谓皇图宏远皇谟雄深的皇纪纪年

（一）皇纪纪年的由来

还是从头说起吧！此一纪年出自《记纪》。从出自造神者们之手的神国第一代天皇神武登基的公元前 660 年（辛酉年）起。《记纪》以为，天地混沌时，就有自然而生的诸神。男神伊邪那岐命和女神伊邪那美命就是其中的两位创世之神。两位创世神结合，生下淡路、九州、隐岐、对马、本州等八座岛，通称"大八州"，也就是《记纪》所谓的"岛国神话"。产岛记载中没有提到南方诸岛和北海道，以及今天要求俄罗斯归还的南千岛群岛等，因为《记纪》的编撰者们当时还不知道日本列岛除上述大八州之外，还有其他岛屿存在。两个创世神"生国土既毕，更生诸神"。于是，君临人世的各个大神也随之以奇特的方式陆续现世了。伊邪那岐命在洗其左眼时，化出一个神，名为"天照大神"。这位天照大神又名"太阳女神"，此后被伊邪那岐命派去治理高天原。天照大神又命她的孙子琼琼杵从高天原降临到筑紫日向高千穗的槵触峰，开始对其父母产下的大八岛进行统治。行前，天照大神将一枚稻穗交给琼琼杵，

对他说："你可用此稻穗做种子，生产出稻米来。我的子孙们吃的食物，应该是神圣而干净的。"又将三种神器同时授予琼琼杵，说，"苇原千五百秋之瑞穗国，是吾子孙可王之地焉，宜尔皇孙就而治之焉。行矣，宝祚之隆当与天壤无穷者矣。"琼琼杵降临日本列岛高千穗179万年之后，又遣其重孙神日本磐余彦（即神武天皇，为谥名前之本名）落地日本神国的发祥之地九州。神日本磐余彦以十年时间完成了从九州出发的东征，在大和亩领傍橿原宫即位第一代天皇，治理天下。由此，日本天皇的皇祚便是起于第一代神武天皇，传至于今已第125代，即今日日本的明仁天皇。至此，日本神国皇统便完成了它从天神创世，产生日本列岛，到天孙琼琼杵降临到人世高千穗，遣其重孙神武天皇乘天磐船直抵九州（设想之周全直到食用、稻穗一应俱全），并由此东征，完成建国大业的全过程。这位天孙的重孙便成了"万世一尊"、代代相传的天皇家族的始祖。

尚记得前述弥生时代文明最主要的标志物是稻耕文化中的稻穗，在更前的神国时代，它便已是至关重要的一种食物了。又因徐福开化日本是由九州起始，逐渐东移，其后的邪马台国女王卑弥呼在弥生时代的中后期，也是从九州东迁在大和的三轮建立了邪马台国的三轮王朝。这才有了日本一些史家的"神武其人其实是徐福其人"或"卑弥呼女王为蓝本虚构而成"之说，才有了"卫博士的神武天皇即徐福"的论证。后世的吉野里遗址挖掘证实了当地是弥生时代最早的一处遗址，并因此被称作是"弥生时代的缩影"；"九州是弥生时代的发祥地"便也不再是传说，倒是此处地下出土的文物，如炭化米稻种等却成了证实日本的弥生时代由此发端、徐福开化日本由此地起始的证据，以及神武天皇虽然不是徐福（因为神武其人本身便是虚构人物），但杜撰其人的造假者的取样却又来自徐福。即使是神的时代，也离不开九州其地，离不开从大陆传去，至今仍以其为主食的稻穗其物。

于是，《记纪》造就的琼琼杵这个重孙——第一代神武天皇，于公元前 660 年（按中国的干支纪年，这一年正是辛酉年），在大和亩傍山东南的橿原神宫，领受诸皇祖神敕，怀抱"兼六合以开都，掩八纮而为宇"的大志即位，并以这一年作为神武天皇的皇纪元年。神国日本的皇纪纪年由此开始。赐予神国日本这一切的天照大神，则尊居伊势神宫，庇佑着这个神国的运转。

读者也许已经注意到其中那个干支纪年的"辛酉"年。它来自中国的谶纬说。这是一种流行于秦汉时代的天人感应之说。据此说，每六十年一轮转的"辛酉"年，是一个维新的、变革的年代。对造神者而言，这自然是一个天意神授的大吉大利之年。可他们选定的这个开国之年和后来已成定局，实际存在着的天皇年代之间，却因这么一个人为硬凑的年代，而出现了大段无法衔接的断档和空白。一如前述，《记纪》的编撰者为了填补这段空白，便不得不凭空造出所事不干、一无政绩的八位天皇来补缺，即所谓的"政令简朴……无一事可记"的"欠史八代"，以及再后来的十六代天皇中，冒出的九位都是百岁以上的寿星。日本古代史中或长或短的空白，皆由这批造假者们一手造成。于是，"阙史时代"云云也便充塞于日本的古代史之中。如此历史无法令人当真，由此也可见一斑。

历史到了造假者们的手中，便成了一张宣纸，任由他们随意涂抹，令他为神，他就是神；令他建国，他就建国；让他活一百岁，他就成了天皇中的寿星。于是，上述的那个神国便应"造"而起，这个神武纪元开始的"皇纪纪年"，由此挂牌。

（二）皇纪纪年所承载的罪恶和它的一朝归寂

除了大量的造假，《记纪》中还阑入了好多的神话。其中的"神代"部分固然全是天神们的神话，到了地上的天皇部分，凡可越轨造神时，也比比可见。关于古代史中的神话传说，古今中外皆有，对读者来说，也并不感到意外，意外的是，在社会进入科学昌明的时代，各国史学家都已将神话、传说与史实分开来：史实进入历史，神话归于传说、故事、小说。日本则不然，即便进入现代社会，在很长一段时间内，依然故我，照旧将神话传说视为史实，并将之写入近代日本的第一部根本大法《明治宪法》。直到20世纪40年代二战结束前，还将之写进教科书，向全体国民强制灌输。这不但在全世界面前显示了它的顽梗和无知，还明显暴露了其愚弄全体国民，将之驱为神之子孙、战争之炮灰的罪恶企图。

其实，从弥生时代后期，被日本一直奉为战神、奉为英雄的神功皇后西征新罗，到大和时代齐明天皇的挑战大唐，小小倭国立国之后，早已萌发向外扩张的妄念。直到有了《记纪》造出的神国，有了神国国土上那位神力广大的至尊神武天皇之后，这野心越见蓬勃，到二战突袭珍珠港时，更是达到动武扩张、自以为是的巅峰。由于《记纪》的国史身份，后又借力写入宪法，更因此后当政者的诏书、圣意、神敕、教育敕语、军人敕谕等连续轰炸式地强行灌输，这个国家的地位、身份在自我感觉良好的治国者眼中，仿佛断了线的风筝，直线蹿升。从此，日本再也不是孤处一隅的小小岛国，而是在精神上突然恶性膨胀，在国体上俨然一个战无不胜的伟大神国了："六合八纮"的野心直指海外诸国，胆大妄为到想打便打，能占则占。行为之凶残，如狼似虎；野心之庞大，无边无涯。这一切，从狂想飞腾、一以贯之的"八纮一宇"四字中尽予显露。"八纮一宇"出自《记纪》中所谓神武天皇的建都诏书"兼六合以开都，掩八纮而为宇"中的后一句，意谓"征服世间的四面八方，置诸日本这个神国的屋顶之下"。明治时代，为适应日本军国主义向外扩张侵略、吞并世界这一野心的需要，这"四面八方"又扩展为由日本独霸世界，即由日本这个神国统驭世界，将全球合并为一个民族、一个国家，由神国日本统辖，由天皇一人统治。到昭和天皇时期的 1940 年代，军国主义分子为树立大日本帝国神国皇统的至尊权威，扩大侵略战争，更把"八纮一宇"正式写进《基本国策纲要》，明白宣称"皇国之政策，乃基于八纮一宇之肇国伟大精神"而战。此后，整个二战时期，无论是见之于书面的外交国书、政策文件，还是诉诸口头的政界要人讲话，无不以此语为纲。

据神国史学家们的罗列，自神国造就以来，日本的对外征战，范围之大，就在囊括全世界为目标的"八纮一宇"了。庞大的野心、不尽的贪欲，一直如燎原的春风野火，时无间歇。二战中期，日本像一条狂窜乱噬的恶狼，先后吞并了西起缅甸、马来西亚，东到太平洋的吉尔伯特群岛，北达阿留申群岛，南至新几内亚、所罗门群岛，将这广大的区域直搅了个天翻地覆。所占面积，加上原先占领的中国部分领土与所控制的地域海疆，已达三千两百平方公里以上，占地球总面积的六分之一。短短的几年中，日本已建立起了一个庞大的殖民帝国，其梦寐以求的"八纮一宇"的目标似乎已实现在望。弹丸岛国，成了打着神国皇统旗号，黩武好战、恶名传遍世界的战争策源之地、战犯恶行的聚集之所。

纵观世界历史，战争的发动者从来没有好下场。恶贯满盈的日本侵略者终于在中、美、苏、英等国盟军的联合打击下屈膝投降。如此一个危害世界的战争策源地，如此一个罪恶满盈的渊薮，是绝不会被轻易放过的。盟国占领军司令部对这个罪孽之岛的打击之重，也是自这个神国称强以来从未遭到过的。盟军司令部以法令的形式颁布了"废除由（《记纪》授权的）政府对国家神道和神社神道的保护、支援、保全及传布"的指令。一举废除了人造的神国、神皇等概念，废除了神道教。一切崇神、祭神的活动全部废止。严禁在各种祭典仪式中，进行涉及神道教、神国的思想和意识形态的宣传和传布。供奉天照大神的伊势神宫和供奉神武天皇的橿原神宫即予关闭，其下属的各地各级神社也全部照此执行。严禁进行任何形式的神道参释，禁设敬神的神龛，禁挂天皇御照。从此，神国里的一切神祇、神像、神法、神灵、神物都禁止存在。教科书中涉及神道教义的内容全部删除。禁止出版一切向国民宣传神国、神皇、神道内容的书籍。在一切官方、非官方的文件文告中，严禁使用"大东亚战争""八纮一宇"等神国用语。曾经嚣嚣然在神国羽翼下耀武扬威的237个右翼崇神的军国主义团体全部解散，团体的头头儿一律开除公职。5万多名尊神保皇的铁杆被整肃，20多万名高举"八纮一宇"大旗为神国呐喊的军国主义分子被惩处。自奉为神国而战，在各战场作恶多端的各级战犯全部束手就擒，收监候审（此后在远东国际军事法庭各庭被处以绞刑、枪决，判以无期、有期徒刑的战犯多达5400多人）。号称延续了2600年的皇纪纪年，从此被一刀斩断，以此纪年高悬的旗号、招幌、挂牌，一夜之间俱皆陨落在地。神国的至尊神武天皇及其所有追随者，也全部从昔日的神宫、神社、神国的各机关等处统统扫地出门，被扔进历史的垃圾箱，不复存在。总之，凡2600年来涉及"神"字的一切，统统被打翻在地。此番打击不可谓不酷烈，处置也不可谓不峻厉（由美国方面挟私留下的几手另论）。

依笔者之见，以美国为首的盟军司令部中人，对东方文化所知不深。他们制订这些法令与政策的思想依据，主要来自美国人类学家本尼迪克特的那本《菊与刀》。"菊"是代表日本神国皇统的天皇的家徽，"刀"则是为维护神国皇统，武家文化孵育的军国主义，也即上述一系列的重拳打击，皆针对2600年以来，神国、皇统、军国主义的可见之物。即使是不及重新赶印的学生教科书中的"神国""皇统"等字样，也不容其得见于师生的眼目，即令一册一册地限时尽予抹黑涂去。为此，甚至不惜严令出版、教育系统的教职员工全员出动，加班加点，耗时耗力地把整架教科书都撤下架来，一本一本地进行手工涂抹。此番执行可谓峻厉至极，却只是治标而未治本。被废弃的只是一切有形的、可以见到的内容，而未触及其深厚的基础。实际上，延续了2600多年的神国观念并未得到彻底的铲除。

清除可见的一切是一回事，把它们从那些人的灵魂里清除掉，从那块国土的基础深处挖掘掉，则是另一回事。故在那一切之后，神国观念仍如飘在天际的暗云，空气中瞧不见的污染物，处处隐约存在，为此观念辩护之词、之声仍处处可闻。

其中最明显的，在对神国神道及其一切附属的人、事、物进行打击的指令、规定中，并未对那份大有问题的"终战诏书"里的神国观念、皇统思想进行彻底清算。当初，为了减少人员伤亡，尽快结束战争，盟国只要求日方接受波茨坦公告的投降条款，对其诏书的内容未及详予推敲。战后，在"斩断皇纪纪年、铲除神国思想"等等指令颁行后，实际上，在思想上仍未予以彻底清算，则不能不说是一个大漏洞了。这一疏漏竟为此罪恶纪年的最终得以复续，埋下了祸根。

（三）被斩断了的皇纪纪年得以复续的前前后后

首先，诏书中有着显而易见的对神国的眷恋，对皇国宏图的肯定。如"确信神州之不灭，念其任重而道远"，对法西斯文武百官的高度赞扬："陆海将兵勇敢善战，百官有司，励精图治"。其次，是不为神国的恶行认罪。明明是日本发动侵略战争，遭到同盟国致命打击后的惨败，在诏书中却未对侵略其罪置一词半句的自责自谴，反而为发动战争自解自辩，不吝其词，更本末倒置到荒唐地宣称："帝国之所以向美英两国宣战，实亦为希求帝国之自存与东亚之安定。"倒好像是因为其他国家对它进行了侵略，而不得不起而应战似的；且就连这个"应战式"的战争也"固非朕之本意"。更荒唐的是，还说什么是为"大东亚之安定而出此"，那意思是为世

127

界谋安定者，又何罪之有？又何须自责自谴？再次，分明是一份战败后的降书，其中却无一处言败、言降，不过是"终战"而已。"终战"在日语里是结束战争的意思，谈不上败与降，就只是诏书中所言的，是一个"保护日本民族之生存，保护人类文明""希求东亚之安定"的，"结束战争"的大善之举。直到今日此时，日本当局及其历届前任，凡事涉二战的文告、谈话等等官私方措辞，仍悉如"终战诏书"所言，坚持使用这个冠冕堂皇的"终战"二字，而从未言过"战败"。

这个"终战"引起了二战期间备受日寇残害，等待战争发动者认罪、道歉、赔偿的各国政府和人民的极大愤慨。更恶劣的是，它为日后日本右翼分子的拒认侵略、拒绝道歉，乃至神国复活、军国主义再起，埋下了深深的祸根。

自盟军司令部采取上述那一系列旨在摧毁神国神道皇统的行动以后，神武登基，肇始"皇纪纪年"的那个定在二月十一日的纪元节随之废止。这个大和民族自诩的，源远流长了2600余年的皇统，也就此寿终正寝。可由于神国观念仍潜存于世，经那个心中仍深有神国的佐藤荣作的一手运作，这个早已溘然不存于世久矣的纪元节，竟然以"建国纪念日"之名又死而复生，恢复为与元旦并列的法定大节，并堂而皇之地印刷在了年历之上。当日，盟军司令部下狠心一刀砍断的神国历史，二十年还没到，便又被接续起来。这可不是给身为当日首相的佐藤其人强加的逆天罪名。此举造成的恶劣影响之大、之深、之广，只能用"臻于至极"才形容得了。

就先从那张赫然印着"建国纪念日"的年历卡说起吧！笔者多次到过日本，曾从一个较小的角度，对此做过一番观察。从东京、京都、大阪等中心大城市，到南北边地的小县小城，直至村、镇，只要有购物集市、商场，更不用提展览馆、博物馆直至图书馆，乃至交通集散地的机场、车站、地铁出入口，总之，凡人群积聚处，全都有印制精美的大大小小的年历卡片。日本的小年历卡与交通卡等同大小，随身携存，十分方便，其与各旅游胜地介绍景点的单页或折页，一并陈列在搁物架上。每到周末或节假日，特别是接近年末岁尾那些时间里，还会增加供应量，任人无偿取用。于是，它们便得以进入各种部门的办公室和每家每户，乃至人手一份。以"惜时"著称的日本人，哪个离得开这不时须翻看的年历卡呢？经意或不经意间，你便可见到印在上面的那个引人注目的"2月11日"，一律套红标示的"建国纪念日"，十分醒目。

　　或经口头，或经文字相传，在日本，人人皆知，那就是早先皇纪纪年的纪元节。不太知道这本账的外国旅游者，或许会出于好奇地指问这"建国纪念日"的来历，这可正是那性狯如狐的佐藤当日最得意的巧构了：不但可使国人皆知，还要让来日本的外国人也都知道知道呢！如果你对这种宛转其事的表示方式还有点懵懂，就请到复活神国皇统的大本营——靖国神社去看看吧：在神社本殿的左侧，矗立着一根旗杆，旗杆台上有一进殿举目便会瞧见的日历牌。那块日历牌上，醒目地向你标示着的当天的日历，不是公共场合惯用的公元纪年或日本各地沿用的当今皇上的纪年，而是右翼分子在其活动场合常肆无忌惮炫耀着的"皇纪纪年"！

　　不论你心中有没有这尊神，它却在各种场合以各种形式，每时每刻都在你眼前显示着它的存在。有2600年之久皇纪纪年已然复续。神国的创建人直至今日仍受着举国放假为庆的大飨，何等尊荣！

　　对仍持有神国皇统、仍持有大和民族乃神国神裔观念的右翼军国主义分子们来说，这岂止只是一个纪念日。一瞧见套红的"2月11日"这几个字，一想起神国曾有过的那些荣耀，那精气神立马便会从浑身上下的气孔里往外溢：神国皇统，皇纪纪年，谁与言断！

　　继续往下再看看吧！神武天皇东征建国的出发地——九州宫崎

县，在修建其"和平台"时，以推助旅游胜地之盛为名，将二战后已被全部涂抹其名的"历史胜迹"——"八纮一宇塔"涮洗一新，重新露出二战期间曾炫目一时的"八纮一宇"的字样。这可是战后盟军司令部特别指令、明文禁用的，显示日本吞并世界野心的"神国敕语"中词。二战中深受其害的所有国家也都曾在当年占领者发布的文告、演讲或训示中领教过这四个字意味着什么。日本执政当局纵容如此举措的用意，更直如司马昭之心了。

（四）后皇纪纪年时代乱舞的群魔

在这些起初还算带点曲折、隐晦、不曾明言的手法得计之后，其恢复神国皇统思想的举措更加明显起来。到 20 世纪 80 年代，由及事、及物，更直接地及于人了。1985 年，中曾根首开战后首相参拜靖国神社之先河，向为神国而战、夺生无数的战犯东条英机等致以参拜之礼。国内的军国主义分子因感到出头有日而欢欣鼓舞。果然，在其任上，鼓吹神国观念，为军国主义招魂，伪造历史的"教科书逆流"再度泛起。右翼团体"国民会议"抛出"皇国主义史观"的教科书，右翼政权及其追随者在日本历史问题上的恶劣倾向不但引起国民的反对，还引起邻国及世界舆论的警惕，被视为是军国主义残渣余孽又将走向前台作为一番的信号。

1993 年，已执政 38 年的自民党在大选中失败。已沦为在野党的自民党政客们更将在执政时少许的顾虑和谨慎都丢到一边，竟鼓动右翼势力与自家一起赤裸裸上阵，公开否定二战是侵略战争，并出面组织右翼学者编撰了一部《大东亚战争的总结》，特意安排在日本战败 50 周年的那天公开发行。全书明目张胆地为日本"发动侵略战争"之罪名翻案。右翼军国主义分子们趁势配合，蠢蠢欲动，把日本发动的侵略战争称之为"自卫战争""解放战争"，已纯然是"终战诏书"中"希求帝国之自存与东亚之安定"的翻版了。

130

对战争中的罪行，如南京大屠杀、强征慰安妇等罪行都矢口否认，甚至连对战犯进行公审的东京大审判的正义性都否定了。与此同时，更将发动战争的战犯一一请进靖国神社，并号召国民对这些为神国而战的殉国者进行国家化的全民祭拜等等，如此倒行逆施之举甚嚣尘上。他们与社会上的右黑势力勾结起来，对因此而进行谴责的、正义的有识之士，进行恫吓与打击，从而制造了无数的恐怖事件。由于右翼政府的纵容，社会上各种为军国主义招魂、呐喊的集会不断涌现，口号喊得震天响。右翼黑社会势力在宣传车上装上了红色警灯、高音喇叭，头扎白巾，手持棍棒，到处滋事生非，唯恐天下不乱，只盼侵略的战火早日再度燃起。

2000 年，自民党再度上台后，更有了那位"神国首相"森喜朗，竟在首相任上，公开对那场以神国名义发动的侵略战争做直白赤裸的辩护："关于战争，在不同的时代背景下，会存在各种各样的看法。日本是否进行了侵略战争，应该由大家在历史中做出判断。"在森喜朗之流眼中，战争便是当日天皇诏书、神敕的所示。从"八纮一宇"到向英美发出的宣战诏书，"举国家之总力，达到征战之目的"，都是神在那一代的旨意：首相大臣、皇军皇民，只是服从神意，执行皇敕的行为。眼见凡此种种，你便可想到，这正是昭和天皇在"终战诏书"中所曾讲过的"陆海将兵，勇敢善战，百官有司，励精图治，一亿众庶，克己奉公"，乃理所当然。说什么侵略不侵略？森喜朗在他的"神国论"中，更公然宣称："日本是以天皇为中心的神的国家！"二战过去才 50 年不到，一个在位的日本首相竟公然地为已被废弃的神国招起魂来，其愚妄无知、其执迷与顽梗，随即便为他赚得了一个"神国首相"的恶名。从这批右翼政客的所言所行中，可以明白看到其嚣嚣然十足胆气的根源，正在这其实从来就未被彻底折断过的皇纪纪年的延续，即皇国思想之上。其与战前公开亮在战旗上的神国标识、皇国用语，已毫无二致。这才有了国内的军国主义分子与其一脉相承、接二连三的，念念不忘神国皇统观念、参拜靖国神社、否认战争罪行、恢复军国主义等令人发指的言行甚嚣尘上。

日本成为经济大国以来，右翼政客有意恢复军国主义，再度谋求霸权，成为世界政治大国的向往由来已久，但迄未成功，连争一个联合国安理会常任理事国的席位也连连受挫，想以文化大国身份在联合国教科文组织谋求更大发言权的努力又一再受到冷遇，以致在该组织批准日寇在南京的大屠杀列入申遗名录后，竟扬言要终止对该组织的财政支持。凡此种种大国梦的受挫，使右翼政客们耿耿于怀。想到日本曾经以军国主义争得的体面与光荣，想到一度曾得到过这一切的昭和年代，想到昭和天皇其人 1941 年 12 月 7 日在对美国宣战诏书上充满火药味的所言"举国家之总力，达到征战之目的……以期保全帝国之光荣"的豪气冲天，他们深以为，这才配得上神国皇统的嫡传，才够得上堂堂军国的威势。

日本的军国主义思想由来已久，若往前溯，有两个始作俑者不可不提。其一，是 16 世纪末日本战国时代曾被称为"战神"的丰臣秀吉。其人可说是以小、以狂、以战、以野心巨大为特色的，曾异想天开宣称要征服中国，建立"以北京为首都的大东亚帝国"的实干派军国主义的鼻祖。其二，是 19 世纪后期，明治时代的福泽谕吉。其人则是以有丰厚的"祖文化国"文化修养的汉学家、名儒的身份，而背叛了其祖，转而蔑视中国的代表。特别是经造访梁启超，得以证实他的"中国至今仍拒绝接受西方理念"的估计之后，竟当即放出"中国肯定完蛋"的狂言，进而成为在军事上摧毁，并更进一步吞并整个中国的军国主义理论家。而近世的裕仁，则是将上述所有狂想付诸身体力行，并将之推向日本军国主义国家顶峰的、真正的军国主义头子，一如德国的希特勒。如果为这一组军国主义从创始到实行人物再增加一员战将，则力辅裕仁而竭尽其忠的战后首相岸信介可当仁不让。

（五）使皇纪纪年得以延续的两代枭獍

再看看使这皇纪纪年延续得最具声色，因而被当下的右翼分子奉为师表的两个人物。

先说岸信介。此人是当日东条英机内阁的副首相阁员，是裕仁对美英宣战诏书的签字人，是当日打着"八纮一宇"战旗，效忠裕仁、效忠神国皇统的军国主义头目之一。战后被剥夺公职，列为待定甲级战犯，收监于巢鸭监狱（此监狱是集中关押东条英机等待绞杀的甲级战犯处）长达三年之久，后侥幸逃脱绞杀出狱后 7 年不到，凭着权谋和机会，更凭着那阴魂不散的神国思想的托举，竟得登首相宝座。这个曾一手谋划建立满洲国，返国后为东条英机战时内阁副首相，靠军国主义起家，为军国主义效命，对军国主义怀着深情的军国主义分子，把在日本恢复军国主义看作是他此生未尽的最大事业。故上任未久，他便着手谋划修改和平宪法。此举受阻后，旋又另辟一途，图谋修改日美安保条约。念兹在兹，唯军国主义是务。饱尝战争之苦，绝不愿再次陷入战争的国民，对此反对、抗议的激烈程度可以想见。当日，林立岸信介眼中所见，是直高横长的硕大横幅"岸信介——甲级战犯——战争发动者"；他与二战头号战犯东条英机在内的全体战犯阁员的巨幅合影；以及他本人作为待定甲级战犯收监巢鸭监狱时所拍下的照片。他耳中的所闻是振聋发聩的"安保反对""战犯下台"的口号。

1960 年的 5、6 月间，修改后的安保条约终获通过。在等待其自然生效的那一个月内，每天都有数十万人到国会周围游行示威。特别是 6 月 15 日这天，全日本有 580 万人参加示威。岸信介每天感受着抗议人群的施压，却仍一步不离，坚持留在首相官邸固守，专候条约到期生效。6 月 18 日晚，在 33 万人的反对浪潮中，他和佐藤荣作二人喝着白兰地，振作精神，在首相官邸直顽守到零时钟声响起，条约过关。数日后，日美双方交换批准书后，岸信介即宣布辞职，并自诩不愧此任，终于为恢复军国主义留下了"辉煌的战绩"。

55年后，作为岸信介嫡外孙的安倍，于2015年9月19日凌晨强行通过安保法案，不但在手法与顽梗度上，即所选定的凌晨这个时辰，也都与乃祖大有极似之处，真可谓有其祖必有其孙了。而那位陪岸信介喝酒到天明的，他的令弟佐藤荣作，便是又过8年之后，使神国皇统的2600年皇纪纪年断而复续的一手运作人。可谓"一门三杰"，皆是神国军国最忠诚的守护者了。

再讲神武天皇的第124代子孙——昭和天皇裕仁。此人战后有两件大事都是震动日本国体并远及海外的。一是战后发布的那份"终战诏书"。诏书中表现的不言战败、不承认发动侵略战争、坚持神国皇统思想及坚信神国不灭等等执迷不悟与顽梗，已如上述。二是从1952至1975年，五次参拜靖国神社，暴露了其对那些双手沾满各国人民鲜血的战争罪犯的感情，不但国内的反战人士与团体群起声讨，还引起二战敌国，尤其是东亚各国的愤怒谴责。这两件事不啻是对坚持神国观念的军国主义分子明目张胆的支持，对国内本就喧闹不息的右翼分子的种种倒行逆施，更起到推波助澜的作用，影响非常恶劣。

人们不禁会问，当时已经过盟军司令部如此酷烈处置的裕仁天皇（包括令他走下神台、自扇耳光地否定神统，转神为人；废除当时所颁布的所有神命、皇命、诏书、敕语、政令文告；解散与此相关的神道、军国主义团体组织等等），何以会如此不明事理，如此执迷不悟，如此顽梗不化？这自然与他虽废神为人，却仍是皇上的这一身份有关。但细想想，主要还是与他个人的认知与学养有关。正因为其时整个日本列岛上的一切，仍须由天皇老儿一人说了算。

在此状态下，他的言行只能是其个人思维和理解的投射。而这一点恰是起自一个人的认知和学养。读者想必知道，皇权时代的国家君主，因一念一行之失而亡国、因一举一措之得而走向国治民安之例，不胜枚举。那一切，剔除个性气质等因素，自然与起自学养和认知的健全与明智与否有关。

日本皇位继承人的教育并不在普通学校里接受，而是由皇后统管之下，宫中的傅育官来安排完成。各种学科不必细说，但其中最重要的主课，读者想必已猜到，便是国史《记纪》。其中所授，乃保证天皇家族万世一系的神国皇统思想之本，是凡皇族中人必修的第一科目，对皇位继承人的要求尤严。傅育官对课目安排审慎周详，皇太子学得也非常认真。裕仁天皇在皇族，乃至史上诸天皇中，以"学者天皇"而著称，且有数部专著出版，即在国外学界，据说也颇为人所闻知。虽这几册专著属海洋生物分类学方面，却可见出此人为学的较真。至于事关社稷、皇胤等皇国大事的历史方面，自也学得尤其认真。可正是这方面的特予较真，却对他的为人与学养造成了巨大的缺陷。如前所述，《记纪》其书的主旨在唯求神国皇统的万世一系，偏门严重，难及其余。书中充塞的只见其首尊神武，只见神武所创建的神国，只见万世一系的皇统，只见其六合八纮……而一触及历史的真实，一触及日本国以外国家的历史，其转述、其引用、其观点便全从上述主旨出发，取舍由我，乃至悉予摒除，随意而为了。对于其他方面知识的传授，一本此一宗旨，并不在乎他人他国的看法。闭塞、排外、顽固，可概其全态。其结果，只能仍是落在那个"偏"字上了。所以，对裕仁其人而言，可谓成也在偏（这个成，是裕仁给自己的结论，其时间段在 20 世纪 40 年代前若干年，偷袭珍珠港成功后），败也在偏（这是笔者给他的结论，时间在 1945 年的 8 月 15 日前后，差点丢了自己的脑袋，同时将全列岛人引向毁灭）。一句话，成败都源自这个"偏"，十足顽梗，梗不可撤的"偏"。

所事一偏，就必然要歪。又有那么多执掌国柄的人跟着歪，才使这个国家在政治上老是歪歪斜斜地动荡不定。从那个踩着裕仁的足迹，领着他的全体内阁成员拥向靖国神社，进行示威一般集体参拜的中曾根，到此后森喜朗以首相身份公开为神国招魂等肆无忌惮的表演，一直不曾间断。而首功，自应记在裕仁身上。以至于直到这个始终怀揣《记纪》精髓，满心满脑神国皇统，双手沾满千万人鲜血的军国主义头号战犯一命呜呼，魂归西天，此身入土，人们也仍未忘记对他的谴责。其集中表现，便是在他死后，日本政府为他举行的那次国葬上。

（六）"皇纪纪年"的名存实亡——第二次东京大审判纪实

那是一场经日本政府造势，被称作"天皇家族史无前例"的葬礼。日本政府趁此机会，驱使媒体进行了大量自编自导、自吹自擂的宣传，以空前的规模炫耀日本的经济实力和外交成果。特别是日本政府罔顾历史事实，推卸战争责任，否定侵略历史，美化战争罪犯，信口雌黄地粉饰、吹捧这个人尽皆知的二战头号战犯，将一切作为一国元首的美名，尽情往其身上堆砌，诸如一个富有学养的学者型国家元首、日本繁荣的领导人、亲民爱民的领袖……而将之美化为一个反对发动战争的和平长者这一点，令人尤其不能容忍。战争恐怖的噩梦尚且挥之未尽，何况是血写的历史！这种全然不顾历史事实、肆意颠倒黑白的颂词，招来举世的愤怒。

国内，声讨的集会不止一处一端、一县一市，层层推涌，竟至形成一波波轩然全国的激浪。反对昭和天皇体制的团体举行了一场场针锋相对的声讨活动。日本的左翼激进组织在举行抗议活动的同时，于当天下午，天皇灵车前往墓地途径东京中央高速公路的深大寺时，制造了一场突发的爆炸事件，阻止灵车前行，让护灵队人员大大地惊慌忙乱了一阵子，所幸，葬礼经办方事前已接到警告。由于裕仁生前出访欧洲时所乘车辆曾遭当地抗议民众扔瓶袭击，挡风玻璃被砸碎裂，险遇伤亡，及沿途屡遭散发大量诸如"法西斯杀人魔王"等传单的群众的围堵，以及不断有扔物投击乘车等事件，安保方面已有戒备，灵车才得以在混乱之后，继续前行。而另一拨团体则以放映揭露日军暴行影片的形式，要求追查天皇的战争责任，呼吁人们不要忘记历史的教训。而早在葬礼进行之前，东京的工人和学生团体在新宿区举行了一场反对天皇制，追究天皇战争罪责的紧急集会。人们忘不了战时的惨况：成人男劳力每天全部可资充饥者，仅 300 克口粮；女人则被驱入地下矿井，于盛夏，也不得不打赤膊以镐挖煤；以及战后流离失所、饥寒交迫、惶惶不可终日的惨状，要求谴责战犯天皇，停止葬礼。日本共产党中央委员会也发表声明指出："天皇裕仁是发动侵略战争的最大和最高负责人。并且，尽管新宪法对他的行为进行了严格的限制，但他仍经常基于反动立场参与政治。天皇制本来就应该被废除……"

浪鼓风掀，波及世界各地，遂演化成一场国内前前后后乱象丛生；及于世界各地集会、示威、抗议云起的大型连台活报剧。日本政府虽千方百计对此种种进行掩堵，却也无法一手遮天。众目睽睽之下，到底是恶名远扬。

笔者如同站在富士山上的一个观剧者，居高临下，得以俯瞰那次葬礼前前后后，国内国外的全部景象。从葬礼于 1989 年 2 月 24 日在阴冷的细雨中开始，到此后多日，日本国内外举凡视频播放、新闻报道、舆论采集等应有尽有，声色文字俱全，一览无遗。因其对这场战争的发动者与操纵者，皇纪纪年时代的头号战犯裕仁的揭露与批判涉面极广，严厉无情，且声势浩大，影响深远，直可追比当年远东国际军事法庭主持的那场东京大审判，故笔者特将其名之为旧戏重演的"第二次东京大审判"。仅再举前后数例，以证此言的不虚。

137

　　首先，即使前来参加葬礼者，对这个战犯的罪恶，也各以其特殊的形式表示了他们的记忆犹新。此次前来参加葬礼的各国政要与代表，是出于各国与日本现实与利害关系的考虑才到访的，其对二战历史的痛苦记忆，仍无法释怀。即以为军事同盟条约所系而出席葬礼的美国总统布什为例。且不说二战中日军偷袭珍珠港，一夜之间，数千美军命归黄泉，一个太平洋舰队葬身鱼腹，美国举国发誓，要动用全国的 B-52 将日本炸回石器时代的切齿之恨，即以其本人的切身经历，也是伤痛俱不堪回首的。布什曾是二战中对日作战的轰炸机驾驶员，他的飞机曾被日军击落，差一点死于日军枪炮之下。念及那些与飞机同归于尽的战友及自身的创伤，其时心态之悒悒，从他随后前往中国访问途中，记者们发现他的脸色才终又变得正常起来可见。韩国最大的报纸《朝鲜日报》就当时总统卢泰愚打算参加裕仁葬礼一事，抨击说："总统代表韩国和韩国人民参加葬礼，去悼念这样一个灵魂，是不可想象的。"而其《东亚日报》就日本曾残酷统治其国土 35 年与被征慰安妇最多发表评论，愤怒指出："不管日本花多大力气来否认裕仁应负的罪责，都不能否认战争是以他的名义发布与实施的。"更已不啻是声色俱厉的法庭审问词了。至于时任菲律宾总统的阿基诺夫人则明确表示：为了日本投资贷款的国家利益，她不得不"冒国人谴责之险"，出席葬礼。而本已准备待机出发前往的澳大利亚总理鲍勃·霍克，在国内退役军人组织的抗议下，毅然放弃了前往的初衷。这些人，从自身到国内民众，因那段不堪回首的历史记忆而起的抗议声与谴责声，远高出第一次大审判。这虽是日本葬礼操办者早有的顾虑，但反应如此激烈，却是未曾料到的。

　　这已不只是国内反对者在列岛上小打小闹，一国上演的独角戏，如今，已跨洋过海，演绎成一阕震动欧美、轰响世界的谴责日寇种种暴行的"特大型交响曲"。那当中，分明有从《悲怆奏鸣曲》

中散发出来的悲愤，惨痛得令人不堪回首的肝肠寸断；有从《命运交响曲》中流淌出来的，对全世界人类共同命运的关注与共鸣。

且看英国广播公司，直如对此作证一般地向世界推出了裕仁在二战时所犯战争罪行的纪录影片。以日本军国主义法西斯暴徒在战争中血淋淋的暴行，揭露了这场侵略战争的十恶不赦。谴责声有之，揭露声有之，起诉声有之，举证声也有之。特别是作为远东国际军事法庭，东京第一次大审判中"日本战犯远东战争罪行起诉组"正式成员的英国律师罗伯逊公开发表的讲话。请注意，这是他以律师身份，作为曾经的远东国际军事法庭正式成员，在55年后第一次公开发表的，直接谴责战犯裕仁的讲话。不是俨然，而是具有一种第一次大审判时，实实在在的现场感。他把那次大审判过程中，对举证战犯裕仁罪行的公开与未公开的真实情况，连同当时审判现场同仇敌忾的气氛一并显示出来了："有足够的证据表明，本应对裕仁进行审判。如果他当时受审的话，会被判决有罪，而且被处以绞刑的可能性极大。"作为二战时日本敌国的新西兰国防部长鲍勃·蒂泽德，代表曾饱受日寇战争凌辱的国人，说出了他们极度的愤怒："裕仁应当在战争结束后即被枪毙，或者公开把他碎尸万段。"对军国主义法西斯匪徒首犯裕仁一浪高过一浪的谴责声，比起第一次大审判，有过之而无不及。若言差别，只在战犯裕仁其人因已入土，种种谴责与批判只好由仍在人世的军国主义分子们代听、代闻、代为受过了。其次，每一回审判的现场都没有了荷枪实弹押解犯人与监庭的军士……似乎已没有必要使用更多的笔墨对这第二次东京大审判做评述了。

日本的右翼分子们行惯了虚构神国皇统，自制缥缈幻象，把一场遍及全岛、延及世界、声势浩大的大审判当成一场举世和鸣的捧场，乃至敬意，以为做成了一单既平息了世人对侵略者的余愤，又炫耀了日本国力的大买卖，才在恍惚其思的走神中看花了眼。

今日笔者为文，特将那种种神话与事实再补叙一回，将那几个硬将神话奉为史实的神国皇统分子的作为，尤其裕仁葬礼那段在幻听幻视的灼晃中被错看了的，"第二次东京大审判"中的一系列前事，并及与此相关的更前的史事，再放映一遍，用意即在这里。看看日本国内那些明白无误的示威、抗议、呐喊；看看世界各国政要及于世界各地各领域各色人等的鄙视、揭露、斥责、批判，所用的都是至峻、至厉、至切、至激之言，可谓句句有千钧之力，刀刀有血象可见。

八、前事为师：军国史上的两大败绩——从白村江之战说到二战

（一）一仗被打回列岛，举国惊恐的一次惨败

朝鲜半岛自 4 世纪以后，逐渐形成高句丽、百济和新罗三国鼎立的局面，但三国彼此间却由于种种原因，一直互有征战。其时的倭国，则利用三国鼎立的局面，跻身其间，联合百济，对抗高句丽和新罗，介入和干涉三国间的纷争，阻碍了朝鲜半岛的统一。在半岛人眼目中，倭人实是半岛的灾害。

当时的半岛三国，包括受中国开化，但成长较迟的倭国与大陆王朝都有朝贡册封的关系，只是新罗，因在三国中国力较弱，希冀眷顾，与大陆往来更频繁，因此与大陆的关系也更密切些。7 世纪中期，朝鲜半岛纷争升级。公元 655 年，百济联合高句丽进攻新罗，新罗向当时的唐王朝求助，唐即予调解。因调解未成，纷争升级，百济为在纷争中占先，遣使倭国求援。倭国觊觎半岛已久，妄图从三国之纷争中伺机渔利，遂将之视为机会。且其时争强的倭国，积极学习隋唐治国方策，正是最上劲、自以为已具国之规模的时期，其全力效仿大陆王朝的"大化改新"又初见成效，在列岛诸

140

国的兼并中屡屡得手，踌躇满志，对百济之求援有正中下怀之感，遂动足了全国的兵力、物资，以备伺机扑上半岛。为鼓足全国人气，便于调动指挥，连飞鸟都从内地的都城迁至沿海的难波城。其时的日本按"皇纪纪年"的所排序列，正处于齐明天皇执政时期。齐明天皇及其后的天智天皇等称名皆《记纪》作者依其虚构的第一代神武天皇之后的排序所派定（见前章"备检要目"关于"皇纪纪年"与"弥生纪年"的说明）。本书为便于读者检核，在此仍沿用其他诸书叙及此段史事时的提法。事实上，按纪实的"弥生纪年"计，此时的日本应称作"倭国时代"才更符合史实。据沈仁安所著《日本起源考》一书的详细考证，此一日本"阙史时代"历史的最主要、最可信的文献资料皆在中国，故笔者依此特为设定一"弥生纪年"以记其事（皆见前述）。

迁都之后的日本，即倾尽全国的物资、兵源，以窥待最佳的发力时机。其间，虽经齐明天皇病故、百济国内君臣内讧等波折，却并未影响其全力介入的既定企图。663年，时机终于到了。日本和百济的联军与救援新罗的大唐王朝所率的联军官兵，得以对阵白村江口。筹划已久、顾盼自雄的倭国诸将自恃将兵逾万、拥战船千艘之势，又得尽地理上的优势，以为"我等争先，彼应自退"，遂向远来的大唐阵地发起进攻。唐将刘仁轨则率战船170艘，严阵以待，列阵白村江口。日本战舰虽多出数倍，但几乎都是竹木质地的小型船只，而刘仁轨所率水军船只，皆松木结构，大而坚固。武器则长矛钩枪，远胜日方的军刀。且唐朝大军预知敌情，先抵战场，以逸待劳；而日军虚张声势，自恃而已。水战一开，两军战船相遇，实力立见。更兼战术上，唐军使用了三国时期吴蜀联军火烧赤壁的战法。不谙战术为何的倭方猝不及防，400多艘战船立时陷于火海。《三国史记·百济本纪》中记述此战惨状："焚倭舟四百艘，烟焰烛天，海水为丹。"倭军士兵纷纷跳入江中，溺水而亡者不计其数。至此，倭军战船水兵悉数被歼。这就是日本战史上败绩最惨的"白村江之战"。

战后，惨败的倭军退回列岛本土，近一千年之久不敢对半岛、大陆王朝再生妄念。白村江之战是日本对开化过自己的恩人恩将仇报的一次大表演，是中国大陆王朝军队第一次在军事上对日本施以的正面打击。由此奠定了此后将近一千年的东亚政治格局。

白村江之战后的倭国遭受重创，全国震恐。以举国物力、军力的总动员，又自恃精于海战者，竟如此不堪一击，悉数被歼。倘强大的唐朝大军再乘胜追击，岂止国亡，自家脑袋也将不知去向。自此，阴云笼罩的列岛天空之下，一片惊恐不安。很快，此一情势便如海风般席卷全岛。肇事作乱者的不安，遂使举国惶惶，风声鹤唳，一夕数惊。故喘息未定，便急不可待地收拾残余，设障设防。延至次年，一口气地从海边至内地，在其间连设了四道防线。首先，在对马、壹歧和九州北部的筑紫，征发各地戍疆的士兵，设置了防来进攻的道道烽燧，加强了对来剿大军的观察和防备；在筑紫修筑"水城"，专候察水上来剿者的动静。665 年，又在筑紫、长门修筑了"山城"，加强了陆路上的防御。667 年，在大和的高安、赞歧的屋岛和对马的金田筑城，同时在还金田屋岛部署了水军。白村江惨败后的数年里，畿内政权的大王王位在齐明天皇病死于出兵途中后，始终空着，中大兄、大海人两王子都不敢接任，唯恐一旦被大唐灭国，担罪首之责，更担忧落一个如被掳往长安的百济王义慈一般的下场。直到 668 年，中大兄王子才继了王位，名曰"天智"。

其实，唐朝当时对待倭国，一如历代前朝的对待边夷，即来者（献见、纳贡）不拒，罪者（滋事寻衅）歼之，去者（认罪退回）不追。当时的倭国并不知大唐会如此豁然大度，才生出这种诚惶诚恐设下几重防线、迁都等兴师动众的举措。为摆脱此心魔，甚至决心把国名也改掉。

142

更改国名，于一个国家，自属大事。故日本更改国名其事，史上记载不少。诸书有"恶其名不雅""以其国在日边""日本是日之所本""是朝阳之国"等说，各执一端，颇有众说纷纭之状。笔者却以为，此事是起自"白村江一役之惨败"更确切。且从其事发端的年代看，也正是在此败之后。又从此事循例应向宗主国申请未获唐高宗批准，战后相当长一段时间，仍只好用倭国的旧名中也可见出："麟德二年（665 年）封泰山，仁轨领新罗及百济、耽罗、倭四国酋长赴会。"（见《旧唐书·刘仁轨传》）是年，唐高宗偕武后从东都出发往泰山封禅，仍准许倭国以藩国身份来贺，正可见出大唐对倭国的冒犯行为并未多做计较。其实，当日的倭国在大唐的外交战略中，根本不占重要地位。再及于此后唐朝发生的一些史事，笔者以为，此说是更接近历史的真实的。近日，披阅沈仁安先生的《日本起源考》和井上亘先生的《虚伪的日本》二书，又从其考证中得到了进一步的证实。

（二）惨败者的屈辱史——日本国名更改史略

关于日本更改国名其事，已如前述，诸书各执其说。较多的说法是"恶其名不雅"。固然，关于这个"倭"字，本书前文已说了不少，从这一民族走出原始社会，根本无名可言，到其进入大陆王朝视野，初得"倭"名，即"夫东浪海中有倭人，分百余国，以岁时来献见云"（《汉书·地理志》），时值西汉的元封二年（公元前 109 年），直至白村江之战前，共经 800 多年历程。而得跻身世界民族之林，为世所知、所用，也足有 700 多年的历史。对其名的雅与不雅云云，只是在其接受中国文化日渐深进的过程中，才得以明白的，也是事实。一如一个人出世时，长者为起个略带戏谑之意的小名，如"阿毛""小丫"之类，待到长大成人后，有了文、野、雅、谑的理解后，因而改一个更庄重、更优雅的名字也属寻常事。

然而，史实毕竟比"说法"更重要。

此外，在翻阅唐代其时史事时还发现，此事与大唐王朝武皇后临朝称制，变更国号，竟然也有着相当密切的关联。可见，"日本文化与历史的源头在中国"一说，绝非仅在"弥生时代飞跃"，或使用汉字等几端。远自文明肇起、国家建立，及于国名更改，无不牵丝与附。结合其从改名的起意、谋划、请予恩准的周折，到终于成事，还经过了一段颇为戏剧性的过程，实有在此将之略略再细说一番的必要了。

深受中国传统文化影响的日本，对于更改国名事，犹如中国的改朝换代，是看作异常重要的国之大事的。以倭国之名，首次举国动员，以求一搏的白村江大战的惨败，使国之尊严、王的颜面丧失殆尽。对此，他们一直耿耿于怀，自不待言。战后，唐王朝不但未予追剿，还大度地接受了倭国的纳贡称臣，又恢复了册封的关系、被其视作一个好兆头，欲为其事持意之念更浓。但是作为受封的藩国，更改国名此等大事，是必须得到上国的批准才行得的。只是申报其时，出于上述难以明言的动机，答话吞吞吐吐，因其"不以实对，中国疑焉"，遂使唐高宗不予批准，是见载于《唐书》之上的，于是，就有了如下的这段曲折。

五年以后，即唐高宗咸亨元年（670年），日本遣河内鲸使唐献见，贺平高丽，又得着了一次机会，趁此硬着头皮，又一次向唐高宗提出更改国一事。无奈有白村江那次妄为作乱的重大忤逆之举，及前回申报时答问的吞吞吐吐之疑，再次遭拒。这无疑已显然是有意的警示了：令倭之酋长自作反省，不可再生妄念，作乱滋事。此后倭国一千年来的安稳或与此两度遭冷遭拒不无关系。

三十一年后，决心更改国名的倭国，又做了一次"与倭诀别"的努力。武周长安元年（701年），以报告学习大唐的成果——大宝律令在倭国颁布为名，倭国遣执节使栗田真人、副使高桥笠间赴唐。在上表献见纳贡之际，又一次请求恩准易名。这次接见来使的是已将大唐国号改为"大周"的武则天。倭使是在登上大唐国土之后，才知此时已是武则天临朝称制。这不啻是上天赐予的一个大好良机。这一回的奏请竟即蒙恩准。此事发生在武周长安二年（702年）。圣神皇帝武则天不但予以恩准，还以上好的心情，在麟德殿亲自赐宴款待，并赏脸地对来使大大美化了一番（见《旧唐书·东夷传》）："长安三年，其大臣朝臣真人，来贡方物。朝臣真人者，犹中国户部尚书，冠进德冠，其顶为花，分而四散，身服紫袍，以帛为腰带。真人好读经史，解属文，容止温雅。则天宴之于麟德殿，授司膳卿……"

这是怎么一回事呢？原来，曾与倭国及其遣使前后有过交道的唐高宗，已于永淳二年（683年）去世。武皇后耗时七年，用尽心机，历经周折，终于以所导演的一出"劝进大戏"——690年，唐则天后载初元年，侍御史傅游艺等请改唐为周。百官、宗戚、百姓、各族族长、僧道等六万余人上书"劝进"。太后登则天楼，宣布将大唐国号改为"大周"，称"圣神皇帝"。可她这个皇帝做得并不顺遂。从徐敬业为此起兵，发檄声讨，与争天下，到坐上皇帝交椅后，每摆平一次朝野诟议，都要赔上一大批朝臣乃至皇族中人的性命。按中国历代之传统，改唐为周到底有"名不正，言不顺"的味道。如今有异国使者跨海远道而来，专为请求更改国号，可见天下之大，易帜其事并非大唐所独有，而是多有在焉。倭人来使，极顺乎这位圣神皇帝的心意。"照准"，于是就顺理成章了。栗田真人在唐两年，于704年7月回国禀报更改国名一事获准后，自是满朝欢欣，为之振奋。当时随真人使唐的僧人道慈归国后，将此事并及真人受赐宴等在历访各处弘法间，广为传播，更令列岛举国为之一片欢欣。此事还见于同时代成书的另一史籍《史记正义》，在《史记·舜纪》"东长鸟夷"下按云："武后改倭国为日本。"《括地志》

中亦云："百济国西南海中有大岛十五所，皆邑落，有人居，属百济。又倭国，武皇后改曰日本国，在百济南，隔海依岛而居，凡百余小国，此皆扬州之东岛夷也。《史记正义》系唐玄宗时代张守节所撰，写于开元二十四年（736年），此时距离武则天恩准日本改名并赐宴来使的武周长安二年（702年）仅三十四年，虽记事之修辞稍异，却是同一时代的记事，也可说是同时代人的证言。在十八年后的720年，日本史官奉旨修本国国史《记纪》时，"着即"将此事入书，并依旨特地将改定的国名"日本"二字标示在《记纪》的《日本书纪》这一书名之上，通过此举，周知国际："倭国其名不复存在，今日本是也。"可见，其时对武则天这一恩准的珍视与欢欣之情了。诚如井上亘在《虚伪的日本》一书中所云，"倭朝廷在遭到白村江战役大败后，为了与烙上日本历史上最惨败局的这个'倭'字国号诀别，举国低抑隐忍了三十多年。其不敢再在大唐跟前声张的自卑自贱之心，如今连同那个带来窝囊与晦气的'倭'字一朝端走，大有悲喜交集、感激涕零之意。"一直心存自鄙的倭人，从此得处朝阳之下，前景一片光明，岂能不欢欣鼓舞！

一千多年来，日本人对这一恩准的记忆几经沧桑，却一直不曾淡忘，直到进入20世纪的当代，犹深记心上。20世纪末，有关部门对武则天的乾陵进行修复。日本闻讯，主动提出为此提供巨额资金。从日本深具文化素养而又对中国心怀友好的一群人，每到中国，特爱去西安、洛阳等地，去看看秦时的明月、汉时的关、大唐的国都，徐福等渡来人催生的弥生时代，和汉代、三国时的典籍记下的，其最早先人的史事，即使其中的踪迹、细节，他们也一定不曾忘记。

（三）铸魂鉴史——对两大战败惨象的叠加并说

1300年前那场白村江之战的惨败，是大和民族自有国家以来，前所未经历过的重创重击，直被打得晕头转向，惶惶不可终日。当朝虽已设下四道重重的防线，但对国体是否还能保住、王位是否还能承继，上至倭王王族，下至官民，皆在人人自危中不知所云。萎靡晦暗的气氛笼罩列岛。

70 年前二战惨败后的日本，对其国是否还将存在，天皇制是否还能保存，因战争中作恶太甚，战胜国将会施以何种严惩等等亦心存担忧，举国上下，方寸尽乱。其茫茫然不知所措的情况，与当日白村江战败后的倭国情状，大有相似之处，令人不禁浮想联翩。遥想昔日，其意气之傲、之狂，再强大的对手也敢刀枪相向，前有恃强白村江、后有偷袭珍珠港两战为例；而一旦战败，又一落千丈，惊恐万状，风声鹤唳，继而自卑自贱，乃至全盘自我否定，有令人惨不忍睹之慨。

日本民族忽焉高低的两重性，自美国人种学家本尼迪克特的大作《菊与刀》问世以来，固早已为世人所知，但其表现得最彻底、最露骨的，莫过于在"战争"二字之上。发动战争的恶念初起时，从染指、进犯邻国，到八纮一宇，吞并世界，其理智失控的狂妄，与战败后一泻千里的失意与自贱，前后冰火两重天。这在其历史上两次大战的败绩中，已暴露无遗，其中，又以二战的那次惨败为最。而从善操文字的日本学者们的议论中，有尤为集中的表达。历史上曾有过的自贬自鄙，如著名学者森有礼自惭形秽地对"日本乃劣等民族"的论证，以及由此而起的"改造日本人种""取消国语"等等，二战败绩后又一次复起，且较前有过之而无不及：坂口安吾的"堕落论"，丸山真男、川岛武直等关于"近代化"，关于反省日本的"封建余孽""非理性"，直至作家志贺直哉提出的废弃日语，以法语为国语等，已是举世尽知的事了。更有甚者，竟向占领军统帅麦克阿瑟提议，干脆把日本变为美国的一个海外州。

发动战争，失败认输、认罪，史有前例，但做如此自鄙自贱姿态者，世界历史上却只有日本一家。何以会发出如此这般凄惨的哀鸿之声呢？这固然与该民族悬殊首尾的两重性有关，但与二战后日本的国已不国、人亦非人的惨景惨象，以及人们对苦难屈辱承受的切肤之感已经超限也有直接关联。惨败之后，日本所有大城市的大多房屋都在一轮轮挟带着狂怒的复仇之火的大轰炸中被摧毁烧光。美国曾声言要把这"万恶的禽兽之国"炸回到与禽兽共存的石器时代中去。大轰炸的频度，燃烧弹、重型炸弹的投弹量与覆盖面积，其酷烈度及造成的人员伤亡与财产损失，在世界战争史的记载中均属前所未见。且辑录其中几个片段看看吧！

1945年3月9日，对东京一次火焰弹大轰炸后的惨状：午夜时分，334架B-29轰炸机在东京上空一次性轮番投下2000T燃烧弹。半小时之内，大火在狂风中迅速蔓延开去，在几十平方公里的大片区域熊熊燃烧，火势已是任何可施手段都无法控制得了了。人们已完全放弃灭火的企图，只能任凭大火狂烧。烈焰与灼热的气浪缠搅成的巨大火舌，犹如从魔鬼口中猛烈地喷发出来。地面上可见可触的一切都被吞噬，房屋、行道树木、街心花园中的所有花草、狂奔四散的人群……无一幸免，连电线杆、行道栏杆等金属与水泥的制品都被融化、烧坍。许多躲在防空洞里的人被活活烤死，或因空气燃尽，窒息而死。四下狂逃者陷入极度恐怖，已全然失去理智，成为被烈焰追逐的一群生物。很多人见到附近的小塘河流就往里跳，但漫天大火形成的高温气浪早已将水烤得超过沸点，入水的避难者都被沸水活活烫死。看到这场如同从地底下窜出来的熊熊烈焰和煮人煎人的沸腾水塘、河段，会让人不禁想起但丁笔下那万劫不复的地狱。那第二层里永不停歇的狂风和第五层里的熊熊烈火叠加搅和到一起，便是东京街面上烈焰四射的景象。而第四层那水黑如墨的恨湖和第七层沸腾的血湖里，人类遭煮遭煎的情景竟果真都出现在人间的东京。黎明时赶到的救护人员被眼前的惨状震惊：池塘河水里漂浮着的无数尸体，都已被大火烧灼成黑炭桩，连男女都无法分辨。天亮之后，东京大部分地区全然是人间地狱的模样，毛骨悚然的情景令人惊恐到无法诉诸言辞。事后，日本政府花了一个月的时间，才将烧焦的尸体清理完毕。此次火焰弹大轰炸中活活被烧死者有八万之众，重伤者十多万，百多万人无家可归，无数家庭倾家荡产。死者尸体成堆，活者流离失所。

其他城市也无法幸免。战后的日本成了一个惨象丛生，展示战争无穷破坏力的巨大舞台。断壁残垣连绵成片，昔日街市尽成废墟。流落街头的人群，其声凄凄，其状踉跄，艰难竭蹶，一个个都在绝境上徘徊度日（从本书附录一图版上的几张照片，可见其一斑）。当时的日本列岛上物缺粮尽，口粮配给每人每天只供应四两大米，绝大部分城市都处在三餐难保的状况下。饮食店几乎绝迹，糕点糖果店根本就看不到。从事劳力的工人，午饭有时也只能以几个土豆或一点红薯代粮。不长的时间内，大部分日本人都陷入面黄肌瘦、营养不良的状态。仅有的几处城市公园的草坪绿地全都被用来种植土豆蔬菜，连动物园里的狮子、老虎等动物也都被杀来充饥。日本人已进入穷途、十足的人间地狱。

国人的精神状态也整体一蹶不振。当时，东京、横滨、名古屋、大阪等地街头上的行人，尽是一副垂头丧气的样子。男人们神情阴郁，愁眉不展，看见轩昂路过的占领军，自卑得不敢抬头正视；妇女更一律埋头疾走，唯恐遇上占领军。偶尔的笑容也是不得不直面占领军时的强颜欢笑，还得赔上不迭的一串深鞠躬。

全副武装的美国大兵在街头只要看到穿旧军装的日本人，更是憎恶万分，会毫无缘由地扇几耳光，或踹上几脚。战争中与日军搏杀过的美军，其中很多人的战友曾遭到日军的残杀，对日军充满了仇恨。甚至麦克阿瑟也差点在菲律宾被日军俘虏，所以见到日军，忍不住便会发泄一番。其实，穿旧军装者实乃无可换之衣。但此情此景，与谁去说？战败后的日本人对盟军是打不敢还手、骂不敢还口。有的美军营地附近的木牌上，则直接用英文和日文大写着："凡日本人进入线内，格杀勿论。"人为刀俎，我为鱼肉……颜面、人格统统降到人性的底线之下。日本人已完全不被当人待。至极的抗争也只能是在无人之处，仰天号叫一声："悠悠苍天，此何人哉！"

以上，是日本投降被盟军占领后，作为盟国占领军一支的中国占领军驻日代表团军事组上校参谋廖季威等人，在日考察、巡检的亲眼所见，其中部分影像资料为当地相关部门提供。当时以美国人为首的占领军，根据《波兹坦公告》的规定，在日本要地实行占领，监督其解除武装，具体落实投降书中的各个条款。

读者看过战败后日本的如此惨状，对上述那诸种近乎极端的自我否定之论，也许就可以稍做理解了。自白村江之战后，日本举国惊恐的惨痛，犹如民族整体被灼上一块硕大伤疤，深深植入全民的集体记忆，到前两世纪，又逢美国佩里黑船以无可抗争的优势长驱直入地闯入，现在，在那尚未褪尽的一层又一层的伤疤上再撒上这一把浓盐的痛楚，使日本民族所有的自我感受一边倒地陷入抬不起头来的自惭形秽，才有了森有礼那"日本人乃劣等民族"的呼喊和那"改造日本人种"的种种议论，以致使日本民族连自立于世界民族之林的信心都丧失殆尽。二战后又一波绵延颇久的自我否定论，已不止于学界圈内，而是波及社会之中，致使这自卑自贱的历史记忆越见浓重。

（四）"殷鉴不远，在夏后之世"映照"二战不远，在昭和之世"

对于这"自我否定"一波深似一波的历史，日本东洋大学教授，对日本民族性有着深湛研究的旅日学者朱建荣先生有着非常深刻的剖析与解读。其实，那种自戕自灭的哀鸣，充其量只是由酷烈打击、极端惨象引发的，是出于无奈的一种排遣，于事无补。日语被废弃了吗？人种改变了吗？倒是经济史学家三浦新七其人，在我看来，却是当日众学人中更具理性，头脑也显得最清醒的一人。在此一片阴暗不振的氛围中，此人仍能心持冷静地摆脱惨痛的呼号与无济于事的自贱，从文化历史这一角度，透视眼前的一切。他的倡议是，日本应重新树本清源，从中国历代王朝里寻找日本文化的源头，去觅得那自赎自救之道。在笔者看来，这才是可将日本民族引向正道的最可行途径。三浦先生对中国文化必有相当精深的研究，此一倡议，实有为惨败后，被一团凄凄惨惨、不知今夕何夕、不辨明年何年的日本指点迷津之功。是的，只有舍弃先前那一切把自己引向今日这般境地的妄念、妄作，重新树本清源，才能找出前行之路。而这个"本"、这个"源"正在中国。祖文化国嘛，即使是它的教训、它的鉴戒，也大有其可取之处。其实，没有一个日本学者不知道日本文化的源头，也即它的祖文化在中国。要解决如此重大的，属于精魂所在的问题，确实是只有到由中国历代王朝的历史经验，由王朝中人物的悲欢经历所摅构而成的中国文化中去寻找。它们的结晶便是蕴涵雄厚，经历五千年岁月保存下来的中华文化典籍。

如此现代性的问题，到古代，且到中国历代王朝的典籍中去能找到答案吗？能！在一个对中国文化有较深了解者听来，不但不会感到惊奇，还显得十分中听，入情入理，且是唯一之理。二战惨败后的当时未做、未找，才有了那种精神上、思想上的极度混乱，才有了日后那班右翼政客们一直未间断过的胡言乱语。今日去做了，去找了，算是亡羊补牢吧！犹未为晚。

行为至此，又使我想起三浦先生的同胞，被誉为"知识巨人""时代的代言人"的加藤周一先生在其《21世纪与中国文化》的序言中的那一席话来："每当我寻求日本文化的历史性源泉时，几乎所有的领域，归根结底都与中国的古典文化联系在一起。"此说直如对笔者此一观点明白而直接的支持了。二战虽已过去70年，

151

白村江之战虽已过去 1300 年，但于历史而言，皆弹指一挥间，便是 5000 年前中国历史的最早源头，也是伸手可及、可见可触的，无论于典籍缥帙的披阅，还是于金石钟鼎，于甲骨竹简的直观。且让我们就按三浦先生为笔者点赞的那一建议，在今日做一次到中国历代王朝中去寻找其祖文化的补充之旅，而不畏其远其古：便从中国历代的第一个王朝——夏王朝找起吧！

夏时，有"禹铸九鼎"之说。大禹为夏之帝王时，因九州入贡方物岁例已定，疏浚河道已通，《禹贡》业已成书，大禹深恐后世人君治水治国不由其道，增赋重敛，遂将这一切都铸于鼎上（事见《左传·宣公三年》）："昔夏之方有德也，远方图物，贡金九牧，铸鼎象物，百物而为之备，使民知神、奸。"铸于鼎，则此等令规遗训不会像书籍那样流散丢失，使后人有所遵守，而不可移易，此即"铸鼎"之原因所在。但该鼎未能如商帝太丁为其母所铸的司母戊方鼎那般直传至今，而是到秦代便不知所踪。大禹帝的一片苦心随之付诸东流。倒是后于禹夏时代的周初诗人，将中国第二代王朝殷商的史事撷而成诗，得以辑入堪称中国文化源头经典的《诗经》，却仿佛以文字勒成的碑铭，虽不如鼎铸之厚重，其文却铿锵有金石声，经后代稠众的口传、笔录、辑引而存于《诗经》中，直传今日，成为后人可观可诵、可赞可赏的不朽佳作。

《诗经》所辑虽是诗歌，但其所含的古代史料非常丰富，实具有文学与历史的双重价值，被中国历代奉为中华文化最重要的典籍之一，故名之为《诗经》，而非寻常的"诗集"。如下文将引录的《大雅·荡》，其中人物，如禹如汤，如桀如纣，皆永传于世者。那后两个第一代、第二代王朝中的丑类桀、纣，前者暴尸鸣条，后者自焚于鹿台，其可怖情景俱各分明地成为后人永远的鉴照；其中史事，如商亡之后，累及国内人民，无所适从地跟着那个商纣王，大呼小叫，沸反盈天的一片惨状，绘影绘声，令人诵之即成记忆；这首诗最后的结句"殷鉴不远，在夏后之世"——此系周文王为被灭的手下败将殷商所作的哀叹。译成白话，即为："这原本可以作为你殷商借鉴的往事，并不遥远，就在你的前朝，你何以就健忘若此，以致又重蹈了他们的覆辙。"这句名言，直传至今日，更被奉为千古名鉴。

该诗所写中国最早的夏商两代的兴亡，可谓铸其精魂，鉴其历史。笔者今将之浓为"铸魂鉴史"四字，与禹世的"铸鼎象物"四字相为映照，于说史，实有异曲同工之效。一个劝善，一个惩恶：民可以从中"辨其神、奸"；就文化源头这一点而言，一个发生在中国的第一个王朝，一个发生在中国的第二代王朝，绝对与"源头"二字相称。而鉴史中的那个千古名鉴，又正可击中今日妄想引导日本返回"灭亡"那一惨境中去的政客们。兹将该诗中有最具直击之力的第六节数句引录如下：

文王曰咨，咨女殷商。如蜩如螗，如沸如羹。小大近丧，人尚乎由行。

译成白话，即为："文王说：唉，可叹息啊！你这不争气的殷商。得意时，你连连的大呼小叫，如螗嘶鸣，如蝉之唱；失意时，你自卑自贱的哀叹之声，又如调制羹，如扬沸汤。大事小事都恣意任行，带来了家国人事的俱与沦丧，弄得小民上下都找不到可行的主张。"

当日殷商国内当政者商纣王由于暴虐、恣意胡来，战败覆国及由此给人民带来的困境与苦难，和日本那两次惨败后国内的情状，直有相似乃尔之状。如言差别，只在夏和殷那两次惨败都导致了亡国，而日本的那两次惨败，因战胜国的宽宏与大度，均未下狠手，虽覆其国，但未灭其种，使其得以伴名幸存。但是，1300 年前的那次惨败让日本吞耻忍辱了 30 多年，才得弃别倭名，改号"日本"；又忍伏了近千年，才敢再度现身于各国之间。而 70 年前那次惨败更使他们 2000 年来呕心沥血造假的神国、神殿、现人神全部崩塌倒地，国格、神格、人格于一夜之间丧失殆尽。虽仍保持"日本"这一国名，至今仍是一个国土不全，国政必须按《波茨坦公告》条款制定的半独立国家。

三浦先生正是在其一亿国人深陷水深火热的境地时，才做此建言的，可见他的清醒。前事不忘后事之师，虽已是三四千年前的往事，其可观可鉴却永远不会过时。笔者今日在本书中，兼及日本民族文化源头上的兴亡史事，不忌重复地再做展示：2000 年前的《史记》《汉书》记载了日本民族的诞生；70 年前的《二战战史》记载了日本的危亡；再回观《诗经》所载，为 3000 年前那段史事所做的千古名鉴：铸其魂，鉴其史。数其典，论其祖。从你祖文化，也即日本文化最早的源头上，瞧瞧桀、纣那两个丑类，再鉴照一下既糟蹋了自己，也糟蹋了国家与民族的那千夫所指的裕仁，那悬于绞刑架上的东条英机。其兴亡史事，其人物命运，有类有似。70 年前的往事、3000 年前的历史，均历历在目。邻壁微光，犹可鉴人，何况由祖文化精魂铸成的明晃晃的千古名鉴！以之比照，只需将"殷鉴不远，在夏后之世"那句千古名鉴略改数字，便可成为今日置于所有日本右翼政客桌上的座右铭："二战之鉴不远，在昭和之世！"

经过如此一番跋涉之后，三浦先生的那一建议终于得此正果。中国对日本发出的，至诚至恳又最具善意的"前事不忘""以史为鉴"的忠告，也终于汇成如此至简至明的一句箴言，成了棒喝、叫停黑灯瞎火般在军国主义歪道上一路狂奔的那一群人的有力武器。而对曾不止一次陷入战争灾难中的日本人民，这更不啻一份价值无上的重礼了。

下编

论祖

一、华夏民族的一件大事是怎样从史实沉入虚妄世界的

（一）历史中人，还是传说中人——沉浮千古案与君共析疑

公元前 210 年，也就是两千两百多年前遥远的上古时代，秦代方士徐福曾率领一支载有"童男女三千人"及"五谷种种百工"的庞大船队，横渡大海，远航异域。

在徐福东渡之后仅百年左右，也就是在两千一百余年前，汉代太史令司马迁便言之凿凿地把这一历史事件写进《史记》。随后，徐福东渡其事又见于《汉书》《后汉书》《三国志》等史册。上述诸书都是中国历史上最具权威的经典正史。即使后世所争论的"徐福是否止住日本""徐福是否即神武天皇"等问题不提出来，即使徐福只有"率三千童男女东渡出海"这一桩史实，一个两千两百年前的古人便能有如此注目海外的开拓意识、如此恢宏的气度、如此巨大的魄力，以及如此敢于凌驾汹涌波涛的无畏勇气，做如此一桩震动朝野的壮举，也足够被称作中国历史上的一位勇士了。

照理，像这样一位历史人物为后世人所承认，并被广为宣传，本该是顺理成章之事。但由于错综复杂的诸多因素，徐福其人其事并未广为流传，竟至徐福其人是否存在都数度遭到怀疑。不仅如此，事关徐福的一切也都归于沉寂，直至被归入虚无缥缈的神话世界，成为虚妄的"传说中人"，使其东渡不无遗憾地成为中国历史

下编 论祖

155

上一个每每提及，便伴随着众多疑窦的公案，被长期冷寂于一隅。

经《史记》(《秦始皇本纪》《淮南衡山列传》《封禅书》)郑重地加以记载，又确实称得上是轰轰烈烈的一桩大事，在后世遭遇冷待如徐福这般的实在不多，说是绝无仅有，也并不为过。这位本值得大书特书的完成了我国古代航海史上第一次伟大壮举，表明了中华民族在世界航海史上无可争议的先导与光荣地位的航海家，是怎么从现实世界逐渐沉沦到虚妄中去；时至今日，又是怎样从虚妄中，终于返回到现实世界来；徐福其人其事在中日两国及世界史上究竟应占怎样的地位等等，显然都是读者想要探知的，也正是本书要着重介绍的。沉浮千古案，与君共析疑。

笔者写作本编，在博采诸家之言的前提下，抒一己之见，不拘泥崇论闳议，不摒弃常谈旧说，循情察理，虽报载俚传，也乐于旁搜引征，务使读者对徐福研究的方方面面有初步的了解。探索徐福东渡之谜的人正在增多，众多学者、专家们的观点不尽相同，且由于所据资料各异，结论往往相去很远，竟有全然相反的，更常为不明底蕴的读者增添一层又一层的困惑。怎样既说明这段公案的实情，反映出围绕此段公案的种种论争，又把这一切带出就事论事的圈子，使纷纷纭纭的诸家之见和这一圈子内传说的许多历史现象、历史事件乃至现实事件做一些比较，以扩大视野，并从一个新的角度，用一种新的眼光，更贴近史实、更具说服力地使人看出它的是是非非，才是作者努力追求的。

改革开放为我们带来了大量前所未闻的海外信息。开放才能引进，登高方能望远。有了兼收并蓄的度量，再登上具有相当高度的山冈，瞻前顾后，或许可收一览无遗之效了。"晴川历历汉阳树"的感受，坐井观天者是无从领略的。纵观海外的徐福研究成果，极大地增加了国内研究者们的信心。海外信息不啻一股股乘风而来的浪，在为起步未久的大陆徐福研究者们带来一股股新鲜气息的同时，还迸溅出一股刚健的反击之力，给人以振奋，使他们的眼界为之一开，有了可资鉴照的对比，因而对自己的研究更充满了自信。

其实，随着科学的考证和研究成果的增多，徐福其人其事的确然存在早成定论，便是长期悬疑的徐福东渡的止向问题也已显得日益清楚，而且有了相当程度的共识。日本及各国、各地区越来越多的学者专家已倾向于徐福的止向为日本，中国大陆近年的研究成果所见也略同。特别是争论比中国更多也更激烈的日本，竟也颇多持此观点者，这不能不说是历史的一大进步。

日本这方面值得介绍的论著不胜枚举，如前述的 20 世纪 60 年代出版的有 14 册之巨，影响甚大的有《日本文化史》，并承认了卫挺生在《徐福与日本》一书中的几大主张，即日本之弥生文化乃中国文化，弥生文化在秦始皇时代传入日本等。该书编辑委员 14 人、顾问 30 余人，皆为国际知名的日本一流学者。他们摒弃狭隘的民族主义和陈旧的传统观念，尊重史实的治学精神，受到日本广大人民的好评。

20 世纪 70 年代中期，在日本教育界有着广大读者，专门出版学生课外读物的小学馆推出的历史丛书《日本古代史之旅》第五卷《神话之万叶》中，也以很大篇幅介绍了卫挺生的《徐福研究》和《徐福入日本建国考》中关于徐福止住日本，及徐福为日本建国者的论说。由于该书是以日本中小学生及一般读者为对象的普及读物，其影响之大是可以想见的。无怪乎 20 世纪 70 年代中期，曾数次赴日考察的香港徐福会理事长林建同在他的《徐福史迹考察记》中说，他的以实地考察为依据的支持卫挺生著作的观点，已得到东京著名史学家仓田教授等人的支持，仓田教授并据此认为，日本的开国史非重写不可。这一关于日本古代史必须重写的看法，不但是像仓田这样的学者，连当时在位的裕仁天皇之弟三笠宫殿下也表示支持。

据彭双松披露，三笠宫得读卫挺生友人徐复观持赠的《徐福入

157

日本建国考》后，十分感兴趣，随即主张将此书译成日文，在日本发行，让日本大众也得以阅读，并着手托人向卫教授洽谈版权问题。后虽因一些人的反对而未成，但直至数年后，他仍公开宣称：日本之古代史显得"不足信赖"，实应予以改写。坚持徐福即徐福神武天皇的日本新宫徐福会会长仲田玄，此后进而在《徐福之建国及其思想》一书中，以丰富而翔实的资料考证了"徐福是日本民族的开国始祖"一说。

其中，尤其三笠宫，身系皇族成员，又是皇族中最具学术素养的历史学家，想来绝该不会是随口说说那么简单。当然，作者并不想以海外传来的个别具有特殊身份人物的一两句话，或两三册即使是很有影响的著作的结论，便论定一切，而仍是希望通过对传之数千年的历史典章图籍，千百年来不曾间断的传说、旧闻，陆续发现的地上地下遗存、文物，国内外有关徐福研究的成果，尤其是大陆徐福研究的不少突破性进展，进行一些切实的比较与辨析，以期能澄清一些说法、一些疑问，使读者看出其底里所在，从而自己做出这样或那样的结论。

为能向读者比较全面、系统地陈述这段历史公案的今昔，笔者在起意写作本书之前，已尽可能将海内外所能得到的关于徐福研究的文献资料查阅一遍；在写作过程中，又检阅参证了大量与此有关的文献与论著（除已在本书注释与"主要参考书目"中注明的外，尚可能有个别遗漏，谨在此顺做说明，并向有关作者致以谢意），力求不使各种观点有所遗阙。书中所引诸事并非全在正史上，但又不使离正史所述太远，即使是引诸报端的文字，也本着这样的精神。在对史实进行的考订和若干有争议的学术问题上，笔者不为前说所囿，还不揣冒昧地提出了一些自己的看法，虽未必都允当，但都从不同的角度提出了一些可供思索的问题。笔者写出这些尚不成熟的管窥之见的目的，除了想为已经升温的徐福研究再增添点热量，还如上述，颇有些抛砖引玉之意，而并非仅为标新立异而强说其新。当然，所见典籍、资料实难周全，失妥之处，自是在所难免，期待着各方专家、读者的校正。

最后值得一提的另一件可喜之事，自徐福故里发现以来，徐福研究成果迭出，引起一些有影响的学者，如汪向荣、吴杰教授等人的注目。他们数十年来对徐福其人其事这段历史公案的看法竟也因此而有了改变。

如吴杰在中国中日关系史研究会第一届学术年会上所说："我们古代组第一次讨论的中心是徐福问题，秦代派到海外找延年益寿药的徐福有没有其人？其人老家在哪里？过去脑子里有个问号，现在通过调查研究，把传说人物变为现实了，徐福确有其人已可以肯定……徐福活动的地区形象化，具体化了。"汪向荣则说："过去我的文章中，没有提到中国移民的事，这是不足之处。徐福不管有没有在日本列岛上'止王不来'，单就《史记》所载，就足够说明这是一次有计划的移民行动。而正是在这时候，日本列岛上发生突变的事（指弥生文化——笔者按），又和外来移民，主要是中国大陆移民有关。这个问题就很值得研究了。"秦史专家马非百先生更以欣喜的心情对徐福研究者们给予热情鼓舞，希望他们努力探求，对一切与徐福研究有关的文献资料，不管是新的著作或老的札记，并各种地方志、各种家谱和民间传说，都尽量加以搜求，以期在比勘、探幽、深入挖掘上，在勘断前识前误上，取得更大的突破。

笔者感到这是一件很具影响的事。历史研究是一项艰苦的，须以数年、数十年乃至毕生积累才能形成一个观点或某种思想的工作。所以，这些学者对往日论断的补充和发展，对徐福研究的一系列成果的肯定、支持及热情鼓励，无疑将对一些对徐福其人其事仍持怀疑态度的人产生影响，将使后进的研究者们更易于摆脱先前的定见和已显过时的种种"定论"。笔者深信，环绕徐福东渡这一千古之谜所开展的研究热必将更加升温，其收获必然会与日俱进，其突破性的成果必然会与年俱增。

（二）引上正文的一段楔子

（秦始皇）二十八年（公元前219年），始皇东行郡县……乃并勃海以东，过黄、腄，穷成山，登之罘，立石颂秦德焉而去。南登琅琊，大乐之，留三月。乃徙黔首三万户琅琊台下，复十二岁，作琅琊台，立石刻，颂秦德，明得意……既已，齐人徐市等上书，言海中有三神山，名曰蓬莱、方丈、瀛洲，仙人居之。请得斋戒，与童男女求之。于是遣徐市发童男女数千人，入海求仙人。

自威、宣、燕昭使人入海求蓬莱、方丈、瀛洲……及至秦始皇并天下，至海上，则方士言之不可胜数。始皇自以为至海上而恐不及焉，使人乃赍童男女入海求之。船交海中，皆以风为解，曰未解至，望见之焉。其明年，始皇复游海上，至琅琊，过恒山，从上党归。后三年，游碣石，考入海方士，从上郡归。后五年，始皇南至湘山，遂登会稽，并海上，冀遇海中三神山之奇药，不得，还至沙丘崩。

王（淮南王刘安）坐东宫，召伍被与谋……被曰：……昔秦绝圣人之道，杀术士，燔《诗书》，弃礼义，尚诈力，任刑罚，转负海之粟致之西河……又使徐福入海求神异物……秦皇帝大悦，遣振男女三千人，资之五谷种种百工而行。徐福得平原广泽，止王不来……

这是在中国很具权威的史籍《史记》上的三段记载，分别见于《秦始皇本纪》《封禅书》《淮南衡山列传》。可是，被鲁迅先生赞为"史家之绝唱"的这部典籍，对上述记载中的那位历史人物——徐福的去向，却并未指明。于是，两千二百年前扬帆出海的徐福究竟到了哪里，在很长一段时间内，便成了令后人费猜的一个疑问。

160

稻作农耕于日本突然出现，是在公元前两百年前后……日本文化的起源，与稻作农耕之成立有很深的关系。但以采集、狩猎、渔捞为生活要素的绳纹时代的文化，竟能将其长期（有八千年之久）停滞的情况克服，突然进入稻作农耕的文明生活，同时在短期中发展为具有高度的文明，此是一个很大很大的、历史的、考古的疑问。（泉靖一语）

在日本已进入了弥生文化稻作时代，东日本还在依靠绳纹以来的狩猎文化……稻作传入日本，一定是有稻作知识，并携带谷种之大陆移民渡来而造成的。（伊东信雄语）

弥生时代最古之遗迹"福岗县板付遗迹"发现有谷痕之陶器内附着"谷痕"二三件，碳化米九件，可以证明最早的弥生人已有稻作能力。（芹泽长介语）

这是一部同样很具权威的学术专著上的三段记录。该著作系由日本考古界召开的一次国际性学术讨论会材料汇编而成，出自日本东京大学和东北大学的泉靖一、芹泽长介和伊东信雄等教授的笔下。这部汇编而成的专著后来由角川书店以《日本文化之源流》（又名《日本农耕文化之起源》）为书名公开出版发行。由于执笔者皆是日本一流的考古学、历史学、人类学的专家，该书不但在日本国内，而且在国际学术界也甚具影响力。于是，该学术会议上提出的问题，同时也成了全日本，乃至国际间有关人士共同关心的疑问。

以上两个疑问，在中国的那一个只是"走失了"一支船队，"走失了"徐福一行人的问题；在日本的那一个，却关系到日本民族的起源和国家的形成。所以，为提醒世人的注意，东京大学的泉靖一教授便在那"疑问"二字之上，又异乎寻常地加上了以一连串很具分量的修饰词组成的一个长长的定语："一个很大很大的、历史的、考古的"云云。

细心的读者可能已经注意到，上述罗列的，表面上看来似乎风马牛不相及，而实际上却有着十分微妙关联的历史现象，又全是发生在中国和日本隔海相望的两大古港——中国的琅琊故地和日本北九州伊万里湾内的"秦津"（今称"波多津""烟津"，与古地名"秦津"的日语"训读"同音）一带。犹如南美洲西岸与非洲大陆东岸边缘凹凸之间相互吻合的惊人特点，令人由联想而创造了崭新的大陆构造理论一样，这一切本来也可为解开这两大疑问提供一条线索。可是由于众多复杂因素的影响，在很长一段时间里，却不是被"忽略"掉，就是被简单化地加以引用。又兼研究者的稀少和分散，由此零散地涌出了不少费煞心血的考证和动人的神话来。

考证源于科学的分析，神话来自丰富的想象。就上述诸历史现象而言，这些考证和神话的陈述方式虽是截然不同，但引发他们灵感的源泉却正在隔水相对的那两个（事实上有着千丝万缕关联的）地方。若将这一现象作一哲学上的抽象，那由此而生发出来的考证和神话，或可说成是同一事物被一无形之壁隔成的两个侧面，就像一张双色的薄膜塑料，互不照面的黑白两色，看上去虽似正相悖谬，实际上只不过是同一张纸紧相粘连的两个面，中间并无任何"距离"。间或，讲前者的，略带点后者，多是用于引证、对比或反驳；说后者的，也稍夹带点前者，以示其生为当代人，尚能尊重显而易见的一些科学事实。本书所述，虽未逸出这一范畴，却想尽力地超脱一点。是为引向正文的一段楔子。

二、蒙始皇帝青睐的现实中人却被推进神话世界的一段前尘

公元前 210 年，在众多饱学而富有传奇色彩的海上方士中，徐福独受秦始皇的青睐和拔擢，率领中国历史上前所未有过的庞大船

队与众多人员，携带着代表当时世界最高文明程度的文化成果，接受当时世界最大帝国的派遣，浩浩荡荡地扬帆东渡，何等壮观，何等辉煌！当年，也即秦始皇三十七年，这是一个应当永载史册的重要年份；徐福东渡，这是一件应当永载史册的历史事件；徐福，这是一位应当永远受到人们崇敬的历史人物。事实上，这也确实被载入中国最重要而权威的历史典籍之一《史记》。然而，在《史记》上的那几页被翻过之后，徐福其人便无声无息了。在中国史界，他长期以来冷寂一隅，除了20世纪30年代王辑五在当时颇有影响的《禹贡》半月刊上连续发表了几篇有分量的，有关徐福研究的文章外，少见有人再对此进行过认真而系统的研究，偶有提及的又几乎全有误解——一个缥缈仙界的方士，一个神话天地里的传说人物……若干年来，甚至已没有多少人知道这位伟大先人的大名了。这位曾经不畏艰险跨海东渡，在传播中华早期文化、推动东亚文明发展上做出过实实在在不朽贡献的伟人，在自己的国土上竟遭如此冷遇，实在是一件令人遗憾的事情。笔者准备先就这一颇为奇特的历史现象进行一番剖析，以期揭去长期笼罩在这位历史人物身上的层层迷雾。

形成这一现象的原因是多方面的，东渡纪事粗略漫漶；传闻与史料混杂不清；乡谈笔录，所由非一……但其中最主要的，笔者以为，是因以下几个方面的重叠交错而渐次形成的。

（一）令人易生误解的方士身份

"方士"一名，始见于《周礼·秋官·方士》。秦汉的方士与方术结缘。方术起源很早，先秦时本指道术，即治道之法，后来融入医、卜、星、相等术，尤其后几种，本就与神仙思想有着千丝万缕的关系；再后，又与道教教义混同，神秘色彩日渐浓厚，越近巫祝鬼神之说。尽管方士所长非"说神修仙"一端，据《汉书·艺文志》，方士之技有四，即神仙、医方、医经及房中养生保健之道等，但由于受时代所限，神怪之说对人心理所具有的特殊魅力，人们投以更多注意的，常常恰是神仙的一面，致使传说与现实混一，这就把具有方士身份的徐福逐渐推进"传说中人"的神话世界。

连作为史官的司马迁都被"方士"二字所惑，且看他在《史记》中关于徐福的记载："于是，遣徐市发童男女数千人，入海求神仙""方士徐福等入海求神药"（均见《秦始皇本纪》）。由于这位太史令也只是以"实录"形式，把徐福作为派遣到海外"求仙""求药"的方士看待，将一些虚妄的"仙人""仙药"之类的传说以实录的笔法加以记载。在他那独创的以"太史公曰"为首句的按语中，对此又未加诠解或附记，于是，文字之间便闪烁着一种与方士有不解之缘的"仙""药"味的神秘色彩，使徐福东渡其事"登史"伊始，便被罩上一层神秘之雾。后世文字、口碑中逐渐演绎成的众多令人费猜的谜团大都起因于此。时至今日，国内（尤其大陆）学者中，尚有因"入海求仙药"事涉荒诞，而把徐福排除在其研究课题之外的。所以，徐福东渡尽管早已载入我国第一部正史，但在我国史界，却长期以来被怀疑、被忽视，以致渐渐沦为"传说中事"，终至成为云遮雾障的千古谜团。

其实，徐福时代的方士是一些具有出世思想、追求极端平等和自由的人物。他们秉承的思想，从道家创始人老子的"人法地，地法天，天法道，道法自然"，到庄子的"天地与我并生，万物与我为一"，常"悲时俗之迫扼，愿轻举而远游"；崇尚神仙说，幻想能"吸风饮露，游乎四海"，追求可"与造物者（上帝）游"，把人本身的价值提得很高。换句话说，他们乃是一些具有精深的道家思想、浓厚的哲学气味，追求浪漫的海上神仙生活的知识分子。将"海市""神仙""神山""不老药"等系统地整理成该时代独具的"方士之学"的，便是之一群人，而且，他们还精于天文地理，博采儒、兵、法、医等各家之长。当时的燕齐海上方士大多懂得医药之学，兼通黄老之术。

据顾颉刚考证，秦代方士的地位也确实与当时的儒生等知识分子阶层相同。从《史记·秦始皇本纪》记载秦始皇"悉召文学方士甚众，欲以兴太平"看，将欲兴太平的国之大事交付与论者，自是一国的精英。特别是齐国的"海上方士"，更兼具航海的知识与本领。《史记·封禅书》有秦始皇"考入海方士"的记载。如没有海上航海的本领与经验，哪能经受得住如此一位严厉帝王的当面拷问？从后来徐福组织率领那样一支庞大船队跨海东渡看，也直接表明所谓"海上方士"所具有的胆识与才干。无怪乎我国早期启蒙思想先驱梁启超先生，对这些"海上方士"曾给予极大的肯定了。他在《中国学术思想之变迁大势》一文中，公开推崇：古代中国想到大海及海外者，"唯滨海之齐"，指出，齐人，具体讲，即齐之海上方士，"受海国感化"，尤其深受其先人驺衍的大九州"乃有大瀛海环其外焉"说的熏陶，思想较之同时代的其他人活跃得多，开放得多，海上本领与经验又十分了得，所以才有"至秦汉时，遂有渡海求蓬莱之事，徐福开化日本"一说。

秦始皇时，设"博士"一职，充任的条件为"通古今"。这是一种可以直接觐见皇帝的职务。据顾炎武《日知录》之考证，徐福曾得任此职，可见，他确是一个具有相当学识与才能的出类拔萃者。对这样的人物，岂能徒以装神弄鬼者之流待之？

（二）秦始皇的早逝带走了他腹内的一篇大文章

"于是遣徐市发童男女数千人，入海求仙人。""方士徐福等入海求神药。""又使徐福入海求神异物……遣振男女三千人，资之五谷种种百工而行。徐福得平原广泽止王不来。"太史公前两段记载取诸《秦记》。秦始皇时，左史记言，右史记事。这种官方文书就是《秦记》。汉朝建立后，秦代律令、图书、卷宗、奏章悉为汉太史令收管。司马迁于元封三年（公元前108年）继其父，任太史令。为撰写《史记》，得读《秦记》，后一段记载出自伍被证词。伍被为淮南王高参，因淮南王谋反事而被捕下狱，是一为乞留命的阶下之囚，其证词当不敢信口雌黄。淮南王谋反时，司马迁任郎中，必知其事；撰写《史记》时，又得读有关司法审讯文书，记事当与事实切近。故徐福出海，出诸秦始皇的诰命，可以确信无疑。此等圣旨如若不能完成，即为"有辱皇命"的。在"专任狱吏……乐以刑杀为威"的秦代，"有辱皇命"的后果是不堪设想的。秦国历史上，处死办事不力的大臣乃至王侯的例子不胜枚举。

事实上，秦始皇对徐福也确实光火过："徐市等费以巨万计，终不得药，徒奸利相告日闻。"这件事发生在秦始皇三十五年（公元前212年），即"坑儒"事件的前一年，即秦始皇听到儒生诽谤朝政，方士侯生、卢生等炼丹未就不告而逃时。此时距离秦始皇二十八年（公元前219年）徐福第一次出海已经七年，传来的信息仍是一无所获。故秦始皇在对儒生、方士发怒时，连及徐福作此语。

可事过两年，即秦始皇三十七年（公元前210年），徐福出海整整九年，仍是一无所获，两手空空地回到琅琊时，竟纤介之罪也不曾加身。不仅如此，还受到秦始皇的接见，并准其奏请，增派船员、物资，令其再次出海。更有甚者，这位至尊天子竟还躬自与徐福一起登船，亲手以连弩射杀一巨鱼，为徐福的再次出海扫平海上航路："……乃令入海者赍捕巨鱼具，而自以连弩候大鱼出射之。自琅琊北至荣成山……射杀一鱼。"（《史记·秦始皇本纪》）

以上一连串的事实，虽然记载得十分简略，但也够让后人吃惊的了。凡翻过《秦始皇本纪》，了解些秦史人的都知道，在秦始皇当政的三十六年中，鸩亚父、枭嫪毐、杀荆轲、诛高渐离，臣下未

166

完成任务而被赐死、戮尸者不计其数，直至一次坑杀妖言惑众、犯上作乱的儒生 460 余人！任何史籍上都不曾发现过他对臣属麾下有如待徐福这般宽容的。对这种有悖常情之事，只能理解为他与徐福之间有着一段非同一般的特殊默契：一切为了一个伟大的目标！在秦始皇心目中，这个目标便是建立他列祖列宗一直憧憬，而此时已有实现可能的海外的"理想国界"；而在徐福心目中，这个目标自然别有寓意，即寻求一处心向往之的能避开暴秦的"世外桃源"。有关这两点，下文将另加详述。

秦统一六国后，秦始皇并未让他刚刚创立的这个大帝国来一番"休养生息"，而是接二连三、猛烈过激地大动大作一番。约略计之，他已行和欲行计划中的大动作有四：一为北逐匈奴、二为修筑长城、三为南开五岭、四为东拓海疆（见《汉书·严安传》："及至秦王……意广心逸，欲威海外"）。前三项史书皆有详细记载，后一项对秦始皇本人来讲，也只是一个宏愿，心中尚不清楚究竟可以动作到什么程度，能有怎样一种结果，故不宜，也无从大肆宣扬。唯一可行的，便是留意觅人，做此开拓海外"理想国界"的先锋。当他东巡至琅琊时，正遇着了上书求见，有勇有谋的海上方士徐福。一番对话考察之余，秦始皇已全然视徐福为可以负此特殊使命，为实现其追求而能蹈励海上的先锋了。

"唯国界之延伸为大"，这是秦始皇与徐福此后每次谋面商讨海事时最主要的议题，仙药之得与不得，其实只是顺带的、次要的事情。秦始皇曾说过"古之五帝三王，知教不同，法度不明，假威鬼神，以欺远方，实不称名，故不久长，其身未殁，诸侯倍叛，法令不行"一类的话，且活着时便已在为自己营造巨大的陵墓。这样一个人，说他并不沉迷于可令人长生不老的仙药，而是一个以秦国基业为重、斥鬼神而重人事，且怀有雄才大略的一代帝王，当不会有人持何异议的吧！

只因深藏腹内的那篇文章，秦始皇才会在一系列问题上宽待徐福。对徐福来说，也正因深知秦始皇的最终向往所在，并独受其赋予的特殊使命，才有日后的手不携"仙药"，而仍敢大摇大摆地返回琅琊，并敢斗胆直面觐见这位君王。因为聪明的徐福早已料到（或毋宁说是默契），他所握有的九年来在海外（竟或已到过日本列岛其地）的第一手情报，是比仙药贵重得多的东西，足以使秦始皇对他"礼贤下士"。而事实也正如徐福所料。秦始皇对徐福岂止是"礼贤"，已近似依顺，甚至有点讨好他了。不然，有百万军众、上千大将、无数特等射手的君王，何须躬亲其驾，下海为之射巨鱼而扫平海道？！

实际上，秦始皇不仅仅对徐福，对其他有助于写好这篇"大文章"的人，也都是特加优厚的。前不久，笔者从赴故燕齐滨海一带采风者处听到，当地传说那位也曾受遣入海（只是不如徐福之尤受恩宠），后因闻秦始皇怒斥，畏其刚愎无常而逃匿不知所踪的侯生，以后归来，不但未获罪遭诛，竟也同样受到秦始皇的再次接见。如果不是与秦始皇腹内深藏着的那篇大文章有着这样一层关系，如果不是君王念侯生也是一位曾经漂洋过海，为他的雄图出生入死过的海上勇士，这一连串厚待徐福、宽容侯生，以秦朝法律度之，全系有悖常理的事情，是怎么也无法找到合理解释的。

司马迁在写徐福出海九年空手而返，仍受到秦始皇破格待遇这段文字时，虽着字不多，却一定为此而大伤过脑筋。写史全为留给后人品读，当须有理有据，顺理成章，方能为人接受。以秦始皇对属下向日不近人情的酷烈和严峻，较之于他对徐福等海上方士的宽容，反差和跌宕实已大大超过常度。如何在史料欠足的情况下，把这几条尖利峥嵘的"凸折线"修饰成少些突兀感的"弧线"？太史公在闻及此事的"愕愕"与"纳罕"之后，一定会在众多猜测和议论中，选取一"伪"、一"诈"，以使自己得以过"关"："又使徐福入海求神异物，还为伪辞曰：臣见海中火神……""方士徐福等入海上求神药，数岁不得，费多，恐谴，乃诈曰：蓬莱药可得，然常为大鱼所苦，故不得至，愿请善射者与俱，见则以连弩射之……"此说既出于无奈，实也称得上是最佳的一种选择了，至少对读者已能圆得起来。但因此，却又给后世的好事者有了向多处（大多是坏处）生发的因由和根据。

秦始皇这篇构思于腹内终未能成篇的大文章，虽然对外人守口如瓶，但他一旦西去，在已无秘密欲藏（或可藏）的身后，却从各个侧面有意无意地，甚至是屡屡重复地，向世人张扬着他的主题。且看秦始皇陵墓（经他生前审定）的设计与其葬制：中国的阳间居室向来以南为上，阴间的"墓居"也全依此例，故所有帝王陵墓一律是朝南而建，独有秦始皇的墓，却是面东而筑。兵马俑坑、车马坑等都在陵墓东侧，墓的大门也是朝东开的。就目前发掘的结果来看，兵马俑，这支全副武装同真人真马一般大小的陪葬御林军，并及什役、战马、载人战车等，总计六千余具。秦始皇死后仍令其"麾下"以如此强大的阵容朝着大海的方向，整装待发，再清楚不过地表明他对大海与东极理想国界的向往。因为殉葬物历来是与死者生前的所爱、所求、所向往有关。且陵墓内注入水银，以"为江河大海"（见《史记·秦始皇本纪》）。如果有人写一部《古墓考证》或《墓葬史》，则此等以江海"陪葬"的，一定是可以作为绝无仅有的特例的。甚至墓内的长明灯油也要用大海中物——以"人鱼膏为烛"。

君王其意，独钟大海，一至于斯！自秦始皇以降两千余年来，中国大小君王中，迄今再没有发现过有对大海如此眷恋，至死犹让大海的气息充满墓府的了。

如果说秦始皇向往大海仅为求仙、求药、求长生，则理由仍欠充足。从我国古老的昆仑神话体系看，神仙、神山在大陆上的也多有所在，且都在与秦国发迹的祖居之地相去更近的西方，"陆上既有丹丘在"，又"何须别寻海外去"呢？

纵观秦始皇一生，他这篇大文章的主题，是在一些上述的重大行状上明白无误地向世人显示着的。惜乎伟人构思的文章，常藏而不露，或微露端倪，又隐约其辞，令人只能揣摩秦始皇之心，而无由听其出之于口。"万里蓬莱舟未达，君王已上辒凉车"，直至死亡骤至，文与人俱亡，遂使徐福东渡其事之真实动机、目的，以及其他种种细节全部"胎死腹中"。如此轰轰烈烈的一桩渡海之举，见诸文化典籍如《史记》的，不过寥寥两三千字。

当然，秦始皇死后的天下大乱，以及嗣后的楚汉之争，战事不断；汉朝初立，安内繁忙……也即《史记·秦楚之际月表序》所云："五年之间，号令三嬗，自生民以来，未始有受命若斯之亟也。"遂使徐福的海上事业在陈涉发难，项羽、刘邦兴起之际，失去了当政人物的关照，也是一大原因。要是秦朝的左右二史不在兵荒马乱之中，汉初的史官不在本朝的纷扰忙碌中，兴许，还会多留下点有关徐福东渡其事的信息。

（三）最初的神秘之源

尽管司马迁本人不信鬼神怪物之类，以及没有根据的无稽之谈："夫神农以前，吾不知己""《禹本记》《山海经》所有怪物，予不敢言之"。但在《秦始皇本纪》中，由于上述种种原因，却写下"于是，遣徐市发童男女数千人，入海求神仙""方士徐福等入海上求神药"这样的文字，致使徐福在历史典籍中出场伊始，便与"神"、与"仙"结下了不解之缘。

司马迁在为撰《史记》而进行的全国各地的游历采访中，确曾"罗天下放矢旧闻"。据郭沫若在《中国史稿》一书中介绍，司马迁是极严肃地对待这些从采访中得来的遗闻逸事的，经过审慎的选择、考订和比较，"可信的传信，可疑的存疑。"对徐福东渡之事，以司马迁的学识修养度之，他本该加以重视，却并未"存疑"，也未如前叙述的，在他的"按语"中加以附记。何故？这须从中国治史者的传统观念这一大背景中去找原因了。中国古史多以中原为中心。除秦始皇、徐福这类杰出人物心目中有海外思想，古代绝多王侯都有志于逐鹿中原，问鼎神州，而对"四边"，除鄙夷之外，绝少施以注目之礼。这从凡获罪失宠者常被逐往边地，谓之"谪边"可见。这种思维模式必然影响为之作传的史官、文人，即使像司马迁这样的大手笔，也无法摆脱这一传统识见的影响，这从《史记》对边地的用词上也可以看出来：北则称"狄"，南则曰"蛮"，西作"戎"，东为"夷"。如临海的越国，号称"海上王国"，在中华民族的历史上算得上是颇有贡献的了，但寻常史书中却鲜有记载。司马迁虽堪称豁达而明大义者，对越国也只在《史记》中令人不无突兀之感地在其传了二十余世，出现了勾践其人、迁都琅琊、问鼎中原，遂为中原诸国注目之后，才以"越王"的身份收入"世家"的。但越国自无馀至勾践，历二十世六百余年，太史公仅以寥寥六七十字一笔带过。论者以为"越以前，不通中国（指中原诸国——笔者注），无事可序也"。越王勾践迁都琅琊后，号令秦、楚、齐诸国会盟琅琊台，俨然已有霸主之威，料想在他之前六百余年中，当不会是"无事可序"的。勾践，如此一个海上霸主尚且如此，区区秦之从臣徐福，又是受遣经营边远以外的"海上事业"的，自然更不会受到怎样的重视。无怪乎徐福其人仅有简而又简的一段"事略"，至于其动机、目的（即使是据众多事实所进行的推测、判断）以及为人等等行状，与出海地点、出海时的盛况、止达之处的"平原广泽"究竟在何处……悉被简略而过。这种看法，绝不是强加于司马迁的。如果说"止王处"因"所在绝远"，或一时无法确知，那么，出海的具体地点与盛况该是无论如何也不会不清楚的。因为司马迁二十岁作壮游，东至滨海，得闻徐福东渡其事，上距徐福最后一次出海也不过八十五年。

这一传统的背景及由其滋生的氛围，还直接影响到司马迁在对手头资料整理成文时，所施精力的分配。洋洋五十万言的历史巨著，不可能人人、事事、国国都要求作者平均用力，这是常识。既然以当时的史识，徐福东渡排不上一二等重要的位置，自无必要为它花上一二等的精力去爬罗剔抉，做周密但却烦琐的比较和考订。于是，司马迁便采取"据实而录"的办法，以"入海求神仙""入海求神药"等纯属民间传闻的"客观的、采访报道式"的词句入书。

由于太史公为人的严肃认真和一丝不苟，即使是以这种采访得来的纯客观的材料入书，在行文上，也仍是很费了一番苦心的。且看《封禅书》："三神山者，其传在勃海中，去人不远；患且至，则船风引而去，盖尝有至者，诸仙人及不死之药皆在焉……未至，望之如云；及到，三神山反居水下；临之，风辄引去，终莫能至云，世主莫不甘心焉。"这段记载，字斟句酌，极有分寸，看得出是推敲再三才写成的一段文字。司马迁虽是据听闻采访加以记录，但那种信其事（徐福东渡）之有，而疑其说（求神仙、神药）之非的意识，仍委婉可见，不能不说是极尽了他为史官者的天职的。无奈世人偏偏喜爱"神""仙""长生不老"等等的逸闻奇谈，却不屑理会正宗的史家著述，更哪有闲暇去细细体察作者字里行间的这番苦心？于是，忠于实录而委婉于表述的司马迁始料所未及之事便在他的身后发生了，致使徐福蒙受这"不白之冤"达两千余年！笔者此处绝没有以此而苛责古人之意，只是把这一背景、这一氛围、这一层意思做一番辨析和介绍，以揭示徐福其人其事由史实沉入虚妄的一端。

（四）全然神话化的肇始——《列子》等书对三神山的附会

以上各节所述，只是使徐福神秘化了而已。而自《列子》《拾遗记》等书，对徐福渡海欲去的三神山（《史记·秦始皇本纪》："齐人徐市等上书，言海中有三神山，名曰蓬莱、方丈、瀛洲"）按自己的理解，做了一番离奇的描述之后（如《列子·汤问》："渤海之东……有大壑焉，实惟无底之谷……其中有五山，一曰岱舆，二曰员峤，三曰方壶，四曰瀛洲，五曰蓬莱……所居之人，皆仙圣之种……一日一夕飞相往来者不可数焉……"），随后众多的，或追随、或取材于它们的种种志奇志怪的书中，三神山更被推离东海，远离现实，而全然神话化了。于是，徐福自然也就随之一起被更深地推入缥缈奇异的神话世界中去了。

因而，不能排除上书所云"三神山"也是使徐福从史实飘入仙界的一个因素——但这里，已丝毫没有如上文般再苛求司马迁的意思了，因为此处的"三神山"云云，实际上只是他据实采访的一种"实录"：司马迁撰写《史记》除采"石室金匮"内的典籍资料外，到民间，到发生历史事件的实地考察、采访，也是他取材的重要来源之一："威、宣、燕昭使人入海求蓬莱、方丈、瀛洲。"如上所言，"此三神山者，其传在勃海中，去人不远；患且至，则船风引而去。盖尝有至者，诸仙人及不死之药皆在焉……未至，望之如云；及到，三神山反居水下。临之，风辄引去，终莫能至云。"从这段描述的扑朔迷离、似有若无看，所谓三神山其实就是后世所说的神奇壮丽的海市蜃楼，其源明显来自司马迁的实地采访。彼时对"海市"尚无科学明断的解释，只能达到实录所见的水平。司马迁写治水的大禹，曾三探禹穴；则写东渡的徐福，必及于他的故国——齐之海滨，这是完全可以顺理成章做出推断的事。见过海市蜃楼的多有人在，他们自会对司马迁做如实的描述。其所以能使司马迁愿意采入书中，也正在于陈述者的言之凿凿：首先，此事传之颇久，非仅一二人的随口杜撰；其次，言及其事者当不乏当地德高望重的乡里父老，令人不得不信。受当时科学知识所限，司马迁虽仍隐怀迷离之感，但一时又无法做出解释，故只能据实而录，但从这段极其有分寸的字斟句酌中仍可以看出，司马迁并未因有众多人证，便率尔挥就，仍是尽了一个史家的苦心和审慎的：不但海面上景象的描述与后世目睹者所记无异，就连对"三神山反居水下"的那种"下现蜃景"的记述，也是极尽忠实，和现代的科学记载与描述完全一致。

尽管如此，山，以"神"为名，且一提，便有"三座"之多，仅字面上就蒙上了一层神秘色彩，一如"方士既是与神相关的，想必也属神仙一流人"的看法一样。特别是司马迁之后，一些连实地考察和采访都不曾做过的，如晋朝的王嘉、如同时期有伪作之嫌的《列子》等书的一些作者（《列子》其书历来有真伪二说，笔者从"《列子》八篇已佚，今《列子》八篇为晋人伪作"一说），便以太史公笔下的采访实录为依据，按照自己的理解或想象，对三神山又做了更向那诡秘的奇境靠拢的描写："朔（东方朔）乃作《宝瓮铭》曰：宝云生于露坛，祥风起于月馆，望三壶如盈尺，视八鸿如萦带。三壶，则海中三山也。一曰方壶，则方丈也……"（见《拾遗记》）"方丈洲在东海中心，西南东北岸正等，方丈方面各五千里。上专是群龙所聚。有金玉琉璃之宫，三天司命所治之处。群仙不欲升天者，皆往来往洲……"（见《海内十洲记》）

三天司命，群仙升天，宝云祥风，氤氲氲氲中的三神仙，已全然是一片方外的仙境，而非司马迁笔下"此三神山者，其传在勃海中，去人不远；患且至，则船风引而去。盖尝至者……"那种现实世界中物了。而《列子·汤问》中的三神山更为缥缈诡秘："渤海之东不知几亿万里，有大壑焉，实惟无底之谷。其下无底，名曰归墟。八纮九野之水，天汉之流，莫不注之，而无增无减焉。其中有五山焉：一曰岱舆，二曰员峤，三曰方壶，四曰瀛洲，五曰蓬莱。其山高下周旋三万里……其上台观皆金玉，其上禽兽皆纯缟；珠玕之树皆丛生，华实皆有滋味，食之皆不老不死。所居之人皆仙圣之种，一日一夕飞相往来者，不可数焉。"该书作者较他人更有其甚的是，还自以为是对司马迁的"患且至，则船风引而去……未至，望之如云，及到，三神山反居水下……"做了极其独到的、自我发挥式的"诠释"："而五山之根无所连著，常随波上下往还，不得暂峙焉。"

司马迁对"三神山"出于无奈的那段扑朔迷离、若即若离的文字，竟被附会成"根无所连，常随波上下而往还，不得暂峙"，说得好一点，可能是为了替太史公那莫可名状的记载圆场，实际上则是极尽了牵强的、自我发挥之能事。且由于这一"善意"，更把"三神山"，连同以"三神山"为去向的徐福，一起抛进一个完全属于"神话"的世界。前已说明，笔者此处是把《列子》视为晋朝作品，而该书作者又欲以此书先于《史记》面世而自居。如此，《列子》其书似乎给人一种印象，即它已为司马迁将"三神山"写得飘摇浮动（"临之，风辄引去"）提供了"依据"：既然"先人"（《列子》）已说过，"三神山"是"根无所连"的漂浮物，则着风焉有不被引去之理？

其实，太史公写"三神山"，所据绝非《列子》，而是根据自己的实地采访考察。列子也许实有其人，但其书中却不一定有《汤问》一篇。从汉代大学者刘向校订《列子》八篇的前言中可以看出："……而《穆王》《汤问》二篇，迂诞诙诡，非君子之言也。至于《力命》篇，一推分命，《杨子》篇贵放逸，二义乖背，不似一家之书。然各有所名，亦有可观者。孝景皇帝时，贵黄老术，此书颇行于世。及后遗落，散在民间，未有传者……"但不论最初的

《列子》一书中有无后世所见的这篇《汤问》，太史公并不曾受列子的影响，更不曾引用《列子》其书，这是他本人在《史记·老庄申韩列传》中就明明白白讲过的。在司马迁眼中，即使当时尚无伪作之说出现，《列子》本也只属"《畏累子》《亢桑子》之属，皆空语无事实"的寓言。他在《老庄申韩列传》中，传老子、庄子，而独不传列子，更是明证。既不传，又何引之有？

（五）误遭打入另册的一个外在因素

徐福其人诞生成长在中国，创业建功却在日本。岂料他创建功业的故地，最古老的一册所谓国史《记纪》，由于前述的原因，回避犹恐不及，哪可能提到徐福其人其事，遑论他的功业了。既然他的第二故国都不承认史中有其人，徐福只好进入另册（至少在日本史界），任人冷视了。可以说，在很大程度上，这也是徐福其人其事沉入扑朔迷离，乃至被推入历史黑洞中的一个因素。

日本传统史学之所以采取这种态度，笔者以为，其原因约略言之有如下几点。

第一，他们已经有了一位神祇。任何一个民族都有过需要一位可资崇拜的神祇的时代，而且，这一神祇一旦为他们最初的巫师或史学家所铸就，并在一定程度上渗入一部分先民们的意识，再要推翻或更换，就民族感情而言，是一项具有相当难度的事情。这里还不包括受中国国运由盛转衰这种剧烈变化而引起的，与"认祖"同在的"荣欤""耻欤"等特殊因素的影响。

第二，日本有千余年（受中国影响而形成的）传统的神圣皇权，天孙民族的自尊和神教合一的，神格化政治结构的深刻影响，尽管在二战后，由于战败，屈膝于战胜国之前，神教被废除，神国国体大受震撼。人们也终于接受这尊一度造孽世界、荼毒生灵的假神被推下神坛，但从只在十数年之后，神武天皇竟又得以在日本以至尊大神的身份复活的经过，仍可看出左右日本国政者对排斥异说（徐福自是最大的异说之源），维护此一神国国体的顽砭。

第三，因史实是世间最难逾越的东西，随着地下考古事业的发展，史实越见显明，所以，一些史家竟因抵挡不住众多新考证、新史料的冲击，而陡然间转向另一个极端：宁可不再提神武天皇，也不欲"他国人"来取代他的位置。所以，以藤间生大为代表的一部分史家，在不昧史家良知，承认渡来人造就日本文明的同时，索性将日本历史很难绕开的这一真一假两个人物全部予以否定。由此可见，这些日本史家在这一问题上再别无良策的尴尬心态。

笔者认为，凡此种种，都是一些由于形势所逼而未经深思熟虑的应对之举。因为这已不是一个历史"人物"，而是一个事关日本民族的形成和国家的创建的重大历史问题。万一神武天皇真被彻底否定，恐怕比承认他就是徐福其人还要令人尴尬，因此而将牵扯起的一系列后果，怕更棘手，也更麻烦得多。好在上述那部所谓国史尽管表面上回避徐福，但在全书的内容上又不自觉地在多处显露出其"无可回避"的痕迹来。这些痕迹之深之多之明白，有令日本那些皇统史家们无可招架之势。所以，恰恰是《记纪》自身在许多地方，对上述列举的诸点做出了颇为"率直"的"解答"，这真用得上"解铃仍须系铃人"这句老话了。

这种隐其名，且将其事别移到另一人物身上的拙劣做法，终于引来了"过正"的"矫枉"。一如前述，先有香港中文大学教授卫挺生氏，索性以十二条总则、三十七条之多的设疑解疑，先后分别在《徐福入日本建国考》和《徐福研究》中论定：神武天皇其实便是徐福其人（日本国内也颇有不少"矫枉者"，后文将陆续介绍）。于是，楔子中那两起发生在同一时代、不同海岸上的历史事件，竟顺利地得以衔接，由于《记纪》造成的种种疑问，也都一一迎刃而解。

但笔者以为，卫教授等太孜孜于将徐福比附为一个（日本）人造的神，而未剔除神话与传说色彩，着力于恢复历史上确曾有过的徐福其人的本来面目。所以，尽管震世骇俗，仍无助于疑问的最终解决（其中还不包括三言两语说不清楚的诸如上面提到的民族感情、自尊心等社会心理因素）。由于日本朝野一些一时还不愿放弃传统观点的实权人物的幕后操纵，致使卫氏的《徐福入日本建国考》虽得到三笠宫等颇有影响力的人物的支持，在日本杂志上也曾连载数期，且正待着手准备翻译、出版，最后仍不得不告中断。

尽管不少颇具声望的学者，如汪向荣（著有《徐福，日本的中国移民》）、杨正光（著有《中日关系史研究的回顾与前瞻》）在其著作中做了许多引证和补充，但日本传统史学回避徐福东渡止住日本这一观点仍然存在。一个行时的例子，便是"寻根热"其事独独冷寂于日本。当今欧美各国（尤其美国，有《根》这一小说的畅销为证）的"寻根热"热闹非凡。在欧洲，有慕尼黑等地的谱牒学家挂牌专业代人寻根，每小时收费近百美元，仍门庭若市。向日，只要欧美青萍浮动，列岛便会飒然成风的日本舆论界，在这件事上，却"独善其身"，不曾受到多大的牵染。但这件令许多不明其中底蕴的旁观者纳罕不已的事，只要和那回避徐福东渡来日的传统史观一联系，便释然可见其解。对日本来讲，寻根之热一旦掀起，必然会联系到其民族起源的问题。已经自认是徐福及其东渡人后裔的那一部分日本人，自有其各家的"过去账"可查，用不着去劳驾他人；而对需要请教谱牒学家的人士来说，事情就复杂了。那些谱牒学家将会一代一代地为其推本溯源，查阅一本一本的"过去账"，一直查寻到那本不靠谱的《记纪》，直至再朝前溯去，则一定也会如上述徐福研究者们似的，想到要再看看《记纪》之前《帝记》《本辞》什么的。接着，便会由"来归秦人""秦汉渡来人"……转而推及秦始皇三十七年东渡的徐福……可这样一来，就犯了那些深守日本传统观点者们的大忌。与其如此，还不如让它"混沌"一点好了。于是，这片混沌的区域（至少在一部分人的眼中）至今还混沌着。

笔者行文至此，唯有呼吁隔海的有识之士放出些气度和胸襟，直视那日渐增多的诸种文物的发掘与考证，以及各种典籍的探幽索隐，以使偏见，以及随同那偏见而起的一片混沌，从大海两岸尽快散去。

三、神秘之雾的消散与徐福重返历史舞台的二三事

（一）徐福故里的发现是使徐福重返历史舞台的里程碑

这位沉入神秘的传说世界的人物，今日得以重返人间，复又引人注目起来，首先是因为其故里——徐福村的发现。徐福故里的发现是全部事情走向转折的一大里程碑。就让我们从这里说起吧！

历史上既然有徐福其人，就必有其诞生之地。一些有志徐福研究之士曾翻遍史籍，也未查找到有关徐福具体生身之地的记载。《史记》上只说"齐人徐福"，而"齐带山海，膏壤千里"，究竟到哪儿去寻觅徐福的故园？这不仅是一件极费踌躇的问题，而且直接影响到他在何种程度上能真正地从仙界，从虚无缥缈的传说迷雾中回到大地上来。直到20世纪的80年代，这个谜团才终于得以解开。

1. 徐福故里的发现经过

1982年，在全国地名普查工作中，据江苏省赣榆县（现属连云港市）金山乡后徐阜村七十六岁的道士徐永成等八位老人反映，徐阜村原名"徐福村"，并讲述了秦始皇派遣徐福东渡求长生不老药的故事。该村负责地名普查工作的张慎良据此写成《金山公社（当时名称，现已恢复原名"金山乡"）后徐阜村名调查》，报到县

地名普查办公室。这份材料引起了县内外有关人士的注意。县地名办公室的汪承恭对徐福村的由来进行了初步的调查考证。当年 11 月，连云港市博物馆李洪甫与县政协副主席郑础九也前往金山乡进行了考察。11 月 29 日，《连云港报》发表李洪甫撰写的《寻觅在徐福的故乡》一文，将徐福故里的发现公之与世。次年，徐州师范学院历史系的阎孝慈，该院参加地名词典编写工作的地理系教授罗其湘等，又专程到金山乡进行了调查和考证。阎孝慈写成《秦代方士徐福东渡日本新探》，罗其湘与汪承恭等人写成《徐福村的发现及其旅游资源的开发》。该县主管这方面工作的副县长提出，一定要把这一极具历史意义的工作做好，并指定专人负责，以保证其工作顺利开展。

1984 年 4 月 18 日，《光明日报》发表了罗其湘、汪承恭合写的论文《秦代东渡日本的徐福故址之发现和考证》，论证了徐福故里的所在。这篇文章立即引起了国内外史学界的极大关注。次日，日本国内两大报之一的《朝日新闻》即予报道。江苏省电视台将有关徐福故里遗址等考证情况公开予以播放。不久，徐福村即两千二百年前东渡出海的秦方士徐福之故里这一结论得到国内外史学界的热论和认可。为使徐福研究取得更深入的进展，该县随即成立了"徐福研究会"。1985 年春，全国政协副主席、中日关系史研究会会长赵朴初为徐福故里"徐福村"题写了村名碑文，一块高 3.24 米的花岗岩石碑落成于一代海上伟人的故乡。1986 年 2 月的《人民画报》用四整页的篇幅介绍了这一震动国内外史学界的重大发现。该画报用十八种文字印行，不但史学领域，全世界关心历史、文化发展的人们也都知道了徐福其人和他的故里所在。

2. 徐福故里的方舆地志与历史沿革

徐福故里发现不久，中国第一个研究徐福的专门学术团体"赣榆县徐福研究会"（现已更名为"连云港市徐福研究会"）成立。

该会成立后，一面从事典籍史料及有关方志的核实和考辨，一面即着手组织研究人员对该县及沿海一带的古琅琊属地进行实地考察。通过走访乡里，征询老人，采集民间传说，对徐福故里的方舆地志与历史沿革进行了一系列的研究。

赣榆县是一座历史古城，事涉该县沿革的最早记录见于《左传·昭公十九年》（公元前 523 年）："齐高发帅师伐莒。莒子奔纪鄣。使孙书伐之……莒共公惧，启西门而出……齐师入纪（此处的'纪'即纪鄣，在今赣榆县之东北）。"秦时的赣榆，包括春秋时代的古国祝其、纪鄣、艾不等地区。这在中国古代最称系统的地理学经典著作，北魏郦道元所著的《水经注》中都可见到："游水历驹县与沭合……又东北经赣榆县北，经纪鄣故城南，注东北入海。"

这片地区也包括春秋时代的莒国。莒国国都莒城遗址在今赣榆县土城乡南。《左传》记事之当时，齐已吞并莒国，南达郁州，西到夹谷，与鲁国相邻，因而，于鲁定公十年（公元前 500 年）夏，《左传》又有载："公会齐侯于祝其，实夹谷。"祝其，春秋时国名，故址在今赣榆县西，紧邻山东临沭县；而夹谷，在今县西北夹谷乡，西距徐福村十五公里。该地至今有"孔子相鲁会齐侯"的遗迹，占地数十亩，现为该县"八景"之一——"夹谷圣踪"。笔者曾数往该地采访。夹谷在群山环列之中，主峰险峻，谷长而开阔，作为当日两大霸主会盟之地，果然不虚其名。春秋时代，两大国君选在此处会盟，可见，其时这里的文化经济已达到相当高的水平。

该县战国时属齐地。据《汉书·地理志》《后汉书·郡县志》载，秦始皇灭六国，举全齐，裂其地为齐、琅琊二郡后，赣榆为琅琊郡五十一县之一。西汉时，属徐州刺史部琅琊郡，东汉时，属东海郡。今赣榆县境内尚有三座汉代古城遗址，即该县北龙河乡盐城村南的盐仓城遗址、班庄乡古城村的班庄古城遗址、土城乡土城村的土城遗址。这三座古遗址至今皆有明显的古城基残垣，如班庄古城遗址西南处的城基残垣，高 5 米，宽 2.5 米，长约 20 米，城土均呈灰色版筑夯土。出土遗物有汉代绳纹筒瓦、陶罐、陶缸和陶水管等残片。三国时，该地属魏，易县名为"祝其"（复用了《左传》所载之古名）。西晋太康元年，复立赣榆。五代十国至宋，县名改为"怀仁"。金大定七年，又改为"赣榆"。

1945 年冬，在该县划入山东省境后，为纪念抗日英雄符竹庭将军，该省政府曾一度将县名改为"竹庭县"。1950 年，经省政府决定，又复其名为"赣榆县"，沿用至今。该县一如婺源县之于曾属古徽州，因地处皖浙赣交界处，犹如"悬浮县"，历经归隶几郡几省的"划属之变"，1953 年，赣榆县又由山东划归江苏，先隶属徐州专员公署地区，后改属连云港市至今。该县濒临黄海，幅员 1400 余平方公里，境内有丘陵、山区（属沂蒙山脉），有平原、湖洼，山河壮丽。全县有大小山头三十七座、水库七十二座、河流二十七条，山岭连绵，河道纵横，农、林、渔、盐、副各业兴旺，与《史记》所载"齐带山海，膏壤千里，宜桑麻，人民多文彩布帛鱼盐"之说相一致。

秦始皇统一六国，最后灭齐，并裂其地为齐、琅琊二郡时，琅琊郡因位于濒临大海的秦地极东，为这位心怀东极的大帝昼思夜想之地。故秦始皇二十八年东巡，登琅琊台，刻石颂秦德于率土之滨时特予提及。其地西起沂沭，东迄荣成，有今山东半岛之丘陵地带，南到临沭、赣榆。当时的琅琊郡，包括今日的赣榆、临沭、沂蒙、沂水、费县、莒南、沂南、莒县、胶南、胶县、诸城、王连、蒙阴等五十一县。在一系列的考证中发现，地方史乘，如《赣榆县志》《海州志》等确都有"徐福村"这一地名的记载，为古琅琊所属各县及赣榆邻近各县所绝无仅有。在琅琊郡一带，除赣榆县外，也尚未发现其他有确认徐福为当地人的记载或传说，则《史记》所载之"齐人徐福"一说，实无可舍赣榆而他求的了。

该县在海上交通与文化事业方面所占的位置，也处于当时之中心地区。其所在之琅琊郡内的琅琊港，与当时之碣石、转附、会稽、句章并为战国至秦之五大港口之一，且地处正中，尤宜海上交通，因之经济发达。

齐国在六国中，以其地之"文彩布帛鱼盐"之富，以及稷下学者们争鸣挥洒的影响力，最为秦忌，最后才被击灭。虽然，由于该地先前曾经的经济与文化上的优势，在大秦帝国之内仍居于东方文化的中心。公元前 468 年，这里曾为海上霸主——越国国都之领地，乃当时有志海上者学习战略、政略的趋鹜之处。到秦时，该地的经济、交通、文化又得到进一步发展。这样的地区造就出像徐福这样有胆有识的海上方士，是完全有可能的。

对赣榆县始建于秦代，一度有人持怀疑态度，根据是检索史籍，赣榆县建制，可见典籍的最早记载为西汉，属徐州刺史部琅琊郡。然而，汉初的许多重要制度皆"承秦制"，所以，《汉书》记载之郡县设置当是由秦代承袭而来。而且，"赣榆"二字最早出现于秦代，并非仅依史籍推论，而是已有直接的物证见于远在陕西的秦代地下遗存：20 世纪 80 年代中期，曾经轰动中外史界的骊山北麓秦始皇陵出土文物中，便有立时可扫除所有持疑之见的文字上的确证。当时，在皇陵西侧的刑徒墓地，发现了一批刑徒墓葬瓦文墓志，瓦文的内容包括死者姓名、籍贯、爵位、罪名等。瓦文载有兰陵、平阳、平阴、博昌、武德、扬民、赣榆、东武等标志死者籍贯的县名，其中有两块瓦当内侧写有"赣揄距"的字样（秦时"榆""揄"通用）。可见，赣榆作为地名，早在秦时已出现，且明系县名，这就为赣榆县的建制始于秦而非汉，提供了文字上最直接也最有力的证据。

3. 徐福村的村名及其古代文化遗存

徐福村今属赣榆县金山乡。在该县北部，距离县城青口镇二十公里，东临海州湾。明朝后期至清初，这里是个紧靠大海的渔村。

据地方志与民间传说，徐福村的村名上也刻画着历史演化的痕迹。秦汉时，尚无"村"这一名称，该地仅系徐姓聚住之地。在有了"村"的概念后，也只叫"徐家村"。村名与徐福其名相连，则是在徐福东渡得平原广泽止王不来其说广传于乡里之后。当地人民怀念这位止王异域不归的古人，才渐自有了这一名称。这从陆续见于其后各代之地方志和家谱中都有得见。此外，从当地流传很久的传说和民歌中也可知晓。徐福村的兴会寺前，曾各有一口铜钟和铁钟。后来，那口铜钟被山洪暴发的大水冲走后，便有了这样的一首民歌："铜钟和铁钟，本是亲弟兄。我住兴会寺，你去东海东。"徐福故里在海州湾西，湾外便是黄海。古代黄海、东海通称"东海"，"东海东"便是今日本列岛之所在。民歌中，饱含着对东渡日本不归的徐福的怀念之意。那口铁钟重千余斤，新中国成立后仍在村中，直到大炼钢铁时才被砸碎，充当了炼钢原料。历史的见证已不复存在，只能由民歌相传至今了。

该村现已分前后两个自然村，后徐福村，即今徐福故里所在，现有 526 户人家，2000 余人口，2300 余亩耕地。村北有片高岗地，往昔有两座庙，西三间是兴会寺，东三间是牛王庙。村东傍骆车河，村西有空旷的耕地 40 余亩。牛王庙前，则有雌雄各一株银杏树，村中老人都见到过，有两搂粗，据测，树龄已有 2000 多年。这两棵树有 30 多米高，自古至今，沿海渔民出海，直可当作航标用。在后徐福北部大窑洞东，兴会寺和牛王庙以北，还有过徐福庙，是汉代建立、唐代修缮的。多年来，农民在这一带深翻土地，兴修水利，挖出不少春秋和秦汉文物，经该县考古和地方史志工作者等对徐福村及其周围进行多次踏勘、调查，和比较系统的挖掘，共发现三处汉代的古文化遗址和大量出土文物。这三处文化遗址是"宅基地遗址""团树遗址"和"对厅遗址"，分别在村北的徐福故址基地、村南的团树和村东的对厅，皆以所在地命名。

三处遗址挖掘采集所得的文化遗存，就其器质，可分为石器、陶器和铁器三大类。石器共 16 件，为石斧、石铲、石磨棒、砺石和石珠等。陶器分建筑器材和生活用具两类。建筑器材主要为瓦当、筒瓦和板瓦；生活用具多已为残片，其中的完整物和可见器形的，有钵、盆、碗、鬲、甑、豆等。铁器类为手工工具和生活用具两类：手工工具、农具等为凿、锤、镢；生活用具为釜等。

　　从宅基地遗址出土的文物多数为生活器物和手工工具看，该遗址为秦汉人生活居住区。这与当地群众世代相传的，此地为徐福遗址的说法也相一致。从宅基地发现铁制手工工具和大量冶炼铁块来看，秦汉时，此地有冶炼活动和手工业作坊存在，与战国时期齐之冶铁事业居各国之首的记载一致。1979 年，当地群众在遗址南段东侧，一次发掘出七口铁锅。这么多的铁锅在同一地点一次出土，已超出寻常私人居家使用的水准，可能是与徐福筹划东渡之准备工作有关：组织百工，冶铁造船；出海之后，自有不便携带的遗物存下……当日徐福村之繁忙景象，从以上众多的出土物，可以想见。

　　1982 年，在宅基地遗址西段深处，发现碾药用的石碾轮一件，扁圆形，中间穿孔，直径 37 厘米，厚 7 厘米。在徐福村大港头，也发现过类似的石药碾（包括碾轮、碾船）。从出土地层、遗址内涵和形制看，它们都被断为秦汉器物。而这与当时当地为有善医术的方士活动之地相符。由此，可以认为，在宅基地遗址中发现的石碾是徐福时代的遗物。

　　团树遗址出土的云纹瓦当、板瓦和筒瓦可以表明，该遗址在秦汉时有祠庙或殿堂建筑。据当地群众传说，此地为古代庙址。1959 年群众打井时，在这里发现过神像（泥塑木胎），进一步证明传说的可信性。据《前汉纪》载：孝成皇帝建始二年秋（公元前 31 年），"丞相匡衡又奏郡国、侯、神、方士、使者。所祠凡六百八十三所，其二百八所应祀……其余四百七十五所不应祀，请罢之。又奏高帝、武帝、宣帝所立山川群祠，凡百三十余所，非典，皆罢之。侯、神、方士、使者、副使、待诏七十余人皆罢归。"可见，西汉时期，朝廷在全国各地兴建了许多神、方士、使者之类的祠庙，徐福是秦代琅琊著名方士，朝廷如为他在故里立祠奉祀，当是可信无疑的，这就为我们考证徐福故里提供了又一珍贵的佐证。

在徐福村南五里的大港头附近，发现战国时期的魏国圆肩方足布和新莽"货布"。魏国圆肩方足布，面文铸"安邑二釿"四字，这是公元前4世纪末至公元前3世纪中叶流行于三晋一带的货币。魏国的安邑距此地数千里，可见，战国时，徐福村一带交通便利，商贾活跃之一斑。

而在徐福村东南海中二十里地的秦山岛，以常可得见海市名，秦始皇曾到过该岛，冀见海中三神山，故有"秦山岛"的得名。秦始皇每到一山，有刻石、颂秦德、明得意的积习，登秦山岛，自然不忘此举，遂留下他在赣榆县内一处极具价值的遗迹。秦始皇在该岛所立下的碑石，见于北魏郦道元的《水经注》："赣榆县北，东侧巨海，有秦始皇碑在（秦）山上。去海百五十步，潮水至，加其上三丈，去则三尺，所见东北倾石，长一丈八尺，广五尺，厚三尺八寸，一行十二字。"《后汉书·郡国志》引《地道记》曰："赣榆海中去岸百五十步，有秦始皇碑，长一丈八尺，广五尺……"《赣榆县志》上也有同样记载，并云："一行十三字，字大如斗，世称斗籀，为李斯所书。"典籍、地方史料都可证明赣榆县有秦碑存在的史实。

除秦碑，该县境内尚有秦时修筑的南北、东西两大驰道遗迹。秦驰道，为秦始皇当政的一大政绩，当地群众称为"马趟子"。遗迹在抗日战争前还分段残存，农忙季节，农民常常作为打谷场用。

当日，秦始皇系由琅琊台南行，经日照进入赣榆马站乡，即今之"下驾沟村"。据村里老人讲，该村村名自古以来就叫"下驾沟"。秦始皇由下驾沟村西去留下的足迹，有夹山乡的住驾庄、接驾庄。进入与夹山乡紧邻的山东临沭县不远，至今仍有其当日驻足的遗迹——"秦王柱"。这与《史记》记载的"秦始皇东巡三至琅琊（其经赣榆），皆南北道而来，东西道而去"相一致。

徐福村古遗址及其周围地区文化遗址的挖掘与调查，还有待深入，但通过以上种种努力，已可看出其地历史的悠久。徐福村及其周围一带，大约在 6000 年前，就有人类居住生活。到战国秦汉时，这里的经济、交通已具相当发达的水平，特别是宅基地遗址附近在秦汉时更已是十分繁荣的处所。

当地历代的地方志和散存于民间的宗谱也都显示，徐福村这一地名是古已有之的。如清嘉庆元年《赣榆县志》载："关帝庙在治东，雍正十二年……重建。又一在徐福村。"嘉庆十六年《海州直隶州志·建置考》载："崇义乡十三里，在治北十三图，旧分属朱伊社，石桥社，徐福社，获水口社，今省。"光绪十四年《赣榆县志》载："关帝庙在治东，在徐福村。"

徐福村现在各姓居民保存的家谱不多，计有清乾隆十年续修的《张氏宗谱》、乾隆四十二年修的《王氏谱》、乾隆四十九年续修的《壹经堂·韦氏支谱》等。这些家谱中，留下"徐福村""后徐福""徐福社""徐福河"等有关古地名达十余处。如《张氏宗谱序》云："我族自明初渡海而西，迁于赣邑，有住址于白兔庄（在徐福村东北）者，有栖居于徐福村者""明时由东来，始祖张大公住后徐福村"。根据家谱连续性的特点，明初之有徐福村意味着徐福村的由来始于更早的历史年代，由当地家谱延续记载，承袭下来。

令人感兴趣的是，徐福村至今古风尚存，村里人家的祖传医方甚多，以丹方草药治大病，名闻遐迩。徐福是海上方士，据传其知丹方，能治病；又兼其人常出海，须有强健的体魄，还会武术……凡此种种都给里人留下久长的记忆。尤其是与民生相关的事最能流传，人们的记忆也最深。如当日徐福就曾以丹方草药救人闻名，东渡一去不返，到秦灭汉兴之际，当地民众念及如此闻名乡里的一位人物，在庄北一片高地上盖了一座徐福庙。

这里的民众多善摆弄丹方草药，崇尚武术，便是受此影响。有的还到外地收徒，传授拳术，尚武之风，长传不衰，真是"徐福遗风今犹在，尚武行医声名远"了。关于尚武的遗风，我在当地做民间采访时，还曾听闻，在当代的两拨人身上尚有流传：一拨是抗日战争时期狠杀鬼子的众好汉们，其代表人物即被誉为"孤胆英雄"的宋继柳，曾只身一人，一次干掉六个日本兵，缴了六支大盖枪，还火烧了鬼子的汽车，令敌人闻之丧胆。这从当时伪军中因分赃不均，对天赌咒时流传的一句话中可以见出："谁将良心喂了狗，出门撞见宗继柳！"另一拨是20世纪30年代流落上海滩的"吃码头"（当地俗语，如涉足洋行的，则被称为"吃洋行"）者。为跻身码头，谋得衣食，只好以动武相向，竟以身具武功的底气，驻足黄浦江边，成为与先此的"宁波帮""江北帮"鼎足的"青口帮"（当日的赣榆人以其县城所在地青口的自称）。

由于当地众多的传说口碑，该县方舆地志与历史沿革，以及徐福村与其附近地方遗址、古文化遗存的众多考证等等显示，一桩两千余年的历史公案，终于有了结论：秦代东渡日本的徐福故里便在赣榆县的徐福村。1985年，在北京召开的全国第一届中日关系史学术年会上，中国日本史学会名誉会长、复旦大学历史系教授吴杰高兴地说："徐福的老家找到了！徐福的后代找到了！徐福活动的地区形象化了，这是本届年会的重要收获。"并说，"徐福成了年会的主角之一！"徐福故里的发现鼓舞了人们的信心，极大地推动了对徐福的研究，对徐福其人其事的全部认识与评价，从此进入一个全新的时期，一个神话、仙界中的"传说中人"，终于回到他曾生活过的大地，这确实称得上是中外徐福研究中一项最具突破性的，里程碑式的成果。

（二）对历史典籍的再辨析与再认识

随着徐福其人从神仙世界回到现实，徐福其事也受到先前从不曾有过的重视。尤其可喜的是，不少资深的学者也因此不再把徐福其人其事当传说，且郑重其事地回过头去再次检视典籍，对多年前公开发表过的一些观点，进行了修正或补充。这对推动徐福研究向纵深发展，无疑有着积极的影响。如中国中日关系史知名学者汪向荣教授，早在 20 世纪 40 年代就曾论及徐福东渡其事，却因认为是"司马迁把道家虚构的故事记了下来"，而未进行深入的研究。在徐福故里发现后不久，这位学者经过对《史记》《汉书》《三国志》等一系列历史典籍深入的再辨析，对早期的那一结论进行了修正。他在江苏省第一届徐福学术讨论会上所作的题为《徐福，日本的中国移民》发言中说："关于徐福其人其事，根据《史记》等史籍作者的治史严谨、取材翔实等方面的情况看，是不容怀疑的。"在其后的《中国之徐福学研究》中又称，"可以得出这样的结论：古代日本由绳纹到弥生初期的第二次中国移民，与徐福一行的关联是没有可疑之处的。"又如复旦大学历史系教授吴杰。先前他"对徐福有无其人、老家在哪里，脑子里都存着一个问号"。在徐福故里发现后，他对《史记》重新进行了一番研究，对自己的这些疑问之说进行了补充。1985 年 8 月，在北京召开的中国中日关系史研究会第一届年会上，吴教授以专题组负责人的身份向大会做汇报时，高兴地表示："现在通过调查研究，传说人物变为现实了。徐福有其人可以肯定。"还说，由于徐福故里的发现，和对其行踪遗迹的考察，

"使徐福活动的地区也形象化了……"对于徐福东渡之后的去向，吴杰早年在《从〈日本书纪〉看中国侨人的记载》中称："中国侨人最早什么时候到达日本，这一点，目前还很难做出答复。"可在1988年公开发表的论文《关于徐福东渡日本的若干问题》中，他将那一观点向前推进了一步："日本是中国古代沿海各地人民东移的终点……"并以对《史记》原文的深入辨析，估算了徐福东渡船队的人员编制和规模，最后认为，"船队即使没有全部到达，到达部分的移民也会给当时的日本以极大的影响。"至于"渡日的吴人、淮夷、徐夷都是弥生人的来源"这一结论，也可见于字里行间，只是没有一语道破而已。

这些颇具影响的学者在这一问题上观点的改变，推动了国内徐福研究的深入。从中也可看出，对历史典籍中关于徐福其人其事的记载和评说仍有再研究、再辨析、再评价和再认识的必要。毕竟，徐福其人其事得以流传的最早记载，便是出诸这些书籍。这种探本溯源，重新检索、辨析史籍的功夫，对新进的徐福研究者们，更是必不可少的。

1. 对历史典籍的再辨析

最初记载徐福其人其事的书籍，毫无疑问当首推《史记》。其中《秦始皇本纪》《淮南衡山列传》《封禅书》中有五处记述了徐福东渡事略。首次提到徐福其人的是《秦始皇本纪》：

"二十八年（公元前219）秦始皇东行郡县……南登琅琊……立石碑，颂秦德，明得意。既已，齐人徐市等上书，言海中有三神山，名曰蓬莱、方丈、瀛洲，仙人居之，请得斋戒，与童男女求之。于是遣徐市发童男女数千人入海求仙人。"

这里写得很清楚："齐人徐市。"这就将徐福其人是何方人氏点明了；并且其事与缘起，及去向，也一一点名：徐福是在秦始皇统一六国，受颂、得意之时，受始皇帝亲遣，作为国家使者，率众东渡出海的。在《秦始皇本纪》中一而再再而三地记载了徐福的事略：

三十五年……始皇闻之，乃大怒曰：吾前收天下书不中用者尽去之。悉召文学方士甚众，欲以兴太平……今闻韩众去不报，徐巿等以巨万计，终不得药……

三十七年……并海上，北至琅琊。方士徐巿等入海求神药，数岁不得，费多，恐谴，乃诈曰：'蓬莱药可得，然常为大鲛鱼所苦，故不得至，愿请善射与俱，见则以连弩射之'……自以连弩候大鱼出射之。自琅琊北至荣成山，弗见。至之罘，见巨鱼，射杀一鱼。遂并海西。

《封禅书》又一次详细地记述了徐福渡海其事的始末：

自威、宣、燕昭使人入海求蓬莱、方丈、瀛洲。此三神山者，其传在渤海中，去人不远；患且至，则船风引而去。盖尝有至者，诸仙人及不死之药皆在焉。其物禽兽尽白，而黄金银为宫阙。未至，望之如云；及到，三神山反居水下。临之，风辄引去，终莫能至云。世主莫不甘心焉。及至秦始皇并天下，至海上，则方士言之不可胜数。始皇自以为至海上而恐不及矣，使人乃赍童男女入海求之。船交海中，皆以风为解，曰未能至，望见之焉。其明年，始皇复游海上，至琅琊，过恒山，从上党归。后三年，游碣石，考入海方士，从上郡归。后五年，始皇南至湘山，遂登会稽，并海上，冀遇海中三神山之奇药。不得，还至沙丘崩。

《淮南衡山列传》则更以伍被证词的形式传其事，并记述了他的去向：

又使徐福入海求神异物，还为伪辞曰："臣见海中大神，言曰：'汝西皇之使邪？'臣答曰：'然。''汝何求？'曰：'愿请延年益寿。'神曰：'汝秦王之礼薄，得观而不得取。'即从臣东南至蓬莱山，见芝成宫阙，有使者铜色而龙形，光上照天，于是，臣再拜问曰：'宜何资以献？'海神曰：'以令名男子若振女与百工之事，即得之矣。'"秦皇帝大悦，遣振男女三千人，资之五谷种种百工而行。徐福得平原广泽，止王不来。

总之，《史记》中所有关于徐福其人其事的行文记述，皆言之颇凿。文中虽有"神仙""神异物"等字样，也不失其传述来由的可信之感。因为《史记》所录诸事并非皆作者眼目所见，尤其是前朝史事，除了文字遗存，尚有多种可使此史事成立的资料可加引用。考《史记》史事取材，计有"石室金匮之书"，即皇家所藏图书档案（如《曹相国世家》所录曹参军功，即《功令》所载之文，《扁鹊仓公列传》载仓公所对医案，为《皇室》所载）；金石类文物，及前朝（人）所遗之建筑、实物等（《秦始皇本纪》载录了《秦山刻石》《琅琊刻石》《之罘刻石》）；《蒙恬列传赞》载录了司马迁观蒙恬所筑长城、亭障、直道的所记；作者本人的游历访问，实地考察（有时甚至不惜冒生命危险，如在齐鲁考察，就曾"厄困鄱、薛、彭城"，而终于了解到薛地风俗："其俗闾里率多暴桀子弟，与邹、鲁殊。"）；当事、当地人或他人之转述、传颂、口碑（如《淮阴侯列传》中有"淮阴人为我言"云云）……这些典籍、口碑、笔录、传颂，又都须是经得起考证而可信者，否则不取。如司马迁在《五帝本纪赞》中说："学者多称五帝，尚矣。然《尚书》独载

192

尧以来，而百家言黄帝，其文不雅驯，荐绅先生难言之。"又如《伯夷列传》中云，"夫学者载籍极博，犹考信于六艺。"《孔子世家赞》云"孔子布衣，传十余世，学者宗之，自天子王侯，中国言六艺者，折中于夫子，可谓至圣也。"《三代世表》又说："自殷以前诸侯不可得而谱，周以来乃颇可著。孔子因史文次《春秋》，纪元年、正时日月，盖其详哉。至于序《尚书》则略，无年月，或颇有，然多阙，不可录。"

又兼《史记》记述的一干人等，都须是符合司马迁选取标准的。这一标准，后世史家众口一词地认为是审慎、允当，严肃而又符合史实的。即凡英雄，并不以成败论（虽败亡身诛者，倘"席卷千里，南面称孤，喋血乘胜，日有闻者"，仍能为他所重）；凡个人发愤成功者，不随世俗是非（"天下君王至于贤人众矣，当时则荣，没则已矣"）；治国者，须崇尚德望，而亟斥暴政；贤相良将，须能平治天下……否则，即使君王、后妃、位极千万人之上者（以《史记》所载三千年间，又何止千数百人）也少录、贬录、竟或不录。幸而录中，也有量的多寡之别。如墨翟，为墨派创始者，也只在《孟子荀卿列传》中占了二十余字，且不论此一分量的合理与否。徐福其人在司马迁心目中所占之地位，由此可见一斑：《史记》竟以前后三篇文章，五处，两千余言叙及徐福东渡及与之关联事。从司马迁的治史标准，从他的《史记》人事都是言有所据、事有所托、无字无句无来历看，徐福其人其事的可信度该是不言而喻的。

以后的《汉书》《三国志》于徐福其人其事，也都郑重转述，并各有其新的资料补入。《汉书·伍被传》中，通过伍被证词的形式，将徐福其事载入：

又使徐福入海求仙药，多赍珍宝、童男女三千人，五谷种种百工而行。徐福得平原广泽，止王不来。

《三国志·吴志·孙权传》是在记载孙权为扩兵员及劳力之不足，出海掳民（"但得夷洲数千人还"）的活动中，言及徐福的内容如下：

二年春正月……遣将军卫温、诸葛直将甲士万人，浮海求夷洲及亶洲。亶洲在海中，长老传言秦始皇遣方士徐福将童男童女数千人入海，求蓬莱神仙及仙药，止此洲不还。世相承有数万家，其上人民，时有至会稽货布，会稽东县人海行，亦有遭风流移至亶洲者。所在绝远，卒不可得至，但得夷洲数千人还。

《后汉书》则收徐福其人其事，列《东夷列传》的《倭传》之后，开了东渡"乃去日本"提法的先河：

会稽海外有东鳀人，分为二十余国，又有夷洲及澶洲，传言秦始皇遣方士徐福将童男女数千人，入海求蓬莱神仙，不得。徐福畏诛，不敢还，遂止此洲，世世相传，有数万家，时至会稽市。会稽东治县人有入海行遭风，流移至澶洲者。所在绝远，不可往来。

《史记》《汉书》以及以后的《后汉书》《三国志》向来是作为中国正史流传的，其取材之审慎，长期以来为我国治史者所肯定。尤其《史记》，更得到后世的重视。翦伯赞在《中国史纲要》中说，"《史记》作为一种不朽的名著，可贵之处，首先在于它敢于正视社会实际，按当时认识水平，尽可能如实地勾画出了社会历史面貌。"范文澜在《中国通史》中也说："《史记》不是为了阿世，所以，敢于用直笔。他著《史记》不是为了好事，所以态度认真。"郭沫若对《史记》的严审慎、对司马迁对待史料"可信的传信，可疑的存疑"的态度尤其推崇。

194

所以，经以上数书记载，尤其经《史记》首次载入的徐福其人其事，确如汪向荣教授所云："是具有不容有所怀疑的真实性的。"著名秦史专家马非百教授在《秦集史》中，特为徐福列传，以补《史记》之简略。他是国内第一个为徐福作传的历史学家。在撰《徐市传》之余，还特作按语云："观其首则振男女三千人及五谷种种百工而行，次则请善射者，携连弩与俱。人口、粮食、武器及一切生产之所资，无不备具。其得平原广泽而止王不来，岂非预定之计划耶？可不谓之豪杰哉！"从这段按语看，马非百先生对《史记》关于徐福的记载是高度信任的。他丝毫没有把徐福看作是传说中的虚构人物。翦伯赞在其所著的《秦汉史》一书中说："徐市等入海寻求三神山，正是滨海一带的商人企图打通与日本诸岛之商业通路的时候，山东沿海一带的商人，在战国时代就开始了海洋商业活动，在徐市等入海之前，也许曾有人到达过三岛，所以，徐市等才知道海外有三神山，因而引起他们寻求圣地的热望……到了秦代，这幻想的海外世界，却引起了一些人寻求东方天国之渴望，并且在秦始皇的协助之下，徐市等所领导的海洋探险队，便一批一批地东航了。"范文澜在《中国通史》中则说，"秦始皇曾令方士徐福率童男女数千人航海求三神山，足见当时航海术不仅沿海南北往来，并已能大规模远航大海中。"这两位学者也是认定徐福是确有其人，东渡是确有其事，才说这番话的。

还应当注意的是，司马迁生于西汉景帝中元五年（公元前145年），于元封三年（公元前108年）接父职任太史令后，即检索档案，搜集资料，广引博采，实地考察，于太初元年（公元前104年）着手编纂《史记》。以年代而论，距徐福最后一次东渡出海仅隔百年左右，所以，秦汉史对司马迁而言，不啻是近代史。若以其父司马谈而论，他是在汉武帝初年（公元前145年—公元前135年）任太史令，离徐福最后一次出海（公元前210年）仅60年左右，所以，当年目击、议论、了解这一震动朝野的大事者，必仍有在世者，日后得以充任汉武帝太史令的司马谈当不会对如此大事置若罔闻，竟或用笔记录下这一切，也是有可能的。这些见闻录的积累必也会传诸继承父业的司马迁。

历史上对《史记》的赞颂如此之高，但也并非没人对其所记的人事提出质疑，乃至批评。但笔者以为，便是在这种质疑和批评中，也恰恰表现了徐福其人其事的真实性。且看曾经赞誉过司马迁的班固的一段责难吧！他说司马迁在人事取舍上，有"是非颇缪于圣人"之过，尤其对他具有道家思想倾向，更是直指其过："论大道，则先黄老而后六经。"以当日，甚至以后很长的历史时期看，这一质疑曾在相当程度上，影响到人们对《史记》所载徐福其人其事真实性的凭信。班固对具有道家思想倾向的司马迁的责难，倒确是切中"要害"的，因为写过《论六家要旨》的司马迁之父司明谈，确系道家。子承父业，同时受其思想的影响，本属自然，其中，当然还掺有司马迁本人的经历及其哲学思想形成的原因等因素。司马迁虽曾师从经学大师董仲舒学习《公羊春秋》，又处于崇尚经术的汉代，但由于自身的经历和学识积累，他并未束缚于那一思想之中。特别是遭李陵之祸后，更激发了他不再"唯上"的意识，从而产生了一种抗争，吐发不平际遇，争取开明（道家思想所宗）的倾向，终于形成"是非颇缪于圣人"的异端思想。平心而论，若非汉武帝执政时，政治尚称开明，司马迁确有可能无法公开这一思想的（公开了也无由传世）。但是，应该看到，班固对司马迁的这一评述应属哲学观点上的分歧，不应关联到对受某一思想影响的、历史人物的臧否。且黄老道家之说就"大道"而言，实在不在"六经"之下。也许正因司马迁具有这种肯定黄老开明的思想倾向，才识得徐福其人的价值，进而把这一人物写进他那本不朽之作，而传至今日呢！因为和《史记》同时，或早于《史记》的各种

196

史书并无一处见得徐福其人其事的记载，要不是因为徐福有道家追求自由的开拓意识，不同凡流，要不是同样是有这一思想倾向的司马迁对之施以特别的青睐，从而把他的事略载入《史记》，中国古代史上也许便没有"徐福"这个名字；中国能跻身世界航海史上的伟人，便同时会一下子后退 1600 年！

2. 对与典籍关联的谱牒的再辨析

除正史典籍之外，可以视为史籍分支的谱牒也为徐福其人其事从传说返回现实提供了有力的佐证。谱牒之学虽非正史典籍，但在我国史籍中也占有一定的地位。周天子时，有宗正一职，掌王族亲属世系；战国时，楚置三闾，大诗人屈原便是怀王时掌管王族谱牒的三闾大夫，为随侍王侧，参与国家大政的要职；秦袭周制，设宗正，为九卿之一；汉承秦制，又因之。我国的谱录著作最早见于汉代，到魏晋南北朝时，已非常流行，隋唐之后，更有发展。唐以宰相之职掌管谱牒，可见其重视程度，以至当时"人尚谱系之学，家藏谱系之书"。家谱资料引入方志，则始于宋代，延及明清。宗族是社会的基础。谱牒的内容范围广泛，有不可忽视的史料价值。尽管这一宗法社会产物由于种种原因不全可信，但在对历史人物家世的研究考证中，仍有着无可替代的独特作用。这一情况不但在中国，凡历史悠久、文化传统贯一的国家和民族，在历史（尤其是古代史）研究中，也都重视谱牒的价值。如英国的王族、贵族世系，日本的"过去账"等等，都曾在本国历史以及历史人物的研究中，起过补充缺漏、厘正错误的作用。

在利用谱牒考证徐福其人及其家世方面，徐州师院的罗其湘教授所下功夫最深，成果也最引人注目。罗其湘经研究与考证认为，据目前为止的不完全统计，全国各地不同时代纂修的各种版本的徐氏家谱，计有 56 部，遍及鲁、浙、皖、赣、黔、滇、粤、鄂、豫、冀、晋以及东北、台湾各地，这些地方都有徐姓家族聚居。在江西

197

临川《草坪·徐氏宗谱》（该谱保留有明洪武戊辰年——1388年序，以及顺治、康熙、乾隆、嘉庆、道光、光绪等年的谱序，脉络清晰）中，发现两处记述"徐市"的文字。一是在该谱首卷的徐氏历代源流中，有"受姓祖，讳市，因始皇游海上，上书……"一段；二是"自市公受姓而下……"一段。这两段被徐福研究者们认为是不可多得的宝贵材料。罗其湘等在江西南城考查时，竟发现两家徐姓的宗亲牌位上，还书有"东海郡昭穆祖"字样。这种时隔2000多年、地距2000多公里的江西徐氏后裔，至今数典而念祖，还保留着他们祖先起源地——东海郡的地名，不能不令人感到吃惊。此外，从徐福故里赣榆县的历史沿革可知，该县在战国时属齐，秦灭齐，裂齐为二郡后，属琅琊郡。这与江西《草坪谱》中《徐氏历代宗谱序》里所记的"徐氏出于颛顼之后，嬴姓。唐虞时为伯益，其后受封于徐，子孙遂居东海郡"也完全吻合。这种地理上和世系上的吻合，成了今日考证赣榆县徐福村为徐福故里的又一项旁证，是从谱牒学得证上古时代历史人物徐福家系，以及其人其事故里的一大成果。

香港学者卫挺生教授在其发表于1950年的《日本神武开国新考》（又名《徐福入日本建国考》）及台湾徐福研究专家彭双松先生发表于1984年的《徐福研究》中，曾依据清代徐时栋之《徐偃王志》及《日本书纪》等有关书籍，对徐福的家世及事略做过一番考证。尤其彭双松，在卫挺生著作发表二十四年后，八度赴日，做行程数千公里的田野实地考察，并参阅中、日数百册书籍，对这位前辈著作中的不足进行补正，提出了徐福其人在日本开化文明，实行王道的丰功伟绩与其世系渊源上的关联一说，辟出了前之研究者中少见的一径。笔者在一次国际徐福学术交流会上曾因获读台湾世界徐氏宗亲总会会长徐德强先生所赠的《徐氏大宗谱》序、跋等有关文本文献，而对谱牒、对《徐氏大宗谱》所书写的内容，及其与徐福其人其事的关联有了更进一步的认识。

总览该谱，计十九编八百余页，从徐氏源流史实，徐国兴亡大事，徐氏先祖受封于徐，因国得氏，子孙居徐州东海郡，宗支遍于江淮泗济，后之散聚者及于全国……详细列出徐氏宗族传国一千六百年，享国四十四世，凡百余代的世系。从秦代始受皇帝之遣跨海东渡的徐福、唐代英国公徐懋、明开国元勋中山王徐达、中近代科学始祖徐光启……集录无遗。在笔者所知的中国谱牒中，谓其是"空前巨册"，绝不为过。

从台湾许庆钟和该谱主编人徐悦堂两位先生的序文介绍中感到，谱牒其文，不但在史学上具有重大的价值，即于爱好阅读者对知识性与阅读意趣的取向上，也有他书、他文不可取代的价值。至于其在本书"数典念祖"这一主旨上的价值，更成为不可或缺的一部分了。笔者遂更为详细地予以介绍。

该谱系由台湾大学历史学教授徐子明，于 20 世纪初，从研究徐氏源流与历代谱牒起手。他在荣获美法两国文学、哲学博士归国任国立北京大学教授时，正值燕京大学教授卫挺生撰写《徐福入日本建国考》一书。这种相遇相向的机缘，既可说是巧合，也可说是历史的赐予。两位学贯中西的教授，于是综合史学典籍与徐氏历代谱牒，并参考近代考古学之名著，极尽考证（其一部分成果，已见诸前述的卫氏大作中，就不再具述了）。其所引用的谱牒，明清时代著名的徐氏谱自不待言，更往前溯，北宋和南朝梁的各名谱也一一罗列其中。如浙江鄞县的《北宋徐氏宗谱》和《台州徐氏宗谱》的世系源流中，均有徐福其事的记载。此外，南朝梁武帝天监年间一位直入西省（中书省）知撰谱事的王僧孺，在其所撰的官谱《百家谱》中，即有"议，字彦福，一名市，秦始皇使往蓬莱，居东海"的记载。这是目前所有已知的有关徐福其人其事的记述中，最早的谱牒资料，距今已有 1500 年。而这位梁朝专职谱官王僧孺的祖籍，恰巧是"东海郯人"。郯在今山东临沂地区郯城县北，是赣榆县的近邻，东距徐福故里徐福村仅 50 公里，就地理学上的概念而言，可谓近在咫尺。其记述的可靠程度当是很高的。因为除了文字、史料上的考据，他还能了解到相去不远的这位先人徐福故乡流传的口碑传说，所得所闻，使得这些谱牒的珍贵性已毋庸多说。

此后，《大宗谱》的主编人徐悦堂自 1958 年起追随徐子明教授研究史学和氏族学。后者并将此生六十余年所收集的资料悉数捐赠，以供研究。多年来，主编人亲自筹集编谱经费五百余万元，独立创设《大宗谱》编撰馆，供各地同宗贤者前来捐赠文献，助阵研讨。其间，参考氏族学谱百数十部，达一万两千余卷。与徐子明教授先后两代人，考证八十二年。其间多次为从周徐偃王至秦徐福几代名讳之失传而查遍历史典籍及徐氏各家谱、族谱与宗谱，历二十余年，终成该谱。

谱列徐氏百余代世家。考徐福之先世出于五帝之少昊，少昊生颛顼。颛顼之后，在唐虞时，其后人皋陶、伯益父子为帝尧、帝舜、帝禹之相。始封于费，其后为徐。殷周之际，其宗支遍布于江、淮、泗、济之间，而徐为雄长。徐福一支之祖先，则居于其间的东海郡。其考与大陆一致。

徐王诞于西周武王崩成王立时，曾以东方诸侯的仁义之师名，助殷伐周于洛，而遭周穆王以楚师败之。虽然，周穆王仍善待之，称徐王诞为"徐伯"。据《太古方言疏》，徐为"偃姓，盈姓"。即偃、盈为一姓，故徐国历代国王均可称之为"徐偃王"。

在徐偃王诞帅师伐周其事中有一段传说，谓周穆王西巡时见王母，乐而忘返。徐偃王率兵伐周至洛阳城下，正在其时。徐王之所以伐周其意，既在表明自己不忘身为故殷人，助殷复国，于王道上，乃正义之师，也在警示周穆王：既已顺乎天意建立周王朝，为万民计，心思当在朝政，岂可远游懈怠。实应立即从西王母处返朝理政，才是为君者之道。人称，设无徐偃王此次之出兵示警，周穆王见王母果真乐而忘返（见《史记》），他也就不会即乘马车，千里急驰返京，周也许或将不周了——此说颇有"子见南子"的情状，转遭世人诟病，实属难免。然虽系传说，却也可见出周穆王何以对战败的徐偃王不灭，反而善待的一端。周穆王因感"徐伯"之"忠谏"的用心良苦，所以，虽以楚之兵力败徐，却仍念其仁义而不灭之，且此后仍以"徐伯"相称，并令徐偃王继续领导徐国。

史载徐偃王"行仁政，服者三十六国"，乃有其后之徐姓遍布于江淮泗济之间；乃有其二十几世孙市（福）之出现于历史舞台之上，因痛恶秦政之暴虐，伪为求仙，并借秦力征发人员，东渡建国开化日本其事。

这一徐福身系及其先人的世系概略，与罗其湘据临川《草萍谱》、南丰《邱园·徐氏家谱》的考证，所由虽非一，地域也略异，但结论却全然一致：一是徐氏乃颛顼之后；二是受赐嬴姓；三是受封于徐；四是子孙居于江淮泗济之间的东海郡；五是徐福乃以行仁义著称史籍的徐偃王二十几世孙。则彭双松由此所说的"徐福此后在日本行仁义王道，渊源有自"一说，便不是他自说自话的独创，而是言之有据了。彭氏且以中国人在二战后对日寇其国的宽大为怀，大度释放两百万日本战俘这一震动世界舆论的仁义之举，续证了中华民族自古以来所倡导的，以仁义治国得天下，对本族异族皆一本仁义道德行事的深厚的民族渊源。

如再回看略近史上文献，唐宋八大家第一人韩愈的《衢州徐偃王庙碑》中，关于徐偃王笃行仁义事迹的记载，得见徐福先人徐偃王的仁义德行，则又更可添上徐福个人家系与其人行事的一脉相承、渊源有自这一条了。这可以说将徐福在其止王之地，不似西方航海家尽皆"以劫掠杀伐为事"，而是就地传播文明，开化后进的"王道"之说，也大大地又向前推进了一步。

且续观该碑文所载："及偃王诞当国，益除去刑争末事，凡所以君国子民待四方，一出于仁义。"当其为政敌所驱时，又"徐不忍斗其民，北走彭城武原山下，百姓随而从之万有余家"。偃王死后，"民（感其义）号其山为徐山。凿石为室，以祠偃王。"乃有民为之建立"偃王庙"，并为之立碑，以及有韩愈感而为其碑撰文其事。这与在日本行仁政王道于民的徐福，死后两千余年至今，民号其在日登陆处为"徐福上陆"圣地等，凿石为室，并兴土木，为建祠堂，为立祠立碑纪念何其相似乃尔。今之徐福在日遗迹、纪念处，在全国不下百十余处，直至 20 世纪 90 年代，仍有新宫徐福公园门前特大石制牌坊的兴建，以纪念、奉祈他的功德。进入 21 世纪，青森县人又在津轻海峡的小泊村权现崎徐福上陆地，为徐福竖起一尊四米多高的花岗岩雕像以纪念他的开化之恩。徐福在日所实行的种种仁政，正是效法他的先祖徐偃王；而日本人民仿效的，也正是追随仁义之君偃王的那数万子民。

徐福止王日本，以仁政治国之道开化后进地区，以及以不事劫掠杀伐进行的民族和平融合的方式，使"传播文明，不可避免地须以武力征讨"之说再无存在之理。这一方式是迄今世界上所有向后进地区进行移（殖）民的开发活动中所绝无仅有的。这不仅是日本这样的受益民族的造化，也是历史的造化。可以恰如其分地说，这实在是徐福在移民活动中，对世界文明的发展和人类社会进步所做的最伟大而卓越的贡献。因为就许多国家的文明发展而言，向来是有先有后的；而就其地理幅员与人口基数的比例看，又向来是失衡的。通过对少数与落后民族的强制侵占，征服掠夺，通过戕害百姓、涂炭生灵的方式，试图以霸道弥补此种失衡，已被历史证明不为世人所接受。所以，威尔斯先生的那一结论，如基于西方世界而言，犹不失为史实，但若将之拓展开去，放诸四海，则至少为徐福东渡其事所证实：大谬乖舛。倘和平地移民拓殖，如徐福于其止王之地日本所施行的王道，能成为人们普遍接受的事，则解决这一世界性大问题的第一人徐福，必将被举世人民所敬仰。

谱牒，作为历史典籍之旁支，在徐福研究中竟显示出如此精彩的一笔，实出乎笔者的意料，也说明中华文化的积累，之所以延续五千年之久，古而不老，旧而长新，至今依然辉煌的所在。再回看首开此一研究的罗其湘氏在徐福故里及全国各地对徐氏谱牒所展开的检阅、调查、研究发现，如按江西临川《草萍谱》世系表第一世始祖徐福算起，目前散居全国各省市的徐氏后裔世系代数，显示了一种非同寻常的一致，真乃"天下徐姓是一家"了。不但大陆，便是海外，据上述台湾徐悦堂主编的《大宗谱》成书记和香港徐福会会长林建同在其《徐福事迹考察记》介绍，台湾各地均有徐氏宗亲会组织。据《徐氏大宗谱》之序、跋等介绍，便是泰国等东南亚地区，也有徐氏后人组织的徐氏宗亲会，令分布如此之广的普天之下的徐姓者，莫不以此为荣。作者当日在徐福故里采访徐广法老人时，老人就不讳言，身为如此伟人之后所感到的荣耀。

尤其是在徐福东渡前往的远隔大海的日本，据彭双松考察，也有他的后人，同样保存着记载他们先人由来的宗谱，至今犹乐于向国内外访问者显示，并以身为徐福后人为荣。日本人的宗谱，一如前述，今又称之为"过去账"。在日本宝冢市前议长久武亲人提供的一份"过去账"《长曾我部家旧记》上，即有这样的记载："久武家之祖先是徐福""徐福之十五代孙河胜广隆，因战功由天皇赐秦姓"等等。久武家之祖先、秦长曾我部家，后曾为镰仓幕府之第一代大将军源赖朝（1192—1199 年）之武将，受封诸侯。其后，又为室町幕府之初代将军，累建奇功，是日本之武将世家，为日本望族之一……

记载如此详尽，又皆日本历史上实有其名的人物，想来这些"过去账"当不会是凭空记入的。而这位久武亲人的宗亲，现日本

203

徐福会理事久武正义先生，在苏州召开的一次徐福国际学术研讨会上，对久武家这段世系的演进与变化，曾如数家珍般地予以介绍，并指认自己乃徐福的 76 代孙……竟与远在中国大陆的徐氏后代未谋而合，赢得全体与会代表视为传奇般的惊叹。

另有富士吉田市的宫下义孝先生，家中藏得的一部"过去账"《宫下富士古文书》，据传已有 800 多年历史。该谱有洋洋 20 余万万字，全部用汉字写成，其间的年代世系虽有尚待查考之处，但明言属徐福后代，则与久武家的"过去账"一样。日本徐福会理事长、日本笔会的饭野孝宥，据此本"过去账"，与罗其湘共同执笔，以徐福在日其事写成的《弥生日轮》，在日本与中国同时出版。作为东渡人在日后代的日本前首相羽田孜先生，特亲往参加该书在日本的首发式。岂止祝贺，更有"与有荣焉"之感，其心态与徐福故乡的徐福后人徐广法老人全然一致。故羽田先生在徐福故里参拜徐福祠堂，并会见这位祖文化国的乡亲后，有感而发，挥笔题下"日中友好始祖徐福"一行大字，一时传为佳话。徐福故里人接受题词，如同衢州人为徐福先人徐偃王立庙立碑一般，也凿成一碑，供于徐福祠堂内。

谱系显明的继承性和延续性，即在日本也不例外，盖其文化源头本在中国。所以谱牒在徐福研究中，已越来越显示出其重要价值。

（三）纷至沓来的海外信息及其反激

随着国门的不断敞开，较早时期和新近有关徐福研究的成果及有关动态的海外信息，从日本，中国香港、台湾等地区源源传来，如潮涌浪激，使大陆久不闻此道的学者得知，海外对徐福其人其事的研究，不论在人数、热情方面，抑或成果上，都远超过我们。仅以日本为例，他们的徐福研究一直走在我们前面，相关著作更是汗牛充栋，不胜枚举，从最早肯定徐福其人其事的《同文通考》并及一部分地方史料，如《金立山缘记》《金立神社由续记》《日本名胜地志》《纪伊续风土记》《熊野古代史研究》《和歌山县史迹名胜志》《新宫市志》等，都有言之甚凿的关于徐福其人其事的记载。此外，马场春吉的《关于山东人的移住和徐福的渡日》，山本纪纲的《徐福东来传说考》《徐福的风俗信仰在日本生根》，日本中日历史探讨会副会长、作家寺尾善雄的《中国传来物语》，以及其他如《东海来往物语——方士徐福与神武天皇》《富士吉田市文物》……尤其日本著名海洋学教授茂在寅男的《古代日本之航海术》、内藤大典的《弥生时代的旗手徐福》、中村太郎的《日中两千年》等，接二连三地呈现在学界及一般读者面前。这表明，传统观念最深的日本学界，也直面现实，步撵历史潮流，出现了把徐福提到更高历史地位的趋势。当然，更多的有关徐福研究的文字仍出自民间，非专业学者之手，也毋庸讳言。但这些论文或著作的学术价值，却不容小视。这些信息使大陆的学界与非学界都受到很大的鼓舞。

另外，据彭双松的《徐福研究》等书披露，自20世纪直到21世纪，越来越多的日本及外国学者对日本民族的起源问题表示关注。荷兰、法国、美国和日本本国的学者对"爱奴"说——少数的长州人（贵族型）与多数的萨摩人（平民型）的研究（前者被认为即是常见的中国汉人，后者则让人联想到岛国的马来人）；对绳纹人、弥生人（即从徐福东渡，日本进入了文明时期的弥生时代后形成的日本人，又被称作"固有日本人"）的研究，都各持己见，间有争论。尤其如前文提及，在国际掀起一股寻根热后，关于人种及民族起源的讨论更见热烈，这势必会集中到日本人的起源与变异等问题上来。而从数量甚多的各类文章都无法回避地联系到徐福其人，因为他是从秦渡日的"渡来人"中时间较早、影响最大、名声也最响的人。那些饱含极具分量的言论的著作通过不同渠道先后传至大陆时，国内学界及稍知徐福事略者，因闻所闻，竟无不为之大吃一惊。

除此而外，日本人民，尤其是徐福遗迹较集中的如佐贺县、和歌山县等地区的人民，对这位伟大先祖的怀念、祭祀的热烈与虔诚，也是新从海外传来的一大信息。中国社会科学院日本研究所的田桓同志在日本东京大学进修时，被和歌山县新宫市邀请去参观。他说，那里的老百姓对徐福感情很深，对中国人的感情很强烈，他们确信与中国有两千二百多年的渊源。除新宫市外，佐贺的伊万里市、福冈的八女市、鹿儿岛的串木野市以及宫山口、三重、名谷屋、爱知、骏河、富士山麓……这一片广国土地上的许多日本人都以徐福曾登陆或进驻过该地而感到莫大的光荣，两千二百余年的悠久岁月也不曾冲淡他们对这位先祖的崇敬之心。一提到徐福，他们都有说不尽的话题。尤其和歌山县和佐贺县两地，祭祀徐福仪式的隆重完全是对先秦时代盛行的崇神祭祖活动的一脉相承。据彭双松氏披露，徐福在日登陆地之一的新宫市，每年举行"徐福祭"时，各地前来祭祀的人，盛装穿戴，冠盖相望，人山人海；入夜，纪念徐福的新宫"灯火祭"，天上焰火，地下水灯……灯火与艳服辉映，观者更如潮如涌。其实，这种祭祀活动早已成为吸引全日本至世界各地旅游者的民间庆典活动了。日本以上地区人民对这位伟大先祖的怀念与祭祀，历千余年而不变，其热烈、隆重与虔诚，令所有目睹者都为之感动。

中日两国建交以来，注目中国的人增多，徐福其人其事及其在日本的传说，也受到更为普遍的关注。目前已知，佐贺、新宫、神奈川、东京等许多城市都成立了徐福研究会，不少人以徐福后裔自居，且以此为莫大的荣耀。徐福已成为中日友好源远流长的象征，从事徐福研究的人也越来越多，其中不乏名学者。研究论文、专著随之增多，质量越发提高，影响也益发增大。加上先前的众多研究成果，其数量之众，超出国人的想象。在此形势下，1991 年 5 月 13 日，全国性的"日本徐福会"在东京宣告成立。该会会长、日本艺术家协会副理事长的岩谷大四说："该会的成立对促进日本国内及与海外徐福研究的交流，对更全面、更深刻地认识日本文化史、日中文化交流史等，都具有十分重要的意义。"

笔者在与台湾著名的徐福研究专家彭双松的数次交谈中获悉，直至今日，日本普通百姓对徐福其人其事的态度，多有肯定而具热情的：感到足以表明他们是徐福与渡来人后人的各类古文地方志的记载，以及各种可见的极似之迹太多了，尤其是徐福遗迹较集中的一些地方，如佐贺、和歌山等县的人。当然，对上述观点持怀疑或反对者（如岩井大慧等认为秦灭六国时，燕齐遗民确有渡海至日本避难者，但其中不包括徐福和他所率领的童男女），竟或根本不知徐福为何人者，也是有的。这与中国在这方面的情形相似。所不同的是，在日本，有部分人故意缩小徐福在日本的影响；在中国，这种情况却是不存在的。

中国香港、台湾介乎日本与中国大陆之间，因对中日历史的熟悉，对堪足振奋中华民族自信的徐福其人其事的尊崇，其研究自也都有很大的热情，尤其前文提到的香港著名学者卫挺生教授。他的一厚册《徐福入日本建国考》如雷鸣电闪、狂飙飓风，为港台读者喜闻乐道，日本朝野为之震撼。于是，乃有起而和者，也有起而攻者，攻之者又以日本为甚。这一切讯息虽已过去多年，但一经传至大陆，闻者至今犹感新鲜、动人。当日，日本不少人出于种种背景和原因，攻击卫氏的言辞甚为激烈。如名史家藤间生大等撰写长文伐卫，卫氏起而反击。他根据多年积得的考证、资料，以学者风范，与日本学界，尤其是一部分囿于民族感情、护持日本神格化政治，以及一些具有传统的日本国粹观点的学者们，从学术角度展开了一场激烈的笔战。如前所述，由于上有出自皇族的天皇之弟三笠宫所持的公正态度，下有以新宫徐福会会长仲田玄等发表著作所做论证的支持，卫挺生的立论并未因日本的一些学者（包括中国台湾的一些学者）的激烈攻击而疲败。以后，代表着两种意见的双方，虽然暂时偃旗息战，但观点未能统一。这就为日后这一争论的旧事重提，设下了一个随时可再挥戈上陈的伏笔。果然，到了 20 世纪 60 年代初，中国台湾学者梁嘉彬教授在台湾出版了《琉球及东南诸海岛与中国》一书，对卫氏著作再度提出质疑；70 年代初期和后期，香港的林建同氏发表《徐福》和《徐福史迹考察记》等等，则支持卫挺生的"徐福即神武天皇"的论点。由于林氏曾偕同香港徐福会一行数次访日，采用了与卫氏不同的"国民外交"手段。他的徐福研究、他的日本之行，竟得到许多日本人的欢迎。作为林氏好友的卫氏，对此深表佩服与羡慕。东京的历史教授仓田三郎因林氏著作而公开表示，日本开国史非重写不可。这一评价，实可看作是林氏学术活动的一项很大的收获。

20 世纪 80 年代初，中国台湾非学界出身的彭双松氏，为补卫氏著作仅对古籍进行考证与辨析而未及其余的欠缺，曾前后八次，行程数千里，专程自费到日本做田野、山峦与海滨的徐福在日遗迹实地考察，共得徐福在日各地遗迹 56 处、古书记载 46 项、传说 32 件，以及徐福在日各地史迹的彩照数百帧。徐福在日遗迹与传说分布地域极其广阔，时间延续两千余年这一事实，连众多的日本人都大吃一惊。笔者以为，种种说法固然可能采自中国史籍，但"经由东渡的徐福一行所言所行而流传至今"的情形，也不能全然排斥。彭氏据此写成 30 余万言的《徐福研究》，进一步论定了"徐福即神武天皇"。彭氏以非历史专业学人，潜心研读有关典籍十余年，在日实地考察行程数千公里，其精神之可敬可嘉，其研究成果之独特出众，至今尚无可与比肩者。

彭氏著作的问世又引起海外，尤其是中国港台及日本方面新一轮的笔战。岳骞在台湾《中华日报》以《徐福与日本》为题连撰数文，对彭氏的论点进行批驳。彭氏以《徐福的行踪》为题，也连续在该报发表文章，与之论战。徐福研究的影响，由于新闻媒介的传播，又一次跨出学界，推向社会，引起更多人的关注。据笔者对彭双松氏所做的数次采访式的长谈得知，在海外，尤其日本，这一论战的影响已经延伸到社会各层。日本的若干黑社会组织，如山口组等对同情或支持彭氏观点的日本人进行谩骂乃至恫吓，没想到，却因此使徐福其人其事的影响更深入到一般民众之中。

20世纪70年代，香港徐福会成立。由于大陆对徐福研究起步很迟，该会的成立在海外的华人世界就显得特别有意义。该会成立以来，如前所述，与徐福的"第二故里"日本进行了多次的民间与学术交往，涉及面广泛，交往人数众多，赴日访问者动辄数十人，在日本、中国香港两地并及东南亚各国的华人世界产生了较大影响。该会理事长林建同，以与张大千有深交的名书画家的身份，兼撰数种研究徐福的专著，不但在中国港台地区，甚至在日本也很具影响力。值得一提的是，由于林建同重视与日本徐福研究团体的交往，彼此增进了了解，在许多问题上达成了共识，所以，其著作尽管与卫挺生持同一观点，日本方面却未见提出多大的反对意见，倒是理解、友善、同情以及支持的居多，甚至连极具分量的溢美之词都有出诸日方学者之口的。如前文已提及的东京的仓田三郎教授会晤林氏之后，便公开宣称"日本的开国史非重写不可"等语。林氏所取得的成功，使当时尚健在的卫挺生教授不胜欣慰，并为此致专函祝贺，一时传为美谈。徐福研究通过"国民外交"扩大影响的做法，使众多徐福研究者及崇拜者大受鼓舞。这虽然与徐福在中日交往史上所居的特殊地位有关，但终究可算得上是学术史上的一段佳话。

台湾的"中华学术院国际华学会议秘书处"对徐福研究十分重

下编 论祖

视，为彭双松等的研究成果无私地提供发表阵地，同时组织发表了台湾著名学者杨家骆等多人支持徐福研究的文章、专著，对促进徐福研究这一事业的发展起了很大的推动作用。

港台等地非学界的海外华人也是如此，他们对这位引以为荣的伟大先人表现出了极大的崇敬与怀念之心，每逢有关徐福事略的报告会，都争相聆听；每道及徐福其人其事，辄谓徐福乃整个中华民族的骄傲、东亚和世界历史的光荣……

随着改革开放政策的实行，纷纷扬扬传来的这些信息对中国大陆学者与有关专家直至百姓，不啻是一股力度极强的冲击波。再加上徐福故里被发现的鼓舞，形势更是为之一变。围绕徐福其人其事已久的冷寂之气渐见消散，徐福终于又被人们郑重其事地提起。徐福其人其事第一次在这样大的范围，以这样隆重的形式被重新估量，有关徐福的每一项事略都堂堂皇皇地被列为专题进行探索。徐福研究作为一项受人重视的学术活动，在中国大陆迅速起步了。徐福其人在各高等学府、各学术部门登堂入室，在《人民日报》《光明日本》《文汇报》等国内外都有影响力的纸媒上赫然露面，被奉为中国第一位航海家、探险家、东渡的第一位国家级使者、一代海上伟人、民族英雄……各地的徐福研究会、徐福研究室等相继成立。由于学者专家们的积极介入、政府各部门的重视与支持、各种考察活动和地下遗存的挖掘等，一时间，寻根究底，溯流穷源，同时并进。研究课题的涉及也极广泛，秦汉史、中日关系史、移民史、民族史，以及经济、地理、农业、科技、航海、造船……直到诸学科的综合研究。中国大陆的徐福研究起步虽晚，但因得天时、地利、人和之先，步子迈得相当大。且由于各方的协同努力，不长时间便取得了一系列引人瞩目的成果。徐福研究逐渐升温，省级的、国家级的研讨会层出不穷，会上、会后的各种论文与著作续有问世，研究水平不断提高，突破性的进展迭有出现。于是，徐福东渡这一千古谜团在大陆终于渐渐解开，阻碍徐福从朦胧世界返回现实的迷雾，也一层一层地被逐渐消除……

四、跨海东渡的前前后后

（一）东渡的时代背景

1. 战乱与人口迁徙

纵观中国历史，每当社会发生巨大变化时，随之往往会发生人口的迁徙。所谓巨大变化，主要指天灾、人祸。前者，每每使大批人口因求生谋食而远走他乡；后者的影响尤其峻烈。从春秋时期直到秦灭六国前，是中国历史上战乱最为频繁激烈的时期。春秋时期的170多个国家为了各自的利益无休止地相互虐杀，正可谓"春秋无义战"。

经过200余年数百场大大小小的不义之战，160余国先后被灭亡、被吞并，到战国初期，剩下10余国，其中又以齐、楚、秦、燕、韩、赵、魏较为强大，号称"七雄"，仍持续进行厮杀，以致整整一个历史时期被名之为"战国"，并且，战争规模随着国家规模的增大而变大。"争城以战，杀人盈城；争地以战，杀人盈野"（《孟子》）便是对彼时战争的写照。一次战争的伤亡人数，少则几万、十几万，多则几十万。如公元前260年的秦赵长平之战，秦将白起一次就活埋赵国俘虏40万！

在秦灭六国之前的250年中，战争旷日持久。腥风血雨，生灵涂炭，田园荒芜，民不聊生。百姓为避战祸和苦役，大量逃入深山老林，三五成群、小批小股逃往异邦海外的，也断续有之。这些远离本土者绝大部分是劳动人民，其中也不乏被灭国的王公贵胄、武士等遗族。

六国被灭之后，全国虽统一，但秦为维持其中央集权的一统帝国，法峻刑严，同样令人难以承受。动乱表面上虽稍平缓，实则潜伏益深，因此，此种人员的外移并未终止。其中东渡逃逸的多往日本。吴杰在《关于徐福东渡日本的若干问题》中指出："日本是中国古代沿海各地人民东移的终点。春秋时代吴国灭亡（公元前473年）前后，有吴地的贵族和人民循着渔民摸索出来的航线，随海流到日本。到战国时期越国灭亡（公元前306年）时，又有越地的贵族和人民追循着吴移民的路线航行到日本。"可以说，徐福东渡实乃中国古已有之的向日本移民的一种延续。这种移民并非始于徐福，也不以徐福的东渡为终止。

东移的路线大多数是经朝鲜而至日本。"中国与日本，仅隔一水，春秋战国之乱，相与避难于东瀛者，代代有之，如（商朝灭亡时，纣王之叔）箕子的（东移而被）封于朝鲜，卫满之渡浿水，汉武之建列郡，史书之中，屡见不鲜……卒以日本海之左旋回流，漂至日本山阴地方。"（见《日本民族之形成》）据日本最早的古书记载，从对马岛渡日，横越朝鲜海峡的一条往返航路，是中国文化东传日本的一条重要海路。《读史方舆纪要》也说："釜山滨海，与日本对马岛相望，扬帆半日可至。"可见，早期东渡的中国移民经过朝鲜半岛的釜山，过对马岛、冲之岛、大岛船行至日本，是没有多大困难的。

2. 驺衍"大九州说"——哲学思想的先导之力

先秦时代，各诸侯国为实现霸业，变法图强，招贤纳士。诸子百家著书立说，游说诸侯，更激发了学术思想的繁荣。如齐之"稷下学宫"，远道而来的各国不同学派的学者、名流多达千余人，讲学著述，百家争鸣，学术鼎盛，人才辈出。这种学术风气正符合当时氤氲于滨海的齐国的那种开放的，以及追求精神自由的思想。这一点，我国近代启蒙思想先驱梁启超说得分明："齐，海国也。上古时代我中华民族之有海思想者阙，唯齐。"此一"海思想"，即含着不受当时"中国乃世界之中心"的保守学说约束、放眼海外的自由思想。这一思想又为后来者们向深广处生发宏大，如驺衍，身为滨海的齐国人，因得滨海之地利，思想开放尤甚，生发得也更具特色，并因此创立了海外大九州说。司马迁在《孟子·荀卿列传》中称驺衍："乃深观阴阳消息而作怪迂之变，《终始》《大圣》之篇十余万言……所谓中国者，于天下乃八十一分居其一分耳。中国名曰赤县神州。赤县神州内，自有九州……中国外如赤县神州者九，乃有大瀛海环其外，天地之际焉。"较其前辈，海阔天空，语更闳大，思想也开放，已卓然具有瞩目海外的思想了。梁启超在《中国学术思想变迁之大势》中盛赞其"思想伟大，推论渊微……非受海国感化者，孰能与于斯"。他对驺衍学说的影响，做了如下结论，并语及本书主人公徐福："驺子既殁，而稷下先生数百辈犹演其风，及秦汉时，遂有渡海求蓬莱之事。徐福开化日本，皆驺子之徒导之也。"

饮冰室主的这个"导"字，正表明了哲学思想对一些历史事件、历史人物具有的先导之力。这些驺衍学说的崇尚者们，与其先辈们所处年代虽有先后，但对他们的思想却是一以贯之地予以发扬，而不曾离其宗。

综上所述，从早期启发齐景公作"海上六月游"的那批学习修道成仙之术的宋毋忌、正伯侨、充尚、羡门高诸人；稷下黄老学派的无数门徒；直到追随他们的海上方士们，并及信仰这一学说的所有追随者们的鼓吹和宣传，正是为徐福的寻求海上"世外桃源"的大规模东渡之行，做了一种"来吾导夫先路"的思想上的准备。

3. 海上之行已非天堑险途——技术方面的准备

司马迁记载的徐福出海船队装载有男女三千人众："秦皇帝大悦，遣振男女三千人，资之五谷种种百工而行。"如书所载，三千人外，再加上"百工"：船工、船上管理人员、方士、卫士，并弩射手等，连同途中食、饮、用及到达目的地后需用的一应物资……船队的规模是十分庞大的。装载这些辎重的船只必定是大型的，具有相当载重量的。率领如此庞大船队所需具备的航海技术、导航技术，也都必须具备相当的水平。秦国虽然来自西陲内陆，但当时的"海上三强"（齐、吴、越）或推而广之，自春秋战国以来所发展起来的造船、航海技术，及原来海上诸强国的海上精英，由于秦始皇统一六国，而得以集于秦的统一帝国之内。所以，就造船术和航海术与航海能力而言，都可说是进入中国有史以来最为强大的一个时代。

当然，徐福时代所达到的这一水平来之不易，是造船与航海技术长期发展的结果。科学技术的继承性是很强的，中国古代的造船术和航行能力很早就表现出来了。据《史记·周本纪》载，公元前11世纪周武王灭商，有十万大军过黄河。《诗经》就描述过周大军渡河的场面："江汉浮浮，武夫滔滔。"气势何等壮阔！说明黄河、汉水和长江上，早已有了很具规模的航运。其造船水平，则从《尔雅·释水》中可以看出："天子造舟，诸侯维舟，大夫方舟，士特舟，庶人乘桴。"这段《释水》之辞是当时周天子居于一尊时，社会等级制分明而森严的写照。这段记述还以高度简练的文字向我们描述了一幅我国自有桴以来到周天子时代的造船发展史，即从木排到士乘的单船体"特舟"：大夫乘的，用两条船并成的"方舟"（或已可称今日双体船的雏形了）；诸侯乘的，用四条船构成的"维舟"；终至天子级的高船体的"造舟"。

至春秋时代，北方的齐国、东南的吴国和越国，号称"海上三强"，各自建立了具有相当规模的水军。其造船水平自然在西周之上。据记载，中国历史上的第一场水战发生在公元前549年，《左传》载："楚子以舟师伐吴。"而真正在海上征战，称得上"海军"阵容的历史，则应从公元前485年算起。那一年，吴齐二国在齐国海域进行过一次名副其实的海战。据司马迁的《史记》记载，吴王派徐承帅舟师从（今）东海到（今）黄海攻齐，却以败绩告终，遂使后起的滨海的齐国得"海王之国"的称号。后三年（公元前482年），越王勾践又以两千舟师，沿淮水伐吴。越王勾践二十五年（公元前472年），为争霸关东，越国以"死士八千人，戈船三百艘"，从会稽远征齐之琅琊，并最后迁都该地，海行全程一千八百余里，其航行能力可见一斑。越人生性轻浮而有灵气，他们设计的船也带有越地特色。戈船便是一种攻守自如，轻捷而灵活的战船。随着海战水平的升级，造船水平自然随之提高。当时，吴国造的"大翼船"，长10丈，宽1.52丈，可载90多人，就单只船来说，规模已不可谓其小了。各式的"海之骄子"响应时代的需要渐次出现，越臻完善的造船术也响应时代的需要向前发展。

事实上，秦国虽偏处西陲，但假江河之便，也已具有战船及水军的编制。《华阳国志·蜀志》载："司马错率巴蜀众十万，大舶船万艘，米六百万斛，浮江伐楚。"统一六国后，秦又集中全国最先进的造船技术，征用全国最优秀的造船工匠，制造楼船。秦国的海上航行水平自然可以得到更迅速的提高。据《汉书·严安传》载，秦始皇"使尉屠睢将楼船之士以攻越"，表明他已拥有俨然可与昔日"海上三强"匹敌的水军。

至徐福出现在历史舞台上那个时代，秦国的造船技术已相当发达了。在徐福故里赣榆县古纪鄣城北乡大王坊村发现的，据称与当年徐福造船作坊相关的地下木料场遗迹，和在当地发现的一些与造船相关的古地名，从另一角度证明了秦时的造船技术与能力。

位于徐福村东北不远的大王坊村出土了大批古代造船用的上好木材，其中以柞木为主，包括本槐、桑木等，深埋地下海沙层中数米许，几遍布于全村地下，堆成一层至八层不等。木材明显有人工斧锯加工的痕迹，其数量之多、规模之大，全然不似民用或私人作坊主所能拥有。据传，这里是当日皇家造船作坊的木材堆放地。笔者曾两度去王坊村做实地考察，很多地方只要挖深数米，即可见木。考王坊村并无王姓居者，则王坊并非因王姓得名，更有可能是由皇（王）家作坊而得名。据赣榆县的徐福研究者高立保等介绍，与这批木料同时出土的土质陶罐等地下遗物，经考古工作者鉴定，判为秦代遗物。王坊村前岭上有汉墓、汉图纹砖和汉画像石刻等，都说明了王坊村存在的年代。此外，从该地一些古地名，如木套、木头沟、司坞等，据认为，皆系古代的造船作业区，也如前述，都明显与徐福东渡前的造船一事相关联。因此，初步认定这是秦代的造船作坊遗址，当不会被当作凿空之语。

徐福故里、徐福出海前的皇家造船作坊、巨大的木料堆栈……这简直是一处研究秦代造船业和研究徐福其人的"金三角"地带，具有非常高的挖掘与进行进一步研究的价值。笔者期待着在有关部门资助下展开的这一地下挖掘工作将会出现令人振奋的新发现。

此前，在广州也发现了一处遗存清晰的秦统一岭南时用以造船的作坊遗址。据有关专家考证，该遗址的船台可以建造宽 6 至 8 米、长 30 米的木船。这表明秦代确已具备制造楼船等较大船只的水平了。

4. 海上精英荟萃一国——人才方面的准备

欲作惊天动地之事，须先有能惊天动地之人。整个春秋战国时期，百家峰起，人才辈出，政治、军事、学术固不待言：一部《春秋》，多少瓜分天下的王公诸侯；一部《国策》，几多纵横捭阖的游说之士。多国争雄，给有志者提供了施展抱负的广阔天地，燕齐东端的大海也从一个崭新的角度，向不甘寂寞而又长于此道者们，发出了那一时代的最强音，召唤着大海的骄子们驶向那世外桃源的彼岸，去实现人生更高的追求……到秦统一六国，各路英雄得以交会，仿佛有意识地为行将到来的徐福东渡，聚集起一批海上精英。

公元前 468 年，即越灭吴后的第五年，越国以海上霸主的雄姿大举迁都琅琊，将江南的船舶设计、制造、驾船等方面的能人也一起带到徐福故乡。这些人，加上"海上王国"齐国原有的造船工、驾船工、舟师等，全国的海上精英可说已全部荟萃于斯了。又经过两百余年的发展，到秦统一后，该地造船、驾驶、航务方面的专业人才更臻成熟、老到，这无疑为徐福的东渡，在人员上做了最佳的组合和准备。

秦统一六国后，随着港口，如琅琊、黄、腄、碣石、番禺、会稽的开发，从南到北都出现了一批敢冒风险的海上商贾。这些商贾都是些身手不凡的人物。如秦始皇进军岭南时，一批不畏旅途艰险的商贾随军南下，在秦始皇从海上运回"明月之珠、犀象之器"的活动中，是有过一番作为的。在北方，拥有渔盐之利的燕齐两国沿海，也出现了一批长于航海贸易的商人。如《史记·货殖列传》中记载的一个叫"刀闲"的大海商，便是秦汉之际闻名海上的人物。他不但与商人结伙，还结交拉拢了一批敢撕敢咬、胆大妄为，同时又颇具小聪明、善于钻营的无业游民。这是一批下交守相、上通王侯的海商势力。当时，次于刀闲的小股海帮更是难以胜计，他们都活跃于滨海各港口。这类大小海商势力及其追随者们，因极具海上之行的胆略与经验，对欲泛海做东渡探险的徐福来说，也是一批不可多得的基础力量。

不计渔盐之利，却更重视精神追求的"海上方士"的出现，无疑为汇集诸色海上力量，提供了组织者和领导人物。方士，是当时经济和文化发展到一定程度后的特殊产儿，其学自成一家，同时也博采儒、墨、兵、医各家之长，懂得天文、地理、医药、养生、植物、矿物等方面的知识。其中，司马迁所称的燕齐一带的"海上方士"较之那些除了装神弄鬼、奉迎没落贵族外，别无更多技能的内陆方士，又更高出一筹。滨海的齐国，在春秋战国时期，是一个政治较宽容、学术空气较活跃的地方。各国学有专长或思想脱颖出众的学者都乐于到"稷下学宫"的所在地，一展他们的才华，这极大地促进了齐国的学术、科技的发展。在此良好的环境下，齐国也涌现了一批科学技术方面的杰出人才，如对当时航海事业至关重要的天文学家甘德等人。虽然磁石式的司南在战国时已被发明，但在波涛汹涌的大海上用于航行，就操作说来，还是意义不大的。因此，在水浮磁铁诞生前，海上航行的走向与导航只能以观察日月星辰为主。齐人甘德与魏国的石申，精密记录黄道附近恒星位置及其与北极距离的图表是世界上最古的恒星表。相传，由甘德所测定的恒星有118座、511个，所著《天文星占》8卷，今虽已佚散，但从《史记》《汉书》等引用的古代天文占星文献中，仍能窥其在当时世界天文学上所占崇高地位。因此，说具有如此高的天文学水平的齐国人，又是常有海上之行磨炼的徐福一行具有相当高的观察天象、识别星宿的本领，当是不会令人感到意外的。"海上方士"及其代表人物遂在齐国及齐国以外，名噪一时。

总之，荟萃于一国的海上精英成了当时成就航海史上一件伟大事业的最强有力的人才之源，而徐福则是众多精英中的出类拔萃者。行文惜墨如金的司马迁，在《史记》中竟一而再再而三有五处之多地提到"海上方士"并其代表人物徐福，足见他们当日在人们口碑中的影响是何等之大了。实际上，秦始皇采纳东渡建议时的徐福，已纯然是一个无论在才学、胆识，还是魄力上，都颇具王者气度的人物了。他所缺少的只是一块可供其驰骋的自由乐土罢了。有这样一批海上精英，有这样一位领袖人物，又怎会把区区大海视为天堑险途？

5. 国库有"费以巨万计"的拥资——经济方面的准备

尽管有了上述较先进的科学技术支持和海上活动能力卓越的人物，如果没有相应的经济实力，"费以巨万计"的大规模渡海活动仍只能作纸上谈。

　　复旦大学历史系教授吴杰在一篇论文中曾据《史记》的记叙，对徐福船队的规模做过如下估计："从装载的人员和实物来估计，假定所载童男女有 3000 人，每船分载 100 人，就要有 30 条船。而每船必须配备船工 50 人，为防大鱼侵扰的射鲛军役 10 人，'百工' 10 人，方士及管理人员 5 人，一共就有 5250 人；再加上航行中所需的粮食、谷种，各种原料、饮用水及其他工具、杂物，装载的东西也不会少。即使男女 3000 人有些夸张，或者就缩小一半吧，船队的规模也不会太小。"也只有这样庞大的船队才能与《史记》所载的"费以巨万计"的巨额开支相称。试想，如果仅有蕞尔小邦的经济实力，哪办得成此等伟大的事业？

　　事实上，自春秋战国以来，想在海上一展雄才大略的国君，秦始皇并非第一人。早在他之前近三百年，曾游于海上长达六月不归的齐景公，便已对大海表示过巨大的热情，但他也只能像今日拥有私人豪华游艇的西欧君主们那样，乘着自备的"维舟"流连海上，漂游半载，过过"海王"之瘾而已。稍后点的威、宣、燕昭都曾遣人去海上寻觅理想中的仙境圣地，均无结果，且人员、船只的规模根本无法与徐福船队相比。究其原因，固然可能缺乏如徐福这样大勇大智的人物，但也与以诸侯之国的经济实力无力组织拥有如此众多人员、物资的庞大船队进行一而再再而三的海上操练，直至扬帆出海，有着很大的关系。

　　作为拥有宏大抱负的秦始皇，必是考虑到国库的充实、经济力的积聚这一点。事实上，他也的确进行了此种财力上的积贮。

　　"取有余以补不足，法至善也。"当时，秦既已统一六国，此类"至善之法"自行之无阻。商鞅变法时，秦国曾以积贮丰足，倾邻国而雄诸侯。至秦始皇兼并六国，内兴功作，外攘夷狄，所积更巨，仓廪之多，遍于全国。这就使徐福出海的所需能得以满足了。

219

综上所述，促成徐福东渡的诸如思想先导、科技造船术的发展、人才的准备等因素固然重要，但尤其重要的还是秦王朝的大量积聚，及其国力的加强，即"仓廪充积，赋入盈羡"。此时，王朝具备了可提供如此庞大开支的充足的经济实力。于是，在经过一段漫长的准备之后，终于氤氲成一种向海外发展之势，从而成就了中国古代史上规模巨大的这一次探险之行。

（二）促成东渡的个人因素——从秦始皇说到徐福

历史事件的发生、历史的发展，固然受到时代的制约，但个人作用也绝不容低估。套用一句曾经时髦过的行话："有时代论"，而"不唯时代论"。

以徐福东渡这一历史事件看，秦始皇和徐福都生活在春秋战国250余年浩劫后的华夏大地。历史如果循着某些"唯时代因素论"者的目光导引而向前发展的话，将势必会是这样一幅图景：秦始皇"体恤"久经战乱之苦的众生，给他们一个喘息的机会，一如上文述所，让他们"休养生息"，发展生产，以稳定初建的国家……但这一回，却偏偏遇上了好大喜功、迷恋冒险的秦始皇，和追求自由、一心向往世外桃源、志在弘扬中华文化的徐福。于是，历史就突破了这一常被视为"历史试题标准答案"的模式，终于演出了兴师动众、耗费巨资，但影响却非常之深远的"徐福东渡"的壮举。此次壮举的影响竟一直延续到2200年后的今日。有鉴于此，本书拟就秦始皇、徐福二人促成此次东渡的个人因素，做一专章讨论。

首先，秦始皇和徐福都是政治家，且秦始皇更是一个专好"一意孤行"的极具个性的政治家。

秦始皇一手剿灭六国，成为完成中国统一大业的"千古一帝"，政治家也，自不待言。徐福，名为方士，但其医卜神仙事略只字未见诸任何史书（后世敷衍的不计），而为皇帝所孜孜以求的渡海事

穿越时空话扶桑，一眼两千年
兼说徐福及其时代文明的东传

业奔波统筹、身体力行的诸事却数见于诸如《史记》《汉书》等多部典籍。直至最后亲受皇帝派遣，作为国家级的使者率众扬帆东渡……毋庸赘言，也一政治家也。

为"家"，而冠之以"政治"二字，说明他们每做一事的动因绝不可能是直白简单，让人一窥即明的。且先从此事的发号施令者秦始皇的若干个性说起吧！

1. 好为惊天动地的大动作，始皇帝有功垂万世的高远追求

国之方建，便北击匈奴，筑长城以隔绝大漠；南攻百越，遣众五十万，以戍南岭……秦始皇注目东海之外，原在情理之中。从家族渊源看，尽管秦之历代君王从未间断过对海外"理想国界"的憧憬，但真正将这一憧憬化作行动的，却只有秦始皇。他本人也自认好大喜功，"寡人以眇眇之身……赖宗庙之灵，六王咸伏其辜，天下大定"，又曾由李斯之口代云："昔者五帝地方千里，其外侯服、夷服，诸侯或朝或否，天子不能制。今陛下……平定天下，海内为郡县……自古以来未尝有，五帝所不及。"如此人物，岂肯在国家统一、财力雄厚、号令已出之际，搞什么休养生息，而不一鼓作气，乘胜推进，以求梦寐不忘的海外伟业？

2. "欲威海外"——有成为一代海陆大帝的雄心

《韩非子·十过》记载：秦穆公问由余："圣者国界若何？"由余对曰："臣闻昔者尧有天下，饭于土簋，饮于土铏。其地南至交趾，北至幽都，东西至日月所出入者，莫不实服。秦之早期，自穆公，经康、共、桓、景、哀……直至武、昭孝文，传至始皇，共十九位君王，理想国界皆向往日出之地，未曾稍变。"《琅琊刻石》对秦始皇的颂词中有云："六合之内。皇帝之土，西涉流沙，南尽北户，东有东海，北过大夏，人迹所至，无不臣者。"俨然，确有大帝雄风。

且看"东有东海"四字。笔者认为，便是出于对他那么多先

王的"前欲之望"而言的。据孙光圻的《中国古代航海史》，春秋战国时期与海、河有交通的列国，尤其是吴、越、齐等都已是具有相当规模，乃至庞大的舰队的海上强国。在它们之间，为攻占对方或保护本国，时常发生激烈的海战，且这类海上军事航行与海战已成为当时中国海上活动的重要特征之一。"海道出师已作俑于春秋时……春秋之季，唯三国（即齐吴越三国——笔者按）边于海，而用其兵相战伐，率用舟师蹈不测之险，攻人不备，入人要害，前此三代未尝有也。"为了与邻近的宿敌吴国争夺制海之权，越国建立了很强大的水师，"有楼船之卒三千人。"《史记·越世家》中说，勾践有"习流二千"。所谓"习流"，即习水战之兵，也即水师。越国迁都琅琊时，有"死士八千人，戈船三百艘"，水军之多，船舰之众，即近代舰队也不过如此，其海军军力可见一斑。勾践迁都琅琊，居南北海域中间，实际上已经取得了制海之权后，竟以不久前尚是偏处一隅的诸侯，号令秦、齐诸强来琅琊会盟，俨然以霸主自视，何等威风。

岂特中国，又岂特越之一代？公元前 31 年，发生在希腊海岸的埃克兴海战，仅一举，便决定了一个帝国的归属。中世纪的勒盘陶海战，奥地利大公约翰率天主教廷、西班牙，及威尼斯之联合舰队取得制海权之后，称雄欧亚的土耳其人的帝国遂告衰落。19 世纪"虎门之战"的一声炮响，为大清帝国敲响了走向灭亡的丧钟。远在一万八千余公里之外的弹丸之国竟能使得占尽地理之利的一个老牌帝国屈膝请降，靠的不就是几艘横行海上的战舰？制海权，对于一个想将皇位传诸万世的秦帝国来说，不可能放在二三等的地位上加以对待。对一心一意向往着以"东至扶木"做其东部疆界的海陆王朝，对负有建立万世一系，并将国威扩展至大海之外的大秦帝国的君王来说，更尤其不可或缺。此说并非作者臆测，有《汉书·严安传》为证："及至秦王……一海内之政……意广心逸，

222

欲威海外……使尉屠睢将楼船之士攻越，使监禄凿渠运粮，深入越地……"

秦始皇遣徐福出海之后的九年，也即秦始皇三十七年（公元前210年）"东游之会稽"时，又曾"徙天下有罪谪吏民置海南故大越处，以备东海外越。"（《越绝书·记地传》）外越，指东海之外，勾践所统辖过的海外越地。《越绝书·记地传》中又有"秦始皇并楚，百越叛去"一语，即指此百越叛往之处。此等具有海上作战传统与实力，居于隔海的"外越"的叛军，岂可不防？春秋战国时期，各个据有领海的诸侯国尚且都有强大的水师战船，到秦统一六国，广大的领海更是连成一片，即使承接前朝所遗，水师、战船也具相当规模；再加秦始皇在此基础之上，实际又已设立起海上关防，备拒这些居于外海的前朝叛军，并如上述，又深入越地，则秦朝当日的海上力量是决不会弱于前朝的。所以，秦始皇一心希冀伸展对大海控制的"理想国界""欲威海外"，绝非仅是他大放厥词的一种豪言。

3. 不畏天堑大壑，有乐于也敢于冒险的天性

长江、黄河尚且被北人视为天堑，茫无际涯的大海更是一块令人望而生畏的地方了。并非滨海而生的"弄涛者"却不唯不畏，偏还对之钟情有甚，兴趣浓烈，数度光顾，实在令人有意外之感。纵观秦始皇一生之个人意趣，尚无留恋小桥流水的记载，则他的濒临大海，显然就不只为观景抒情，其意之所在极明显，不但欲强化控制海疆，瞩目更其深远："意广心逸""周览东极"，定若将那日出之处列入乃祖所嘱的"圣者国界"。有此念在心，虽浩瀚无边，波涛汹涌，亦无所惧。若无敢于冒险的天性，岂能若此？故六国一旦统一，他不事稍待，马不停蹄，迅即将久存于心的这一向往提上议事日程——为了万世一系的子子孙孙，冒多大的风险都值得！

具有进取心者，决不会安于已取得的一切。勇于冒险的人只要

瞧见前边有陆、有海、有可资向往的所在，则与其说他冒险，不如说他是忙碌，更合适了。试看秦始皇四临滨海，又数度亲尝水上之行的滋味："浮江下，观籍柯，渡海渚。过丹阳，至钱唐，临浙江，水波恶，乃西百二十里从狭中渡；上会稽，登大禹，望于南海"，亲自物色作海上行的人选，商讨海事，拨给巨款，送行出海……直至死前，他仍念念不忘这一追求。这位千古一帝在走完其轰轰烈烈的五十年人生的最后一桩壮举，便是躬与东渡其事，随船下海，在波涛汹涌的渤海外，以连弩亲手射杀一巨鱼，亲自为执行他这一派遣任务的使者扫平海路："乃令入海者赍捕巨鱼具，而自以连弩候大鱼出射之。自琅琊北至荣成山，弗见。至之罘，见巨鱼，射杀一鱼，遂并海西。"（《史记·秦始皇本纪》）形象何等英武！以万金之躯临于海，射杀巨鱼，不但表现了秦始皇敢于搏击海浪、巨鱼的冒险精神，那种不至精疲力竭，不止于行，尽力尽瘁，死而后已的精神，也是很能感动后人的。司马迁以如此笔触写来，可说是他对促成这次东渡的秦始皇的一大礼赞，同时，也可说是他对徐福的一大礼赞，因为在燕齐众多海上方士中，徐福是独受赏识、拨擢，并唯一受皇帝亲自护驾出海这一殊荣的。

4. 独断专行，有行必欲求其成的刚愎

一如所有专制国家的帝王，秦始皇为人独断专行，任何谏阻也动摇不了他的刚愎自用：东渡之举虽耗费巨大，倾斜国库，动摇国体，仍一意推行，在所不惜！《史记》诸文中，将单一事件与经济、耗费等连在一起，加以渲染张扬的，以"徐福东渡"为最："徐市等费以巨万计，终不得药，徒奸利相告以闻……以重吾不德也。"即使"挥霍无度"的秦始皇，对这笔开销也已明显感到痛惜，以至在群臣之前，龙颜不悦，大动肝火。

以若此巨大的国库开支，料想当日不会绝无谏阻者，但如前述，当徐福一别九载从海上归来，且两手空空，并不曾携得什么可

见的"仙""药""神异物"来见帝王时，却又立即拨给比这更大的一笔巨款，使徐福得以组建起一支有数千人参与其事的庞大船队。且如上述，为助其威，并躬自下海，为之送行……倘无专断强悍的个性，世间有哪个皇帝敢如此冒天下之大不韪？

以上讲的是秦始皇的个人因素。若促成东渡其事的个人因素在秦始皇身上尚有上述诸端可资说三道四的言辞，那么，这一因素在徐福身上，却少有可供察辨的迹象。与个人因素关联的东渡的深层动机，更连些许的端倪都不曾露出来过。这自然与他所处的地位和其藏于心底深处的谋划有关。

翻开先前凡是提起徐福其名的史籍、通俗读物，几乎把东渡其事全都归于徐福个人的方士身份与因此而受遣为秦始皇求"仙"求"药"上。一如前述，这实在是一个有欠全面的大误会。

5. 同向东极飞秋波，相求同声不同气——与始皇所求大相径庭的徐福东渡

促成徐福东渡的个人因素，典籍上虽显之不明，但只要细细察辨，仍不无丝迹可寻。让我们还是从首先记叙徐福其人其事，也是最具权威的《史记》开始吧！

且看《淮南衡山列传》："又使徐福入海求神异物，还为伪辞曰……"；再看《秦始皇本纪》："方士徐市等入海求神药，数岁不得，费多，恐谴，乃诈曰……"这一"伪"一"诈"，内涵是极其丰富的。它曲折却又非常真实地显示了徐福内心世界所深藏的别样企图。这番企图究竟是什么呢？文中不曾进一步道明，甚至连一点婉转的暗示都不曾做过。我们且继续看下面的一段文字："秦始皇大悦。遣振男女三千人，资之五谷种种百工而行。徐福得平原广泽，止王不来。"让我们从上文已经提到的秦始皇批复人员物质等情况的侧面，做一番剖析吧：三千童男童女是一支为数不小的新生劳动力，又是今后人口繁衍、世代相承的基础；百工，更是囊括了

当时大秦帝国各种行业最优秀的生产技术人员；五谷种种，则是发展生产和生活的资料。人员当中的船工、水手和管理人员自是必不可少……一应人、财、物的清单显然都是作为东渡统领的徐福开列的。

综上文所述，若仅为求一二仙人、寻若干神药，则一叶扁舟便可泛海，充其量一支精干的小分队、三五条轻捷坚固的戈船也足够了，来去自如，潇洒得多，也轻便得多。如此众多的人员和物资、如此庞大的船队，轴轳相接，辎重如山，壮则壮也，但在进行长途航行的大海上，却无疑是一个非常沉重的负担。所以，明眼人一看便知，这分明是有计划、有目的的移民海外，建立世外桃源式的新国土做长居久安准备的架势。

但是，以秦始皇的精明和深谙谋略，何以看不出徐福的这一番意图来呢？笔者以为，这就是同行而异思，或同床异梦者们的微妙之处了：谋士有谋士的腹稿，帝王有帝王的考虑。但智者千虑，也有一失。秦始皇高视了徐福作为海上方士拥有学识与才能的一面，却小觑了他同样是一个具有"王者气"、怀有远大追求和开拓精神的政治家的另一面。所以，对徐福的上述要求，几乎是有求必应，放行无阻地将绿灯一直开到他扬帆出海，再出海，直至得平原广泽止王不来。

毫无疑问，二人都有出海的意愿。在秦始皇十多年来不断沿海各地巡游的同时，徐福也一次次地在海上进行着艰苦的操练与试航。秦始皇多次临海踮足而望，徐福则在海上做初探、再探……两人目光所瞩都在那"所在极远"的"东极"之地，配合不可谓不默契，但在内心的谋算上，却又大相径庭，真可谓"同向东极飞秋波，相求同声不同气"。

那么，徐福这一海外建立自由国，别设安居乐业之处的想法，又是怎样产生的呢？作者以为，这与他所在的时代、生活的地域，并他个人的气质与修养密切相关。徐福生长并成为海上方士，是在尊重学术、百家并举、思想相当开放活跃的稷下学宫的领土，一如上文所述，这对造就他那种放眼海外、追求自由和解放的思想，是极为理想的地方。而秦灭六国，一旦统一之后，却立即以法家之道推行严刑峻法的专制政治，如此一个徐福，产生一种与秦的集权统治水火不相容的对立思想，是很自然的事情。但以他所处的地位看，又并无改变此种政治趋势的能力。也许是"知识分子"的软弱性使然，他没有登高振臂、揭竿而起的魄力和气度，却有忍让强者、意欲出走的涵养与谋略。

在滨海的齐人谋求海外发展和统一的秦帝国企图开拓海疆这两大背景下，一个别寻方外、建立自由王国的壮丽设想在徐福脑海中逐渐形成，并最终变成东渡的行动，实在是很自然的事情。

历史典籍是无法改写增删的，至今，徐福的身份也只能以"海上方士"出现在后人的笔下和口中了。但察其一生所为，徐福实在是一个以道家方士为外衣的，具有杰出才能的航海家；从其担负和所完成的使命看，则是一位具有相当成就的政治家。无怪乎不少颇负盛名、卓具识见的历史家和政治家都极力推崇他是中国古代历史上抱负宏远、独具开拓精神的一代伟人了。为清末维新派奠定思想基础的戊戌维新运动的领袖人物之一、清驻日公使馆参赞黄遵宪，在他的《日本国志》中便有赞他"君房（徐福字）方士，习闻其说，故有男女渡海之请，其志固不在小"之语。日本近代史家每有提及徐福其人者，也都承认，无大陆渡来人、无徐福等先人跨海送去先进的文化，也许便无今日进入世界先进行列的日本。

笔者以为，这种说法绝不只是为数不少的日本史家们出于感激的一种浮泛的溢美之词。当代秦史专家马非百先生因此在其《秦集史》中为徐福专门列传，更把他看作一个有计划、有目的移民海外、建立其理想的世外桃源的豪杰："文献上关于徐福东渡事，虽

227

不免有辗转抄袭传闻失实之处，而否定徐福之有力反证，则至今尚未之见。抑徐福之入海，其意初不在求仙，实欲利用始皇求仙之私心，而借其力，而自殖民于海外。观其首则请振男女三千人……人口、粮食、武器及一切生产之物资，无不具备，其'得平原广泽止王不来'，岂非预定之计划耶？可不谓之豪杰哉！"我不禁想到中国近代启蒙思想先驱梁启超在《中国学术思想变迁之大势》中关于徐福乃中国古代史上罕见的、具有开拓意识的"受海国感化者"的评价来，感触尤有云涌之势，竟至由此生发出一首诵之可以上口的小诗：

> 寻仙求药皆虚指，
> 蹈海避秦是根由；
> 拓殖本无须方外，
> 东瀛也自有丹丘。

这或许可以作为徐福东渡个人因素的小结呢！有那样的时代，有那样的人物，就必有泛海东渡那样一桩值得大书特书的伟大事业。

（三）徐福东渡前的行踪，以及与东渡相关的一些地域

秦始皇统一六国，十年间，舟车交错，人马倥偬，五次出巡。出于对大海的青睐有加，他每次均临于海，而其中三至琅琊，每回又都登上琅琊台，面对大海，遥望东极，谋构其久已酝酿于腹内的那个海上方略。徐福便是在他第一次来琅琊时抓住机遇上书，言海上事的。未料，二人一拍即合，就此开始了长达十年的海上合作。史书并无徐福去咸阳觐见秦始皇的记载，所以，二人对海事的商讨必都是在滨海诸地，而又以琅琊为最。

秦始皇多次临海，徐福多次出海；一个在海外探寻，一个在滨海期待。秦始皇腹内那篇文章虽未公之于世，徐福却早已深知其要旨；而徐福隐于心底的所欲所求，秦始皇却浑然不知。所以，就心情的急切，徐福更是双重加持的。他一是企求千秋大业之早成，二是亟盼尽早结束与秦始皇那种事事时时都如临深渊、如履薄冰的周旋。所以，他上书之后，一旦得令，随即便使出浑身解数，抓紧做好一应准备，争取尽早出海，脱离暴秦。徐福出海一行，人众至数千，船多至六七十条，五谷百工和各种物资装备，以及船只的制造……以当时的条件，不可能在一地征调，也不可能统统集中于一地。分头征调人员、筹备物资、制造船只实属很自然的事情。于是，从游水下游出海口外的海州湾，北自琅琊至荣成山沿海一线的各个港口、滨海的城市，都留下了他的足迹。据至今的考察结果，除琅琊湾外，沿《史记》所记载的徐福一行的走向，即灵山湾、胶州湾、崂山湾、荣成湾，并经之罘射巨鱼后进入的渤海……举其要者依次做一介绍。

1. 琅琊郡其地

琅琊，泛指滨海郡治琅琊其地，也指郡内的琅琊湾、琅琊台及台之所在地琅琊山，处齐鲁之交。琅琊郡西邻楚境。战国之时，除齐以外，列国纵横捭阖，无岁不战，唯独齐国，终齐王建之世，有数十年未遭兵祸战乱。所以，琅琊其地经济、文化的繁荣冠于内地各城。当时，慕名而至者络绎不断，舟船云集，车骑不绝。作为徐福的故乡，这里是他东渡之前活动最频繁的地方之一：上书在这里，受召见在这里，征询海上方略在这里，商讨海上一应大事在这里，受秦始皇督阵，进行海上操练、试航在这里，最后的扬帆出海、远渡东瀛，也是在这里。

秦始皇数次登临的琅琊台便在琅琊湾内。秦代之前，琅琊台风光最显是在越王勾践时代。据《越绝书》和《吴越春秋》载，公元前 473 年，越王勾践灭吴之后，为取代吴国霸领诸侯，占领被吴国战败的齐地后，他便"跨江涉淮"，来到当时的齐旧地琅琊。这里山川俊秀、地势险要、土地肥沃富饶。据琅琊海湾，南可控制吴越，北可夺取燕齐，西可进击晋秦，勾践遂做出决策，不惜将国都从会稽迁到这里，以求建立新的霸业基地。有鉴于此，即在城东南五里的琅琊山上筑建琅琊台。《水经注》云："台孤立特显，出于众山之上。下周二十余里，傍滨巨海，台基三层，层高三丈，上级平敞，方二百余步。"可见台势之壮观。台顶建望越楼，以观沧海，南望会稽。勾践随之号令秦、晋、齐、楚四国君主至台上，举行盟会，尽显盟主气势。琅琊台前临琅琊港。春秋战国时期，我国有五大港口：碣石（今河北秦皇岛）、转附（今山东烟台）、琅琊（今山东胶南）、会稽（今浙江绍兴）和句章（今浙江宁波）。琅琊台前的琅琊港居于正中，其地势极利于谋求霸主、大帝者的作为。

秦始皇统一六国，裂齐为齐、琅琊二郡。为了加强琅琊港这一东方大港的建设，使之更具控制广大海域的气势，国之方定，便把驰道从咸阳直筑到这里，又迁徙黔首三万户至此，亲自督阵，削平越琅琊台旧址，重建了一座雄伟高耸的新台，以望尽东极天涯。同时，还在琅琊建造谷仓，"使天下飞刍輓粟，起于黄、腄、琅琊负海之郡，转输河北……"（见《越绝书·吴地传》）大展其以琅琊为基地，建立一左视大陆、右扼远海的空前大帝国的雄图。自徐福上书，为秦始皇接受，并受遣组织出海，这里更成了各项渡海准备工作及操练、试航的大本营。秦始皇本人数度出巡该地，为挑选人才，不止一次在此亲自"考入海方士"。秦始皇想到琅琊，便会想到海外那梦寐以求的"东土"；想到"东土"时，又必然会想到行将受遣渡海的徐福……琅琊，于秦始皇心目中，如徐福、如"东土"，已成为浑然不可分割的三位一体了。以琅琊当时政治、经济、文化、交通等方面的情形论，它成为秦始皇心目中的重镇，成为徐福领导东渡活动的大本营所在，乃势所当然。

2. 海州湾及湾内的秦山岛与神路

海州湾 在琅琊郡内，是一湾阔水深的大海湾。海湾北端的岚山头是当时徐福为方士时的炼丹处，为追随徐福的海上方士们的一个活动中心地，至今犹有"岚山丹灶"遗迹，为赣榆县著名的八景之一（今已划归山东省日照市）。

湾内的古游水口，当时是一个天然良港。它上可溯江淮，下可达齐鲁，秦时又筑成驰道，西向可直达秦都咸阳。秦始皇东巡有两次到达徐福故里赣榆，陆路自有宽敞的秦驰道，其中的泛舟路段便在游水之上。该河为战国至秦时代的南北水上通道之一。《水经注》有详记云："游水历朐县与沭合，又经朐（海州山）西，又北经东海利城县故城东、祝其县故城西，又东北经赣榆县北，经纪鄣（秦旧地名，在今徐福村东北）故城南，注东北入海。"燕齐故人常泛巨海，悚其涛险，多由是渎出。徐福村濒古游水，生于斯，长于斯的徐福，曾目睹当日舳舻相接、千帆过往的船只，对通往海州湾的这一水道了如指掌，无怪乎后人要把这里视为徐福出海的最佳启航点之一了。

秦山岛 该岛距离赣榆三十余里，岛之东西长两里，南北最宽处里许。岛之周长五六里，因秦始皇登过该岛而得名。

秦始皇之所以会登上这个小岛，一是因为地近徐福故里。他两度来赣榆，与徐讨论海事、巡察沿海时，登过该岛。秦始皇到赣榆，水道有上述的游水，陆路则有"驰道"。《汉书·贾山传》载："秦为驰道于天下，东穷齐燕，南极吴楚，江湖之上，滨海之观毕至。"东穷燕齐，即止于滨海的琅琊郡。秦时驰道的规格是，路面高厚（用铁、石器夯实），道宽五十步，道侧每三丈植松一株。进琅琊郡滨海县邑赣榆的驰道，有南北、东西两条，西通咸阳，北接琅琊台，南至会稽。驰道之遗迹，当地群众称为"马趟子"（即车马大道)。此种"马趟子"在抗战前还分段可见于该县。其过村傍户的若干处，有的略加补夯，曾被村民权当打谷场用，直至农业合作化运动时才废去。该县夹山乡的住驾庄、歇马台等当时秦始皇路过小住的遗迹全在道驰旁侧，四周砖瓦残片，又多为秦汉时物。从接驾庄西去不远，即今山东省临沭山地区，也有秦始皇遗迹多处……一如前述，以上都是佐证。

二是因为该岛上常有海市可见，一如仙境，对秦始皇极具吸引之力。直至当代，该岛上可见的海市仍是吸引游客的盛景之一，常载于当地的报刊。据与赣榆县北界比邻的山东省日照县《安东卫志》(康熙十二年)载："秦山在城南海中，相传秦始皇遣卢生求仙至此。今神路犹在。其山半出水面，如沉如浮，远望之天水一色。每至春夏之交，变化无常，际时见楼台、城郭、松竹人物之状，谓之海市。中有天妃宫一所，有祷必应。凡商舟往来，必望而祭，始免风涛。间有巨鱼，形大如屋，数十为群，名谓朝山。或有自毙者，浪涌海岸，人争取膏为油，取骨为器云。"海市幻景一如上述，在秦始皇时代，便已囊括三神山的形影了，焉能不具吸引力？秦山岛上，漫山遍野，杂草丛生。笔者考察该岛时，据泛海捕鱼偶栖岛上的渔民介绍，岛上草木茂盛，有金银花等中草药，入春便可看到。《赣榆县志》载，岛上曾有秦始皇石刻，惜失所在，唯后之《水经注》尚有记载："游水又东北迳赣榆县北，东侧巨海。有秦始皇碑在山上。去海一百五十步，潮水至，加其上三丈，去则三尺。所见东北倾石，长一丈八尺，广五尺，厚三尺八寸，一行十二字。"郦道元生活在北魏，离秦始皇仅六百年，有此详记，则岛之有人居住与确有此碑，当不虚耳。且20世纪80年代(1986年5月30日)，《新华日报》载，岛上又发现早于秦的东周遗存。其中属于吴越文化的几何印纹硬陶片，纹饰清晰，标本丰富，则表明岛上有人居住的历史至少在2500年以上，为秦始皇登岛和徐福其事的研究又提供了更新的一例佐证。

神路 秦山岛西南有神路，长三十里，皆石子铺成，直达岛南岸。《江海通志》云："故老谓始皇筑，洪波交激，迄今不圮，潮落可褰裳而涉也。"笔者做实地考察时，曾亲涉神路。当潮落时，神路大部分从海中露出。该路系由卵石、砾石聚成，长十余里，阔可数丈，循神路遥向赣榆县西望，如十里长堤，越见其修长。尽头似与陆地连接，直可褰裳而过。午后潮涨时，神路大部分又浸入海水，仅与岛陆连接一段的若干里在水上。风吹潮涌，层层推进，海水拍击，浪花四溅，蔚为壮观。明代赣榆人董杏有《秦山》诗，"长生误听祖龙来，驱石洪涛辇路开，寂寂海灵残殿在，早潮去尽暮潮来"，写的便是这一景色。

3. 灵山湾至成山头以南的诸海湾

除徐福活动所在的海州湾、琅琊湾外，灵山湾、胶州湾、崂山湾和荣成湾等，也都是与徐福东渡活动关联甚密的地方。灵山湾与胶州湾以薛家岛相隔，湾北有灵山卫，古名"安陵"，为齐国海上交通的门户。湾东有灵山岛，据传是徐福航海的操练基地之一。胶州湾西岸的徐山，据传是徐福携带童男女出海处。据《三齐记》载："方士徐福，一作市，将童男女三千人会此入海，采药不还。"元代《齐乘》也有类似的记载。崂山湾内的徐福岛，为湾内罗列着的数小岛之一，距陆地仅数公里远，面积为 0.55 平方公里，传说是徐福从事方士活动与渡海活动的基地之一。据《即墨县志》载："徐福岛，县东南五十公里。相传徐福求仙于此，故名。"徐福岛上花树甚茂，北有登瀛村，相传徐福在此集合数千童男女登船东渡瀛洲，故名。笔者曾在以上诸湾，循着徐福往昔留下足迹的这条滨海山道做过沿途考察，在左山右海的公路上驱车疾驰时，只见东侧大海，水天一色，茫无际涯。几处小岛悬浮海上，犹如今日以昂贵费用建造的"人工浮岛"，正是从事海上操练活动的绝佳去处。遥想当年徐福指挥麾下一行人，在此做着东渡前的种种准备，该会引起多少人的注目和惊叹！

至山东半岛最东端的荣成湾，则是南北航路的必由之地，地理位置相当重要。秦始皇两次东巡至此，望海兴叹。此处有李斯手书"天尽头"三字刻石碑，即立于荣成山之南峰。碑后湮没，前不久，在该地施工时，挖得残碑，更证此说不虚。"自琅琊北至荣成山"，再朝西行，即渤海湾边的千童县和毋兮城，也与徐福东渡有关联。前者在今河北盐山县西南（即今盐山县镇），坐落于漳卫河北岸，隔河与山东省东陵县相望。徐福为训练出海人员，使其能适应海行，曾率数千童男女侨寓该处。汉高祖五年（公元前202年，即徐福由秦始皇陪同出海，射杀一巨鱼的九年后），置千童县。唐《元和郡县图志》云："始皇遣徐福将童男女千人入海求蓬莱，置此城以居之，故名。"千童县东北，较千童县更近渤海边的毋兮城，也有类似的记载。毋兮城属今河北黄骅县。在毋兮城入海处，曾置柳县，目的是为具衣食舟楫，让数千童男女侨居以待，而后浮海。

（四）徐福出海的启航点与东渡的航路

至于徐福船队出海的启航点，传说颇众，计有海州湾内游水口的古纪鄣城、琅琊湾内的琅琊港，以及胶州湾内的徐山、崂山湾的徐福岛等，乃至宁波、普陀山、广东沿海等等，不一而足。

徐福自秦始皇二十八年（公元前219年）上书受命，至秦始皇三十七年（公元前210年）扬帆出海不归，其间，长达九年。据《史记》载，徐福出海凡三次，前两次不妨视为试航与操练。由于皇命所授，在这些海事活动中，徐福可以较自由地在沿海各港口随意选择他认为更合适的启航处。其次，由于海上风浪的变幻莫测、大鱼的干扰、海市幻影或经过夸张变形的传闻的迷惑，徐福等自不会轻易地将启航点一锤定音在某一处，而必是在众多的操练过程

234

中，不止一次地做着修正和改变。凡是有东渡船只的海事活动处，也必会有徐福其人的出现。出海口的传说，自也会因之出现多处。因此，在没有发现确凿文字记录材料之前，要考证徐福的最终出海口，以及前几次试航出海口的具体地点，虽不是全然没有线索可循，却毕竟是具有相当难度的事情。关于出海后的东渡航路，也复如此。可喜的是，自徐福故里发现以来，载于当地《徐福研究》之上的许多研究成果，已在减少着这种难度。本节在此对几个出海口和几条可能的东渡航路略做介绍。

1. 出海的启航点

游水口的纪鄣城　该城在海州湾北的游水口。当时的游水口是水深湾阔的一个天然良港，江淮与华北沿海等南北船只过往的重要枢纽。该城作为出海启航点，应是理想之地。该古城遗址位置在今赣榆县东北柘汪口东北的海中。据《赣榆县志》："乾隆初，潮退，纪（鄣）城之西门故址犹可见……近已成海。"纪鄣与徐福村同在游水北岸，两地相距仅十余里地。徐福出海前，有大量的准备工作要做，运输量想必也非常可观。以古时运输工具的情况看，当然是以水路最好。而且，此条水上交通线又最方便。考当时琅琊沿海诸湾，长度在三百里以上的大河，就只有游水一条。据郦道元记载："……游水历朐县与沭合，又迳朐山（海州山）西……又北迳东海利城县故城东，又北历羽山西，又北迳祝其县故城西……又东北迳赣榆县北，又东北迳纪鄣故城南，东北入海。"游水出海口处的纪鄣城和徐福村同为游水北岸人口密集的城镇。当时的游水两岸，城镇汇集；河口段，地形开阔；河口外的海州湾，湾阔水深，十分便于启碇。《左传·昭公十九年》载："齐高发帅师伐莒，莒子奔纪鄣。"莒子之所以奔纪鄣，一大原因便是纪鄣居游水入海口，出海对外联系都方便，有广阔的退路，便于由海上出走。齐灭莒后，纪鄣即成为齐国之重要出海口之一。到了秦代，由于秦始皇重视海疆的开拓，遣徙三万人扩建琅琊，纪鄣连带受到开发，更已成为航运发达的海港。既有靠近（徐福自家）家门之便，又具如此规模的良港，自是该属入选之列的。

上文提及的大王坊村出土大量地下木材一事，也可为此说提供一侧证。大王坊村离纪鄣城仅二三里地，徐福率数千人出海，必得庞大的船队，而就地建造船只，实在是既经济又方便的事情。该出土的木材为柞本、本槐等，皆为古代造船用的上等木材。据中国科学院地质研究所测定，这批埋于地下的木材至今已有两千多年。据悉，在海州湾的古琅琊沿海一带，至今还未有过大批木材出土的事。从这些木料出土地点、所存年代和材质等看，人们将它和徐福东渡的造船其事关联在一起，实在是很自然的事情。特别是如上文所述，在纪鄣城西南不远处，又发现了几处与古代造船作业区相关的古地名，如"木套""木头沟""司坞"等等。结合史籍看，纪鄣一带在秦时已是航运发达的海港城市，说徐福一行曾在此一带造船，做入海准备，就更是顺理成章的事了。

除此以外，作者以为还有一层政治上的原因。关于东渡出海之事，除《史记》所载之求仙、求药云云，其实在秦始皇和徐福腹内，是各怀着另一篇文章的（已如上文所述）。秦始皇好以刑杀为威。徐福最后一次出海（公元前210年）前，秦始皇因一时之怒，又已经点名斥责过徐福："三十五年（公元前212年）……乃大怒曰：……今闻韩众去不报，徐市等费以巨万计（指前二次出海），终不得药，徒奸利相告以闻……"并于不久之后，即坑杀了四百六十余名儒生。以徐福当时所处的臣属地位，他是不会不警惕并因此而有所防范的。鉴于此，他所选的出海口就不大可能、也不应该是远离他自己故里的。纪鄣城与徐福村同在游水北岸，有水陆二路相连，自然就成了他心目中最理想的选地。这里是徐福等海上方士聚散活动的基地之一，他可得到志同道合的同行、朋友和同里同宗乡亲的最大支持和帮助。万一发生了什么变故，他也可以从不同渠道较快地获取信息，并像他的前辈莒子一样，由海路及时得以脱身。徐福当然不希望重演莒子出逃的悲剧，但历史的经验却又是不可不加以吸取的。

琅琊台附近的古琅琊港 持此论者以为，《史记》记载的所谓秦始皇所至之琅琊，并非琅琊郡的整个属地，而只是与航海相关的琅琊台附近的琅琊郡治所在，即应在秦始皇徙民，并亲自督造的琅琊台一带的海岸。据《水经注》载："琅琊，山名也……勾践并吴，欲霸中国，徙都琅琊。秦始皇二十六年，灭齐，以为郡，城即秦皇之所筑也。遂登琅琊，大乐之。山作层台于其上，谓之琅琊台。台在城东南十里，孤立特显，出于众山，上下周二十余里，傍滨巨海。秦王乐之，因留三月……所作台基三层，层高三丈，上级平敞，方二百余步，广五里。"这是何等气势！

20世纪70年代，海军某部在该台遗址建立一雷达观察站，遂使该台成为军事要地，不复接待参观与考察者。笔者在第二次对徐福沿海踪迹做考察时，曾驱车前往，对该地驻军说明来意后，竟获值勤室两位官兵破例接待，遂得登台参观。台之高敞、宽广，一如两千多年前秦始皇督造时的规模。背对蜿蜒西去的琅琊山脉，面临浩瀚无边的黄海水域，与日本的北九州遥遥相对。登斯台也，极目海上，只见斋堂岛外，一片汪洋。周览东极，使人顿起意气风发之概。遥想当年秦始皇亲登已筑成的琅琊高台，东观沧海，三月不厌，兴浓之余，立志雄构扶桑国界，竟不惜费以巨万计，遣众数千，以实现其先祖夙愿，遂演成徐福东渡一段千古佳话，为琅琊故地各处留下无数与秦皇、徐福大名关联的遗迹胜地，而琅琊台及其附近尤众。难怪今人要把这里说成徐福当年扬帆出海的圣地了。

秦皇虽自西方来，但由于所怀甚远，且以此为目的所做的五次

237

东巡，四临于海，三至琅琊，对秦帝国所拥有的海岸、港口，当已有很深的了解。以徐福那规模庞大的船队，该启用何样的港口，他在改建琅琊台时，当已有计划在胸。琅琊自勾践称雄海上时，即是能容纳大规模船队的海港腹地。勾践，可谓中国海军的创始人，以海军治国，并以此取得五霸盟主地位。他曾不惜以重大的人员、物资损失也要强迁琅琊为都。秦皇赞赏勾践所做的选择，更下令徙黔首三万户，以超过其先辈的气度，铲平旧台，复扩建广五里的新台。由秦始皇对琅琊台倾注的心血及其所含的深层目的看，徐福及其出海的组织活动中心，也确似应以这一圣地才是。常至海边逗留数月，对"东极"望穿秋水的秦始皇，欲亲登自筑的高台，挥手远送他苦心经营的浩荡船队扬帆东去，也是顺乎情理的事情。

此外，琅琊的地理交通位置适居当时的航海枢纽重地。台之附近，地势险峻，海岸曲折，小岛岬角众多，天然的港湾和众多高耸的自然目标，极利于船队的集散。从历史看，自齐至越，它也始终处于航海交通的中心。自越王勾践迁都琅琊，立观台以望东海以来，更成为谋求海上霸业，乃至海外理想国界的帝国巨子们的最佳海军基地。怪不得有人认为，徐福的启航点，"舍琅琊港，再无更胜的可入选之地。"

关于徐福出海启航点的说法很多，河北的盐山、碣石，浙地的慈溪、象山，乃至说广东沿海诸地的都有，难以备举，而且由于徐福其人其事日益为世人重视，新说又不时出现，这一问题更难以用三言两语概其全貌。但笔者以为，这实在是一件大好事。这表明徐福受人冷落的历史已经结束，徐福研究正在向纵深发展。兹举新说一例，以见一斑。徐州师院罗其湘教授认为，浙江慈溪东北的达蓬山也为徐福启航点之一。据《慈溪县志》载，"始皇登此山，谓可达蓬莱，而眺沧海，故名。"达蓬山当日"东临巨海，往往无涯，泛船长驱，一举千里"。惜今已沙积海退，沧海桑田，海水已东退三四里。又谓今达蓬山上，还留有后人为纪念当年徐福受秦始皇派遣入海东渡而修建的"秦渡庵"（亦名"东渡庵"），惜已毁。但遗址附近之"秦渡庵"摩崖画石刻，迄今犹存，人物鸟兽，山海行船等，仍依稀可辨。罗其湘教授认为，这是迄今我国有据可查，唯一保存下来的徐福东渡启航地之一的历史遗迹，弥足珍贵。

2. 东渡的航路

至于东渡的航路，犹如出海口有多处说法一般，正史皆无记载可录。近代学者虽多有论及，也是诸说并存，迄无定论。约而言之，有南北两说。北路指的是船队出海后，沿黄海北上，至荣成湾的成山头，循黄海暖流东支流向北至朝鲜半岛，沿半岛南下，越朝鲜海峡，经济州岛至对马海峡，越海到达日本北九州。南路则是出海州湾向南，沿海岸南下，折向对马暖流的黑潮分支北上，直抵日本九州。而前述的日本东京商船大学名誉教授茂在寅男的研究结论，则是从徐福到达日本的登陆处在北九州的有明海沿岸一带，反推着进行，听来也颇成理。因为北九州地方流传着"浮杯"等传说，自古以来就被延誉为徐福靠岸之处，佐贺县的诸富町其地，离后来发现的吉野里遗址只有十几里地，更为此说增添了一层内在的可信性。茂在教授认为，古代的航海在很大程度上要受海流和季风的制约。徐福最后一次东渡之所以能获得成功，是因为出海期选得好——据说是在初冬的阴历十月，这是从海州湾出海到日本的最佳季节。因为入冬后，不但已刮起北风或西北风，顺风沿朝鲜半岛南下都很容易。不像春夏两季，风多南向，是逆风，海流也是逆反流，很难到达。如果从海州湾出海后先南下，在江南某处等待季风，当早春的偏西风刮起后，顺着黑潮往北航行，也很容易到达九州西岸，从而顺利进入有名内海，登陆北九州。

五、徐福东渡究竟到了哪里——"'止王不来'地" 诸说

秦始皇三十年（公元前 210 年），徐福率领庞大船队第三次出海之后，就再没回来。徐福这次出海后，究竟到了哪里？这是这段历史公案中，存疑最深、争论最多，也是人们最感兴趣的一个问题。由于最早披露此事的太史公在《史记》中只叙及了徐福出海东渡其事，而对他出海后的走向与止住之地都语焉不详，遂使三千漂洋过海的炎黄子孙也随同徐福其人，在相当长的历史时期，失去止向，浪迹天涯。对历史上确有徐福其人，早已毋庸置疑，但对他的止住之地，如前所述，虽已有了基本的共识，但争议之说却并未停息。笔者在本节中，除对各种说法择其要者做一介绍，并参与其中，作为探讨，提出若干一己的看法，如因此能为更符合历史真实的探讨与结论提供助益，更是欣幸之至的事情。

（一）纷纷扬扬的众多说法

1. 墨西哥——一个与东方关联颇深的国家

墨西哥作为徐福船队的去向之一，虽显得遥远了点，却并不给人以危言耸听之感。

关于远古时代中国人可能越过太平洋到达美洲的讨论，并非始于今日。早在两个多世纪以前，这一问题就曾引起人们很大的兴趣。据国外考古民俗学、文字学等方面的研究与发现，在美洲，特别是墨西哥，有不少与中国上古时代风格酷似的墓碑、雕塑、建筑、壁画、图腾、文字、陶片、铜器……连该地人民的风俗习惯等，也都向人们强烈地显示着两地之间曾有过一段特殊的关系。

《北京日报》1983 年 8 月 27 日所载《徐福东渡至何方——美洲与中国》一文认为，"徐福第二次东渡所率领的数千人，确实到美

洲大陆去了。"但当时的一些研究者曾以为此说"近于荒诞"。既然对隔海的日本都以为是关山难渡，海路艰险，则隔洋的墨西哥在十数倍路程的水域之外，似乎更是绝无可能了。笔者虽也感到，对于如此庞大的徐福船队来说，要东渡太平洋到达美洲大陆，路途确乎显得遥远了些。但不能仅因"遥远"二字。便断言绝无可能。大海中的不测风云常会生出一些超乎想象的事情来。如1493年首航美洲成功的哥伦布一行中的"品脱号"，在与哥伦布所乘的"尼雅号"一起横渡大西洋时，遇上狂风恶浪失踪。据极具漂航经验的哥伦布估计，"品脱号"及其船员是绝无生还可能的。岂知，"品脱号"最终并未沉海，其全体船员和小船竟大难不死地先于哥伦布返回巴罗斯港。又如1981年与1991年，法国人杰拉尔·达波维勒前后两度孤舟双桨横渡大洋（1991年，横渡太平洋；1981年，横渡大西洋）。20世纪50年代，中国台湾人周传钧也曾成功驾驭木船抵达美洲。有这些载入史册的例子在，又怎能独独认为徐福一行人只因船舶较简陋、海路太遥远，便绝无可能到达美洲呢？

此外，墨西哥人类博物馆里那块常令东方学者想到徐福其人的浮雕，也是不时被引来作为支持此说的一件颇负盛名的物件。这块浮雕是1935年在墨西哥帕仑仑克王国遗址的玛雅神殿里发现的。浮雕主体是一个形象奇特，上身前倾，呈坐态的人物。该人身下乘坐的是一艘造型同样奇特的类似船形的物体。从人物的姿态和其乘坐的物体看，他颇似一个操舵远航的航海者，或是操纵一种飞行器的驾驶员。浮雕上的造像曾引起过无数考古学、人类学、民俗学、航海学家们的兴趣。其中，在西方世界和东方世界有两位当时小有名气的作家，被吸引之余，浮想联翩，发为著作，公之于世，且都为读书界带来一场不小的轰动。东方的那位是上海当时的青年作家赵丽宏。他记述墨西哥之行的长文载于《收获》1986年第二期。这位作家颇具东方传统文化素养，显然也研读过《史记》，并对徐福研究的重要成果均有所知（徐福故里在 1982 年已被发现，嗣后，徐福其人其事的论证又越见深入……）。所以，面对玛雅神殿内那块构图奇特的浮雕，从那个"掌舵人"及其乘坐船只的动态中，仿佛见到徐福一行人倾身奋力搏击大海波涛的身影。这当然不会被认为是在故作危言，耸人听闻，因为诺贝尔文学奖获得者、墨西哥诗人奥克塔维奥·帕斯在他著名的代表作——长篇史诗《太阳石》中，就曾以生动的历史事实和优美的诗句列举并细致地描绘了墨西哥和中国上古时期文化的许多相似之处。在没有陆、空二途可通的彼时，人们确是只能想到唯一可使此种相似发生关联的，便是航海其事及其光辉的倡导者。西方那位便是对史前文化极有兴趣的瑞士记者兼作家，《众神之车》的作者封·丹尼肯。他受浮雕中那个奇人的坐姿，以及那乘坐物尾部似有一股喷射状物的激发，想象力顿跨千古，把那位人物视作人类史前社会自天外飞来的一位向地球传播其高度文明的宇航员。而他乘坐的那艘形象奇特的"船"，自然也同时被想象为一架太古时代来自天外的宇宙飞船。读者一看便知，这种认定显然与这位属西方文化圈的瑞士人并无研习东方文化，尤其是中国上古史的阅历有关。

其实，玛雅人许多高度文明的表征与他们当时落后的生产方式极不相称的现象，早就引起了东西方一些考古学家、历史学家的注意。以上两位作家的议论不过是东西两方对这一问题关注的一次集中表达罢了。

还有更令人联想到徐福有可能到达墨西哥的，便是玛雅人对蛇图腾的崇拜。在作为西方人的《众神之车》的作者眼中，蛇是邪恶的象征。西方的神话告诉人们，蛇因邪恶，被罚爬行。他怎么也无法理解，玛雅人怎会把如此可怕可憎的动物当神崇拜。但如果他知道在古老的东方，据传，恰又是在徐福的故乡赣榆县（该地原是古代东夷氏族的一个名叫"肝榆"之夷的地方），蛇，也是一个曾为人们崇拜的图腾时，他也许会对蛇与徐福其人其事的关系投以更大的注意力。原始社会中，人常视与本氏族有亲缘关系的某些动植物为神、为祖先，并对之顶礼膜拜。玛雅人崇拜蛇，蛇的形象几乎是他们所有建筑物上必定绘制的神物；中国沿海一带的东夷人也把蛇奉为本氏族的图腾。重洋两地，相去万里，对蛇却有着相同的原始崇拜，这一文化现象确实值得人们去探究一番的……

2. 虚实兼而有之的三神山

三神山"其传在勃海中"的说法，由于徐福对秦始皇的上书而见之于《史记》。这一去向，当然是徐福研究者们愿意花更大精力去加以追踪的。只是，"三神山"这一去处，由于种种原因，缥缈至今，并无人真的看见过、攀登过，以致引出后世那样多的猜测和悬想来。

在"徐福出海去处"的叙说中，三神山是作为一个地理名词出现的。倘若纯属虚指，以司马迁的审慎，是不会让它堂皇载入《史记》之上的；但若实有其地，却又不至于两千余年来仍寻觅不到它的方位所在。传说的起源多是虚实兼而有之的。笔者认为，说三神山是虚实结合的产物，也许更符合它的实际情态。其"虚"者，幻视（科学当时尚未揭示其原理的"海市"）、幻闻（上古以来经过夸张的、辗转相传的海上岛国见闻）、幻觉（思想本就活跃异常的方士们，由于修行、炼气、炼丹、服丹等活动所产生的感觉）；那"实"字，笔者以为便是散布大海之上确实可见的众岛屿。以海为生者的渔民、商人，尤其玄想常多于务实的海上方士等，在探索海洋、开辟海外交通、寻觅世外桃源时，见到过不少实实在在的岛国胜地。但是，这些岛国与向日所闻（或云"所思"）的"神山"，总还有着一定的距离（目之所见，是永远达不到"幻之所欲"那种美轮美奂境地的）……故希冀遇见真正的瑶池仙境的向往，仍时时萦绕于脑际，萌动于心间。久而久之，"眼见"与"思得"之间，渐融合一：幻想中的仙境有了可依可攀的依托，言谈传说之间便仿佛实有其事，实有其地。现实中的岛国被涂上了一层美妙无比的奇幻色彩，分明浮于岛国山石之上的迷雾，似乎也都成了可送凡人登天的缭绕祥云……这虚实兼而有之的三神山，便在徐福正欲找一上佳由头，以行其渡海夙愿的上书中出现了。自然，在徐福的心底，可能另有实有其指的去处。

后世对三神山的看法至今仍未统一，这自然也与它的这种虚实兼而有之的奇特属性有关。说三神山无的，以那"虚"字做根据："未至，望之如云；及到，三神山反居水下。临之，风辄引去。"稍事回视，似乎便可成文定论：明明没那么回事嘛！而言三神山有的，则在"实"字上做文章：首先，三神山是徐福向秦始皇的上书中提出来的，则此三神山并非徐福首先发现，也非他的随口杜撰，而是徐福以外的人也常有所听闻，并常提及的。其上限远在战国之前。因为那一时期，人们对三神山便已时有所闻，威、宣、燕昭且已先后遣人求之。其次，《史记》对三神山者的具体方位虽未确指，但大体上的指向还是有的："此三神山者，其传在勃海中，去人不远。"秦代的渤海包括今日之渤海（古称"北海"或"勃海"）和黄海（古称"东海"）；而今日之东海，在当时被称作"南海"。鉴于徐福出海有"避秦暴政"之说，因此，可将三神山在今渤海海域之内的可能性排除掉。其时，秦帝国控制范围已广及今朝鲜半岛平壤附近。所以，徐福船队之行止，无论在渤海的哪一处，都难免秦始皇一时转向的缉拿。故"三神山"的方位与区域应在今日之黄海，即战国时代燕齐东面的大海中去寻找。故才有了立于今新宫的《秦徐福碑文》上所说的"今东海中可当蓬瀛者，无可舍皇国他求，则谓日本者，得其实也必矣"。

3. 夷洲、澶洲、日本列岛与平原广泽说

《史记·淮南衡山列传》载："遣振男女三千人，资之五谷种

种百工而行。徐福得平原广泽，止王不来。"由于司马迁未做进一步说明，因此，"平原广泽"究竟在何处，便成了一个极费猜测的历史之谜。试图解开此谜的第一个人，是西晋的陈寿。他在《三国志·吴书·吴主传》中说徐福的止王之处是在"所在绝远，卒不可得至"的澶洲。但这"绝远之处"究竟远到何处，具体又在什么地方，仍是未予确指。

到南北朝，宋人范晔在《后汉书·东夷列传》的《倭传》中，又一次提起这一话题："会稽海外有东鳀人，分为二十余国，又有夷洲及澶洲，传言秦始皇遣方士徐福将童男女数千人，入海求蓬莱神仙，不得。徐福畏诛，不敢还，遂止此洲，世世相传，有数万家，时至会稽市。会稽东冶县人，有入海行遭风，流移至澶洲者。所在绝远，不可往来。"这段记载基本是袭用陈寿《三国志·吴书·吴主传》的内容，对夷洲、澶洲的方位同样无具体指向。但值得注意的是，他将这段文字从《三国志》的《吴主传》中移到了《后汉书·东夷列传·倭传》的最后一段。汪向荣先生据此在《徐福，日本的中国移民》中认为，范晔虽未用文字做明确指向，但从卷目排列的顺序看，（夷、澶二洲）却给人一种"倭国之属"的印象。自此之后的引经据典者，遂才有了"徐福止住日本"的说法。为考证此段公案，笔者重又检阅了《三国志》和《后汉书》，发现《三国志·魏书》中也有有关倭国概况的《倭人传》，但该传的最后并没提到夷洲、澶洲，自然也就不会提到有徐福一行人止住此洲的事了。只是到了《后汉书》中，作者才使夷、澶二洲和"倭国"发生了联系（即做了如上文所述的改动）。笔者认为，范晔的这一做法不能看作是一种简单的"剪辑"，或卷目排列顺序上的移动。虽然作者本人在书中对此未做任何说明，却不能因此排斥他有"澶洲即倭国之属"的观点。特别值得一提的是，尽管汉代在三国之前，但写《后汉书》的范晔却比《三国志》的作者晚生160余年。

其间，他对夷、澶二洲地理位置的考证，较诸早期，必是有所进步的，或已形成"澶洲便属倭国"的共识，也有可能。所以，近人有云，若从地名演变的脉络看，说澶洲即指日本列岛，也未尝就不能成立，便是包含了上述那层意思的。

至于夷洲、澶州究竟在和何处，历史上曾有过几种说法。三国时所说的夷洲，指的是今之台湾岛，对此，学术界已基本有定论。澶洲指何处？有人说是指海南岛，或吕宋岛，但皆难成立，理由是：公元 242 年，孙权曾"遣将军聂友、校尉陆凯以兵三万讨珠崖、儋耳"（即今海南岛）。如澶洲是指海南岛，《三国志》理应明言。至于指吕宋岛，也不可能。元世祖至元三十年（1293 年），命臣下往吕宋岛选人招秀时，平章政事伯颜等言："此国之民不及二百户。"则上溯至一千年前的三国时代，不大可能"世世相传，有数万家"的，因为这一千年间，该地并无重大战乱及毁灭性的自然灾害，则人口从"数万家"繁衍生息了一千年，反而减至"不及二百户"，实在有点不合常理。于是，可能性只在日本列岛了。又有人说，既然如此，《史记》《汉书》《三国志》等缘何不把徐福止王的指向径直写为日本列岛，而引无数后世学者众说纷纭呢？这却是错怪了那几位先辈历史学家了。当你了解了日本这一国名在有关记载徐福的中国史籍中的演变由来后，此一责难便可不解自破。

《史记》《汉书》时代出现的是三神山。那时沿用的是秦代说法；《后汉书》《三国志》时代的夷洲、澶洲实也并不比那"平原广泽"好解多少；直至五代后周时期的《义楚六帖》，才首次直接提到"日本"二字，这已是公元 10 世纪，即离开徐福东渡一千多年之后的事了。该书作者义楚所本，则是他前朝的武则天。7 到 9 世纪时，日本对中国有无限的崇仰。其时，日本的典章制度、宗教文化等全从中国搬去，遣唐使不顾蹈海之险恶，一批又一批地前来中国。当时，武则天对中日关系也采取亲善政策，欣然接受倭国改名为日本（见本书《上编》）。据明李言恭、郝杰《日本考卷之二·沿革》载："天御中主都筑紫日向宫，主邪魔维国、伊都、投马……百有余国……号大倭王，传二十三世彦激尊第四子神武天皇，自筑紫入都大和橿原宫，仍以倭为号。迄汉桓（公元 147 年—公元 167 年）、灵（公元 168 年—189 年）历年无主……至卑弥呼时，称女王国。逮唐咸亨（公元 670—673）初，贺平高丽，稍习夏音，恶其名，乃更号日本，盖取近日始升之义也（此系史上日本更名的另一说法，姑并列于此）。"日之本，自然是雅而正，堂皇得多了。反正经武则天接受，不啻天朝赐名，自那之后，日本之名才垂诸世界。时至今日，我们当然不能苛求司马迁等前人以先知的能力，把后世的名词提前写进他们的著作中去了。

日本列岛由本州、九州、四国与北海道四个大岛和三千多个小岛组成，平原约占四分之一。稍具地理常识的人都知道，大陆以东，面积较大而拥有称得上"平原广泽"这样大块平原的岛屿，除日本，只有菲律宾的吕宋岛和中国台湾两处。就秦代而言，由于后两者均在杭州湾以南，当时称之为"南海"的水域中，而只有日本濒临黄海，故"平原广泽"（或稍后，汉、三国称徐福止住该处的澶洲）即指日本列岛。从地形态势看，也是具有最大的合理性的。所以，卫挺生在其专著《日本神武开国新考》中就曾说："伍被述其'得平原广泽止王不来'。然察东海（即今黄海海域）各岛，当时除日本畿内地方外，此绝难错认之极大标志，断无人能加之东海中之任何他处。日本和歌山县新宫町《秦徐福碑文》也刻载：'今东海中可当蓬瀛者，无可舍皇国他求，则谓日本者，得其实也必矣。'"日本列岛四周皆海，除东北海岸外，均被黑潮暖流所环，较为温和和湿润的海洋性季风气候，加上本州畿内地区平原宽广、河湖纵横，从徐福脱离暴秦、泛海东渡的目的看，大可视作是适宜于他们一行人的安居所在。

总之，将平原广泽推定为日本，无论从典籍记载、地形态势、泛海航线及东渡目的看，都是最合乎情理的。随着近代科学精密的考察和研究的印证，尤其是丰富的地下出土物和考古学上的种种发现，更给这一推定提供了越来越多，也越来越有力的佐证。

（二）弥生文化的丰富考证——"徐福止住日本"最具说服力的立论之源

有人认为，确证徐福东渡止住日本是一件与日本民族及其国家起源都有关的大事，仅凭有限的几点考证和史学辨析难免给人一种有欠丰厚之感。确实，一件重大历史事件向后人显示的佐证不会只在一端，而常常是分布在广阔得多的范围之中。

近年来，中外学术界和考古界的专家们，对历史、地理、海洋、造船、航海、农业……各个领域的探索，都取得了较大的进展，特别是关于日本"弥生时代"的一系列地下出土物的考证与研究，更为徐福止住日本提供了最具说服力的立论之源。此说，除上编所述，本节特再做如下补充。

1. 铜铎与马车铜饰件提供的线索

公元前 3 世纪至公元前 2 世纪间，是日本终结新石器时代，由原始的绳纹文化时期进入先进的金属稻耕文化的历史时期。在此一不长的历史时期内，日本民族结束了他们漂泊的渔猎生活，大跨度地跃进农耕定居生活，这就是如前所述的日本历史上的弥生时代。一如前述，日本不少有识之士，包括诸如日本著名的水中考古学与海洋学权威茂在寅男教授都认为，这种与前一时时期毫无继承关系，突然出现在日本列岛上的先进文化形式，与公元前 210 年带着先进的秦文化东渡的徐福等一行人有密切关系。茂在教授自他的论著《古代日本之海航术》中就说，"日本绳纹文化末期，与日本有关的航海活动，欲由外国文献寻找的话，则不能不考虑中国徐福的出海。"

且看日本弥生时代出土的文物，从器质到造型，几乎与中国相应年代的同类文物完全相同，或基本相似。如福冈县小津市的弥生陶器与中国安阳后岗出土的陶器；如弥生陶豆与山东临沂出土的陶豆；弥生陶壶与吉林大安渔场出土的陶壶，几乎完全一致。至于青铜器，也是情形仿佛。这里仅举日本对之投以相当注意力的铜铎（其质地和形态和我国先秦时期的古乐器编钟十分相似，大小从五尺到几寸不等）为例。这种曾长期被视为考古一谜的铜铎，自1300多年迄今，在日本共出土了约350多个，所涉遗址有220余处，分布于11个府和县。这么多的铜泽由何地传来、何人制造、作何用途……曾引起日本及中国等考古学家的悬思。后经许多专家考证，认为这些铜铎的出土地点恰与徐福一行大陆渡来人相关的左旋环流的行经沿途一致。最集中的有德岛县、爱知县、大阪府以及和歌山县等。近年，经科学检测业已证实，这些铜铎属2000多年前的器物。铜铎在日本的用处，目前尚不明确。但在中国，铜铎于上古时期曾作为乐器，却是人尽皆知的事实。尤其从春秋以后的徐夷青铜器与中原青铜器在风格上的明显差异看，中原青铜器中酒器很多，而徐夷青铜器中殊多乐器，而甚少酒器。联系到东渡的徐福在地理位置上属东夷人氏，联系到徐福东渡的时间又恰在2200年前，这一问题已越见清晰了。如果再考虑到徐福还有方士的身份，以及方士法器与进行宗教形式时钟鼓齐鸣的场面……这就更不只是一个简单联想的问题了。所以，已故的日本著名学者木宫泰彦在他的《日中文化交流史》中提出："由于它的形状和先秦时代的古钟相似……看来应该认为制造铜铎的技术是受中国文化的影响。"并以当时已发表的研究成果为据，论证了铜铎存在的年代：根据"学者迄今发表的研究成果……铜泽是距今两千几百年前物"。但木宫同时又认为，铜泽是"日本制造和使用的"。东西在日本发现，使用自然也在日本，但说制造也在日本，便与史实难相符合了。因为以日本当时尚处在新石器时代的绳纹文化时期而论，并不具备此种青铜的铸造技术，倒恰是在这同一时期东渡的徐福等大陆渡来人带去的"百工"，其中自然包括了青铜铸造方面的人才。据林剑鸣的《秦史稿》载，考古学者在齐国古文化遗址中曾发现七八个制铁和冶铜的作业场。当时，冶制工匠多达4000余人，已能大量铸造铜钟等青铜器。由于木宫泰彦著作出版时，徐福研究尚未达到今日的诸种成果，所以，他在《日中文化交流史》中实在无法指明铜铎究系何人在日本制造和使用的，这是不能苛求于木宫氏的。

关于谁在日本制造和使用这些铜铎，中国日本史学会名誉会长吴杰教授有一段论述，讲得就比木宫明白得多也深进得多："如果能联系徐福东渡来考虑，也许可以找到这些铜铎原来的主人。"吴杰进而对此做了更深一步的探讨，他从徐福是以方士身份而渡海东去这一点出发，将这些铜铎与方士进行祭祀等仪式时所需的法器加以联系，这是很能令人信服的。

除了数量较大的铜铎，据连云港徐福研究会出版的《徐福研究》载，长崎遗址出土的一件马车轴上的青铜饰器，也是一件很有意思的文物。经有关专家鉴定，认定该铜饰为中国战国至秦初期的马车饰物。

一件马车轴端的青铜饰物，以当日其他小股零星的东渡者论，不论从情势、长途跋涉的负载能力和东渡的个人需要看，都绝不会携带此物。该物所以散入日本地下，想必是与它装饰的马车与俱的。而能将整辆马车携往日本的，必得有相应的大船。不是国家级的使者，焉有此等能力？考诸典籍，那一时期以大船编队东渡的，舍徐福一行人，再无其他，则不少考证者将此物与徐福东渡其事关联，其实是很必然的事情。

2. 弥生文化的两大立论特征坚挺不移

日本地下出土物而被证为徐福时代的，不胜枚举。当人们注意到这些出土物的分布地区和徐福在日遗迹的地域，或者说徐福自在北州登陆后，向日本腹地进行的路线有着惊人的一致时，它们所显示的价值就更非同寻常了。

稻耕农作和金属工具，作为弥生文化的两大主要特征，特别引人注目。中村新太郎在他的《日中二千年》中说，"拯救了日本列岛饥饿的人们，揭开了该岛一个全新历史纪元的弥生文化的最大恩惠，便是稻耕文化的输入，无论如何，稻米也要比其他一切更值得感谢。米与牲畜、贝类不同，可以长久贮藏。"弥生文化之前的绳纹文化时期，一直延续到纪元前 300 到 200 年间，当日住在这里的日本先民过着渔猎、采集的原始生活。经过数年的繁衍生息，人口日渐增多，猎物却日见减少，饥饿威胁着这些生民。据杨熺《徐福东渡动因考》，在横须贺市平板贝丘发现的绳纹时代人类遗骸，经 X 射线检查，在骨骼上显示出生前营养不良造成的 11 条线形影（学者名之曰"饥饿线"）表明，被检查者在短短的一生中，竟然经历过 11 次大饥荒的年月。可见，当时此地生民生活的痛苦之状。

从日本绳纹时代晚期以后的出土物中发现有碳化米和稻谷压痕等，如 1980 年在九州西部佐贺的金立山麓的农田中，发现 2000 多年前产于中国大陆的陶器一只，内有已碳化的稻谷，被视为是2200 年前徐福出海时盛装稻谷的器皿。另据《九州考古学第 15 号报告》载，"弥生时代最古之遗迹，福冈县板付遗迹，发现的有谷痕的土器，内附着'谷痕'二三件，碳化米九粒，可以证明，最早的弥生人，已有稻作的能力。"至今，发现稻谷压痕和碳化米的遗址，遍及九州及本州岛的西部地区。其中以北部九州为最多，主要有佐贺宇木汲田遗址等十数处。值得注意的是，上述地区正与徐福登陆点和向东迁移的路线相合。这些遗址村落以它的规模表明，当地的先人已经基本结束了他们漂泊迁徙的渔猎生活，组成村落，从而开始了农耕定居的生活。

直到现在为止，日本没有发现过野生稻，水稻从大陆传到日本，已是得以确证的事实。以上这些地区，不但发掘出有碳化米的遗址，而且还发现了当时的水田遗址。据日本考古学家研究，这些水田遗址都有以中国大陆技法磨制的石器出土。作为弥生文化另一大特征的日本金属农具的使用，已如上编所述，这里就不再重复了。

正当日本国内对徐福其人其事日益关注的时候，北九州佐贺县吉野里环壕遗址与瓮丘墓的发现，使这一已趋热门的话题受到了远超日本国界的世界性的关注。吉野里是日本弥生文化时代一座规模最庞大的遗迹，是日本国内无论从时间、地点上、考古学上所能反映的，与大陆文化（特别是徐福生活那一时代的文化）有着千丝万缕关系的最丰富、最集中的反映。由于这一原因，该遗址已被视为日本考古史上最重要的发现之一。据中国社会科学院考古所安志敏教授的《日本的徐福传说试探》和中国台湾学者彭双松的《徐福与邪马台国》所述，尤其值得注意的是，这一遗址地处日本国内徐福遗迹最为集中的佐贺平野。历史显示，徐福正是在那一时代受遣东渡，据传，又是在佐贺平野登陆的。由于上述时间和地点上的吻合，这一发现令全世界的历史学界为之注目，使所有研究徐福其人其事的人们，倍受激励。在日本，这是一件引起空前轰动的大事。该遗址自 1989 年 1 月向参观者开放以来，到 1990 年 9 月止，参观人数已达 300 多万，盛况如此，举世瞩目！笔者以为，这反映了日本人对自己先祖的"根"在何处与本民族起源问题的关注。

由于这一重大发现，向日回避谈及徐福其人其事的日本学界在态度上也开始有了转变。这使为数众多的徐福研究者更受鼓舞。

环壕遗址位于日本九州北部佐贺县的吉野里丘陵之上。这一地方，即在日本传说的昔时徐福曾驻屯过的金立山附近的神埼町，离现在闻名全日本的奉祀徐福为神的金立神社仅十数里地。这是一条南北走向的土冈。从 1986 年开始，在占地约 50 公顷的范围内，进行了大规模的发掘，发现了丰富的极具历史价值的文物，如旧石器、绳纹、弥生、古坟、奈良等不同时代的遗存（其中尤以弥生时代的遗存最引人注目，数量也最多）。该遗迹已全部列为保护区，并被指定为"国家史迹"。遗址为一内外壕沟环绕的"环壕聚落"，包括半地穴式房址、干栏式建筑址、窖穴、瓮棺、土墓、望楼（观楼）、城栅、千栏式建筑和坟丘墓皆徐福时代物（已见于"上编"关于"倭人传"的引述）。这些发现为弥生文化的研究，特别是徐福研究，提供了最新的，也是最重要的信息。

　　吉野里遗址是在绳纹文化的基础上发展起来的，是弥生文化中后期的具体代表。从绳纹文化到弥生文化的变革，主要由于来自大陆的移民和文化影响所形成。这样，作为大陆移民的最杰出代表——徐福及其一行的东渡，对于弥生文化的形成和发展的促进作用，也就非常之明显了。无怪乎日本知名学者内藤大典在《弥生文化之旗手——徐福》中说，吉野里的大环壕生动地给我们再现了"弥生的气息"。其文化遗存之富、价值之高，其表明 2200 年前先秦文化对弥生文化影响之有力，迄今称最。吉野里遗址是弥生文化中后期形象的具体代表，是在前期，也即大陆渡来人开化与影响的基础上发展起来的。从绳纹文化到弥生的改革，主要是由于来自大陆的移民和其所携文化的强大影响形成的。那么，以徐福为代表的东渡及其所率的大批移民，对于日本列岛文明发展史上这一最重要历史时代所起的作用显而易见，则以此作为"徐福一行人的东渡的止住地日本"立论的支持之说，自然是十分坚挺有力的。

（三）从明仁天皇的加冕式再考徐福的止王之地

1. 对"日祭"和"大尝祭"的探究

1990 年 11 月 10 日，日本明仁天皇举行加冕典礼。加冕礼之前，明仁天皇在皇宫院内的神殿里为太阳女神行祭祀礼（即"祭日"仪式）。在随后的盛大宴会上，他向来自世界各地的贵宾提供"圣米"做的大米饭——即与"祭日"式同时进行的另一祭祀仪式——"大尝祭"。

据井上亘的《虚伪的日本》一书考证，"大尝祭"原本与天皇、皇室等毫无关系，是源于日本先民自弥生文化起始的农业祭祀活动。如按史实，则是起于天皇制还远未建立之前，日本民族得以吃上大米的弥生时代，自是与弥生时代的开化人徐福紧密关联的。这从建自那一时代的九州金立神社、熊野神仓神社至今都奉祀徐福为神可以见出（见此两地古文书《金立神社由绪记》《纪伊国志略》）。而"祭日"也是与农业祭祀活动关联的一个大祭，起始更源于远古时代。可经由撰写神国历史者们取用后，这两个大祭却被移位为天皇即位（包括此后的每一代天皇即位、登基）时的重大祭祀仪式，虽仍是与米关联，却全然换了腔，变了味的事儿了。

笔者在此准备就这两个此前已相沿数千年的祭祀活动，探究一下其与徐福东渡的关系，进而为徐福东渡止住日本提供另一角度的佐证。

在中国五千余年的历史长河里，一直有着祭神和祭日的形式。据连云港市博物馆馆长、国际岩画委员会委员李洪甫在《徐福求药史事的地望分析及考古学比堪》一文中的研究，这一仪式早在殷商时代的海州湾的连云港地区就已经存在了。《史记·五帝本纪》中云："分命羲仲，居郁夷，曰旸谷，敬道日出，便程东作。"此处的旸谷，即今日连云港云台山东磊山中的汤谷（见《史记·司马相如列传》所引之《天子游猎赋》："齐东堵巨海，南有琅琊……邪与肃慎为邻，右以汤谷为界"）。这些能够辨别时节，恭敬地迎接春天，及时进行春耕的先民，即是当地"敬道日出"的以祭日为其最大盛典的东夷少昊氏族。少昊氏族是中国先民中居于最东的傍海地区，以太阳为崇拜物的一个民族。云台山地区将军崖的东夷遗址中，进行社祭的中心大石和绘有受该族膜拜的太阳图案的摩崖石刻等史前文化遗迹，至今还保存着。笔者曾数度前往考察，据该地文物保护研究所所长丁义珍介绍，经考证，太阳石以及将军崖的石刻时代，下限不晚于殷商。如将军岩南组岩画中的同心圆，圆外的放射状光束图案均被考证为是太阳的象征，也即是少昊氏族的太阳神。其他如各种圆圈、圆点等，都是不同表现形式的太阳神群象。

值得注意的是，据晋代张华《博物志·徐偃王志》，徐福本系东夷少昊氏族后人。徐福故里所在地琅琊郡的"琅琊"二字，本即东夷语。其范围在今山东东南部和原属山东今划归江苏的若干县份，其地又正是徐福以方士身份进行海上活动的根据地，与其故里考证的记载正相一致。东夷人祖先所祭的日神，至齐国时，已发展为该国岁岁奉祀的八神之一——日主神。《史记·封禅书》云："八神将自古有之，或曰太公以来作之。齐所以为齐，以天齐也。其祀绝莫知起时。八神：一曰天主，祠天齐……二曰地主，祠泰山梁父……七曰日主，祠成山。成山斗入海，最居齐东北隅，以迎日出云。八曰四时主，祠琅琊。琅琊在齐东方，盖岁之所始。"在齐国，日主神的象征被尊定为"成山"。成山居齐东北隅，在山东半岛临海的最东端，为齐国的日出之地。秦时，李斯即曾陪驾秦始皇往祭，并在成山书"天尽头"三字。秦始皇登成山，在"天尽头"处周览东极，雄心蓬勃，已将隔海的那片岛国（当时尚无日本其名）视为他的"理想国界"。此八神日后传至日本，复又演为只祭日主神，且为加一美名曰"太阳女神"（即天照大神），一如《日本书纪》的《神代》中所述。当然，此是后话。早期的日本民族，长期以来，以能忝列为华夏帝国的藩属裔列而自豪，焉有不知此说之理？所以，说此一祭日仪式，其后由东渡的徐福携往新移居的地区去，并为当地人所接受，似乎也颇顺情合理。宗教与敬神的崇拜活动对早期的先民，有一种很强的感召力和凝聚力。作为方士中一员的徐福，自是深知个中意义，他自然会充分加以利用。任何一种文化形式的传播轨迹都是由人绘制而成的。祭祀、崇拜等文化形式，由带有宗教色彩的方士绘制，尤其合适。特别是在他为了艰苦卓绝的大规模移民的需要，传播一种非常实用的，就地取材，本源于自己先人的神，以及祭祀这种神的崇拜活动的时候，更可称作是一种顺手拈来，而效果又极佳、极有力的工具了。于是，创造出祭日这种史前文化的先民原始意识和与其关联的神话、祭祀活动，便经由他们后人徐福的继承、传播，而布于东土。

太阳这万物生长之源、之本的图形本就是一个美丽的、易被接受的象征。所以，太阳神崇拜一来到以农为本的东瀛大地，立即被接受，并尽量予以渲染与张扬。于是，此后便有了"日之丸"一语的出现。太阳神，于是从传说、从典籍中，被接受、被奉为本民族美丽而庄严的正神——日主神。读者想必一眼便可看出，连神的名号都出自齐国八神的嫡传，又怎能不令人将此神与徐福的故国——齐国、与徐福本人联系起来呢？

千百年间，这"日之丸"更被制为旗帜，从悬挂在油船、商船上，进而被升格为国旗，为国家的象征。于是，远古时期原始崇拜的意识和与其关联的神话便这样经由徐福一行东渡者播于东土之上。日主神，至今仍是日本天皇登基加冕时，必须代表其臣民先加祭祀的大神。

这种由一个从西边大陆传来的美丽的神话传说，至今影响着整个日本国民的精神文化现象，因在明仁天皇加冕礼上出现再次受到全世界的注目。笔者之所以特地将之提出来，是为了将其作为徐福东渡止王日本的又一佐证，希望通过举世瞩目，既有政治内涵，又极富神话和民俗色彩的天皇加冕礼仪，把分明刻画着那一传播途径的将军岩上的太阳石刻，把《史记·封禅书》明文记载着的对日神的膜拜、祭祀与相传至今日的，日本的祭日仪式并与有关传说神话关联的一切显示给读者。当看到上述远隔重洋的两地，恰又都是徐福去国前后活动、生活过的地方时，笔者深信，读者一定会很自然地把这一切联系起来。

2. 从"圣米"的由来说起

至于奉稻米为"圣米"，并出现在国宴之上，则立即会令人想起稻米在日本的由来、弥生文化，及其与徐福东渡所携的"五谷百工"。对此，前文已有所述，这里再就其与日本人民族记忆的种种祭祀活动的关联，做几点补叙。第一，港台学者彭双松、林建同等人对徐福的登陆地已考察出多处，即九州平野上的佐贺平原、熊野滩上的纪伊平原，及其向南迁徙所经各地遗迹。无论是遗迹，还是在此遗迹处进行的祭祀，无不与稻米相关。这自然与上述所言的日本民族在走向文明的途中，最予给力的便是稻米有关。其实，我们若打开日本地图，至今也还显示着"稻米"留下的纪念：从这一带县、市、町、村的地名上，直接或间接地都可见到"稻米"二字的遗迹，如与"稻米圣地"佐贺紧邻的久留米、往南的高千穗、再朝南的种子岛……据《日本书记》记载，这高千穗恰又是神武天皇带着天孙交给作种的稻穗从天而降的圣地。彼时的日本还过着采集渔猎的生活，哪有什么稻穗可言？在高千穗耕作之人，以 2200 年前这一年代论，当然只能是徐福一行的大陆渡来人。第二，和歌山县新官市祭祀徐福的速玉大社，每年 10 月 16 日都会举行"丰年祭"，将秋收的稻谷奉献给徐福，以感谢他向当地人民传授稻作农耕之恩，是行之已久的民间一大祭祀。而历史上，每年 10 月 15

257

日至 17 日，日本天皇则另在伊势皇大神宫内亲自主持一个"丰年祭"，以向神"奉献秋收的新谷"。以食为天的百姓，自弥生时代受惠以来，每逢秋收过后便不忘纪念这位恩主——已被奉为"稻谷之神"的徐福，便是常谓的感恩之心的表现了。而衣食优渥的皇宫中人，哪会见到区区几堆稻米，便因思其由来而起祭的？有学者曾认为，这实际上是皇室的作秀之举。诚然，将民间由来已久的与农业收成、谢饭恩关联的祭祀移到皇宫中来做，确有抚慰民心的作秀之态。但据日本古代史研究专家井上亘博士的考证，这还有着另一层更深的寓意，便是将这"米"字更引向《记纪》中的那尊神，并由此故弄玄虚地从中制造出种种祭招、种种"秘仪"，从而将这本来与皇室毫无关系，只事关稻米、与因稻米而顿顿有饭可食的百姓的感恩祭祀移向令人望而生畏的皇宫，趁此抬高祭祀的规格，以获得提高皇室王权的效果。为此，还将之写入"皇室典范"，并将这本移自民间"感恩祭"赋以"新尝祭"的令名，又特别规定，到天皇换代时，更要将之命名为"大尝祭"。以致到了后裕仁时代，其实从乃父以神为名的种种作为的最终结果中，已看清这一切的明仁天皇——这位明仁天皇，是历代天皇中最明白神统皇统种种真实内涵（特别是裕仁天皇本人通过《人间宣言》亲口向全世界公开自我否定"神统"之后）的一位，这从近年明仁天皇在各种皇室、并内外国事活动（如表示提早退位等）的表现中，尤其可以见出。但碍于已承继了千年的皇室传统，碍于"皇室典范"的种种规定，也只能按宫内厅的安排，循向例行这"大尝祭"，向外国来宾供应以"圣米"制成的大米饭。

特别有意思的是，按《皇室典范》，这"圣米"的供应地又必得取自因"平原广泽"得名的稻米圣地——北九州的福冈或滋贺。只知"皇室典范"，而不知弥生文化为何物的宫内厅人，可能根本不知道这"稻米"二字在日本，其实便是弥生文化的代名词，而这个代名词在九州其地，又被认定是直接来自徐福的。想起彭双松在赴日考察后特予记录的，北九州这一稻米祭祀圣地的金立神社，每年正月十五日都要在本社举行的"七种粥行事"里，供奉到徐福神灵前的"御粥"、皇宫里用"圣米"做的大米饭，以及九州人取自本地乡间新米煮成的"御粥"，祭品之名虽异，但其同为大米成就则一也。如言区别，也只是一干一稀而已。据笔者所知，在徐福的故里，这大米饭更径直被唤作"干饭"；而在其地与北九州，又都是将"粥"与"稀饭"同名——这一干一稀，原来也还是渊源共有其自的呢！

用新谷种同时举行的具有同一内容的祭祀，其实祭的是同一位神灵——稻作农耕之神。"皇室典范"对"大尝祭"上的"圣米"做何解读，那是宫内厅的职权，谁也代行不得。日本的宫内厅（旧称"宫内省""宫内府"）是一个神秘味十足的皇府机关，统揽皇宫内外兼及皇室所有成员的一切事务，控制皇室与外界联系的所有渠道。在没有获得宫内厅的同意之前，连首相都不能直接向天皇进言，更不要说学者，抑或在现代社会有着"无冕王"之称的记者了。官内厅长官的权力之大，超乎常人想象，远远超过中国皇权时代皇帝身边的太监大总管。

回到这个"米"字上来。据井上亘先生的研究，宫内厅对于凡关于祭祀等皇室事务的解读，向来有着极严格的控制，绝不会放权给任何人，也不会向外界透露任何信息。笔者在文化交流活动中结识的一位朋友，东北大学教授赵琛，是一位深受学界注目的，特爱对古代史事中的祭式、祭物等进行另辟蹊径研究的学者。其人虽曾因一项对古代战旗、国旗、国徽、皇徽的专题探究惊动学界而获邀，得以以访问学者的身份进入日本皇宫，但事先也收到宫内厅的一份礼貌而严格的告知：先须将探访内容的提纲相示。凡未获同意的相关内容，将一律恕不作答。则关于对这"圣米"来源的解读，自是不会被同意列入探访提纲之中的，遑论提问。倒是佐贺人，解读起"大尝祭""新尝祭""御粥祭"这类与"米"字关联的词语，颇为言简意赅：就是祭祀携稻米到列岛上来的恩公徐福呗！

由此，再看明仁天皇加冕式上向各国贵宾提供"圣米"的举动，问题就显得很明白了。在日本，只要提到大米，从皇家到庶民无不将之视为圣物。尤其是与之关联尤为密切的，以食为天的庶民，更会将之与携此物来列岛的徐福其人相关联。这种历史文化现象，实是历两千余年之久的，由徐福一行人携来的，一种文化传统的深层次积淀，毕竟，五千年悠久传统的中华文明本就是建立在"以农为本"这一基础之上的。故以此探究徐福其人的止王之地在日本，无论从传统、从现实这两方面，都是提起来便可令人明白的事情。

（四）又一种视角的叙述

徐福其人在日本的许多地方，尤其在九州和熊野滩等广大地区被敬为"丰穰之神""蚕桑之神""医药之神"，已是人所共知的事情。不少人环绕此一现象，进行过艰苦的研究，以上所列举的便是其中成果最丰的几种。他们揭示与披露的，全来自亲眼所见以及深入的探访，因而特别有说服力。笔者据此，结合国内外与此关联的，如"止住""移住""移民"等一些研究成果，做更进一步的展示，以从另一个视角，再说一番徐福的止王之地。

1. 绝无仅有的拓殖方式——为"徐福和平进入列岛"说立证

徐福一行远离故土，跨海东渡，究竟是以何种方式进入日本，又是怎么得以在那里安居（即《史记》所云的"止王"）下来的呢？目前为止，凡是谈到这一问题的研究者，笔者以为甚多是受了西方"拓殖论"的影响。此一措辞，在中国尚不明西方文化为何物的历代学界，前不曾有。故今日涉及此一问题的讨论，也就离不开西方学界对此所做的种种论述与观点。如在讨论徐福移民日本其事时，不少人便认为渡来人在日本登陆之后，是与当地土著居民发生过激烈的冲突，并以先进的武器、强大的武力，征服对抗者之后，得以登陆日本，并进而在那片异国土地上取得了安居之权的。此言所据，就西方文史方面的立论，见于威尔斯的《世界史纲》和培根的《论殖民地》，诸如"吾人自往事知之，最初之航海者，皆以劫掠为事"（威尔斯语），诸如"余以为殖民地最好是建在处女地上，如此，便不会为了殖民而将原有居民根除"（培根语）等。也即，古之航海家或殖民者在其拓殖中受阻于土著时，唯劫杀、根除为事，千古不易。持此说者在日本的例证，则是"土井浜遗址"中那200具"战死者"的遗骨了。

土井浜位于邻近九州的山口县丰北町。该遗迹中发现有绳纹文化和弥生文化系统的陶器。经考证，该遗迹应是日本两种文化系统的一个典型的"接点处"。从该"接点处"出土的200具遗骸，除一具伴随有弥生中期的陶器者外，余者都是从弥生初期土层中出土的。从这些遗骸中多数都是拔齿，且是屈葬的情况看，据日本古代史专家汪问荣先生的研究（见《徐福，日本的中国移民》），这些人骨应属于日本土著的远贺川系文化集团。这些死者不少都带有镞伤痕迹，其中一具男子遗骨的全身竟有162处镞伤，头骨已经破碎。该男子的右腕还带有两个贝轮，很像是这一伙人的首领。据此，有人认为这200余具人骨是在与一个有准备、有组织的，以外来移民为主的武装集团——须玖系文化集团的冲突中被杀害者的遗骸。经考证，这些遗骸的形成年代恰又是徐福在日登陆那段时间，即公元前3世纪末期。持此论者由此认为，那场冲突一方的主力似乎不言而喻地便是徐福集团，彼时能拥有如此先进进攻武器的，只能是大陆渡来者。而恰在当时形成庞大集团，有组织的渡海者，据至今可见的历史记载，又只有徐福一行人。

笔者通过对有关典籍、资料的检照和辨析后，认为上述说法未必成立。首先，即使果有冲突发生，登陆一方也不一定就是徐福一行人。战国以来的 200 年间，此种渡海者持续有之，且未曾间断过。吴杰教授在《关于徐福东渡日本的若干问题》一文中指出，"日本是中国古代沿海各地人民东移的终点。春秋战国时代吴国灭亡（公元前 473 年）前后，有吴地的贵族和人民循着渔民摸索出来的航线，随海流到日本。到战国时期越国灭亡（公元前 306 年）时，又有越地的贵族和人民，追寻着吴遗民的路线航行到日本。"因此，在日本学者的不少论著中，秦代的徐福等渡海者是被称作较晚的"第二次渡来人"的。换言之，这种渡来人与当地土著的冲突，如果说"必定发生"，则早已发生。那些不断前往的小股渡海外流者虽大多是平民百姓，但正如吴教授所言，其中也不乏流亡的上层贵族或军人，他们有可能携带武器，具有与土著发生小规模冲突实力的，而不必等到若干年后的"第二次渡来人"。即使从土井浜遗址中 200 余具遗骸的"阵亡"数目看，也似与一般规模的冲突更相称。如与徐福的大规模渡来人对阵，伤亡者将远不止 200 余人。一如上古时期的腓尼基"航海家"。这些"航海家"恰如威尔斯所云的"皆以劫掠为事"的海盗，其行径也果如其论，在进入地中海岛国克里特时，因受到当地人民的抵抗，而与之对阵，竟将抵抗力最强的诺萨斯城的人民赶尽杀绝，全城夷为平地。在杀戮人数上，岂止以"百"论！

其次，假定早期的大陆渡来人与当地土著的冲突已先于徐福东渡时发生，则笔者认为，那种冲突不啻是一种显示，即一种先进武器和先进作战方式的显示。这种显示，就其可能造成的影响来说，也许比冲突本身更具意义。因为当作为后来者的徐福到达时，又是具有最齐整的阵容和最优良的装备的大队人马，假如当地人与之发生对抗，则此种对抗的结果，即使对并无什么综合思维能力的土著，也是一眼就可以估量得出来的。所以，就算这些土著是十分蛮

勇强悍的一群，他们也绝不敢贸然向如此强大的对手发起挑战。当
然，如果徐福一行人像上古时期北欧的维京海盗群，或15世纪那
批欧洲殖民者，如西班牙人柯泰斯、皮萨罗登上墨西哥、秘鲁那
般，上岸伊始，即明火执仗地用野蛮的杀伐开道，唯劫掠是图，就
另当别论了。困兽犹斗，何况是人？

但这种假定几乎不存在。徐福一行人渡海的动机已如上述，在
于躲避秦的暴政，到海外异域别寻一人间乐土，建立起能安居乐业
之处，而不像西班牙殖民者，或徐福同时代横行东西地中海的迦太
基或罗马海盗——那种攻城入户，以抢夺劫掠为目的的纯海盗式的
拓殖，自然永远是与对抗和杀伐同在的。徐福船队既不以劫掠财物
为目的，又何须进行残忍的杀伐？

其实，早期的渡来人到达日本的目的在于避灾躲祸、求生谋食，
所以，即使初登陆时由于误解，真的发生过某种形式的冲突，此种
冲突也不会演进扩展成一种斩尽杀绝的毁灭性屠杀。而且，由于这
些东渡者是怀着上述目的浮海而来，当地土著在看到对方意图后，
更可能的接触形式倒是互不相扰地与之共存，即使间或发生些小的
冲突，不久也即会息兵倒戈，求得和平共处；而东渡的求生者们在
栖止异域后，以自己先进得多的生产方式去影响，乃至直接向当地
土著加以传授，也是很自然的事情。所以，当徐福等"第二批渡来
人"到达日本时，当地人民不论是眼见，还是通过传闻，对"大陆
渡来人"已是积累了相当多的接触经验，敬畏有加当有之，与之冲
突却是极不可能的。其中最主要的，乃是徐福集团本身是一批怀有
明确的避世目的的渡来人，绝无必要以战火和血迹开道……据此而
论，徐福进入日本最可能的方式应该是非征战的，即和平的方式。

**2. 纵观世界拓殖史——剖析培根"论殖民地"中展现的又一
佐证**

徐福集团远航异域，不经冲突、杀伐，同样可以登陆，且与当

地土著和平共处，这绝非只是笔者的一种臆测或愿望，历史也是可以作证的。同是远航异域，哥伦布初登美洲大陆的华特林岛（当地土著称为"瓜纳哈尼岛"）时，也未与土著发生冲突，有哥伦布船队的航海日志和哥伦布的日记作证：

"岛上（瓜纳哈尼岛）的居民不知发生了什么事，他们把乘着华丽的浮动房子到来的我们，看作是超自然的人类，天外的使者。""我们热情地向他们打着手势，土著人却不敢走近。""我们必须说服他们，我们是不会伤害他们的。""岛上温驯的居民很快便消除了他们的疑惧。""……我因为和他们建立了亲密的友谊，所以熟知他们是最自由自在的人。我要用仁爱使他们笃信我们神圣的信仰，而不诉诸武力。"

以掠地、占领、劫财为目的的哥伦布都能做到至少在登陆伊始，可以"不诉诸武力"（虽然此后发生的一切证明，哥伦布此举实际上只是一种欺骗手法，以便他们顺利登岛，窥探当地珍宝，减少人员的伤亡。随后，为了劫掠岛民所拥有的真金白银等财物，仍是发生了冲突、屠杀，乃至征服），那么，只为脱离暴秦，在海外建立一个理想的自由王国，而全然不以劫掠财宝为目的的徐福，更不必对那些处于原始荒蛮时代，手无寸铁的土著，进行什么征战，并滥施一番杀伐了。

一个于人类文明的传播做出特殊贡献的人，人民是永远感戴、永远不会忘记他的。恶者，也自会分毫不爽地各得其回报（如劫掠者哥伦布一伙，在暴露其劫掠者的面目后，同样遭到杀害）。徐福在日本列岛，特别是那些徐福遗迹较集中的广大地区，千百年来，却不曾动摇地被当地人民尊为传授农耕桑蚕医药的"丰穰之神""桑蚕之神"和"医药之神"，受到他们历时两千余年之久的顶礼膜拜，被他们称作"日本民族开国之始祖""国父"。"徐福祭""丰年祭""徐福两千二百年大祭"等众多纪念祭祀日，不但不曾淡化或取消，仍年年如仪；以徐福的名字命名的地方、街区，至今赫然都在。九州平野上的佐贺、熊野滩上的新宫不但市内的町名、道路名，甚至连一些店铺、药品、食物等商品，也都以徐福的名字命名。

遍布日本各地那么多处徐福遗迹，被日本人民视为国宝、圣迹而加以保护。三重县熊野市的徐福宫、徐福墓、和歌山县新宫市的徐福墓等，曾有当地人民数度自发加以保护。仅举其后者为例，据彭双松考证，先是 20 世纪初，由熊野地青年会自发发起购入周围土地，订立修建计划，增植樟树，并在周围建造栅栏，特意加以保护。稍后，市民发起成立"徐福圣迹保存会"，增购土地，在其周围又增植了一批樟树。以后，市民再次将徐福墓地扩建，并建造中国式围墙及门楼……

日本人民还为徐福建立了一座座塑像。1969 年 11 月 15 日，在建造于熊野三山之一的那智地方国立公园内的徐福庙里（该庙位于园内全国闻名的风景胜地——"神瀑"大瀑布旁边背山面海的景色绝胜之处），人们为台湾方面捐资助塑的一尊徐福像举行了隆重的开光大典。当时，日本方面还邀请了中国台湾的一个友好代表团前往参加。事隔十余年，新宫市市长田坂匡玄又致信徐福故里的县长许恒道，请求他在新宫市内的国营铁道新宫火车站前，为该市再塑一座大理石的徐福塑像。值得重视的是，该信是新宫市市长受当地人民委托，以民间亲善来往的形式写来的，表达了日本人民对徐福无比的崇敬与怀念之情。据日本作家池上正治的考察，日本全国在感念弥生文化恩惠甚深的各地，为徐福所做的大型塑像不下数十座，其数量甚至超过曾长期被官方树为近代文明尊祖的明治大帝。直到进入 21 世纪，在本州最北部的津轻国家公园里，仍为徐福树立了一座高达四米多的花岗岩塑像。而曾在美洲、非洲大陆享有尊荣的殖民先驱哥伦布、斯坦利，在近世的反殖民主义浪潮冲击下，

265

其塑像却惨然地被推翻在地。

如此看来，如果徐福的"移殖"是作为一个曾经屠杀过日本先民、伤害过日本民族自尊心的征服者、杀伐者，其在日本是决计不会获得今日这般尊荣的。行文至此，又要提起本文开始所提到的，英国的那位哲学家培根爵士来了。他在《论殖民地》（取自《培根论说文集》）一文的开头说："建殖民地乃古代先民的英雄业绩之一。当世界年轻的时候，它生育过众多儿女，但如今世界已年迈，所生子女也稀少，故笔者不妨将新建的殖民地视为先前的国家所生育的儿女。余以为殖民地最好是建在处女地上，如此便不会为了殖民而将原有居民根除，因为那样做与其说是殖民，不如说是屠民（据中文版曹明伦版译文，屠民，即 extirpation，英文原意为'铲除''根除'）。"培根所论之谬，便在这里：一如公元前若干世纪以来，希腊在海外建立城邦时的所为。以培根的立论，除非杳无人迹的处女地，只要其地有人居住，则为将原有的居住者加以根除、劫杀在所难免，势在必行。而当遇到对方大规模的抵抗时，这原本用在小规模"根除"上的 extirpation，立即便会升级为大规模的 slaughter（残杀）。如言区别，只在这"根除"（extirpation）与"残杀"（slaughter）二字涉面的大小与程度的深浅上，而不在其是与否；也即，无论是 extirpation 还是 slaughter，刀刀见血的杀戮则一也。

文中培根深为担忧的"根除"，即"屠民"（extirpation），并非他的虚设或信口开河，而是以其先人们一再发生过的，即如前述的希腊在海外建立起来的殖民城邦等大量事实为基础的。诚如威尔斯氏所论，且观世界拓殖史上的一些记录，那与其说是拓殖史、殖民史，不如说是劫掠史、杀伐史，或更直接地说，是海盗史。而得在这部"海盗史"上列名的，自古至近代，几乎全都产自欧洲。他们攻城、掠地、劫财。其为进行拓殖的每一次劫掠、每一次如

266

此这般的拓殖，小而言之，实际上也是一场以"根除"原有居民为目的的屠杀，也即培根收窄了嗓门、放缓了声调所说的"屠民"（extirpation）。请注意，培根在此处所采用的措辞是"extirpation"，而非"slaughter"。这两个字眼确有涉面与程度上的差别，但后世人对之的评价，却只能以刀剑见红的"slaughter"立其名，也即以"海盗残杀史"上的"残杀"名之了。何故？且看公元前149年，迦太基为移殖之突取罗马，就不折不扣是一场大屠杀，即slaughter，而非extirpation。他们占得罗马城后，光收集被杀的罗马贵族、元老、骑士、平民等人的金戒指就装了几十个口袋。70年过后，当罗马人复又崛起，延请联合了地中海的海盗，对迦太基进行报复性的攻城洗劫后，占地之余又加上了一把大火，把"迦太基"的名字都从地图上给抹去，所收得的金银财宝更不是可用"几十个口袋"来计数了。

只要有刀有剑有斧，只要有强大的实力，就可以入殖异国，铲除异己，屠杀劫掠。其中劫掠最频繁、殖民最广、影响最大的，莫过于历史上有名的维京海盗群了。他们几个世纪的拓殖、杀伐、劫掠，竟彻底改变了整个欧洲的格局。维京人手持刀斧，横冲直撞于海上，攻占冰岛，拓殖格陵兰，远征西伯利亚……有幸躲得残杀的生民不得不进行频繁的迁徙和转移。

同样是自北而来的一批拓殖者，在占据英格兰岛之后，窥得如此营生是一种远比商业贸易还可获取巨大利润的行当，竟以政府为名，支持、纵容海盗的劫掠行径。16世纪60年代的伊丽莎白女王，竟以政府名义向约翰·霍金斯等海盗船队颁发和出售"私掠许可证"，为国库收税敛财；更甚的是，还向霍金斯海盗团伙投资两艘战船，结伙海盗，自身也落草为寇，并进而将之视为手下的御林军，从而成为16世纪后半期，闻名全欧洲的"海盗女王"。先人如此一段不光彩的历史，自然是不值得炫耀的，才有了培根爵士在上文中收窄了调门、降低了词格的"屠民"一说，也才有了威尔斯先生在他的《世界史纲》中，较培根更直言不讳得多的"吾人自往事知之，最初之航海者，皆以劫掠为事"一说。实际上，徐福进入日本列岛，并非如培氏所说的"处女地"，而他的移殖该岛，并得以定居，不但并未发生如欧洲殖民者拓殖时一再实行的残杀（slaughter），甚至连培根深为担忧的"为了殖民而将原有居民根除"的"屠民"（extirpation）都不曾发生过。无怪乎日本徐福会理事长、《弥生的日轮》一书的作者饭野孝宥，在北京召开的一次国际徐福学术研讨会上感慨无限地说："翻遍古代历史书，也找不出一个像徐福这样，以和平方式移殖他国的历史人物。"

两千二百年来，一个异国的移殖者，在他所登陆并定居地方受到的热爱和崇敬，历时如此长久，跨地如此宽广，人数如此众多，也正是由于这种"和平地进入"。这一和平进入开化后进地区的方式，使"移殖、传播文明，无可避免地须以武力征讨开道"的说法再无存在之理。这一形式，是迄今世界文明史上所有向后进地区进行移（殖）民的开发活动中所绝无仅有的，也是中国自古以来，在对待周边弱小国家时所一贯奉行的。以仁为中心的"尚德抑武""怀柔远人"的和平主义思想，在徐福东渡这一历史事件中，在徐福这一历史人物身上得到了最具体的体现。研究徐福东渡是否止住日本，可以从多种视角出发，而以徐福的不事劫掠与杀伐，如贩野先生在他的《弥生的日轮》一书所说的，以和平进入的方式开化当地文明，因而深为日本人民永远铭记在心，实也不失为其中深具价值的一种。

六、徐福在日本

有人说，徐福像是一颗被许久遗忘在天际一角的星，这一比喻是至为确切的。但笔者总感到，一味地为一位历史人物的被遗忘而抱屈，是没有任何实际意义的，重要的是使他再度回到人们的视野中来。可喜的是，为此而努力的颇有人在，而且，人数正越来越多，尤其是深知个中艰难，但知难而进、另辟蹊径、勇于探索的人物，更特别令人钦敬。如耗时十年，八度访日，在日本列岛跋涉数千公里做实地踏勘与探访的中国台湾学者彭双松；如徐州师院的罗琪湘教授，在一般人不太重视的谱牒学方面，下过独到而深湛的功夫，并取得了令人瞩目的突破性成果；海外的林建同、陈存仁等，则对这位历史人物的海外行踪、遗迹和与此有关的传说，做了持之以恒的探索和研究，成果也都显赫。香港徐福会理事长林建同从1973年起，每年一次，四渡扶桑，沿徐福东渡与传说中的神武东征的路线，考察其在日的行踪和遗迹。其间同行的还有席正林和陈效赞等人。林氏以其赴日考察的成果，写成《徐福史迹考察记》和《徐福研究》等书，使不知徐福其人其事的读者，得以循着这位先行者的足迹，回视了一次这位长期以来被忘却的，海上伟人在日本列岛留下的遗存。以上诸人，于经典史籍研究之外，别开一径，都获得了他人无法企及的收获。

这里特别值得再详做一述的是彭双松先生。他在实地考察徐福遗迹方面，所花时间最长，所下功夫最深，成果也最丰富。彭氏从1975年起到1981年，前后八度专程自费访日，费时十年，行程数千公里。在荒山野岭、榛莽丛林中，追根溯源，披沙拣金，寻觅着千古之谜的奥秘，共觅得徐福在日遗迹56处，集得与遗迹相关及源自徐福的传说32项，发现在46种之多的古书中记有徐福其人其事；共拍摄与徐福其人其事相关的照片百余幅。这些收获，无论在深度和广度上，都无人可与之比拟。彭氏将其研究成果和他十余年研究各种历史典籍的国内外各种徐福研究资料的心得结合在一起，撰成洋洋30余万言的《徐福研究》。岂止一般读者，便是如杨家骆那样的著名学究都为之赞叹不已。

下编 论祖

徐福传说及其遗迹在日本的广泛存在和流传，是中日友好往来两千余年的悠久象征。中日建交以来，尤其徐福故里发现以来，民间和学术界对此的普遍关注，不但是对此种现实的接受，也是历史发展的必然趋势。我们要正确地对待这种存在，在评价、介绍此种历史遗存时，笔者以为，是不必全从历史典籍载与不载的角度加以苛求的，因为据彭双松等人考证，这些遗迹与传说虽不见于历史典籍，却都见闻于当地的方志、寺庙的"过去账"与久传不衰的口碑上，而所谓史籍，相当部分本身便是由此等记载与传说的筛选辑录演绎而来。

日本除本土四岛，还有 3000 多个小岛，有多得不可胜数的内海、海湾，遍布的湖泊、纵横的河道。徐福从日本最西部的北九州岛登陆后，从偏僻的西陲逐渐向中央方向东迁，以当时的运输工具及诸般条件而论，实在是险阻多端的艰难之行。徐福的东渡与后世以掠夺为目的的，诸如哥伦布等殖民主义者不同，后者是抢有所得，装上船便一走了事，而徐福一行人却是觅地而居，以另建理想的世外桃源为目的的。修船、开道、辎重、补给、一应人员的衣食住行、耕植，乃至就地的建设，并及锅碗瓢盆等一应的陶土制品，都得自给自足。波田须地方的"釜所"，便留下几多这样的遗迹……而且，身处物质基础极差的异国土地，又负有与当地土著共同开发的重任……其艰辛备至，更非寻常人可想象。活动、行事一多，各处留下的遗迹、传说自然随之越多。所以，诚如林、彭二氏考察所见，在徐福东迁的沿途，可说无处无遗迹，无处无传说，无处无地下遗存。这与徐福在日活动的具体情况是颇相一致的。

徐福在日如此众多的遗迹，如果没有所在地人民出于敬爱崇仰之心的保护和修葺，两千二百余年（即使有些是重建、后建的，也已有数百上千年之久）的无情岁月，早已将其冲刷殆尽。"桃红柳绿皆时事，为人杰者古到今。"数千百年前，人们对徐福在日遗迹的保护、祭祀、修葺自不待言，就在 21 世纪初，徐福遗迹较多的九州（及佐贺地方）、熊野滩（及新宫等地方）的官员、社会贤达及各界市民，在 1915 年即曾自发地成立了"徐福圣迹保存会"。其所开展的各项活动及其成果，令人感动。1929 年，日本曾先后两次出版过前川真澄著的《徐福》，以及马场春吉著的《山东人的移民和徐福的来日》等书，刊有新宫等地保存得很好的徐福遗迹的照片多帧，表明徐福一直活在日本人民心中，其在日的影响至今仍然存在。1931 年，新宫市成立"徐福事迹显彰会"，每年都举行各种纪念活动，更表明其在日影响历久而不衰。战后，1955 年，该地又成立了"徐福会"，除了上述传统的纪念祭祀活动，还从事徐福事迹的收集、研究和宣传，使徐福其人其事除日本之外，更光大到国际间。其他如日本古九州岛肥前国以有明海为中心的地区，因据传是徐福东渡在日最初的登陆处，这里的人民尤深以这一点为荣，并以当地拥有众多的徐福遗迹与传说而自豪。人们对当地的遗迹怀着一种非常钟爱与崇敬之心，其保护和修葺的事也一直不曾间断。

徐福在日为数众多的遗迹之所以得以完好地保存至今，据赴日考察者介绍，全是出于当地人民自发的一腔虔敬，这从另一侧面说明，不管何种因素的影响，也无法磨灭这位历史人物在人们心目中的地位。随着国门的进一步开放，越来越多的国人也有机会得睹这些分布在日本以及朝鲜等国广大地域的徐福遗迹。在此之前，将上述先行者各在其考察与著述中，对跋涉东瀛所见所闻的徐福遗迹、传说，及与其有关的一些祭祀、纪念活动介绍给国内读者，对交往日见增多的两国人民，还是很有价值的事情。

（一）徐福在日遗迹、传说，以及与此关联的祭祀活动

1. 弥生文化的发祥地——九州平野上的徐福

九州平野上的佐贺平原，南依有明内海，北傍博多一湾，平原

上有位于福冈、佐贺间的室见川、那珂川、御笠川、多多良川四条大河，皆向北流入博多湾，包括其间无数的水系、支流，可谓百川入海。四河之间形成的，宽广的福冈平原和佐贺平原这一水源充沛的广阔平野，非常适合水稻的生长。一如前述，日本民族在公元前3世纪左右，在仍处于采集、狩猎等原始生活状态下，由于徐福一行所携的"五谷百工"，以及得天独厚、风流水便，被视为"平原广泽"的九州平野这两大因素，促成了日本弥生文化的飞跃。

岂止有可见的，九州平野上的大量实物，更有那一时代中国典籍上的记载：徐福东渡其事其人，见于《史记·秦始皇本纪》；平原广泽其地，见于《史记·淮南衡山列传》。所以，今日佐贺平野上的徐福，以及与徐福关联的关于稻耕、蚕丝结织等种种遗迹传说并祭祀活动便得以流传，并昭昭然可见可闻于平野各地，诸如伊万里津、诸富町，诸于金立山、金立神社；诸如古地名的博多、秦（训读如 Hata，即今之福冈，汉字则写成"秦""波多"或"羽田"）……"秦"的原义在日文中，还作"纺织、善纺织的人和地"解。今日佐贺的"佐贺米"、福冈的"博多织"，至今仍是驰名全国的上品，而读作"Hata"的秦姓日本人，则绝多自称来自中国的秦人后代，如史上的秦河胜和其后对徐福其人颂不绝口的当代前首相羽田孜。九州平野是日本一举飞速跃入文明社会的发祥地，已被日本文明发展史视作史学定论；祭祀徐福的金立神社被称作日本文明发展史和宗教史上的一大圣地。

日本著名历史学家，《纵观日本文化》一书的作者井上光贞，在其另一册著名的《日本历史》中，将弥生时代的邪马台国，从初具规模，到逐渐东迁畿内建立大和国的过程，分成四个阶段，分别经过山门郡、山门乡、经宇佐直到渐现国家形态，在大和（今奈良）地方建立起来的倭国。倭建国之前，其主要活动地域几乎都在九州平野之上。邪马台国是在弥生时代中后期发展起来并渐趋成熟的，吉野里遗址大量的出土物便是这一演变过程最具影响，也最有力的证物。井上光贞在该书中的论述，纠正了《记纪》将日本历史分成天上的"神代"和人间的"皇纪"两大部分的杜撰，从而将历史回归为科学的石器时代、绳纹时代和弥生时代这三个时代的正确表述。而弥生时代之所以得在北九州的平野广泽上完成其最终的飞跃，自然与徐福为首的一行渡来人带来的大陆文明，和其可以定居的平原广泽密切关联。即如前言：是地利，更是人和这两大因素的共举，使它成为日本弥生文化的发祥地。尤其人和，成为佐贺人最足称道的家珍。由徐福携往的稻耕农作的成果，更成了九州平野上的佐贺人最拿得出手、最值得骄傲的传家宝。佐贺人的稻作技术一向被视为日本的最高水平，其单位面积产量一直高居全国之冠。当地民众为此，仅在金立神社一处进行的感恩祭祀便有"七种粥之行事""新尝祭"和"收获祭"……前者为每年正月十五日向徐福神灵供奉"御粥"，以卜本年稻谷之收成如何。后者是每年 12 月 15日于金立神社下宫举行，人们将由各地"面田"收获的特为存贮的新谷祭祀徐福之灵，以谢徐福全年的厚赐之恩。

（1）遗迹与传说

日本的弥生文化始于九州有"平原广泽"之称的这一广大平野，一般指横亘于北九州的福冈平原和佐贺平原，向东延及至日本列岛各地。你只要到了那片平野之上，日本列岛弥生时代那黎明时分的情状，便都历历在目了。在那里，弥生时代的遗存与传说，不但数量多，和日本列岛其他地区同时代的遗存，也有许多明显的不同之处。这些遗存，以渡来人登陆之处的福冈平原、佐贺平原为中心，辐射到大分、山口、宫崎，向南延伸到长崎、鹿儿岛，终至散布列岛的绝大部分地区，脉络非常清晰。限于篇幅，这里只能摘取几处予以介绍。

伊万里港　该港在今九州佐贺县伊万里湾内。伊万里湾位于东松浦半岛与北松浦半岛之间，是一处天然良港。港口位于福岛的对岸。现有烟津、波多津町、北波多町等四处地名。该处原先的地名为"秦津"，后因政治原因而更名。其实，"烟津""波多津""秦津"的日语训读同音。

浮杯 位于佐贺县佐贺郡的诸富町。据日本佐贺县徐福会的副会长福岛清高在《徐福船队东渡日本经由路线及登陆地》一文中介绍，从近代该地出土的文物看，诸富町与大陆之间，在上古时代便有一条往来连接的线路。相传，徐福一行人从海路到达日本的最初登陆处便是这里（现该登陆处有"徐福上陆地"之石碑）。徐福一行在该地登陆后，当地人民喜庆相迎，徐福与之共饮时，为答谢土著居民盛情，将酒杯投入载他而来的水中，以示与新地的投契。酒杯浮于水面，向前漂流而去，后止于一处。该处水面起了一层泡沫，随后现出一小岛，该岛后被当地人称之为"浮杯"。据说，该小岛不知何时已与陆地连接，但"浮杯"之名未改如初。

现在，浮杯当地人用木料制成一只大酒杯，轮流供奉于该地徐福崇敬者的家中，其珍视程度一如神器。1980 年 4 月，佐贺县金立神社举行五十年一度的徐福东渡两千二百年大祭时，该酒杯由当地崇敬者们护送到金立神社下宫旧址纪念碑前，供全国各地广大崇敬者们瞻仰与祭祀。此杯本一摹制品，但人们仍郑重其事地以此作为徐福当年用过的实物，虔诚地加以供奉，可见对徐福其人的敬重之深。1989 年，当地人民又在浮杯这一圣迹的所在地，隆重地为徐福树立了一尊立像，作为对徐福在日登陆 2200 周年的纪念，并恭请徐福第 71 代孙徐广法老人专程前往参加揭像式，更见他们对这段往事的怀念之情，至今有增无减。

徐福手洗井遗迹 位于佐贺县与福冈县交界的筑川河东岸小镇诸富町。这一遗迹的所在地——寺井津宇搦，据传系徐福一行当年登陆后，分散住宿的地方。该处因无水可用，他们便开了这眼井。

在徐福登陆地柱标上有数行铭文记录此事："秦始皇统一中国，闻日出国有长生不老仙药，派徐福为使者求之。由搦登陆赴金立山途中，传说为静身，而在此井洗手。现井见存于园田良秀氏宅。"

该"手洗井"很早之前已被当地人视为徐福在日的一处"圣迹"。后经数百年巨大变异，以及战乱、水火等人祸天灾，一时踪迹难觅。到日本明治维新时代后期，因举行陆军大演习，各家受命进行大扫除时，在寺井居民园田家一幢二层楼房之地基处，偶然发现此井。消息传出，全镇及周围地方人民以为是一大吉兆，而兴奋万分，竟请来一位神官，特地做了一番盛大的祭拜。地方士绅并为之筹备集会，进行盛大的庆祝，附近以及从各方面赶来的研究者和参拜者蜂拥而至。嗣后，该井正式被奉为"圣迹"，成为金立神社（奉徐福为农耕、蚕桑、医药之神的神社）的"手洗井"。神社特地为该"圣迹"修建了祠堂，进行祭奠，直至今天。据该井所在地居民园田良秀介绍，1989 年春，金立神社举行纪念徐福东渡 2200 周年大祭典时，在"手洗井"进行了祭奠游行，参拜者超过千人，盛况空前。发现此井的园田良秀的祖父园田秀次，因这件事，从此成了徐福的忠诚崇拜者，良秀本人也成了热心的徐福研究者。以后，在寺井所在地周围，又发现了与徐福颇具关联的弥生时代中期的城越式土器，又引起徐福信徒们很大一番研究热情。这令笔者联想起与此处相去不远的（距金立神社仅八公里）轰动全日本的吉野里遗址。作为各种弥生时代地下物，尤其在数量和规模如此庞大的弥生文化遗迹发现地的佐贺平野，又恰是日本全国闻名已久的徐福遗迹最密集的地方，这就绝不只是一种偶然的巧合了。

千布里 位于在佐贺市。相传，徐福在进入佐贺平野腹地时，由于杂草丛生、荆棘载途，步履艰难，便将从故国带来的布匹铺路而行。当他们走到今日称作"千布里"的地方时，足足用去一千反（日本计量单位，一反约等于 0.1 亩）的布料。因此，该地被称作

"千布里"。以布铺路，除了便于行走，还颇显示了徐福一行所携之丰富，以及来自泱泱大国的威仪。布匹这种前所未见过的物质与其可当地毯的特殊功能，同时向当地土著显示了一种神秘感。难怪以后关于徐福的神话和传说中，会有天孙乘天磐盾自天而降的说法了。

阿辰观音　位于佐贺市千布里东。相传佐贺平野的土著酋长玄藏曾为徐福做向导。玄藏对徐福非常尊敬，在款待徐福时，特让其掌上明珠阿辰陪席，因此机缘，使徐福得与阿辰产生了一段情缘。但徐福身负重任，无心眷恋儿女之情，便以所携宝剑相赠。阿辰姑娘情不得遂，郁郁含怨而逝。阿辰姑娘的纯情感动了乡民，他们为阿辰雕了一座塑像，奉祈乡里，称之为"阿辰观音"。富士町古汤温泉乡的彦山权社，还祀有徐福与阿辰的合像，也称"徐福夫妇像"，被尊为"温泉之神"，讲的就是这段传说。

八百平　该遗迹位于佐贺市西原。徐福一行行至久保泉町处西原之西谷，即现在"金立道"的入口处，寻找登山路径时，在此地欲觅一向导，无意中遇见当地一土著"八百平"。徐福即商请八百平带路。八百平欣然应允，遂以所携的农具伐草砍树，为徐福开路，引他们一行人攀登金立山。由于八百平的协助而顺利登上金立山的徐福，念其披荆斩棘的带路之功，日后驻屯从事稻耕农作时，将开垦的上好水田赏赐给八百平二反余（二反合八百坪，约合中国二分余地）。此块水田，据传，即在当日徐福遇见八百平的地方。土著原无名姓，当地百姓知道他因做徐福向导成为功臣，得了八百坪水田的赏赐，遂皆以"八百平"（谐音"八百坪"）相称。以当地的情况而论，有水的良田八百坪可算是不薄的一桩赏赐了。八百平的后裔代代相传，居于斯，耕于斯，每到秋收时，总不忘徐福的赐田之恩，一定将其"初穗"（即秋收时最早成熟的稻穗）供奉于金立神社，以示感念之情。八百平的子孙现姓"中岛"。据说，该族人的先代曾保存有八百平当日当向导时所使用的简陋农具，及徐福的绘像等，但今已失传。除上述诸处，佐贺还有玄藏松、玄藏屋、单叶芦、投石、牟财天以及蓬莱岛、金立道、金立山之千坊等徐福遗迹，俱闻名遐迩。

（2）祭祀活动

祭祀是东方文化的一种特殊纪念形式，唤醒了今日人对那遥远时代的记忆。祭祀不但是怀念，更是亲近，是一种祈求与先人永远同在的纪念形式。据《金立神社由绪纪》载，徐福率众在寺井登陆后，即向金立山进发，居高临下，察看四周情形。由于该处是徐福出海首次在日登陆的驻屯之地，日后遂被视为灵山，并在山上建造了徐福庙（即后来的金立神社）。当地也随之成为九州著名的神域了。据当地方志载，金立神社是2200多年前创建的，是金立灵山上最早创立的神社，历史非常悠久。徐福是金立神社唯一的祭神。

古村人的徐福祭　古村在有名海最北端的福部，自弥生时代以来，从上凡郎至千布，最大的港口叫"六福部港"。福部，是以徐福命名的地名。据当地人说，从福部港一线向东是徐福一行休整过的地方，向日被称作"徐福地"。这里曾建造过善门庙，是中国式庙宇的遗迹。在佐贺的古文献记载中，这里有个以徐福地为中心的村子，叫"古村"。该古村人深记这段传说，每年都对这位给他们带来稻米的恩人行大祭之礼。古村人的祭祀与九州其他地方的祭祀不同，他们在行祭祀的这天，将每日的三餐改为一餐。这一餐也属祭式，一直延续到现在。此一祭式，为各家分别带着自家精制的美食，到当地的神社行祭。这实是名副其实的美食祭。各家以大米制成的精美佳肴祭祀徐福，也不失为别具一格的纪念了。

古村以东，朝着太阳升起的方向不远处，便是全国乃至全世界都知其令名的吉野里。自吉野里遗址被发现后，九州所有的大祭仿佛都因此而更增添了十二分的热情，众多的考古学家几乎一致认定，吉野里遗址是弥生文化最典型的缩影，而弥生文化正是东渡徐

277

福带给九州，同时也是带给全日本最大的礼物。

特色独具的金立神社徐福大祭　在日本八万多神社、神宫中，金立神社是因将徐福奉为神社唯一祭神而闻名的一座大神社。俗谓"民以食为天"，先民为感徐福携五谷来岛、拯救万民于饥馑之中的大恩，每年都不忘对徐福英灵进行祭祀：如正月向徐福供奉"御粥"，祈当年丰收的"御粥祭"；如每年十月秋收后举行的，一如美国感恩节一般的"丰收祭"；以及每年岁尾十二月，将各地面田（专为供奉徐福大神而栽培的田亩）收获供奉徐福的"收获祭"。而其中最具特色、最为隆重的，则是金立神社每五十年一回的"徐福大祭"了。该大祭是佐贺地方历史最悠久、规模最大的祭典。祭祀共进行三天，祭期内。那倾城出动、万人空巷的热情与隆重，令人叹为观止。参与盛典的不但有当地人，还有来自全国各地的徐福崇拜者与观光客。20世纪80年代，因研究徐福与之结缘的中国台湾学者彭双松应邀参与，其场面之浩大、感情之虔敬、程度之热烈皆为他此前所参与、识见之未有。彭氏深受感动，全程记录了这毕生只能有一回的际遇。所记甚详，为篇幅所限，本文仅举其大要，做一简介如下。

大祭于4月27日开始，至4月29日结束，一连三天。是年为金立神社创立两千二百周年。据当地传说，两千二百年前，徐福率领一行人在寺井津（今之佐贺县诸富町）登陆，在寺井津地方住了一段时间后，才移驻金立山。建于金立山的金立神社分上中下三个宫，分别造于山顶、山腰和山麓。大祭首日的早晨，在金立山顶的上宫本殿做一番虔诚的祭神仪式后，祭众将居于上宫中的徐福神灵请上豪华无比的神轿，由氏子（信徒）们组成的游行队伍为前导，浩浩荡荡向山下进发。长长的仪仗队行列中，有幡、伞和手执的矛、戈、戟、钺等武器，都呈明显的中国文化色彩。尤其那些武器，都是西安秦始皇陵墓出土物中可见的样式，这是日本各地的祭典中都没得见的。抬神轿的八名氏子和陪侍一边的替补队员，一律白色的衣裳，足蹬草履。草履的结扎式也令人想到秦代修行的方士。佐贺的徐福信徒们累代相承，矢志不渝地信奉徐福之道，今天我们已难以断定他们就是徐福的后裔，可也不能排除他们的躯体里有着徐福或北九州弥生人的基因。游行队伍到达中宫后，照例停下休息片刻，因相传昔日徐福一行由寺井津登金立山时，曾在这里门下休息。在中宫稍做停留的游行队伍，于上午十时前到达下宫。十一时，在下宫举行盛大的主祭——两千二百年大祭。参祭人除了游行队伍，就是地方上众多的徐福信徒及自全国各地慕名而来的观光客，嘉宾多得不可胜计，热烈程度始终处于高潮。两千二百年大祭结束后，在下宫有"钟浮立""狮舞""歌咏比赛""民谣表演"等各色各样的精彩表演，以娱乐云集此处的来宾，一如西方的狂欢节。

　　大祭当晚，该地每家每户都张灯结彩。一家男女老幼齐集欢度这五十年一度的佳节。每家都大肆宴请诸亲好友，到处只见杯觥交错，人人都醉眼蒙眬。原本是一个边缘地方的町巷，这几天顿然车水马龙，万头攒动。人人笑脸相迎，家家倾力宴客，就是不相关的外地来客、陌生行人，也在被邀之列。这是徐福大祭之外，不可能见到的场面。因为徐福在五十年当中，才有一次机会回到旧地，所以当地每家每户门口都悬挂着书写"徐福大祭""徐福两千二百年大祭"字样的灯笼，以示庆祝。大祭的次日，二十八日清晨六时，庞大的游行队伍由下宫出发。两小时后，到达千布里地方的"阿辰观音宫"前，在此地又由附近的信徒们举行一次盛大的祭典，再向昔日徐福登陆之地进发。傍晚时分，徐福的神轿再由游行队伍请回下宫，在此过夜。下宫门前，又有一番热闹的各种活动，祭众于二十九日才回到上宫。

　　此项大祭的筹备费时两年。数万信徒全力以赴，有钱出钱，有力出力，由一个专门成立的筹备委员会领导，统筹人为徐福崇拜者、徐福研究家、佐贺县教育局局长兼佐贺女子大学校长坂田力三。坂田先生一家三代都对徐福有无比虔诚的敬仰。其父，九十高龄的坂田十太郎，为此次大祭的"祭典委员长"，是此次大祭最有号召力的核心人物。他为此生中能两度主持徐福大祭，感到毕生最大的光荣。坂田一家三代共同参加了大祭，完成了老人心头的宏愿。他认为这是徐福先人对他的眷顾，而心怀感激。毕生从事教育工作的坂田校长一家对徐福的至诚虔敬，是九州人对徐福其人敬仰的最典型代表。九州是弥生时代的发祥地，他们对弥生文化深层意义的理解，对此一文化发轫人的崇敬，名不虚传。此次大祭前六年的 1974 年，香港徐福会会长林建同先生曾因同出于对徐福先人的崇敬，不远千里，专程来九州拜访过坂田校长，表示了他无限的敬意。对坂田先生的敬意，又岂止九州一地？远及全日本并及国外，他都是有资格享受此种敬意的人。

这次大祭极具规模，参与游行队伍的成员，不论男女老幼一律古装古帽。古色古香的各种道具装备，俱合乎徐福时代的韵致。徐福神灵乘坐的神轿，更由金缕装饰得豪华无比。连抬轿人都是经过严格挑选的，无不是地方上最优秀的未婚男青年，附带条件是必须父母俱在，个人则须品学兼优。坂田校长的两位公子双双入选。神轿后面，由地方妇女组成的古装舞蹈队数百人，一律着色彩鲜艳的古装和服，戴着别致的古帽，边行边舞，一边唱着《金立神社五十年大祭之歌》："……欢欣恭迎徐福尊神，以珍贵的珠宝、古桧木，在清静的碧空里辉映着，鲜红的石楠花，你我大家一起来，庆祝这吉日良辰，你我大家一起来，将这盛事流传到后世……"歌声响彻金立山麓。徐福在天之灵倘有知，定将感叹：出海东渡，不虚此行也！

2. 弥生文化的另一发祥地——熊野滩上的徐福

据香港徐福会的林建同和此后陈存仁等人，尤其又过几年后，台湾的彭双松数度对徐福在日遗迹与传说的考察，得悉，徐福一行在北九州登陆之后，又辗转迁徙，向列岛内各地航行。还有一种传说，徐福船队并非全部集中一处，而是有着数个登陆之处，和歌山县新宫一带的熊野滩，便是其又一处登陆、驻跸之地。

《史记·淮南衡山列传》载，徐福东渡后："得平原广泽，止王不来。"迄今为止，在日本发现的具有"平原广泽"规模，且有比较明确指向的，除前述的九州平野，另一处便是如井上光贞在《日本历史》一书中所说的，邪马台国由九州东迁后，在近畿建立倭国所在的熊野滩那一片广阔的平野之上了。日本研究专家汪向荣教授在《徐福，日本的中国移民》一文中指出："和歌山县新宫市，正位于太平洋沿岸熊野滩的南端。纪伊水道的东侧，潮岬的附近，自古以来就是航舶启泊的港口；稍向内陆深入，则正是广大的近畿平原，在其附近，河流水利方便。因而有人将纪伊半岛或琵琶湖、滨名湖一带称为'平原广泽'，也不是没有理由的。"不少学者对此也持同样观点。

（1）遗迹与传说

作为弥生文化又一处发祥地的熊野滩平野，及其邻近的各处徐福在日遗迹与传说的集中地人民，感激徐福一行携赠的厚重与艰辛的开化之恩，所以这一带地方，尤其是日后发展为其中心的新宫等地，徐福的遗迹与传说也非常之多。其对徐福先人的怀念与祭祀活动，也同九州的佐贺一样隆重与虔诚，且随着开化程度的演进，其祭祀形式也比边远古拙的九州更多样，而又别具特色。

徐福墓　位于今新宫市徐福町新宫车站 100 多公尺外的一座小冈上，占地 150 坪，周围空地 620 坪。墓前有名闻遐迩的"徐福事迹显彰碑"。碑旁竖有一块标牌，上载："徐福在秦始皇施行苛政之下，遁世来求不老不死之仙药，率三千童男童女，携五谷百工乘船入东海，至常世之乡熊野飞鸟地，止于此处，子孙繁昌，为常世之神。神常在本社，由往古蓬莱神仙之乡，被尊为长寿、息灾、丰穰之神……"日本汉学家新井君美曾说："今熊野附近有地，曰秦住，土人相传为徐福居住之旧地。"《和歌山县史迹名胜志》也载："秦徐福之墓在新宫町，墓前有石碑一，上刻'秦徐福之墓'五字，传为李梅溪所书。"有意思的是，据《新宫市志》载，韩国军部大臣张燕亡命日本时（约明治三十四年前后），曾受徐福建立纪念碑者所请，作有一篇墓志铭。铭文记徐福其人其事略似《史记》，然后有徐福东渡至日本，以及其后他在日本的遗迹（徐福墓）等。由于一己之身世的遭遇，张燕对这位泛海的先人的命运感慨之余，颇多赞词，并望其墓得以永存。

该墓地原有的徐福祠，历史甚古。日本庆安元年，日本高僧绝海和尚有"由日本送赴中国大陆拜谒明太祖朱元璋"时所作诗，诗中已提到徐福祠在"熊野峰前"："熊野峰前徐福祠，满山药草雨余肥，只今海上波涛稳，万里好风须早归。"明太祖朱元璋步前韵和绝海诗曰："熊野峰高血食祠，松根琥珀亦应肥。当年徐福求仙药，直到如今更不归。"

徐福墓在日本众多的徐福遗迹中影响最大，所以在中日古诗及文书中亦时有出现。墓地周围的居民对徐福有无比的敬仰与崇拜，"徐福保存会""徐福显彰会"等团体每年都会举行各种纪念徐福的活动。徐福墓近旁有七塚，传为其随行人员遗塚，今仅存其二。

1955 年，该市成立"徐福会"，每年举行"徐福墓前祭"。除新宫市民外，日本各地专程前来祭奠者及海外华人，数以万计，成为日本著名的民间祭之一。

纪伊阿须贺遗迹　该遗迹在新宫市阿须贺町阿须贺神社周边。据地方志载，包括新宫市的熊野一带，传说为徐福渡来登陆地，自古便是日本文化开发最早地区之一，从而留下弥生时代初期的日本生民从渔猎、采集直到发展至农耕生活阶段的竖穴式住居遗迹、弥生式陶器、陶土制品、金属制品等许多极珍贵的地下遗存。

熊野的神邑——神仓山 神仓山位于新宫平野西侧，孤峰突起，如中国桂林的独秀峰，给人以巍然耸立之感，神仓神社即在其高近百米的断崖之上。神仓山顶上曾有一座徐福庙，神仓神社是在徐福庙毁于火灾之后建成，故庙虽已易名为社，其主神却仍是徐福。在神仓神社——昔日的徐福庙旁边的巨岩山洞中，发现了很多铜铎、古陶器的碎片以及古玉器等物，据考古界考证，皆为弥生时代物。这里不但有徐福庙其名，更有诸多遗存遗迹可证其与徐福时代的关联。该地自古以来便被岛国人奉为他们心目中开发始祖恩公徐福驻扎过的圣地，一如弥生时代遗迹甚多的九州佐贺的金立山。其规模虽略逊于金立山，但同被视为神圣不可侵犯的神域，成为日本国人心中最著名的两大圣地之一。

速玉大社 速玉大社位于和歌山县新宫市早云町，号称"官币大社"，属日本最高级的神社之一。古代以来，日本天皇与皇族远从京城来速玉大社参拜。据《和歌山圣迹》载，正殿速玉宫便是上述的日本历代天皇如宇多、花山、白河、鸟羽、崇德、后白河、龟山等到行幸之处。据统计，参拜次数共有 88 次之多。速玉大社神宝馆置有日本从绳纹时代、弥生时代到室町时代的国宝 967 件，其中保存完好的有神幸船、神轿、徐福马鞍、徐福木板浮雕像，以及被称为"一物——孤"的徐福神灵象征物等几件宝物。在诸宝中，属速玉大社的珍藏，最为受到重视，它们在此后述及祭祀徐福的各段文字中，还将不断出现。现存于速玉大社神宝馆的神轿上，雕着一枝引人注目的牡丹花。徐福木刻像上也雕着这样一枝牡丹花。每年在徐福墓前举行徐福祭时所使用的灯笼上，也一律都绘上牡丹花。据彭双松考证，这是因为徐福是山东人（徐福故里徐福村在江苏省赣榆县，该县在 1953 年前属山东省，故有此说），而山东盛产牡丹（山东省菏泽市古称"曹州"，以产牡丹名闻中外，尤名闻日本）。徐福出海时，随船将故地的牡丹带往日本栽培欣赏，以抑思乡之情。所以，后人在对与徐福有关器物进行装饰时，总爱绘上他所喜爱的牡丹花，以示对这位伟人的怀念与敬重。当然，以塑像来表达此种感情的，就更为注重得多了。在新宫西边那智地方的徐福塑像，便是其中的一座，是 20 世纪 60 年代末树立在那智国立公园内的。塑像被置放在徐福庙内，开光大典时，由特地从京都大本山妙心寺请来的"管长"梶浦逸外法师主持。中国台湾方面则有国民党元老何应钦率领的一个文化代表团前来参加。熊野滩人对徐福的纪念，岂止见于上古留存的遗迹？

（2）祭祀活动

熊野滩上的徐福祭，以其形式多样著称，计有熊野川上的御船祭，神仓山的御灯祭、三轮港的鲸踊祭，以及新宫市仪式隆重的徐福大祭等，祭式繁多而热烈。除了每祭不爽的当地徐福信徒，还特别能吸引国内外的徐福崇拜者、研究者和观光客。如 1974 年特邀香港组团参加的那次新宫徐福大祭，据参与者、香港医药协会会长陈存仁的参祭报道，新宫市区当时统共才四万人口，而国内外赶来参与的徐福崇拜者、研究者与观光客竟多达五万人，其参与度之高，由此可见。

熊野川上的御船祭 "御船祭"是速玉大社重要的祭礼之一。一切依此地居民祖先从久远的古代流传下来的方式盛大举行，是包含着历史延续性的重要祭典。每年的十月十六日上午，于速玉大社举行了"丰年祭"后，当日下午，"现神"徐福被恭迎至熊野川上，御船祭即在川上举行。保存于速玉大社"神宝馆"内的"神幸船"与"神轿"，早已被送到熊野川下流的河口。此时，徐福现神乘坐神轿由祭典人护送往河口登船。两艘为"神幸船"保驾的"诸手船"和九艘护驾的"快船"，在河口与"神幸船"会合，"御船祭"开始。九艘"快船"在"神幸船"的两侧为徐福现神护驾。据传，一如古时徐福所享受的尊崇："快船"在进行途中，开始竞赛，以争先到达距河口上游三公里出的御船岛，邀宠于徐福现神，讨取吉利。这是"御船祭"最精彩动人的一幕，令人想起徐福麾下三千童男童女当年受他指挥进行操练的雄姿。

神仓山上的御灯祭 该祭的举行地点在和歌山县新宫市神仓町的神仓神社。熊野御灯祭是和歌山县指定的"无形文化财"，为速玉大社的"援社"神仓神社例行的大祭，具有南纪州诸祭中唯一特殊的风格，于每年二月六日举行。是日入夜，一两千名身着白色古装的青少年，每人手持一把"松明"（松脂火把），登上神仓山。众人于神社前集合，首先参拜神仓神社的主神徐福。经过一番隆重的仪式之后，一声令下，单手持"松明"的大队信徒便如参加马拉松的运动员般争先恐后地出发。但此大队人马是奔驰在陡峭的山崖之上的，于是，高达百公尺的断崖瞬间如悬着一注燃烧着的瀑布，又仿佛一条长长的火龙，腾挪摆动间，火把辉映着夜空，非常壮观。据传，在新宫举行的这场熊野平原的"御灯祭"，是专为祭祀徐福先人，祈愿当年风调雨顺，预祈丰收而举行的。有意思的是，就在第二天的二月七日，京城皇宫里，也举行了一场同名的"祈愿祭"，以向尊祖预祈当年日本大地的风调雨顺，求获农业上的丰收。速玉大社是日本最高级的神社之一，曾亲自受过众多天皇数十次的参拜。由该社"摄社"进行的祭祀"丰收之神"徐福的例行大祭，皇族中人不会不知道其事。而就在此次例行大祭的第二天，皇宫中便紧接着进行一次内容相同的同名大祭——祈愿祭，人们自然会产生一种联想：皇族求其保佑丰收的先祖，与民间祭祀以求丰收的先人徐福之间存在一种什么关系？这正是所有关注和研究徐福其人其事者都甚感兴趣的一个问题。

三轮港太地町的鲸踊之祭 此祭起于以熊野滩为背景进行的"殿中踊"和"绫之踊"（俱为形态非常勇壮的鲸鱼舞），每年九月十五日于三轮港的"八幡神社"举行。日本在今日是有数的捕鲸国家，其所捕鲸鱼数量与捕鲸船的规模远在欧美以上。日本的捕鲸技术历史悠久，据传是由中国传去，有《新宫市史》所载为证："熊野捕鲸业声闻于世，相传斯业远传自古昔，系当时徐福远航日本，抵纪州熊野浦岸后所传。始于该地的捕鲸业，其后逐渐布传至本州各地。"当时该地的原住民仅靠独木舟在熊野河及海边采集捕捉鱼虾等，以资食用。偶尔发现体积庞大的鲸鱼时，惊为神物，云何与斗与杀？而处于徐福那一时代的秦国人，及于始皇帝，捕杀巨鱼的本领却已经十分了得，此说可见证于《史记·秦始皇本纪》，前文已述。

熊野是日本捕鲸业的中心，三轮港太地町为基地，而太地町一名"秦地町"，意指秦人居住之地，以往捕鲸船的船长通称"秦士"，即起自对自大秦来的徐福一行人中善捕巨鱼勇士的敬称。当地流行民间的一首捕鲸民谣，即歌颂英勇的"秦士"统帅着二十艘捕鲸船，用矛矢刺捕从大岛游过来的鲸鱼。当地的速玉大社藏有古捕鲸图，即绘着二十多艘船围捕比船身大好几倍的两匹大鲸的情景。该祭行祭时，便以盛大演出的，此一秦士捕鲸的鲸踊这一特殊形式为祭，绘形绘声的舞者表演，令人想起上古时徐福一行人传授捕鲸术时的情景。和歌山县特将此一独一无二的祭式指定为"无形文化财"，以资永久流传。

新宫隆重的徐福大祭　很久以前，新宫的徐福祭是在昔日的"徐福宫"举行的，后改在徐福墓前的空地举行。至第二次世界大战期间，因战火炽烈，又受日本军方干涉，暂时停止。战后，昭和二十七年（1952年），始由当地民众重又举行。这一祭典的形式也颇别致。由地方青年男女两千人以上参加，以古风舞形式进行的"盆踊"，参加人员均着色彩鲜艳的古装，翩翩起舞，鱼鱼雅雅中，显示出劲健英姿。活动从下午七时半开始，直至深夜十一时后才尽兴毕。因此项别开生面的祭典极富国际色彩，意味殊深，且古韵盎然，每年除当地民众万人空巷，履舄交错，还吸引着无数的旅游者专程前来助兴。

按《新宫市史》载，此祭每年在九月一日举行。1974 年那次，日本报纸发布的信息是定在当年阴历的八月二十一日举行。此前，香港徐福会会长林建同曾对新宫的徐福遗迹做过专程探访，并就此撰文做过专题报道，还在香港徐氏宗亲会做过"徐福东渡日本是移民，是建国"的演讲会，引起徐氏宗亲会、香港徐福会等团体及社会听众的强烈兴趣。这些组织得此信息，遂决定组团前往参加，以观其盛。消息传出，报名者更扩展到香港学校校长会、工商协会、医药界协会等社团。此一信息经当地"日本观光协会"传到日本新宫市，即引起当地极大的反响。新宫市当时的市长谷泰堆大为振奋，认为这是中国人大规模来参加盛典的第一次，决定以"国宾之礼"接待。此一决定受到新宫市各界热烈响应。随后便着手合集当地各界共同郑重地策划接待事宜，并指定由四家宾馆作为来宾的"御宿泊所"。市长谷泰堆担任祭典大会会长，市观光协会会长山城功资担任大会委员长，市观光协会中谷博等担任副会长，市议员森本武市等十九人为执行委员，市观光协会为主催，新宫市徐福会、佛教协会等八个组织为协办人，还有十处町内会及四家新闻协会为后援会……日本的新宫市组成阵营如此强有力的接待组，以如此高规格接待代表团的消息传至香港，令参团人大为感动。祭典仪式之隆重及其中种种细节自是精彩纷呈，限于篇幅，不能一一备述，仅就其过程中尤其值得一说的，列举数则，也可见徐福其人在民众直至官场人士心目中的地位如何了。

一是祭典仪式。仪式一律遵循古礼，由高僧诵经，市长等主祭人一齐高声跟诵。当地全体政要并及应邀来宾等人，一律在前排安置的折椅上正襟就座。由于参与人数众多，气氛固然热烈有余，无奈场地有限，就稍显局促乃至捉襟见肘之不足了。这使笔者想起自己参加过的几次仪式隆重的祭典，特别是在津轻尾崎岬小泊村为徐福塑像举行的揭幕庆典，其祭祀格局与现场情状就与此回港地代表团副团长陈存仁对此所做的记述，颇有几分仿佛之处。这也许与日本国土狭小、空地不足，而祭祀仪式又特受重视有关。但这种局促中的法相庄严，又显出与祭人员的一片至诚。二是此番市长在欢迎晚宴上，对阵容强大的港地代表团致辞时，词情恳切，而最为振人耳聪的一句话是："日本的开国者，可能就是中国人徐福。"这"就是"二字，令人清楚地感到是加了着重号的，所以入耳特别分明。如此说法，出自一位日本国行政市长的当众致辞，显然不会是一时的信口开河。可见，林建同从日本探访徐福遗迹回港后所做演讲，即"徐福在日本，是移民，是建国……"云云，并非是作为中国人的林氏个人一己之见，也可见，卫挺生先生在《徐福入日本建国考》一书中的考证，绝非只是一种生拉硬扯的想当然了。三是此次受邀的祭典参加者的中国人中，多为爱国热情极高的港地同胞，又经当地徐福会会长此前的考证、撰文、演讲，对徐福这位伟大先人产生了浓厚的兴趣，除了参加盛典、观光、接受招待，对徐福其人在日遗迹、传说及当地的文史资料，又进行过一番仔细的探究。如据香港医药界协会会长陈存仁考察，日本历史上在熊野三山的此一徐福祭祀，从宇多天皇时代就已进行，经白河天皇到后嵯峨天皇等九位天皇共主持过八十八次。天皇、皇族，外加众人随员，成百上千，可见当日熊野三山的徐福墓地周围的占地，要比今日宽广得多。这一点，为若干年后再次前往考察的台湾徐福研究家彭双松又一次证实。可是，此一由皇家主持的祭祀，以后便告中止。但民间的祭祀仪式照旧进行，其中最具深意处已在上篇述及。其民间祭祀之所以不止不废，诚如笔者所言，正是作为弥生文化发祥地之一的圣地人民对这位恩公怀念的至诚表现，绝不是一行政客的从中撺弄、皇族的受制终场等所能禁止得了的。陈存仁在其著作中称,虽不敢就此公然宣称徐福即是日本天皇圣祖神武其人,但对明摆着的所见所闻和史籍所记,人们自会做出自己的判断来。

3. 日本其他地区的徐福遗迹与传说

诚如上述,徐福遗迹与传说在日本列岛上远不止这些,在爱知县、三重县一带,以及山梨县的富士山麓,东京都外海的八丈岛、青岛一带都有。即如在八丈岛、青岛一带,就还有童男山沟火、冠岳紫尾山徐福岩、祝岛徐福宫、鹤塚碑等数十处徐福遗迹及一些相关传说。还有些地方虽已无遗迹可辨,但相关传说仍在民间流传,其中有文字记录,又有年代可考者,以 14 世纪的《神皇正统记》最早。其他如 17 世纪到 19 世纪的《异称日本传》《伊豆七岛记》《游览记》《西国三十三名所图会》《熊闻见闻录》等等。从时代上看,虽非都起于徐福同时,有的还有可见的宋元以来中国文献的影响,但毕竟是千百年来书有所载,而且有着许多中国史籍不曾记载过的、全然属于日本自己独传的东西的。

传说也是一种客观存在,其价值,即使于历史研究,也是不可低估的。世界历史,尤其古代史的构成,即使在文明发达很早的古国,如巴比伦、埃及、希腊等,也不能全然排斥遗迹、传说等的史料价值。远古时期的文化关联必然会在史诗、遗迹、传说中有相应的反映,这几乎已成为一种普遍的事实了。

对日本来说,徐福和他之后的很长时期,是无文字的"阙史时期"。作为一个存在 2200 余年的国家,早期历史中的万千人物当然只能靠传说和遗迹相传于世了。往事越千年,如梭的岁月飞逝而去,抛却了多少出类拔萃之辈,而徐福其人独能盛传至今,这饱含着日本人民千百年来几多深沉而不断的怀念!对此,绝不能以无中生有的杜撰和捏造相视。因为,你很难设想这样多的遗迹皆是出于好事者之手,这样多相传已久的口碑、这么多的古籍记载,都系虚构和讹传。而且，纯属虚构的传说、故事可能盛传一时，也可能流传于某一地域，但不可能在一个被大海分割成无数彼此音讯难通的岛国上一以贯之，四处流传。

传说不是历史。传说之所以能在这样辽阔的地域、这样众多的人民中间代代相传，总是与一定的事实有关的。一种长期流传不衰的传说背后，往往隐藏着一片模糊却真实的历史的影子。它常会部分地反映，或曲折地折射过往历史的某些片段。连《伊利亚特》和《奥德赛》这种"神人"交织纯属神话的史诗中，都有着经后世考证所证实的大量史实，更不用说在日本那么多的非神话传说、方志古籍和"过去账"了。须知，古代的史家常常是从中受到启迪、感悟，从而将一个又一个如梦如幻般的传说引进历史。古希腊史之许多史实参引自《伊利亚特》《奥德赛》，已为世人所知，而盲歌手荷马的这两大史诗，许多内容直接来自当时民间的流传，皆是具有史料价值的传说。据秦史专家马非百先生研究，《史记》中的不少史实也是来自司马迁当日从各地的考察、探访和研究中的所得，当中自然有着众多的传说。前述的考古学家斯里曼和一些历史学家们，更是执着而不懈地从那些传说中，硬将其中不少的史实——钩沉出来。作者之所以不厌其详地将这一切做如上介绍，目的也正在这里。谁能说读者之中便没有深具此种兴趣并悟性如斯里曼者，由此而激起一种愿望，去破解徐福研究中如上述若干尚待揭示的谜底？

从彭双松八次亲自赴日，在大量的遗迹和传说的考察和探访中所获得的前人无法与比的丰硕果里，也——可以看出：耳闻纸观终觉浅，绝知底事须躬行。

（二）飞行研讨会——一次别开生面的实地体察

笔者在几回赴日参加文化交流活动后，也深有上述感触，每次研讨交流活动后，主持方也常安排对一两处遗迹的短暂参观，但

290

总令人有一种浮光掠影之感。终于，一次行程两周的专程考察与研讨，爽然补足了此一遗憾。

"日本真正古代史秦始皇与徐福研究会"会长山本弘峰对羽田孜先生在徐福故里所作的，被铸刻在徐福纪念馆大理石碑上的"日中友好始祖徐福"的题词，有极深刻的印象，并表示决心将此说传向全日本民间，使之深入每个日本人心中，尤其期望能使徐福其人其事写进中小学的教科书中，使此一认识代代相传。山本先生对徐福研究有其独到的见解，其为人，也是一个行动派，发此宏愿后，即付诸实行。

经过一番周密的准备之后，便有了这一次横贯日本大部分国土的飞行研讨会—— 一次专程对沿途各地的徐福遗迹与传说做考察与研讨的活动。此次研讨活动，从地处日本列岛最北端的徐福传承地北海道，到东南端纪伊半岛上最古老的熊野三山，纵横穿越大部分徐福在日本的遗迹与传说的集中地。

研讨会除邀请国内外相关的专家学者、徐福研究者与崇拜者，在五次主要的研讨会现场，还将邀请当地民众、政要以及各界人士参与交流。除了研讨活动，还将对当地及沿途主要的徐福遗迹进行参观和考察。此外，还安排了数场文娱演出，活动形式之多样与内容之丰富，令人有目不暇接之感。为在有限的时间内完成地域跨度如此之大、场地安排如此之频的多场活动，其间的主要站点多以空中巴士为交通工具，所以，这次活动又被称作"飞行研讨会"。

1. 北海道人的徐福情怀

行程开始于宿泊地莆田，经东京羽田空港起飞，直抵北海道旭川机场。在北海道几场活动之后，反向越过津轻海峡，飞抵本州最北端的青森县，驱车坐落于津轻半岛西北角的小泊村，参加当地新落成的徐福塑像揭幕式后，从青森飞回近畿地方的京都，经大阪折到熊野古道中段，濒波田须海湾的熊野市，最后折回出发地东京，在日本列岛纵横往返画了一个大"十"字，可谓长途跋涉。

山本先生在徐福故里和吉野里遗址两大发现后出现的那股巨大热情鼓舞下，带着一种意欲将"中日友好始祖"这一理念做更为广阔的传播，使其更加深入人心，并为进而将之写进教材，编入中小学教科书，一代代传承下去的理想而组织了这次活动。其用心之深远实在令人感动。

研讨会的第一站是北海道。此处是日本新拓的北部疆域，尚未发现有何徐福的遗迹，可在这里却仍可感受到四处弥漫着"徐福气息"。

在参观了研讨会举办地上富良也的一处乡土馆和静修熊野神社等处时，一位前来参加研讨会的中年人向我们讲述了他们家三代守护祖先传下来的徐福童男童女木刻像的经过。据其先祖告之，他们是跟随徐福到日本来的那三千童男童女的后代。日本是一个由多种移民混合而成的民族，其中就有从中国东渡来的移民。这些如今散居各地的大陆移民后人，只要知悉一点与大陆相连的信息，或有可资纪念的东西遗下，便千方百计地加以守护，代代相传。在异国远地的日本，见到这种始终传承的守根之情，尤其令人感动至深。

在上富良野町公民馆的研讨会上，与会学者们发言后，又有一位来自旭川市名叫秦谨卫的老人要求发言。老者称自己是徐福的后代。他们是随长辈从纪伊的熊野地方迁居到北海道来的。他们家的家谱上，明白地写有"徐福"二字。这种徐福后人的家谱在大陆已经发现多处，在中国港台等地区也有发现，并且已有徐氏宗亲会的组成，但在日本所见却不多，又因徐福东渡的止王之处已被研究者们所认知，就显得很珍贵了。这又使我想起日本前首相羽田孜曾讲起自己是徐福的后代，说他们家老宅大门上至今悬挂着"秦阳馆"三字的匾额。他们为自己身上带有徐福的遗传因子而自豪。这位秦先生随后展示了他家所藏，已被裱制得非常精致的家谱原件，立即引起会场上的一阵轰动。大家纷纷前来争看这份家谱，并与高举起家谱的这位老人合影。我们是来其故国的乡亲，又是他先人的崇拜者，自是要另外专门与他合影一帧的。

这次会议期间还有一件巧遇。在与当地前来参加会议者互做介绍时，我们认识了一位须发皆白的老者。他也说自己是大陆移民的后裔，只是记不得是在哪一个朝代移来的，"但根在中国是肯定的。这事，我们家人都知道，只是因为一些顾虑，怯于向外人言及。"在得知他曾看过的一本有关徐福的小册子正是笔者所写时，他高兴地说："看了先生写的这本书，"说着，他从包中取出带来的那本书，"我再无顾虑了。原来，我们有这样一位伟大的先人。日本之所以有今天这般的发展，第一步推动它的还是我们的祖先呢！谢谢你让我了解了这一切。"说话间，表情中颇有着几分自豪。老者请我在书上签名，并郑重邀我与他合影。初写那本小册子时，笔者做梦也没想到，书中这位先人竟能让两千多年后身在异国的后人，因他而在心中生起一种自豪，连向日心存的一些顾虑都丢到了一边。

在即使日本本国民众也视作遥远边地的北海道，一次能幸会这样几位"乡亲"，实在是令人高兴的事。日本民族的构成中，毫无疑问有着中国移民的成分，但作为与徐福一起东渡日本的移民后人，在经过两千多年无情岁月的冲刷后，仍能保存着那层记忆，乃至藏有与之关联可资怀念的珍物，就显得难能可贵了。我甚至想，这一定是热心于为中日友好奔走的山本先生，在筹备会议过程中，因曾做过不少的探访，为使会议有更浓烈的纪念情怀与友好的气氛而热心准备的结果。据告，山本先生为筹备此次活动，事前曾做过长达一年的精心准备，许多主要站点，尤其是五个回合研讨会的主会场地，他甚至一一亲自走过。凡是能让与会人看到的徐福纪念碑、祠、墓，尚待考察的山丘、岬地，与之关联的人事、传说，他都不曾等闲放过。即使是几块已难连成块的碑石残存、几点已难联成文的传说或忆旧的吉光片羽，在他眼中，也全是无价的珍宝。果如所料，钩沉上古传说，陈述邈远史话，本来就会让人们深感兴趣，当那里面又有着与己相关的人事时，兴趣之浓就更不待说了。研讨会未待召开，人们已有了参与的热情。他们期待着，听中国大陆带来的有关这位先人的信息，也期盼着向来人讲述那些一直以来蓄存在他们心底深处很久很久的往事。他们并无博取钦敬景慕或赢得恫瘝在抱之心，而只有闪烁在心底一段段的记忆，只有潺潺湲湲地久存心头的一缕缕真情的流淌。作为听者的我们，望着他们眸子里似有泪花闪动的那股至深之情，却是诸情兼俱。真没想到，此次飞行之旅的第一站就给人留下这样深刻的记忆。

2. 津轻海峡国立公园里的徐福雕像

第二次研讨会的地点设在青森县，这一站，除了研讨会，还有一项内容，是为竖立在本州岛最北端一座国家公园内的徐福雕像揭幕。这使我想起早期拓殖海外国度的许多历史人物的塑像来，如在从加勒比海诸岛到南美洲的哥伦布、在非洲大陆的斯坦利、利奥波德二世……一旦那些国家获得独立后，便纷纷被推倒在地，而同样拓殖东瀛的徐福的塑像的命运，却与此大不相同，不但不曾被推翻，还受到了很好的保护。更为人注目的是，在此后的各个历史年代，都还有新的塑像被竖起。进入 20 世纪后的新宫市、佐贺市、八女市、串木野市等地，先后都新竖起徐福像来。20 世纪 60 年代，新宫市就有在日本三大旅游胜地之一的那智瀑布一侧的神庙中新塑的徐福像。为塑像举行开光典礼时，还特邀中国的何应钦将军率一个代表团前往参加。直到 21 世纪的今日，日本人民仍在为他们的这位恩公塑像。据不完全统计，各种造型的徐福像在日本有 11 座之多，比历代天皇的塑像还多。要知道，塑像是最足以表明一个历史人物在其所在国家人民心目中地位的纪念物，由塑像可见人心。

我们这次前往参加的地处青森县小泊村津轻国家公园里的徐福

塑像揭幕典礼，就进行得非常隆重。仪式由尾崎神社的宫司尾崎贞夫主持，操办典礼的主人逐一请来宾净手。然后，当地各界政要、各阶层的代表、参与研讨会的成员依次入座，尾崎宫司缓缓出场，拜祭、驱邪、朗读祭文、再施礼……他们从衣着、祭场、祭具的设置，到祭祀的仪式，一一按古制进行，不禁令人想起孔夫子的行周礼，虽繁细至极，但那份庄重与肃穆和现场气氛与参祭人的心情都十分切合。

那座徐福塑像用整块青山石雕塑而成，高达四公尺，坐落在青森县北濒临太平洋之滨的津轻国家公园内。塑像面西耸立在"徐福上陆之岬"的岩座上，遥对着他的故国。揭幕典礼当晚的电视、翌日的报纸，迅即向国内外播发了此一活动。回顾当日的情景，历历在目……

那是 11 月末的一个阴天，位于日本列岛北端的青森县早已进入冬令时节。当时，笔者在濒海的岬地之上，但见阴霾在天，山雨欲来。凛冽的朔风呼旋在海岸边高高的山崖上，崖下在海风助推下的巨浪，澎湃激荡，高可齐岸。巫山郁云，高唐将雨之势，令人担心。在大海之滨，冬霖滂沱是常有的事情。可是，那场欲坠欲倾的大雨，终究没倒下来，只飘下几滴散散落落的雨点，或许是向来不为人间喜怒哀乐一切情事所动的苍天，偏对此一场面情生意动地落下几行感动的眼泪。祭礼仪式庄严地，缓缓地，如仪进行着，那种由极度尊崇氤氲而起的肃穆，黯然盈野地弥漫在"徐福上陆之岬"的山巅上……事后，有人说，这是天公有眼，它看见当地民众、各国来宾如此虔诚地祭礼着一位 2200 年前曾在此启迪先民的古人，此情此景，怎忍心去惊扰？也有人说，这是恩公在显灵……

巍巍哉徐福，日本人民对这位为他们带去先进文化与文明的恩公那种极尽赤忱的敬意与怀念之情，绵无绝期，久而弥隆！

青森县的这次研讨会会场，设在小泊村的日本渔火中心。会前，我们还参观了尾崎神社。主持徐福像揭幕仪式的尾崎贞夫向我们展示了他珍藏供奉的徐福木像，还告诉我们，徐福受始皇之命，在全权现崎上陆求仙药，教化与指导小泊地方人发展农业、渔业，以及救人的医术之道，使这里成为日本最北端的徐福传承地。现在，小泊人终于为恩公塑了这座巨像，表达了当地人民久存心间的感恩之情。由于主动前来与会的人很多，把一个只可容纳 300 多人的会场坐得满满当当，人气之旺，直有爆棚之势。

笔者在此次会议上的发言主要说了徐福上书喜获恩准，秦始皇考海上方士和始皇帝亲自出海射杀大鱼、护送徐福出海三件事，史料均出自《史记》。盖徐福东渡出海事之所以为后人所知，首次便是出现在《史记》："秦皇帝大悦，遣振童男女三千人，资之五谷种种百工而行。"（《淮南衡山列传》）"后三年，游碣石，考入海方士，从上郡归。"（《封禅书》）"乃令入海者赍捕巨鱼具，而自以连弩候大鱼出射之。自琅琊北至荣成山，弗见。至之罘，见巨鱼，射杀一鱼，遂并海西。"（《秦始皇本纪》）

第一件事，徐福上书秦始皇之后，立即获得肯定的回答。司马迁便把始皇帝以非常高兴的心情批准上书，恩准征人、造船，拨给大量物资，遂了徐福出海宏愿这件事，记载在《史记》中。第二件事，记述了秦始皇将东渡一事视为他扫平六国、统一全国后的头等大事，不但准予造船，拨给巨资，对出海人员也拂开简上万机，不远万里，亲临大海操练现场，对"海上方士"逐一进行当面考察。第三件事，更记述了徐福最后一次出海时，秦始皇对他的高度礼贤：这位建立过无数功业的千古一帝在他轰轰烈烈五十年人生中完成的最后一桩壮举，正是躬与东渡其事，亲自登船护送自琅琊北行出海，至之罘海面，以连弩亲手射杀巨鱼，为执行他这一派遣任务的使者扫平海路。

惜墨如金的司马迁在《史记》的数处，对事涉徐福东渡中的秦始皇做了上述记载，可看作是他对促成这次史无前例的渡海盛举的始皇帝的一大礼赞——对此，他也是受之无愧的，诚如李白的《古风》所颂，"连弩射海鱼，长鲸正崔嵬"，形象何等英武！同时，这也是对徐福的一大礼赞，因为在众多海上方土中，徐福是独受赏识、拔擢，并唯一受皇帝亲自护驾出海之人。

笔者的发言不仅着意小泊人对东渡徐福传授捕鱼术的感恩，还特别着意此次活动的发起人，是日本众多徐福研究组织中仅有的，把目光同时投向徐福与其支持者秦始皇的一位。没有秦始皇，便没有徐福东渡其事，遑论文明的东传了。所以，这一感恩应是双重的。可见，他的目光之独到与深邃。只要看了后世被西方誉为"海上第一伟人"的哥伦布当年上书请求资助其事便可明白：远航海上，乃一所弗甚巨的事业，寻常人等绝无此力。哥伦布当年风尘仆仆奔走游说于葡萄牙、西班牙、法国、英国数国皇室，历时九年，几至潦倒濒于绝望，最后才获得西班牙王室的支持。至于哥伦布出海的目的，与徐福相比，就更等而下之了。哥伦布出海的心中所怀，只在东方那"遍地的黄金"与"盈野的香料"，与海盗无异。故所施手段便只能是杀伐、征服与劫掠，罪恶累累，罄竹难书。以至多年后，当发了殖民与劫掠之财的西方世界大肆庆祝哥伦布"发现新大陆"500周年时，"美洲国家组织"在圣多明尼各会议上一致否定了"发现"这一提法，对哥伦布等殖民者当年的海盗行为予以了谴责。哥伦布的塑像也被推翻在地。这不但是美洲人民对他们祖先惨遭屠杀的抗议，也包含着美洲人民对世界文明发展史的匡正。徐福出海，以不事杀伐、劫掠的和平方式进入日本，将当日世界已臻高度发展的文明传播到一个后进地区，成就了世界移民史上绝无仅有之一例，这是一个对世界文明的发展、世界历史的进步无可比拟的贡献。

会后的晚宴上，小泊的中小学生表演了小泊权现太鼓、下前太刀振、徐福纸芝居等节目。特别是小泊中学徐福研究班自己制作的

297

徐福幻灯片和徐福传说宣传画，更可见出山本先生设想可获成功的端倪：要使"徐福是中日友好始祖"的认知代代相传，最理想的方法便是从中小学的少年时代做起。

招待宴会其实是日间研讨会的继续，只是交流方法更随意了。以徐福登上权现岬，求仙药为由头，笔者略带好奇地问起一位当地的同席者，曾在日本见识过不少徐福寻求的长生不老仙药：佐贺的弗老弗死、新宫的天台乌药、东部的几菖蒲……"你们这里也有长生不老的仙药吗？""有啊！"同席的朋友未加思索地爽朗回答，"我们这里的长生不老仙药叫'行孝忍'，又叫'矮奴葱'。"据介绍，矮奴葱在植物学上属百合科草本，主要生长在当地一带的深山中，其球状根茎有滋养人的作用。进山的远行者得之食后，颇有脚力即感轻捷之效，故名"行孝忍"。"这个名字是不是徐福先人传下来的，尚未经证，但因徐福深通医道，这仙药的功效最早可能就是他探得的，因为这个矮奴葱是一种非常古老的物种。"

告别小泊村时，主人赠送每位客人一个药枕。据告，内中便含有"行孝忍"的干茎，能令人安然入睡。如果偶有梦起，希望那梦便是对小泊村的记忆，记住小泊村人对那位先人的感恩。

3. 恩重如山的史诗：在丹后半岛南北的一碑一庙之间

京都府丹后半岛是第三回研讨会的会场所在地，该地以拥有日本三大旅游胜地之一的天桥立和结构独特的舟屋居民而闻名。接待大伙儿的是丹后徐福会会长、蓬莱庵主石仓昭重先生。这位蓬莱庵主，用现在颇为流行的话说，是一位知名的徐福先人的铁杆粉丝。为弘扬徐福精神，曾以一人之力，张罗当地井崎神社的鸟居和石碑的落成而备受敬重。石仓先生骄傲地告诉来人，徐福先生是他们最可信赖的渔业丰收和海上安全的保护神。当你知道此地是日本的主要产鱼区之一时，你必会同时明白，渔业丰收和海上安全保护神在丹后半岛人心目中占据的是何等重要的地位了。

这一回研讨会上，长崎大学教授、海洋学专家立平进，以对那一带海流的季节变化的分析，为徐福船队在丹后半岛一带海岸登陆的可能性，从航海学方面提供了理论上的依据。石仓听后频频颔首。真正的学者，就是要像立平进先生这样，能尽学者之长，以学术上的求证释疑，将传说引向史实，为历史人物正名。

半岛东北端的新井崎，据传是徐福船队的又一处登陆地。该处海边的峭壁上，至今仍有一座供奉徐福的小庙。当地人说，有这位先人的垂顾，这里的渔业捕捞季季丰收，海上行船年年安全。地处半岛南端根部的舞鹤港，则是二战结束时，数十万日本难民从中国东北，按中国政府的"放归"仁政被遣返回国的登陆处。记得佐贺县议员太田记代子在那次发言时，就曾回忆起她少年时代从中国东北蒙恩回归日本的事。那是一场持续时间很长、挽老携幼的大登陆，至今深印在当地人们的记忆中。中国方面对日本的侵略不施报复，对难民毫发不损，且念其回到焦土一片的故国将难以为生，连其私产等也一律准予带回。比起被当时苏联掳到西伯利亚去充当苦力的日本难民，且身边私产也一律没收，直有天壤之别。这批受遣者当时一下船，即西向跪拜磕头，感恩戴德。该港至今竖有一座纪念难民遣返的"慈母碑"，以作永久谢恩。

丹后半岛一北一南这一庙一碑，直可相映成诗。成诗？是的，成诗，成为史诗，一首在2000多年岁月两端都堪称传颂的，中国人民恩重如山的史诗。

只是在前往设在熊野古道终端的第四回研讨会会场途中，我们才迟迟意识到，前几回那空中巴士飞行之速的便捷与省力。离开丹后半岛南行途中，我在车上打开地图，发现这次跨度很大的飞行研讨活动的几个主会场和几处主要考察地，大体上都在一个"十"字形周边。那个"十字架"的横杠横贯本州岛，连着北海道，纵杠则是从京都府的丹后半岛到南端的熊野海滩。我们从北海道越过津轻海峡，经青森空港，沿着一碧万顷的太平洋海岸飞至大阪，所沿的是那道横杠。从丹后半岛到熊野滩所沿的，则是那道纵杠。沿横杠的飞行路途虽长，只几小时便到，轻捷便利；而沿纵杠的行程，虽只有横向的五分之一不到，却耗去了整整一天，连早餐都是在巴士上用的，也是为了节省途中的时间。

车出丹后半岛的伊根町，便遭狭窄而崎岖的山路堵车。都说日本的交通有纵横密布的新干线、轻轨、地铁、巴士……十分便捷，这也只是大体上说说。事实上，有些地方并非如此。从丹后赶到宫泮驿，就没能赶上那一班轻轨。为不致在下一站连锁脱班，领队只好央求送行的巴士司机马不停蹄径直往新大阪赶去……所幸前几天日日有舒适的温泉可泡，蓄得了足足的精气神儿，这一日的折腾却还是可抗衡的。同时，我们也清楚地意识到，会议组织者把那适宜养神的路途都"安排在前"的那番用意了。原来，日本虽是一个温泉国家，却也并非处处皆备。为了让行程较紧的与会者能得到尽可能上好的休息，养精蓄锐，完成考察与研讨，途中除东京、札幌、名古屋、大阪等宾馆不设温泉的大城市，宿泊地的其他各处全部选温泉旅馆入住，只要是休息时间，都可尽享泡泉，舒散筋骨，惬意养神。

4. 熊野古道上的徐福胜迹

一番折腾，总算到了熊野滩，会址设在熊野市。与之仅熊野川一河之隔的新宫市徐福会老会长，高龄已逾九旬的奥野利雄先生等，在这回研讨会之前的那一番专程迎送，令此次与会的客人特别感动。位于熊野古道上的这两个城市都是徐福遗迹最集中的地方，特别是新宫市，自古便是日本文化开发最早的地区之一，该市的徐福墓、七塚碑、徐福祠、徐福显彰碑，三轮崎的捕鲸基地、河面宫等，都是著名的徐福遗迹胜地。据《新宫市志》载，其中的徐福显彰碑，从 1673 年到 1940 年间，曾三次重建，兹录碑文之一段的以示读者："后之视古，其犹月夜望远耶……上古邈远，形影难追，其存没多少，谁得而详之……先生之子孙昌盛，而能守其祖业，祠其祖，守其墓，尔来二千一百余岁，而至于弗废者，何其盛哉。"故新宫市对徐福的祭礼，也远盛于其他各地。其一年一度的大祭，以及当晚辅以的，盛大的焰火节，隆重异常。除新宫市外，日本各地专程前来参加的，以及受邀的中国大陆及港台地区的人士更是成千上万，声势犹如排山倒海。除此大祭，每年还有初穗祭、丰收祭、御粥祭、御船祭等，年年如此，祭祭隆重，以表达他们对这为先人的怀念之情。

熊野市的徐福遗迹有波田须海湾的徐福登陆地、波田须神社、熊野徐福祠、徐福丘、徐福墓、釜所等，均在熊野古道的终端处。熊野市徐福研究会会长花尻熏先生等，也专侯在徐福登陆地迎候与会人员。从古代中世纪以来，上至皇族大臣，下至平民百姓，并及慕名而来的外国游客，都爱前来此处走访与朝拜。横跨和歌山、三重与奈良等县的熊野之山，特别是和歌山小须市的徐福墓、速玉大社、三重县熊野市的波田须神社、熊野徐福祠，名闻遐迩，更是前来参拜者的必到之处。从京都前往此地的朝拜之路，被称为"熊野古道"，全长 300 多公里。古朴的神社及众多的胜迹掩映于终年苍翠的山林之间，弥漫着一派肃穆庄严的气氛，众多的徐福遗迹及颇含神秘韵味的古老传说，为其带来古老盎然的名声。走在处此的古道上，想象着从京都络绎不绝地前来的朝圣者们，若非真有一腔对先人的虔敬之心，哪能挨得过此 300 公里路程的折腾？

这一回的研讨会由熊野市市长河上敢二和徐福会会长花尻熏分别致辞，热烈欢迎远道而来的客人。与会学者们的发言之后，照例安排的交流探讨中，人们对中国的两个徐福故里，以及日本的多座徐福墓地的质疑最引人兴致。一如中国另一位大名鼎鼎的人物——诸葛亮故里有多处，日本的神武天皇自天而降处也有多种说法，争论了几百上千年的疑问，至今仍有讨论的意义。但是，2200 年前的人事，有的如神武还是真假掺和的人物，如今要一一找出确证的实物来，殊非易事。只有经过众多学者，以及有志于此的广大业余爱好者的参与研究，以及随时间推移，地下文物的不断出土，真相才会逐渐显示出来。这次飞行研讨会正是这种努力的一部分。这可不是虚拟的空心汤团，笔者在本书引言中举出的特洛伊城的逐渐显身，便是一例，只希望多出几个如斯里曼先生那样的人物，这进程也许就会提前许多。

5. 山本弘峰的宏愿和前首相羽田孜的力挺——一对最身体力行的徐福信徒

最后一站仍折回东京。出东京驿，穿过日本皇宫、国会大厦、自民党总部，来到为我们接风的会场——与首相官邸一楼之隔的星陵会馆。略一回视，日本国的政治中枢在目中一览无遗。全日本的治国大政方针，概由此处传出。

仿佛有某种暗合的象征意义似的，我们此次活动长远而宏大的设想也将由此处向外界传出，就是山本先生在研讨会途中屡屡提起，并且受到参与此次活动人员一致支持的那一大心愿。首先，便是在日本国内要使徐福是"中日友好始祖"这一认知，以及徐福东渡开化日本、传播文明的事迹，取得外务省、文部省的支持，写入中小学教科书，在青少年中一代一代地传下去。这是关乎中日两国人民世代友好的基础。这一点，在小泊中学徐福研究班的活动中，已可见出它的可行性与现实意义了，而且得地利之便，实行起来也更相宜。因为徐福传播文明在日本，其功德、其称誉、其遗迹也都在日本。这颇有点类似于中国文化教育活动中随处可见的，因地制宜的爱国主义教育基地，方便可行，且行之有效。其次，要确认徐福以和平方式传播文明，不但有功于日本，对东亚乃至世界文明发展所做的贡献：这一昭彰，除了提升徐福在世界人民心目中的地位，对日本本身也不无裨益。它可以消除世人对日本人向有岛国封

302

闭观念的诟病，见出他们已然具有融入世界的宽广心怀。这一点也是可行的，且事实上，新加坡、马来西亚等东南亚各国也都表示支持，甚至远及美洲大陆，也有跃跃欲试者。如已入籍美国的江炳辉先生从大洋那边带来的几所大学里的信息，表现出他们对此次活动的支持与重视。

为此，山本先生不惜耗时一年，做足前期准备。为使会议具有特殊的纪念意义，他还特意选择在中日邦交正常化30周年的2002年举办此次活动。为了使这一设想在推出之前便使有关主管部门有所重视，他进行了极为周密的考虑与准备，终于获得日本外务省的批准。当时的外务大臣川口顺子为他开出了"第3042号许可证"。该次活动的申请，正是在中日友好活动受到各方面支持之际得以获准的。外务省高姿态地表现出了对此次活动的支持，除之前要求为活动做出详细的报告，并要求活动结束后做出总结汇报。这一要求看似颇高，却正中了山本先生的下怀。他正好提出他的设想与具体建议。活动同时还得到中韩两国驻日本大使馆作为后援单位的文件支持。所以，这次活动一路绿灯地受到各方面的关照与支持。笔者曾在研讨会上直言赞许山本，可真正数得上是一位对祖文化国历史有独到理解、目光深远而又见解不凡的徐福研究专家，尤其那个最终的设想，对一个日本人来说，更堪称大胆而又最具现实意义。

之所以称其理解独到，是因为他意识到，国内外几乎所有研究者都不曾提及的，秦始皇在徐福东渡开化日本其事中也有可居之大功。山本甚至在他申请注册的那个研究团体的名称上，便堂皇地将秦始皇其人与徐福并列，即"日本真正古代史秦始皇与徐福研究会"，并将秦始皇写在徐福之前，因为使日本有真正古代史的，便在于弥生文化的开化；无东渡其事，弥生文化便无从谈起；而使大队人马携当日居世界之最的中华文明东渡成为可能的，便是秦始皇。

之所以又称其目光深远、见解不凡，则是山本先生已然脱出日本曾饱受世人诟病的岛国自闭观念，对徐福其人其事的宣传，不但正视了其在中日友好中的文化价值，还将此价值提高到世界历史文化的高度上去予以认识：比之于哥伦布、斯坦利的美洲与非洲海外行的功利性及掠夺性，徐福的出海移殖事业中，唯传播文明是为，无丝毫功利之欲，及由此必然行使的和平方式，一霄一壤，高下自显。使世界，尤其是不可一世的西方世界得以认识，东方有这样一位海上伟人，其在世界航海史、在世界文明发展史上曾做出的前无古人、也未见有过来者的伟大贡献。

之所以谓其最具现实意义，已如前述；而之所以称其设想堪称大胆，则是由于这将是对众所周知的日本教科书问题，在日本国内外所产生的负面影响的一次矫枉，竟或可以说是一次挑战。山本其人明知其难，仍执意前行。从他为此次飞行研讨活动的名称之前冠上一个"日中韩JRT"（即英文"徐福浪漫之旅"的缩写）的前缀，便可见此君颇有一种"尽管不能保其成，且含着几重的风险，也要试它一试"的胆气。"浪漫"二字，既有大胆前行，复有一层并不在乎一时成败的潇洒。所以，他才为与会者们所赞赏，所力挺。

此次飞行研讨活动，在最后一站的东京总结会上，日本前首相羽田孜先生到会致辞，所给予的支持就显得不同寻常了。这不但显示了他作为平民首相的一贯形象——这位曾经当过十年公共汽车售票员的前首相，毫无曾为政坛首领的架子，亲民之所亲，大驾光临如此一个小小民间团体举办的研讨会，令与会人员，特别是会议的组织者尤感欣慰。这位前首相在会上的致词又一次表明了他的敢说敢为与质直。羽田先生又一次自亮身家渊源地说，他身上流着中国大陆移民的血，他们的秦姓家族（羽田，在日文中的读音"HaTa"与"秦"同音同义）是以徐福为代表的东渡移民的后代，这立即令人联想到他的根之所在，一如移民北美，已久居当地，入籍美国的华裔人士——如昔时移往的华工后人，如当代移去的杨振宁、李政道，或如本书"图版"上为之揄扬的那位郭邓如鸯女士。这与视大陆为"祖文化国"的，土生土长的日本人，全然是两码子事。羽田先生是中华儿女的后裔，中国人的后代。这一点，有写着"秦阳馆"三字的横匾为证。这额横匾，至今高悬在其老家长野和田的大门之上，由他委托族兄羽田计树妥为保存着。羽田先生这番自报家门的话，笔者前后听他说过三回，一次是在北京的徐福国际研讨会上，一次在徐福故里赣榆，这次，在东京——他现在的居地，一仍前言，且每回都洋溢着他作为徐福后人的自豪，其坦荡朴直的平民首相风范着实令人感动。前此，他还一再直言，只要事关弘扬徐福精神、与他先人的史迹关联，只要事关中日友好的文化交流活动，他都坚决支持，只要能够分身，有请必到。他这种直内方外的气质，给人以极其深刻的印象，赢得徐福的追随者，特别是中方友好人士的普遍尊敬。

山本先生的那一大心愿虽有中、日、韩三国朋友上下一心鼎力护持，又得到从地方到高层各级有力人物的大力相助，会后，更几经持续奔波，据告，至今却尚未成正果地仍在三碰九磕之中。作为曾经的参与者，听后心中能不悒悒？

笔者由此又想到就在此行的前一年，即 2001 年在上海举办的那次"日本文物精华展"。

那次精华展的举办方是日本文部省，并其麾下的奈良国立博物馆。为这次展览做布展说明的是文部省官员森田稔。其人对日本的历史文化应当是十分熟悉的，在提到弥生时代时，便把《三国志》中的《倭人传》客观而着实地肯定了一番：日本从原始社会以飞跃的、划时代的方式走向文明，是起自中国大陆文化的开化及其持续的影响。记录弥生时代中后期社会状况的该传，是对那一时代及其社会状况仅有的，也是最珍贵的文献。传中的邪马台国女王卑弥呼，魏景初三年（239 年）派遣朝拜使节访魏。作为"亲魏倭王"，被赐予金印紫授，还得到了许多喜爱的物品，包括铜镜数百枚及嗣后的青铜冶炼制作技艺的传授……如此具体地对史实一行又一行的引用，使人一看便明，处于弥生时代中后期的邪马台国是在弥生时代前期，即以秦人徐福为代表的大陆渡来人开化、影响的基础上发展起来的。则在此一展览中应该可以见到官方（即文部省）对日本弥生文化的开化者，也即徐福一行渡来人的指说。但笔者细看过各个展区之后发现，全部展品中并无一件弥生时代的出土物，自然也不见开化那一时代的代表人物徐福其名云云，甚至连"是那一时代的传说中人"其事，都未予提示，不置一词。

传说虽常因事实或虚构这二者的判断而存续或寿终正寝，但徐福其人的传说，却具有一种罕见的独特性。它虽是由着从阙史时代以来的"以前就听说过"这么一句出诸百姓之口的话，而代代相传至今。但古人有云："其实何必镌金石，坊间口碑也载道。"这就使它有了一种超越虚构判断，而自可生存的无穷活力。其间，除了中日恢复邦交以来，两国开展的许多活动，使之越见升温增强，特别值得一提的，又有仿佛天意也予给力似的接连发生的，徐福故里与吉野里遗址两大发现所引起的巨大激情的推涌。虽有时局漩涡的几经淘涮，虽有当政者倾向旋踵变幻而引发的时起时落，但徐福其人的影响却从来不曾因此而消失过。如长河，如大海，或潺潺湲湲或恣肆汪洋，一直在流淌着，翻腾着。俗谓"穷在街头无人问，富在深山有远亲"。显在何处？在其无穷的魅力：一个远祖不明、历史源头上一片空白的民族，因为《倭人传》这一文献，空白得以补实；又因为《倭人传》为那一时代发展承前启后所做的明白昭示，一个在那一时代的历史壮剧中，因其是那一前期的东渡移民的代表人物，便一直兀然耸立在那壮剧的背景之上了。

由此，我又一次想起那次贴近目睹的日本文部省在实物陈列与布展说明上的不一，感受到了日本民族是非、正反、明暗、善恶、美丑并存于一身的双重性；又一次感受到了，他们何以会对并不值得看重的樱花如此多情。这种种，在将其描绘得相当准确，因而被列为战后美国对日国策根据之一的《菊与刀》一书里，说得几近详尽，这里就不再赘言了。但对其具体的作为，却又有予以提示的必要，这有助于世人的识别与防范。参观之后，我便因此一感触写成《弥生的遗憾》一文，刊于当时的《文汇读书周报》。谁知，事过才一年，在同是日本文部省支持操办的一次文化交流活动中，这一幕就重演了。

至于那次精品展说明词中始终回避的渡来人及其代表徐福的令名等等，更证明了日本当局对此一事关民族与国家起源大事的敏感，证明他们暗中对此奉行的不表态、不提及、不宣传的"三不政策"确有其事。如此诸般问题，因为涉面太广，说来话长，在那篇短短的仅是有感而发的文章中不可能说尽，便只好在本书的前前后后做较为详尽的介绍了。

笔者在引前言中已经说过，徐福作为日本文明的开化者，是讲述日本民族形成与国家建立时，绕不过去的人物。但因种种政治上的原因，却又是日本政客最不敢面对的一人。于是，才出现了民间群情热烈，官方对此却极力回避，说一套而做起来却是另一套的怪状。由此，更想到山本先生所做努力的可贵与艰辛。

这里该做说明的是，对徐福的种种肯定与赞誉虽都源自其对日本所做的贡献，徐福本人却并无此一意识。徐福在日本虽有"弥生文化旗手"之称，也只表明他当时都干了些什么。种种感恩，实际上是产生于感受最深的民间；种种咏赞，则是在时间拉开了千百年后，才被后来的有识之士由衷地加以肯定的。在中国，有梁启超所言的"开化日本"；在日本，则有羽田孜眼中的"日中友好的始祖"。尤其是身为先人早已止王日本的羽田孜先生，并非是趁几拨徐福热的蓬勃，才对徐福作此赞誉，为自己贴金。20世纪90年代，他初获选日本首相前，就曾公然自报家门，不但认了这门亲，还堂皇地以其家世与老宅上"秦阳馆"的匾额为证。为此，还被反对派视为日本当代史上的一大异类，曾使日本列岛为之震过一震——一个本应站在他们同侧者，却发出了与之大相异趣的言论来。

日本为数不少的政客更将山本弘峰作为"亲中"的另类，硬推向羽田孜一边去，视为一帮，却又奈何不了他们。不只因为羽田孜有着前首相的身份，还因山本弘峰的执着与正义。山本对羽田孜"中日友好始祖"一说，备极赞赏。羽田先生的"始祖"说一面世，闻者无不为之折服。岂止羽田先生因此"沾光"，整个日本民族也就此感恩有主，山本对其措辞之精确与内涵之深远，更大感有"字如金石，语振天下"之力。古有"《春秋》虽以一字为褒贬，然皆须数句以成言"一说，颇与此同义，能不给人留下至深的印象？

研讨会期间，山本发言，每提及徐福，即有奉其为"不祧之祖"的意境，正应和了羽田先生那一题词的初衷。且此种说法有的已成自然的口气，给人以"二人于此，仿佛已有灵犀相通般的契合"之感。这是唯有对徐福共有至虔至敬之心者才会有的。唯其如此虔诚，山本先生想到的，只是希冀：已知这位先人其事的，牢记在心，永志不忘；未知的，能通过研讨、考察、交流，补上这一课，知照心间；尤其是对正待进入成年的青少年一代所寄予的，希望将此史事写进中小学教科书，使之能一代一代地传承下去的厚望，简直是一份十分完整的，弘扬徐福史迹的规划。这与笔者参与此会的所冀，大有相似之处，也是笔者参加此次活动的最大收获。故不厌其详地特将此次研讨与考察的全程予以展示，与读者共享。

七、徐福就是神武天皇吗

这是一个十分引人注目的题目。乍听，颇有些耸人听闻。可稍稍留意一下，你就会发现，徐福和神武天皇之间确有这许多"你中有我，我中有你"的关系，至少是疑似，甚至是相似之处。

由于这一问题的微妙性和神秘性，每遇有点分量的专论和专著发表，哪怕只是与此稍稍有点关联的一则信息的披露，都比其他文章更能引人注目。有时，甚至还掀起阵阵旋风来，令民间、学界、政界都为之撼动，而最强的旋风，又往往掀起于日本，再波及中国、朝鲜、韩国，远及欧美，直至整个世界。总之，对日本、日本民族史、日本建国史，对神武，对徐福其人其事感兴趣的人，都会对此投以极大的关注，且态度往往颇为激昂。最后，连与学术无涉的非学界名流，以至皇族等政要人物，也会直接或间接地参与，真可谓是纷纷扬扬，不可开交。

这一问题，是徐福研究中的谜中之谜，而且由于这一争论的影响，或者说，由于这一问题本身所具的魅力，又吸引了更多人成为投入"徐福研究"这一事业的热心人。正因如此，笔者感到有必要将这问题做一比较全面的介绍。

"徐福与天皇"之议，主要有肯定、否定和折中诸说。肯定和否定者，壁垒分明，表态直接，言词也较激烈、系统。而这一争论中的折中者，却又并非对两种观点的调和，只是对貌似之迹的研究态度较为审慎而已。这一部分中，又颇多带肯定倾向者，或者说，只是对肯定结论的越来越有力抱有信心。以下分别加以介绍。

（一）肯定和否定观点的各自亮相

1. 黄遵宪《日本国志》的先导之说

最早将徐福和神武天皇相联系的，是清代的黄遵宪。黄遵宪在他所著的《日本国志·国统志注》中云："至于徐福之事，见于《后汉书·倭传》。意必建武通使时，其使臣自言。《史记》称燕、齐遣使求仙，所谓白银宫阙、员峤、方壶，盖即今日本地。君房方士，习闻其说，故有男女渡海之请，其志固不在小。今纪伊国有徐福祠，熊野山有徐福墓，其明征也。日本传国重器三：曰剑、曰镜、曰玺，皆秦制也；君曰尊，臣曰命，曰大夫，曰将军，又周、秦语也；自称神国，立教首重敬神，国之大事，莫先于祭，有罪则诵禊词以自洗濯，又方士之术也。崇神立国，始有规模。计徐福东渡，以及百年矣。当时主政者，非其子孙，殆其党徒欤？至日本称神武开国基，盖当周末，然考神武至崇神，中更九代，无事足纪，或者神武亦追王之辞乎？"徐福即日本撰史者自设之天皇，发明之议当属黄遵宪，是很明白的。黄遵宪既是政府官员，又身在日本，得地利之便，且其人博学多才，精于史事、诗文，深受当时日本各层名流的敬重，执经者、问学者、乞诗者，户外履满。肩趾相接，可谓同时又得"人和"之利。当然，主要还在于他本人对中国历史、日本历史与现状的熟稔和关心。因此，在披览典籍、咨询故老、采风问俗、探访遗迹、搜求遗事上，有他人无法比拟的优势和独到之处，连日本的名诗人龟谷省轩都赞他"其所考证，凿凿中窾"。故黄氏关于徐福、神武之说一出，便受到世人注意。

黄遵宪在其着重介绍明治维新的两百余首《日本杂事诗》中，曾数次提到徐福其人其事，并详加评述。如《蜻蜓洲》诗云："巨海茫茫浸四围，三山风引是耶非？蓬莱清浅经多少，依旧蜻蜓点水飞。"黄自注云："立国至今，版图如旧，神武至太和，登山望曰：'美哉国乎！其如蜻蜓之点水乎？'故日本又名蜻蜓洲。史言海外三神山，风引不得至……今海外万国，舟车悉通，恶睹所谓圆峤、方壶？盖燕、齐方士，知君房东来踪迹，遂借以肆其矫诬，实则今日日本地也。"黄氏在此告诉读者，徐福东去踪迹，《史记》所谓"止王"之处，便是日本。故又有诗云："避秦男女渡三千，海外蓬瀛别有天。镜玺永传笠缝殿，倘疑世系出神仙。"

诚如吕思勉在《读史礼记》中所云，"文化悬殊，则此方中庸之才，入彼即能开物成务"，何况胸怀、抱负都十分远大的徐福？

则至蛮荒之地的日本，被拥为王，又何足道哉？其《神道》诗又云："乘槎浮海寄深叹，象法东来遍佛坛。独有青牛出关去，流沙遥隔路漫漫。"诗后评注曰："神武之开基，崇神之肇国，神武之远征，一以神道行之。余考其创业垂统，仗剑而出海、造瓮而事神，则兵事出于神……因祀而设斋藏，沿其后而有内藏，沿其后而有大藏，则库藏亦出于神。凡践祚则奏祷词，凡大会则奏国风，则礼乐亦出于神。历代诏书，每曰祭与政出于一；国有大事，若迁都，若迁宫，若与国外争战，必告于神……时有水火旱燎，疾疫荒歉，必祷于神：固不独三种传国神器之赫赫在人耳目中也。余观上古之世，清静沟穆，礼神重祭，万国所同；而一切国政皆出自神道，则日本所独。世所传方士徐福之说，殆非无因欤。"则在日本所有重大国事活动上，与徐福乘槎浮海所携之"祭坛"无所不涉，而"象法东来"，不但日本，便是所有日本史、日本问题的研究者，也都是予以确认的。

2. 卫挺生以十条考证论证"徐福即神武天皇"

徐福即神武天皇之说，虽非壮阔，但传之甚久，面也颇广。第一个明确而公开地指出"徐福就是神武天皇"的，是中国学者卫挺生。卫挺生毕业于哈佛大学文理学院。抗战期间，他已对徐福与日本建国问题表现出浓厚的兴趣，并意识到徐福与神武天皇二人之间的许多疑似之处。后在台湾大学图书馆阅读大量中日历史典籍，尤其是日本的历史及考古学方面的书籍。埋首既久，发现益多。1950年，卫氏将研究成果汇成洋洋五十余万言的《日本神武开国新考》，又名《徐福入日本建国考》。

卫挺生认为徐福就是神武天皇。其论据共有十条，笔者试以略加一己之见的形式，择要介绍如下。

（1）两个同一时代的人物

据《史记》记载，徐福受遣率三千童男女并五谷种种百工出海，是发生在秦代的事情；日本神武天皇所遗的传国神器铜镜、环头大刀，都是秦汉时代物，可见，神武与徐福属同时代的人物。

（2）伍被的供词

《史记·淮南衡山列传》中，伍被所云"徐福得平原广泽，止王不来"中的"平原广泽"，即指日本一大平原。因为在东海各岛中，只有日本岛上有堪称平原广泽的大平岗。而且，伍被的供述是十分可信的。伍被，楚国人。当时，楚国之薛郡、泗水郡及郯郡所属三十六县与徐福故乡琅琊郡邻接。像徐福率数千人出海这样惊动朝野的大事，在其比邻之地，当有切近之流传。从年代上看，伍被出生于公元前189年，即徐福最后一次出海二十年后。此时，徐福东渡其事仍在当世人并不遥远的记忆中，且徐福本人也年仅六旬有余，显然还应健在。伍被的父母都是徐福同时代人，当伍被做供词时，其父母尚在人世，这个供词当是有信史价值的。

（3）东征的神武就是东迁的徐福

《日本书纪》载，神武天皇东征时所用的是船队，军中男女各半，徐福东迁用的也是船队，随行的则是已长成人的三千童男女。于神武而言，动用女军进行一次规模巨大、艰苦卓绝的远征，这在世界作战史上，自古迄今，尚未得见，也不明其所以然；而徐福麾下已长成人的三千童男童女，从建立世外桃源，繁衍后代，充实建设人才这一角度来考虑，却是必需的。以李代桃僵手法写成的《日本书纪》，在借用徐福事略演绎神武东征史时，因未虑及此等细节，所以才出现了这样绝无仅有的"巧合"之事。但将此等放在神武身上显得离奇的事，改在徐福身上，却是史有所载，顺理成章的事情。

神武天皇此支远征军的民族归属，据日本古籍所载，乃是天孙。这"天孙"二字，却是言有"渊源"：徐福一行，当时乘着高大的楼船，于北九州登陆时，宽衣大袍，气宇不凡，一派天朝使者

312

的风度，且那衣料的高贵、色彩的华丽，以并无文化渊源熏陶的当地土著看去，自是一种自天外来的气势。1493 年，哥伦布远涉重洋，到达西印度群岛时，已是一千七百余年以后。当地土著见如此大船，穿着如此气派的一行人，尚且惊呼："此乃天上人也！"则徐福其时，有此一情境，被视为天外使者，更不是什么出人意料的事情了。另据近人台湾学者梁嘉彬氏考证，"泰山一曰'天孙'，言其为天帝之孙也。"又日本学者崎山宾氏考，所谓"天孙氏"者不过"泰山民族"之意而已，则更直指徐福故籍而言了——泰山不就是齐鲁大地的象征吗？徐福本齐人，作此象征，绝无牵强之意可言。

神武远征军的交通工具，据日本古书载，为从天而降的"天磐"船。当时，日本固绝无造此大船的能力，便是当时之世界，也仅有中国、希腊、腓尼基诸国有此造船能力，但就航海史和造船史看，说到大型楼船，当日世界却仅有中国能为。希腊人、腓尼基人航海，即使做环绕非洲之行，也仅属沿大陆、海岛之近海航行，能有魄力以大船组成的船队做跨海远洋航行的，以当时而论，也只有中国了；而且当时之希腊已趋瓦解，崛起的腓尼基人则正忙于与罗马人争夺地中海上的霸权，即使有大勇如徐福一等人物，有高大如楼船等交通工具，也未必有这余力和闲暇做此盛举，自然绝无到日本来的可能，则当时以国家统一、国力强盛，有此造船能力，有此出海可能，有此等领导能力者，亦只能是中国人。又有中国最具权威的正史，堂堂正正地记载着徐福东渡其人其事，则"天孙"者，更可以说是"舍徐福无他"了。

神武乘天磐船降于北九州后，又率众东征的原因，据日本古书记载，是因为最初降地选择不当：局促西南一隅，不便领导、统率全国。但听去总令人感到有违常理之处。天降之神明竟会连这点小事都计算不出，以致再度兴师动众，劳神武大驾，率全体部下大举东征? 而若将神武东征那种"口实"考之于徐福名下,却每考必有所据。首先,徐福登陆的日本北九州是大陆东渡者最近的,也是最合适的登陆点;然后,向更中心的东方逐渐迁去,顺乎情势,合乎情理。

（4）日本皇室传代之证物为三神器

曰剑,曰镜,曰玺,皆自秦国,而那时去日本的秦国东渡者,携物最多而又最为贵重的,便是徐福一行人。

2200 年前的日本尚处在新石器时代,根本无法制出如此工艺极高的剑、镜等物。但如移借徐福身上,则朝代、技艺都相符合了。

（5）神武的政治制度取自徐福所在的秦朝

神武建国后实行的政治制度中的"国造",乃先秦时代的诸侯,"县主"则是秦代的县令。一种政治制度的建立,不是一蹴而就的。沿用前朝,或邻国或移民国的,最为现成,也最为方便。来自大陆秦朝的徐福理所当然地沿用大陆的制度。

（6）两国的神话传说竟相一致

据《史记·封禅书》载,齐国除了与各国诸侯共同祭祀的"社稷五祀"（金、木、水、火、土诸神）,还有自己特祀的"八神",即"一曰天主,祠天齐""二曰地主,祠泰山梁父""三曰兵主,祠蚩尤""四曰阴主,祠三山""五曰阳主,祠之罘""六曰月主,祠之莱山""七曰日主,祠成山""八曰四时主,祠琅琊。琅琊在东方,盖岁之所始"。

《日本书纪》的"神代"所记之神,有国常立尊（可当社神）、日神（大日灵尊）、月神（月夜见尊）、火神（轲遇突智）、金神（金山彦）、平国之剑（当即兵主神）、地主神（地祇）,则诸侯各国共祭之社稷五行七神,日本见其六;齐国特祀之八神,见其七。几乎处处关联,而又以日神特显,因日出之神,后即被日本的神话视为神武天皇先祖的天照大神。

据哥温的《日本史纲》对日本早期神话中诸神的解释，日本也有四时之神，即火出现、火进命、火明命、火折命。火出现为日出之神，火进命为日升之神，火明命为日明之神，火折命为日落之神。此四时之神乃一日之四时，实即琅琊所祀（一岁）之四时神的翻版。值得注意的是，徐福乃琅琊人氏，则这四时神之原版，由东渡去日本的徐福连同五谷百工等随船带往，实乃"顺路"而又责无旁贷的事。使这两者关系更为密切的是，此一日四时之主神火出现，据日本神话，又是神武的祖父：火出见生彦波激武，彦波激武生神武天皇。

（7）徐福之父徐猛与神武之父彦波激武

日语"彦"是酋长的意思。"彦波激"即是"海上君主"的意思，"彦波激武"即"海上君主武"是也。而徐福之父，据梁王僧儒《百家谱》载，名"猛"，与神武天皇之父的名字"武"，在日语训读中的发音相同。特别有意思的是，尊崇并追随卫氏学说的彭双松，在人名考证乃至发音上，有更令人吃惊的发现："神武"日语训读与"徐福"二字的中国读音，尤其与胶东方言的发音相似到闻如一词。笔者曾阅读语言学者刘传贤先生的《赣榆方言志》（中华书局版），书中就此有所考证谓："赣榆方言属官语区之辽胶官话，在音韵系统上与山东省的胶东话同。"足见彭氏关于"徐福"与"神武"二词发音的考证，体察入微，所说确然可信。

（8）年代的符合

据《神武本纪》第八年正月，神武在橿原神宫即王位。此时，是弥生前期的公元前203年。徐福最后一次离开琅琊东渡，恰在公元前219年。徐福登陆后，经七年，童男女既已长成，与当地土著的惨淡经营、共同开发也应略具规模，此时即位称王，也是颇合时宜的事情。

（9）从弥生文化的由来看问题

日本的弥生文化是徐福一行人携往日本的。据《神武本纪》，神武天皇在橿原神宫即位称王，是纪元前 203 年的事。日本历史上出现了独特的、在世界史上找不出先例的"弥生文化"——这种文化与前一历史时期绝无直接继承关系，而恰恰在这一完全相同的时期，也即秦始皇三十七年（公元前 210 年），徐福携当日处于世界高度发展水平的秦帝国的五谷百工，东渡日本。

（10）对神武时代遗物的考证

在神武天皇东征路线之沿海岸，发现很多秦之出土陶器、铜器，不少是徐福由大陆带往的。神武东征路线出自日本古书记载，徐福东迁路线则是依日本各地的徐福遗迹、传说以及各种方志、"过去账"等有关资料所显示的。这两条路线的轨迹、沿途停驻点等的相似，本足够令人吃惊的了，而神武东征途上的出土物竟大量都是秦代物，愕然之余，除想到神武就是徐福之外，你还能想到别的什么？

3. 否定者的偏激之言与反偏激者的继起

卫氏著作的发表在日本学术界引起强烈的反响。当时，卫氏听到的不是赞誉，而是愤怒的指责。有人甚至连内容未及细看，便愤怒咒骂作者。甚至对此一观点具有相当实力的支持者，都抵挡不住这股攻击的狂流。如当初裕仁天皇的弟弟三笠宫殿下，得读卫教授好友徐复观先生转友人所赠之书，便对书中的观点很感兴趣。他不但自己表示赞赏，还希望此书立即能译成日文，在日本公开发行，使更多的日本公众能够看到。三笠宫极具诚意地，甚至已托人向卫氏商谈版权问题了。接到这一消息，卫氏非常感动，立即表示愿意无条件地将该书的翻译权交给三笠宫殿下。可是，未隔多久，据彭双松在《徐福研究》中披露，卫教授得徐复观先生转来的三笠宫方面的信息：殿下受日本最高学府——东京大学历史学部教授们的压力，不得不中止此书的翻译与出版计划。那些出面阻止此项计划的学者们的理由是，"卫教授之著作，均依据明治以前之史料，缺少近来之新史料。而且，过早下结论"，云云。

日本开国神话之撰写、作为大和民族偶像的神武天皇形象之塑造、"天孙民族"的形成与解释、日本国家神格化政治结构的设计……这一切，都是像东京大学这样具有国家级权威的历史家们的世袭领地，也是他们得以成为权威的凭借。关于这一切的阐述权、解释权，直至考证权，自然也全都应属于他们。非学部出身者，即使是本国人，连些许的染指都不允许，又怎会让一个外国学者兜底翻地来一个大改写呢？出版译本的事就此长搁。此书在日影响，在很长一段时间里，没能达到作者所希冀的程度。当然，除了这一颇为蛮横的扼杀，也不是没有其他学术性批评的。如日本著名历史学家藤间生大、著名史学家津田左右吉等，都提出过反对意见。约而言之，计有如下诸种观点：史载徐福东渡，但未云其到过日本；虽有推论"止住"日本，且所引材料也颇有力，但并无确证可见；既然日本都不曾去过，更不用提起是天皇其人了；《史记》所指的"平原广泽"、蓬莱，可能是指琉球、台湾，甚至海南岛、菲律宾，但就是不在日本；《汉书》所载伍被"供词"可靠性欠足，"平原广泽"之说并无确凿的根据；神武天皇本属神话中虚构的人物，以之托比，有以虚务虚之嫌……

当然，持反对观点的，除了日本人，还有其他地区的学者。如台湾学者梁嘉彬教授就曾对卫氏的若干论点提出异议。直到 20 世纪 80 年代中期，台湾的岳骞还曾撰长文批评卫氏，此一观点，矛头所向，兼及维护、光大此说的彭双松。

反驳者虽众，但支持者也颇不少。除了很具实力的三笠宫殿下等，不少学者也撰文著书，发表支持的见地。到 20 世纪 70 年代，日本国内赞同卫挺生观点的学者更集中发表了一批专著和论文，如新宫徐福会会长仲田玄在1974年底所辑著的《徐福之建国及其思想》，以翔实的内容论证了天皇实乃徐福之化身。1975年1月，在日本教育界极有影响的专营出版学生课外读物的"小学馆"出版的历史丛书《日本古代史之旅》第五卷中，以很大篇幅介绍了卫挺生的论述，执笔者皆当时之名学者。山本纪纲写于1975年的《徐福东来说考》、日本"中国历史探讨会"的作家来尾善雄写的《中国传来物语》等，都对徐福东渡日本做了广泛介绍。日本学者撰文著书说徐福，扩大了卫挺生的影响。1977年，卫氏的《神武开国新考》终于在日本得以翻译出版。据知，此书在日本发行，至今尚无人提出"拿得出手"的反对意见来。

4. 彭双松以田野考察的成果力挺卫说

纵观正反两种观点，客观地说，否定或持批评观点的固然有不少偏激之论，但其中一些却也或多或少说中了卫氏的某些不足或云薄弱环节。这些见解，在一定程度上，又推动了这一研究。如后起的徐福研究者，台湾的彭双松，即以卫挺生著作为基础，针对该著作中存在的某些不足，以及日本学者提出的某些反驳意见，以实地考察的方式，另辟蹊径地对这一问题做了更深入的研究，并取得了引人注目的成果。

经研究，彭双松发现徐福东迁和神武天皇东征的事略竟有37处相同、类似，或说是密切的关联。之后，彭氏在其长篇论著《徐福研究》中宣称，"敢大胆地证明，徐福就是神武天皇"从而把"徐福即神武天皇"这一观点又大大向前推进了一步。现择其与他人研究无重复之处的要点，兼及近人的一些研究、考证成果，介绍如下。

（1）金立神社在《由诸记》上的记载

在日本八万多神社中，金立神社是将中国人徐福奉为唯一祀神的神社。这件事明白地记载在《由诸记》中。金立神社创设在神

318

武之朝。该社于 1980 年举行的创设 2200 年大祭,隆重异常,举世知晓。公元前 210 年,徐福东渡后在北九州登陆,与神武天皇创设金立神社的年代相符。金立神社既是神武时代创设的,该社又创立 2200 年,由此可见,神武天皇是 2200 年前的人物。据《由诸记》记载,神武天皇是 2200 年前的日本领袖,他在九州一带自天而降,随后因发现该地偏处一隅,不便领导全国,乃起意率领麾下东征;恰巧徐福也是在公元前 219 年(即 2200 年前)率领船队,即三千童男女的大队人马,在与中国相对的北九州海岸登陆,并在一段时间的驻屯之后,又向日本内地东迁而去。在版图不大的日本列岛上,绝不可能同时发生这样大规模又这样绝似的两大事件。由此可见,神武天皇与徐福之间的特殊关系。其实,这完全是同一个人物的两种不同的记载方式罢了。

(2)对两种古货币的考察

在广岛三原市发现了明刀货,在广岛与岗山之间发现了安阳布货。明刀货为秦统一六国前于燕、赵流通货币,安阳布货为秦始皇十一至二十六年间流通于秦国的货币,制造地为当时秦国的新安阳。就当时日本的人事看,能携带此物至日本的,非大陆渡来人莫论。徐福东迁,又必经广岛的上述两地。日本古书记载,神武东征虽也途经上述两地,但他怎么可能身带来自大陆的货币?则"此物只应徐福有",是毋庸置疑的事情。若硬是坚持说有"书"可据,神武确是经过此地,则说的已不是神武,而是徐福了。

(3)大和地方的出土品

神武天皇即位的大和地方,即今之近畿的奈良附近,发现很多陶土器。此等陶土器与中国大陆的陶土器相似,加上年代与徐福东渡时相符,这就很难令人信服,是天皇这位自天而降的神人在途经中国大陆时随手带去的,而更可能想到的是,携带了五谷百工等一应用具东渡日本的徐福带去的。

319

（4）从"止王不来"的平原广泽说起

"徐福得广原平泽，止王不来"出自淮南王刘安的谋士伍被之口。伍被供词可信，已如上述。问题是这个"平原广泽"究竟在何处？近世因研究者日众，各种古书籍都被研读、考证、辨析一番之后，已渐渐可见，这个平原广泽以在日本最为合理。和歌山县的"徐福显彰碑"称"今东海中可当蓬瀛者无可舍皇国他求，则谓日本者，得其实也必矣"。

但是，这平原广泽在日本的哪一处呢？打开地图，便可看出，它正与神武当初建国的那块地方"重合"。日本种种史籍，凡提到神武建国之地的地貌特征时，均谓其"四周有青山环绕，中有广大平原"云。日本有此地貌特征的，除了近畿平原，无可他求。考本州岛畿内地方的近畿平原，正位于太平洋沿岸熊野滩的南端，纪伊水道的东侧潮岬的附近，有琵琶、滨名两大湖赫然陈列，平原宽广，四周远山环列，其间还杂陈着若干块小平原，河湖纵横，风流水便……神武新选的这块建国基地与徐福"止王不来"的那块"平原广泽"，无论从地貌特征、非行家的直观形态看，都是如此相似……

综上所述，肯定与否定之说及其争论，实由持肯定看法者们所提起。所谓"持否定看法"者，只是作为对前者的质疑和反驳才出现的。所以，后者绝少有大部头著作，而只是前者才有。欣赏此说的，或者说是"支持者"中，除了三笠宫这位影响较大的人物外，都各有自己的专著，如香港徐福会理事长林建同的《徐福史迹考察记》《徐福与日本》，台湾学者穆超的《徐福即神武天皇问题》和日本仲田玄的《徐福之建国及其思想》等等。

中国大陆的徐福研究者人数本就不多，对这一问题直接参加论战者，尚无其人，只是从几位专治中日关系史和日本古代史的学者的论文中，零星能看到一些对此问题的看法。中日关系史学者汪向荣教授在他的《徐福·日本的中国移民》一文中，对徐福在日建国称王之事，持一种委婉说法，既未肯定，也不否定："徐福不管他有没有在日本列岛上'止王不来'，单就《史记》所载，就足够说明这是一次有计划的移民行动。而正在这个时候，日本列岛上发生突变的事，又和外来的移民——主要是中国大陆移民有关。这个问题不值得研究吗？"对日本列岛关于徐福的种种传说，则认为，"传说不是历史，但也反映着一定的历史。徐福传说之所以在演变过程中能与日本列岛相结合，主要原因是由于徐福（其人其事）那年月的弥生初期，日本列岛上曾发生过在停滞了数千年之后，生产力的突然的飞跃……"

中国日本史学会名誉会长、复旦大学历史教授吴杰，则在《关于徐福东渡日本的若干问题》一文中以审慎的措辞表示了自己的意见，只是较之汪向荣，有更倾于支持这一说法的意思："日本古代史籍（指《日本书纪》《古事记》等）把这些古代移民的足迹全部掩盖过去，造成现在历史研究上的种种困难。"又说，"在徐福墓所在地的和歌山县熊野川流域，有熊野三神社，即东牟娄郡本宫村的熊野坐神社、新宫市的熊野速玉神社和东牟娄郡那智町的那智神社。这里从大和朝廷起就被看作圣地，从宇多法皇说起，有好多代的上皇、法皇频繁地去参诣，民间参拜的人也很多。熊野三社与徐福遗迹有什么关系……有人说，那智神社也叫'夫须美'神社，'夫须美'就是'福住'的谐音……这些传闻也可以引起注意。"笔者以为，这些传闻事实上已经引起众多研究者，诸如林建同、彭双松以及日本国内的学者如内藤大典等人的注意，并去实地做了考察、采访，并著作成书。吴教授还鼓励徐福研究者们"在史籍之外，还可以找一些途径……揭示中日两国早期关系史上的徐福东渡之谜"。他对这些问题的揭示，不但有所期待，显然还怀有很大的信心。

中国台湾的劳乾教授，较上两位学者所持的，则是比较明显的"折中"说法。他认为，此说"扑朔迷离，使人难以把握真相。因此三番四次地考虑，只能下一个'证据不足，尚难采信'的判断"。尽管他十分欣赏彭双松等人的艰苦努力，认为是"非常有价值的"，但又说，"这并不意味着排除有此事发生的可能性。只是凭现有的证据，尚不能证实有此事确实发生过。"劳氏显然希望早有确证之物出现，他的话将一部分学者"留以有待"的意思说得明明白白。

笔者以为，为数众多的中国典籍，徐福在日遗迹、传说、古书、地方志……确为此一说法提供了"事出有因"的侧证。所以，并非如有人说的，是无中生有，也非好事者的向壁虚构。善于对疑似之迹深察探究、善于对历史悬案质疑问难的学者，对此不惜投以毕生精力，以为中日关系历史的研究做出贡献，这是令人钦佩的。但由于此事还事关日本民族的感情，且由于至今尚无可见的文字和实物予以确证，日本学者出于种种考虑，不愿或不敢率尔操觚，也是可以理解的。

（二）几个尚待破解的神秘点

围绕着徐福就是神武天皇的探讨，笔者同时还注意到几个与之关系密切的神秘点。这些神秘点，如能破解一二，也将会对这一问题的明朗化提供助力。

1. 日本国会图书馆不宣而行的小动作

黄遵宪在《日本国志》中云："至日本称神武开国基，盖当周末，然考神武至崇神，中更九代，无事足纪，或者神武亦追王之辞乎？"皇国大事，中更九代，岂可缺记？这当中，显然是有着一段颇具神秘韵味的隐情的，只是至今尚无人对此做更深层的探究。记载神武天皇开国前后时事的，目前可见的两部最早的古书为《日本书纪》和《古事记》（合称《记纪》）。两书记载的神武事迹中，有很多地方与徐福东渡的史事十分相似，竟到了惟妙惟肖的地步。所以，关于使此书得以写成的，再往前溯的有关历史，便成了研究"徐福就是神武天皇"的一干人等所极望看到的东西。黄遵宪百余年前之所以提出这一疑问，也许就与他曾看到其中某一部分的史籍有关。这些史籍现在在何处呢？《记纪》的作者以不同寻常的叙述告诉读者：这些古籍已经全部毁于战火。这种关键史料的佚失本就令人起疑，更令人纳闷的是，现存的《记纪》中，恰是可以查出各种人物世系的"系图"那一卷，仅存卷目而无内容。这样一来，可资溯源的全部焚烧殆尽，可以查阅的偏又是有卷目而无文字的佚书。这一切，尽管都是明言相告的，却总令人感到有点蹊跷。更蹊跷的事还在后面。据林建同在《徐福史记考察纪》中披露，明治维新以后，日本国会图书馆所有有关徐福的书籍和资料全部被抽走，以致出现只有书目、索引，而无其书的情况。

2. 神社禁区内的神秘味

神社为日本神道教祭神的场所，也称"神宫"，类似中国的寺庙。最初是进行自然精灵崇拜和祖先崇拜的场所。这种祭祀与徐福所生活的秦代非常重视的祭祖形式十分相似。如秦始皇死后，秦二世于公元前209年与群臣廷议"为置七庙"。这种隆重的置庙祭祖，源于《礼纪·王制》之"天子七庙……诸侯五庙……大夫三庙……庶人祭于寝"。据日本古籍记载，日本人对祖先与自然神社的崇拜从2200年神武创立金立神社时便开始了。而那一时期，正是徐福东渡日本的时代。所以，日本人祭祖、祭神等活动都源于秦，其设祭形式由徐福携来，该不是信口杜撰。

明治（1868—1912）末年，经整顿合并，全日本有神社11万个。1945年，第二次世界大战结束后，神社脱离国家管理，总数仍有10万余。次年，其联合机构"神社本厅"成立，正式依法登记的神社为8.7万余个。这些神社见于古籍记载的已有2200年的历史，非常悠久。神社的建筑在上古时期，只有"神篱"（周围植常青树，中间是清净土地，为祭祀之所）、磐境（周围置以石头，以岩石充神座）等，后来才发展为建造屋舍、神殿。因为90%以上的日本人信奉神教，所以，神社的数量自然非常之多。由于全民几乎都参加祭祀，所以，神社的历史，在某种程度上，又可说是一部日本的历史。而且，其中可显示的民情及民族由来的种种内幕，往往会比正史更多，更详细，更具真实性。但出于政治上的目的，战前的日本将神社的历史列为禁区，不准人们随便探究。战后，虽已可作为学术研究对象，但对于外国人，禁忌仍非常之多。自中日学者对之联合进行一些研究后，才部分弄清了它们之所以成为"禁区""禁忌"的原因。据专程赴日做多次实地考察的学者，如吴杰、彭双松等和日本本国一些学者的证实，在日本，不少神社奉祀的原来竟是中国人，或早期的中国移民。如京都市右京区秦峰冈町附近的大酒神社奉祀的是秦始皇、弓月君、秦酒公；京都市伏见区的稻荷神灶，是秦公伊侣俱于和铜四年创建的，祠官（宫司）历来由秦氏后人世袭；滋贺县爱知川町的大龙神社与依智秦氏有关；兵库县坂越町的大避神社祭祀的是秦和胜（也就是羽田孜先生讲的，他的那位高祖）等等。尤其令人不胜震惊的是，据日本古籍记载，不少神社，包括日本国内非常有名的大神社，如金立神社、神仓神社，最初祭祀的就是徐福本人。直至1979年再版的佐贺市文物志中，在关于金立神社所奉祀的神祇的记述中，仍说徐福是该社唯一的祀神。后来，由于政治上的原因和种种行政压力，才将徐福从祭祀的主神推往次要的神灵地位，直至逐渐隐去他的名字。但毕竟仍有不认此理者。如三重县熊野市波田须地方的波田须神社，至今仍祭祀徐福本人。理由是，徐福不但是神，还是当地人的先祖——祭祖的家祭，谁又能干预得了？波田须地方，其平原虽不宽广，却有徐福墓、徐福宫、徐福之丘，以及烧制陶瓷的"釜所"等多处有关徐福的遗迹与传说。波田须居民认徐福为氏神（日本人的氏神，即中国的族主之神），故该地之"徐福祭"，名之曰"氏神祭典"，其祭祀活动十分隆重恭敬。祭仪已远远超出仅属宗教意识的"虔敬"二字的含义，确实是更带有浓重的祭祀先祖的感情色彩。彭双松在亲访波田须并进行实地考察时，在"徐福之丘"上发现一巨石上刻有"徐福墓"三个大字，石侧有一屋顶涂成朱红色的小祠，因祠内并无任何标示，遂请问过路的一位日本老姬："寺内奉祀哪一位神使？""徐福先生呦！"该老姬满脸惊讶地回答，"难道你连徐福先生的宫祠都不知道？"语气中带有几许责备之意。曾在日本留学多年的彭氏，日语极好，那老姬当然不知他是来自台湾的中国人，那意思是：身为波田须人，连先祖徐福的宫祠都不知道，太不应该了！

彭双松在前往波田须考察之前，日本友人曾事先告诉他："此地居民对徐福至为敬爱，同时，他们又都以为徐福的后代而自豪。你到那儿问他们什么事，凡提到徐福，在言语上，须格外小心才是，以免伤了他们的自尊心。"彭氏十分识趣，在受到上述那位老姬的责备后，虔然唯唯，才没有发生什么不愉快的事情。

1894 年，甲午战争爆发，日本与中国成了敌对之国。日本官方及警方敌视中国的立场愈演愈烈。此地纯朴的民众生怕奉祀中国人徐福的神社被毁，遂改名为"不详一座"，也来了个含糊其词，以"闪烁"对"重压"，以便保护在他们心中至为神圣的波田须神社。此一事实，遂使笔者对"神社历史为禁区"这一神秘之源，有了更深一层的认识。

3. 对徐福的参拜止于德川幕府——历代天皇突然终止参拜之谜

在日本盛名远扬的金立神社奉祀的是徐福。日本神社数以万计，林立全国每一角隅，而在大和地方执政的多届日本天皇却不远千里，定要特遣"刺史"，有时亲自到遥远的地处西南隅的九州金立山上的金立神社，进行参拜。历史记载，自宇多天皇起，花山、白河、鸟羽、崇德、后白河、龟山等先后有九位天皇，亲往参拜奉徐福为唯一祀神的金立神社，多达 88 次。这再明白不过地表明了神武天皇与徐福之间的关系。可到了明治维新后，这种参拜竟突然中断，而且，就连徐福的尊讳都极力避免提起。这一重大变化，同时也波及了和歌山县的速玉大社。根据彭氏《徐福研究》一书的探究结果，速玉大社是日本有数的重要神社之一，其祭祀的速玉大神，即是徐福。据《熊野年代记》一书载，历史上统治日本 265 年之久的军人执政团统帅——德川家族的德川赖宣，曾照天皇参拜金立神社的格局，也数次前往速玉大社，进行参拜（和歌山县名传海内外的"徐福显彰碑"，也即由这位大帅命书法圣手李梅溪写成）。由于德川赖宣势比天皇的地位，他的数度亲往参拜，令速玉大社在日本全国的知名度和影响力越来越大。因此，速玉大神即徐福这件事，以及速玉大社的建成沿革与渊源，也随之在全国不胫远传。也正因此，明治维新后，在日本当政者对徐福态度的逆转与突变中，该社也首当其冲受到影响。其具体表现是：将本来就是徐福的速玉大神与徐福其人割裂开来，造成速玉大神并非徐福的尊讳，而只是另一尊神祇的印象。所幸，速玉大社内的"国宝库"中，曾被日本政府指定为"国宝"的"徐福马鞍""徐福木板浮雕人像"，不知是一时疏忽，抑或众意难犯，至今尚未如国会图书馆中"有关徐福资料"那般被抽走。于是，徐福令名照样招摇过市。且看速玉大社每年 10 月 15 日举行的大祭，"以'徐福马鞍'迎徐福神灵；徐福神灵通过被请坐到'神马鞍'上，才算是完成了变成'现神'仪式"的"神马渡御式。"随后第二天，即 10 月 16 日，"将'徐福马鞍'上的'现神'恭请到熊野川（新宫河）"所举行的"御船祭"。由于是民间仪式，徐福的令名并无隐约和遮盖地堂皇过市，在极是热闹的万千游行队伍中接受祭祀，接受欢呼。或许，彻彻底底地拭

326

去历史的每一页有形无形的记载与每一处陈迹，并非如想象般轻而易举。当政者之所以要使出这许多并不高明的手法，其底里究竟如何，就只有宫内厅才最是心知肚明。

4. 在与徐福关联的祭祀上，皇族与民间之异同

上古时期对自然之神及先祖的祭祀，常是部落首长和民众一起进行。随着文明的发达，等级与上下之分愈见清晰，他们之间的距离也日渐拉开。于是，便有了祭祀时，皇族在宫廷、民间在乡野的区分。尽管场合、仪式的隆重程度有所区别，但所祭之神却应该是一致的。在日本，由于徐福的身份特殊，每每都导致某些令人费解的现象。如新宫市神仓町神仓神社的例行大祭"熊野御灯祭"于每年2月6日举行。当日有一两千名青少年身着白色的古装神服，每人手持一把松明火炬，头缠白布，腰束草绳，先登五百三十八级石阶，攀上神仓山，合掌参拜神仓神社，表示此祭是受命于神仓山的神灵，并为他而进行的。一番隆重仪式之后，一声令下，手持火把的信徒又沿阶返回山下，一长条火炬，山上山下，极是壮观。此御灯祭是为祈愿当年风调雨顺，以获丰收而举行的，因此又称"祈愿祭"。据考，神仓山山顶原有徐福庙一座，该庙后毁于火灾，庙内之"徐福木板浮雕像"有幸被抢救出来，现保存于速玉大社的"神宝馆"中，已被政府指定为"国宝"。神仓山山顶的徐福庙现虽已改成神仓神社，祀神的名称也有所改动，但神仓山的神灵就是徐福，却是所有神仓町人民所公认，也是有史可循、有书可查的。

就是这同一个"祈愿祭"，在神仓山上举行的第二天，又在东京的皇宫城内进行了一次，名称完全一样，节令与时间也只相差一天，只是主祭人换成了当今的天皇陛下本人。特别令人瞩目的是，所祭之神也不再是徐福。就祭祀的意义而言，此祭当然也应是奉着一个大神之命而进行的。可是，这个授意进行祭祀的大神若不是徐福，又是谁呢？让我们还是回到神仓山上再去找找吧！"祈愿祭"

本是受命自神仓山上的神灵。据代表官方意思的《日本书纪·神武天皇纪》的讲法，神仓山是神武天皇的登临之地，也是神武建国前的一个根据地，是一处有名的圣地，因此，宫城里进行的那场"祈愿祭"，显然是受神仓山之神——神武天皇之命而进行的。于是，问题便来了：明明是同一个祭祀，却受命于两个大神，你或许会带着一种奇特的印象自问：怎么回事？这会不会是有着分身术的同一个人？以同一个名称进行的同一件事情，发生在前后两天之内，这件事情的授意者如果不是同一个人，那便是无法解释了。

同样令人不解的充满了神秘意味的事情，还出现在另一项同样是举国皆知的大祭"丰收祭"上。以农业起家，至今农业仍占相当地位的日本，在秋收之后举行的丰收祭，是又一项很隆重的祭祀。熊野地方的丰收祭，是将秋收的"新谷"奉献神灵，即献给徐福，以感谢他传授稻耕技术之恩。速玉大社的"丰收祭"是在 10 月 16 日举行，而同一个时期，即每年的 10 月 15 日到 17 日，在伊势皇大神宫，由天皇陛下亲自主持，也举行了同一个"丰收祭"，亦向神灵奉献秋收的新谷。只是，这里受奉献的神灵却未指明是徐福。因为明治以来，皇宫之内早已讳言徐福其人了。这两个祭祀，虽一个是高在皇族之间，一个低在黎庶之中，分别进行，祭祀的仿佛也不是同一座神祇，但其祭祀名称与所处节令、具体时间如此一致，就不能仅仅视作是一种巧合，而必会令人想到，授命的神，除了徐福，还会有谁？

对此种神秘之点的疑问，若仅仅起自如笔者一般的中国人脑海，或还可令持反对观点者有口实可找——这些不过是出于一个外国人的敏感。但据笔者在日本《药事日报》上所见题为《生命力仍然旺盛的徐福传说》一文的披露，日本民众对这类现象也疑窦丛生，且早就对此做出质问。雄野三山为日本的宗教圣地，每年祭祀季节，在陡峭的山峰之间穿梭行走的密集人群被喻之为"熊野路上的蚁群"。问题是，这"蚁群"中也夹杂着皇族成员。熊野三山与徐福的关系在各种方志、传说都讲得很明白，既然皇族也前来参加祭祀，同时也表明他们对徐福的礼拜之意。于是，就发生了知识界人士提出的，质问性的"长宽勘文"，询问熊野三山与伊势神宫究竟是建立在一个什么样的关系上，并郑重其事地要求当政者说明其中原委。当政者对民众的质询做何解答，虽至今不曾见到，但已使笔者对自己的"敏感"更增加了自信。即凡此种种的神秘点中，很可能确是隐匿着许多对探究这一问题者说来将会是极有价值的东西。

5. 皇陵禁挖的秘密

据《皇室典范》规定，天皇、皇后、皇太后、太皇太后的坟墓为"陵"，其他皇族的坟墓为"墓"，都属宫内厅管理。宫内厅编写的《陵墓要览》记载的历代陵寝共有近两百座、墓五百余座，都不能对其进行学术研究。一如前述，尽管近年宫内厅准备有条件地对一些学者打破禁令，但对其进行考古性的学术研究乃至挖掘还是禁止的。

（三）一点展望

从上列那些尚待破解的神秘之点中，可以看出，以卫挺生和彭双松为代表的对徐福与神武天皇之间的疑似之迹进行的察辨与研究，实不失为一个角度新颖而又具有特殊学术价值的课题。且中日两国民间本就流传着"徐福就是神武天皇"的说法，传说虽然不等于历史，但常常折射历史。所以，此一问题决不能简率对待，更不能认为是无稽之谈。在那么多的相似之处，那么多蕴意丰富的神秘之点尚待解开之前，轻率地予以否定是无助于这一历史之谜的破解的。同时，也不能因有种种激烈的对峙，便无法保持心平气和。总之，要实事求是地直面现实。

世界上既有徐福其人，也有"徐福即神武天皇"一说，这就是最大的现实。有人认为徐福就是神武天皇；有人认为徐福就是徐福，神武天皇就是神武天皇，一个是中国人，一个是日本的神，不能扯到一堆去；有人说徐福根本不曾到过日本；有人说神武天皇本属子虚乌有……这一切都有那么多学者呕心沥血写成的论文为证。众说不一、正相抵牾之论正说明有那么多关心这一问题的人在，这更是一种现实。而且，这一现实拥有很坚实的内涵和发散之力，使许多的疑似乃至相似之迹、许多的神秘之点越来越引人注目，这将会使那许多的隐秘之处逐一得到钩沉与揭示……历史之谜的破译、历史悬案的解决，常会延续数个世纪。但如果没有前人的努力，也就不会有后人的收获。随着世界的日趋开放、文明，随着通达和洒脱更多地浸入人们的精神生活领域，随着人们越来越易摆脱感情因素的束缚，随着事实将会受到较以往任何时代都大得多的尊重……相信，此项研究的每一个新的考证、每一个新的论点，都将是可能出现的。

八、徐福在世界史上的地位

（一）世界航海史之匡正，兼论徐福在航海史上冷寂至今的原因

"吾人自往事知之，最初之航海者，皆以劫掠为事。"

这是英国历史学家威尔斯在他的《世界史纲》中，对早期航海史所做的一段曾为人们广泛引用的结论。其实，就"世界史"所叙述的范围来说，这一结论远不能表明"最初"那一时期航海史的真相，至少不能说是全部的真相。竟或可以说是绝无仅有的，却又是不可忽视的例外，便是公元前3世纪中国的那一位海上伟人徐福。因为劫掠、杀伐，以征服一座城池、一个国家，如威尔斯氏所列举的纪元前14世纪的腓尼基、希腊人横行海上时之于克利特、迦太

基；以杀绝一个民族、夷灭一个文明社会，如公元 15 年至 16 世纪的哥伦布、麦哲伦、皮萨罗之于墨西哥、秘鲁……一系列见于史册的肆无忌惮地从事屠杀、抢劫的野蛮行径，已如前文所述，与徐福东渡的事业毫无共同之处。可是，由于威尔斯在西方文学界和史学界的知名度与影响，近百年来，他的这段结论一直被视为不移的定论，为史界及各界继续广泛地引用，如前些年问世的《船舶与航海百科全书》（大连海运学院出版社据英国伦敦斯坦福海事出版社首版翻译出版）的作者彼得·肯姆，在该书中至今坚持"在过去全部漫长的海上探险历史中，许多探险活动，主要都是各国在扩张和贪欲的推动下，策划进行的"。这明显只是威尔斯结论的另一种表达方式罢了。回视世界历史，之所以有这样的结论，和这一结论之所以不曾动摇地存在了近百年（《世界史纲》初版于 1920 年），固然由于威尔斯个人名望的影响，也还有其他几种原因可说。第一，威尔斯所取史料多以西方历史典籍与传说为主，而当中充满了对后进与弱小民族的劫掠与屠杀——这样的例子不胜枚举，占了一本世界史的大部分，他自然只能得出那样的结论。第二，自西方资本主义列强主宰世界历史舞台后，东方世界的学术及其所包容的各种人物、事件已随着国家衰落，而失去往日受人钦仰、尊崇的地位。徐福一类的人事，遂也因国势的败落，而更不为人注目，无法进入与（以当日目光衡量的）世界历史名人比照的圈子。当然，还有其他种种原因。总之，纵观两巨册的《世界史纲》，威尔斯确实只字不曾提及徐福其人其事，不曾注意到《史记》一书中对徐福的数度论述。这也许还因为他本就不知徐福其人其事，才做出了那样一个片面的结论。对此，笔者与读者只能以不苛求前人的豁达来对待。

不苛求前人的气度是可取的。对因不知或知之不全的补充和匡正，则是后人义不容辞的责任。而且，不仅是威尔斯的《世界史纲》，其他一切与徐福其人其事有关的、有影响的著作，凡因不曾阅读过中国有关历史典籍而不知；因阅而不深，未加详细辨析；或因不知徐福研究在世界各地的进展，尤其是在中日两国的几项重大突破，而对徐福其人其事的评价有遗缺、偏颇、有失公允乃至错缪的，似都应该予以重新评价，以期恢复历史的本来面目。如英国学者李约瑟在《中国科学技术史》中译本第一卷第二册中关于"中国的远洋航行，直到 13 世纪才开始"一说，便存在着此种明显的不足。徐福在公元前 3 世纪便率庞大的中国船队横越大海，驶向遥远异域的伟大壮举是载于正史之上的。作为研究中国科技史、熟悉中国典籍的一位学者，照理是不该视而不见的。我们期望新版的《中国科学技术史》能反映出徐福研究的一系列最新成果。

（二）从徐福与哥伦布的比较，看他在世界史上应占的地位

400 年前，华特·雷利在他的《世界史》中所做的"谁控制海洋，谁就控制了世界的财富"这一断言，突出了海洋在人类生活，以及世界历史中的地位，使西方在数百年来，对航海家，特别是进行开拓性航行的航海家投以了一种持久不衰的、狂热的崇拜。一时，航海英雄成了天之骄子、世界的宠儿。海军上将、总督、世纪伟人、开辟新世界的伟大先驱……各种至高无上的头衔、尊号、桂冠雪片似的拥来。他们雍雍容容地登堂入室，占据了历史、文学、戏剧的好大篇章。哥伦布、达·伽马、麦哲伦、柯泰斯……这些名字犹如高悬天际的明星，彪炳耀眼，众目瞩望；而在东方世界，不但在年代，便在胆识、气魄、毅力、功绩上都远较这些后辈出色的徐福，却长期遭冷，知者寥寥。他在世人心目中的地位更无法与前者相比。这实在是极大的不公。其实，若将徐福的业绩与上述那些航海家，即使是他们之中最负盛名的哥伦布加以比较，你也会发现，这位世界史上早期的航海家是远较前者更应该受到世人敬仰的。世人对他们的评价之所以有如上不公，一是出于早期的，并相沿很久的，被

西方史家把持了评说之权的历史偏见；二则是由于人们对徐福的事迹缺乏了解。且撇开当徐福在进行其伟大的海上事业时，上列诸英雄的先祖伊达拉里亚人、勃艮第人尚是一群靠砍一点无主森林里的木柴，和吆喝几声水里捞上来的鱼虾苟且度日，甚或穷凶极恶、连偷带抢地从小偷窃贼到山寇海盗营生这一时代上的差距不论，仅单与伊达拉里亚人的子孙哥伦布的海上事略做一比照，也可看出，徐福其人在出海目的高尚、在达于彼国时方式的文明，以及在异国所作所为、建立功业的震古烁今上，都绝对高于后者。

哥伦布出海之前，向他的资助者——西班牙国王斐迪南和王后伊萨贝拉提出的条件是："授予哥伦布以爵位；任命他为'在海洋中由他亲自发现或取得的一切岛屿及大陆'的海军上将；有权从他获得的金银财宝、香料和其他一切财富中提取百分之十……"不但自己，还要荫及子孙，要求"特许将他的爵位、官衔传给其后代"。这些条件曾被斐迪南国王斥之为"苛刻，贪心太过"，以致他与（最终出钱资助他出海的）西班牙王室的讨价还价，马拉松式地进行了七八年之久。至于他在美洲大陆进行的杀掠和奴役，史书均有记载，如哥伦布在华特林岛（当地土著称为"瓜纳哈尼岛"）登陆不久，先行欺骗手法不成，便直接掠夺当地土著的黄金；在耕种工作中，令土著牛马般地劳役；用野狗猎取土著，进行奴隶贸易；以及在海地岛用火枪、骑兵对手无寸铁的土著进行报复性虐杀……而徐福出海之前，所有史籍上不曾见载他有任何个人物质或地位方面的要求。数次出海和返回，也未见他携回劫掠得来的任何金银财宝并奴隶。而他对尚处在蛮荒时代的日本所做的贡献，却泽被当日，延及后世，彪炳至今。

毋庸讳言，就航海史和世界史说来，徐福和哥伦布这两个历史人物各有其历史意义和应占的地位，但就二人的人品、个人业绩，就其对人类文明发展所起的作用，发展至今的历史、舆论对他们所做评价的变化及其趋势而言，笔者认为，应该在世界历史上占有一席重要地位的，与其说是哥伦布，不如说更应该是徐福。虽然事实上，现今可见的绝大部分历史典籍的评价，还远未达到这一点，但我们却并不需要为徐福过分抱屈，是金子总会发光的。从长远的观点，或说从历史唯物主义的观点看，真有贡献于人类文明发展的历史人物总会被放到恰如其分的位置上去，不论他被误解、被埋藏多久，时至今日，当今世界对徐福日趋公正的评价便是最好的证明。

徐福所具有的那种避秦暴政，那种前无古人的对自由的向往，那种移民海外建立世外桃源的理想主义，较之于对现实社会制度不满而欲另觅乐土，去建立一个全新社会的托马斯·摩尔，要早出 1700 年。这不能不说是徐福的伟大之处。孔夫子也曾说过"道不行，乘桴浮于海"这样的话，但那只是并不曾实行过的牢骚，而徐福则全然是身体力行地去加以实践了的。由于徐福的这一伟大实践，同时把一个身处蛮荒世界的民族带进了物质和文化都远高于他们的文明中去，从而对世界文明的发展做出了史无前例的伟大贡献。这件事本身就值得大书特书。

特别值得一的是，徐福的"不事杀伐地和平开发后进地区"的方式，更可说是在人类文明发展史上绝无仅有的。由于徐福率众东渡的实践，竟使一部航海史上相沿近百年几成定理的结论，不得不加以改写；使一部世界史，不得不考虑增添关于中国对世界物质、精神文明发展所做贡献的崭新的一章。这种并非由掌权的帝王将相，却仅由一介方士的活动而产生的巨大影响，在人类历史上也不能不说是罕见的事情。相较哥伦布，一个是绝无得失之心，充满了理想主义的先贤圣哲，一个是计较私利、患得患失，浸透了拜金主义贪欲的世俗之辈；较之托马斯·摩尔，徐福所缺少的只是一部《乌托邦》的著作，而他在海外建立一个理想社会、一个真正的世外桃源的伟大实践，摩尔却无论如何无法望其项背。笔者为此特制作一览"徐福与哥伦布生平事略比较表"，对这两位历史人物做一通览式的比较。（见表 2）

表 2　徐福与哥伦布生平事略比照表

比照项目	记事	备注
基本背景	徐市（《史记》中，"市"与"福"并用），名议，字君房，秦琅邪郡赣榆县人。约生于齐王建十年（公元前255年）左右，卒年待考。为徐偃王二十九世孙。东渡日本后，"得平原广泽，止王不来。" 克里斯多弗·哥伦布因西班牙国王费迪南曾授其爵位，故又称堂·克里斯多弗·德·哥伦布，1451年生于意大利热那亚市。祖父乔瓦尼，父亲多米尼科·哥伦布，皆为当地毛纺实之呢绒作场主。被授予爵位，任命为海军上将。	《史记》《徐氏大宗谱》《百家谱》《北宋家谱》徐氏宗谱 《哥伦布传》
品德操守与实现抱负之谋略	受骛衍"大九州论"之影响，视野及于海外。富于冒险精神，抱负宏远，足智多谋。涉猎所及天文、地理、儒、墨、兵，医各家并及天文、航海；《尚书》《易》《诗》《礼》诸书，也无所不读。性容忍、善待、清贫自守，深得《道德经》精髓，不忮不求，能以"用舍由时，行藏在我"之心处世。虽满腹才学，有雄图大略，且又海上方士，对"环瀛海外"的大九州图在胸，因不得其时，自以琅邪一个方士静处于海隅。 富于冒险精神，所怀甚远，坚韧有毅力，好读书，尤爱读《马可·波罗行纪》一书，并深受其影响，产生立功异域之高贵冲动。因适逢西欧出现对金钱万能的疯狂崇拜，立功之冲动遂为金钱之欲压平，转向为对东方"遍地之黄金""盈野之香料"的追求。因欲从海上前往实现此一理想，遂追学航海、地理、天文诸书，并及船舶驾驶、数学、外语。学皆能锲而不舍，发愤忘食，仅外语，即精通有四。	《易经》《史记》《秦集史》《老子今释》《饮冰室文集》《哥伦布传》

下篇　余论

比照项目	记事	备注
	蔑视官爵，淡于利禄。一如老子自辞去周王室守藏史之职，自遁于沛。一生数蒙皇帝接见，并委以重任，而未受一官半职，也未为一己设置田园私产并荫及子孙。曾两度受遣出海，归来也未见从海外携回任何金银财宝并域珍奇等物。 哲学思想上，崇尚道法自然，追求绝对自由。因对秦皇帝专制政体的严刑峻法深恶痛绝，暗欲往海外别建一世外桃源式的自由王国。以《易经》之课"时止则止，时行则行，动静不失其时"自律，趁机上书，陈机上书，度势，颇知秦皇欲开海疆并求长生之心，于是顺势请出海求神药，并皆临海。福观乎人文、待机而动。"毕竟学识、修养皆高《易》云："藏器于身，待时而动。"应对之下，大受赏识，一举成功。秦始皇千国初财力未盛之际，便不惜费以巨万，资之五谷百工种，征童男女数千，令其组成庞大船队，率以出海。徐福虑善以动，动惟厥时，遂率众东渡，又无反顾地去实现他追求已久的千秋大业。	涉世渐深后，见钱与权之间的一而二、二而一的关系，灵机为动。转而增加了对权欲和官欲的追求，以坚忍不拔之志，从1484年起，弃走，游说于葡萄牙、西班牙、法国、英国数国，向各王室请求资助。历时九年，至于衣食无着，几成饿殍，仍不馁其志。最后，终于获得西班牙王室的支持。由于哥伦布对于出海所得要价过高，国王指责他条件苛刻，贪心太过，曾严加拒绝，几使谈判毁于一旦。经过一段时间绝望地坚持，终于如愿以偿倍使西班牙王室以书面形式，预先付给他所坚持特的一切：授予哥伦布以爵位；任命他为"有权在海洋中命名由他亲自发现或取得的一切岛屿及大陆"的海军上将；有权从他获得的金银财宝、香料和其他一切财富中提取百分之十的所获；哥伦布在收到西班牙王室资助的一百万马拉维达后，即组成船队出海去实现他对金钱与官爵的追求。

336

比照项目	记事	备注
出海远航之时代背景	徐福东渡出海，乃当时中国由奴隶制社会向封建社会转化过程中，政治、经济的剧烈变革和学术思想的激烈冲突所引起的有组织的集体移民事件；乃一文明发达的逐渐发展。 其时代背景综合归纳之，有下列四点： 一、战国后期，是一个人背井离乡的战乱时代。六国覆灭之后，动乱未已，秦为维持中央集权国家，法峻刑严，动乱表面平息，实则深地潜伏着。人员的出海外流还续不止，故有"东向移民手非始于徐福，也未以徐福东渡止"语。 二、使具有"道法自然"思想者，更有所恃，形成了一种厌恶动乱，反对专制的哲学思想上的先导之力。 三、由于海上各项营生的兴盛，造船、天文等科技发展更为精进，海上之行，已非天堑可阻。在此形势下，海上方士及以海为生者的增多，更为有组织的大规模出海做了人员上的充分准备。 四、经费上，一个统一国家的出现，已经有了出资"费以巨万"的实力。	哥伦布的远征是金钱追求至上，以商品掠夺、市场扩展和奴役其他民族为前提的殖民活动。其背景亦可综述为四： 一、欧洲是诸洲中最小的一洲，天然资源贫乏。由11至13世纪十字军东征期间发展起来的东方贸易，到15世纪中期，又为奥斯曼斯曼帝国和阿拉伯人所阻断。欧洲各国商人急切想绕过地中海东部，另辟新路到达中国，印度。 二、14至15世纪之交，资本主义已开始在欧洲各国萌芽。资本主义的发展，以及要求向海外寻找市场和原料产地的欲望则激着航海事业的发展。 三、马可·波罗的《东方见闻录》以夸张的笔法描写了中国等东方国家的繁荣富庶，"黄金遍地，香料盈野"的强力诱惑，着商品经济的发展，使金钱成了一种社会权利。有了黄金，便可获得其他一切。"它把邪恶的，变为合法的……把盗匪和小偷推上社会上层，给他们以地位和荣誉，使之与元老院的元老们平起平坐"（莎士比亚《雅典的泰门》中语），于是，"黄金成了欧洲人横渡大洋到美洲去的征语。"	《史记》《秦汉史》《世界史纲》《哥伦布传》《地理大发现》《早期殖民主义侵略史》《莎士比亚戏剧集》

比照项目	记事	备注
出海之直接动因	一、秦国初建，被灭六国的贵族并不甘心，尤其是滨海齐、燕、越三国是较后平定的，又有后门敞向海外之优，秦急于巩固边防，控制并延伸海疆。秦始皇开海之心较切。 二、新兴商人、沿海的大小邦在国家统一、商品流通扩大后，生起向海外发展的欲望。当时，秦始皇作为商人地主的代表，也极愿满足他们的这一欲望。 三、作出海另觅世外桃源之想的徐福，早已欲伺机请求国家财力支持，怀着开海之心的秦始皇，正在寻觅出海先锋，苦无合适人选，所以，踉踉相遇，徐福上书，正中秦始皇下怀，遂于当年便有了徐福的第一次出海。	
	四、科技的发展，地圆说和欧洲造船业的发展，使横渡大洋成为可能。 1486年，哥伦布从葡萄牙王室转向西班牙王室请求资助时，适逢西班牙王室正图收复摩尔人占据的格林纳达故地，无暇理会于他。6年苦战，终于收复旧地之后，因耗费巨大、国库已空、财政濒于崩溃，王室敛财之心强烈。当时，因见葡萄牙海外掠夺所获甚巨而眼红，王后伊莎贝拉甚至不惜变卖首饰珍宝，下血本供哥伦布出海，以谋求外坐地分赃海外所获，遂成就了破壁六七年，即将心灰意冷的哥伦布的渡海之行。	《秦汉史》《史记》《战国史》《战国策》《哥伦布传》《世界史纲》《现代文化史》

比照项目	记事	备注
航海及登陆后事略	徐福于秦始皇二十八年（公元前219年）至秦始皇三十七年（公元前210年）受皇命，随员五千余人，先后三次出海，最后得日本列岛之"平原广泽，止王不来"，在大海彼岸的岛屿，建设他人怀于心的美丽和平的世外桃源。 徐福的首次登陆之地在日本北九州伊万里地方。该地土著（史称"绳纹人"）尚处于蛮荒的新石器时代，不知农耕、纺织、捕鱼之术，依赖天然经济之采集狩猎，过着原始方式的生活。虽粗野无文，然人性纯朴而驯服，对此批来着高大的楼船自天外而来，气度不凡，衣着华丽的不速之客，甚为敬畏，与之好相处，友善相待。徐福一行即以所携布匹、米粮等物慷慨相赠，双方逐渐融洽和谐。徐福一行在佐贺平野开垦水田，种植稻米，推展甚为顺利，使这里的稻作技术自古以来便是日本之最高标准，单位面积产量居全国之冠。与此期间，徐福一行进而在富士山山麓的吉田市发展自古以来的"甲斐之国"，教他们养蚕织绢。该地之甲斐绢自古以来便使名闻全国。 哥伦布于1492至1502年受西班牙王室派遣，先后四次横渡大西洋，共出动用船只三十余艘，随员两千余人，到达今拉丁美洲之古巴、海地、多美尼加、特立尼达、洪都拉斯，及加勒比海中的几乎所有岛屿。哥伦布首次登陆地为西印度群岛最北的巴哈马群岛中之一的华特林岛，一行人拔剑斫草砍树，以示此岛已属远征者哥伦布所占领，并命名该岛为"圣萨尔瓦多"。就此，西班牙王室所授予他的各种官衔和封号才算有了实际意义。 岛上土著前来观看时，尚乎不清楚眼前发生了什么，把这些乘着华丽的浮动房子的来者看作是天外使者，超自然人类。哥伦布及其随行人员热情地向人们打手势，并尽力向他们表示来此并无恶意。温驯而又亲密的岛民很快消除疑惑。双方建立了亲密的友谊（见《航海日志》）。哥伦布率先赠土人以几顶色彩艳丽的圆帽，儿串挂在脖子上的玻璃珠和一些价值不大的玻璃珠和一些价值不大的小玩意，以博取对方的欢乐。投桃报李，土人回赠鹦鹉、线团等。	《史记》《日本历史》《日本文化史》《弥生时代之考古学》《哥伦布传》《航海日志》

比照项目	记事	备注
	由于徐福出海时曾与秦始皇一起以连弩射杀过巨鱼（鲸鱼一类的大鱼），所以，他在日本登陆后，除了传授稻作、桑蚕技术，还在新宫市一带向以渔猎采集为生的当地人民传授捕鲸技术。新宫市至今为日本之捕鲸中心地。该市三轮崎为捕鲸基地之一。此外，徐福还向当地人民传授烧制陶器，为他们行医治病，教会他们采集草药及治病之法。	在古巴岛，土人还回赠以水果和小金饰品。哥伦布见金眼热，多方打听，搜寻黄金下落而不得。数月后，一行人到达海地，哥伦布为其命名"西斯潘尼奥拉"，发现该地比别处黄金多，先行欺骗，后索性公开抢掠，大肆搜刮，随后留下三十九人在岛上，建立了欧洲人第一个村落——"纳维达德"，为之配备了大炮和足够一年用的物资。哥伦布与其他人率岛上所得，并若干土著（以作其居民之证）返回西班牙。航行之成功与黄金的掠得，轰动整个欧洲。1943年，哥伦布以六倍于前的船只和人员二度远征美洲，发现"纳维达德"村三十九人因秉命继续劫掠，遭到敌意，已全部被杀，村落也被夷为平地。哥伦布遂以火枪，骑兵和军犬向手无寸铁的岛民进行血腥报复，杀人盈野。1498至1502年，哥伦布又两度西渡，未次归来，已年过半百。因所到之处非黄金之高产地，虽四处掠夺，所获并不丰厚，哥伦布受到国王冷遇，心情沉郁，一病不起，结束了他亦波劫掠的一生。

比照项目	记事	备注
远航之结果及其在航海史、世界史上的地位	由于徐福和其率领的一行人遍历海上，在先进的大陆和后进的日本列岛间，架起了一座瑰丽的虹桥，使已经高度发展的中华文明以不事征服和平方式延伸到一个蛮荒的世界，加速了日本民族的文明发展和社会进步，使日本列岛人结束了漂泊迁徙的渔猎采集生活，开始了农耕稻作的定居生活，即进入了弥生文化时代阶段。德泽所被，遍及日本列岛，日本人民尊徐福为国父，敬他为农耕、桑蚕、医药大神。为感念徐福传技教耕稻作之恩，日本人民每年收获季节之后为徐福举行的丰收祭、丰年祭、收获祭、御粥之祭等隆重祭祀，已逐渐变成民间的节日盛典；日本各地不但有数十处古代保存至今的徐福遗址，人们还陆续修建新的徐福庙、塑造新的徐福像，以有增无减的热情持续着这种历久不衰的纪念。在勇于探索与开拓的胆识和精神方面，徐福与之后的同行哥伦布，可以毫不逊色地相提并论，哥以时代早于后者1700余年而论，伦布则远远无法与徐福比肩。 由于哥伦布和他的追随者把奴役的锁链延长到美洲大陆，那种残虐的阿兹台克和印加人社会，摧毁无余，到高度文明的阿兹台克和印加人社会，截断了那个自成系统的灿烂文化的深渊，将一个欣欣向荣的民族推向黑暗的深渊，在世界史上制造了一场空前的共产党的浩劫。美国已故的共产党主席福斯特曾指出："拉丁美洲的被征服，给印第安人的社会和文化生活带来了无情的毁灭，屠杀了千百万人民的这一征服，就其明目张胆的野蛮作事件……"是历史上规模最大而且性质最烈的流血事件之一。据《1491，前哥伦布时代美洲启示录》一书揭示，经皮萨罗等一伙殖民主义者大肆屠杀前后的美洲土著，死亡率高达95%，用"种族灭绝"四字谴责这时代的"地理大发现"时代，决不过分。"地理大发现"时代视哥伦布为英雄，为伟人，近代历史则已逐渐概乎了他的种种桂冠，论他为"贪婪的掠夺者"，进而又将他"入籍"海盗。	《史记》《世界史纲》《现代文化史》《哥伦布传》《地理大发现》《现代文化史》《日本文化论》《海涅诗选》

下篇　结论

比照项目	记事	备注
	由于上古时期的徐福就具有开拓海外的远见卓识，由于他的那次远航和移民缩小了地球上愚昧落后的地域，扩大了文明教化的疆域，我国近代启蒙思想家梁启超早就在他的《中国学术思想变迁之大势》中指出："古代中国思想及海外者，惟滨海之齐。"受先人踏衍"大九州乃有大瀛海环其外焉"说的启示，思想较之同时代的其他人更话跃，"至秦汉时，遂有航海求蓬莱"的事情发生。据此，上古的徐福东渡一事实应纳入中国文化对日本民族，东亚乃至全世界文明发展所做巨大贡献这一全局，加以评说。日本文化人类学权威石田英一郎教授在其《日本文化论》中的"弥生文化对于日本民族具有重大意义……弥生文化的形成，等于日本民族之形成"的定论可为此作注。	当然、就航海家而论，哥伦布仍不失为一名勇者，据海图上欧美之间最初的那几条航线，乃是依他的航行而绘定。但是，关于哥伦布"发现"美洲大陆，也即所谓伟大的一项业绩，时至今日，却明显地正在向被否定的过程转去。事实是，哥伦布本人至死也未曾意识到他所发现的是一个今日称之为"美洲"的大陆。且在他五百年之先，诺曼人艾里克逊迎就大西洋到过此处。其前，美洲人民根本不接受"发现"这两个字。1990年10月12日是哥伦布到达美洲500周年，在西方世界正筹备大肆庆祝时，墨西哥成立了一个纪念委员会。该委员会成立后的首件大事，便是向全世界宣告：哥伦布"发现"美洲大陆的提法不确切，不符合历史事实，并同时告诉全世界，此一否决早已在1988年11月3日为联合国教科文组织执行委员会通过，标明这一"匡正"历史结论是获得全世界正义人士的支持的。

比照项目	记事	备注
	而徐福以不事杀伐、征服的和平方式进入拓殖之国，将当日世界获高度发展的物质和精神文明传向一个后进地区，则是世界移民和殖民史上迄今较落根的《论殖民地》具有更高识见的、绝无仅有之一例。此一方式，可以说是徐福对世界文明的发展，对世界历史的进步的一项无与伦比的伟大贡献。由于诸种原因，先前的历史一度将他遗忘，徐福其人其事亦张传长期受冷。但随着徐福故里在大陆被发现，以及生文化的缩影故地——吉野里遗址在日本被发现，随着徐福研究的深入，随着突破性成果日见增多，越来越感显示了徐福对日本乃至世界文明发展所做的巨大贡献。因此，徐福研究界、史界，已渐趋一致地论他为杰出的航海家和影响世界文明发展和社会进步的一代伟人。世界（尤其中日两国）舆论对徐福评价的总趋势由冷变热，且此种趋势仍在升温升华之中。	这一行动中，当然包括美洲人民对其祖先祖遭屠杀的一种抗议。早在20世纪初，威尔斯在《世界史纲》中便对以哥伦布为首的欧洲殖民者们做出评价："所惜当时欧洲人之始至美洲者，乃为不重学问之西班牙人（哥伦布受雇于西班牙王室，被封为西班牙的海军上将），孜孜忙忙唯以求黄金为务，满怀新宗教战争之心胸……唯屠之、掠之、掳以为奴……"此等人物，有何资格获得"发现"云云的荣誉称号？佛利德尔在《现代文化史》中说得更简洁："哥伦布是一个狂热的海盗……"而诗人海涅对哥伦布到达美洲的评价则是，"扩大了牢狱的范围，放长了奴役的锁链。"世界（尤其是美洲大陆）舆论对哥伦布评价的总趋势由热变冷，且这一趋势仍在持续。

下篇 总论

比照表内一切略不同于，甚或全然不同于过去学术著作的说法，并非一己的武断评论，只是作者对当今世界就此问题所持观点、一些地区性组织或国际组织的决议及其趋向的一种稍带前瞻性的持平之说。一个人在世界史上的地位，绝非由前人的一两本著作便能作结，而须由那一人物对世界人类命运、对其生活方式的改变有何重大影响或贡献而论定，这也是评论一个历史人物地位的唯一标准。徐福无论对改变日本的物质文明、精神文明的巨大影响，无论对东亚乃至世界文明发展进程所做的贡献，都历历可见。这是他所以得以正名，且其令名此后定将为更多人所知、所敬，并将被奉于一个更高的历史定位之上的根本所在。而对哥伦布评价的由热变冷，则是偏颇的西方中心史观得以纠正的必然结果。

如上表所述，哥伦布是于 1492 年 10 月 12 日从欧洲海岸出发，横渡大西洋，抵达加勒比海的巴哈马群岛，至今已届 500 余年。当 20 世纪一些国家对这一横渡进行纪念时，联合国教科文组织执行委员会于 1988 年 11 月 3 日，通过了墨西哥代表关于"是'相遇'而不是'发现'"的提案，一致认为"1492 年西班牙船队到达美洲大陆，构成了两个大陆的'相遇'，而不是'发现'"，从而直接而明白地否认了"哥伦布发现新大陆"的结论。这一问题还可追溯到 20 世纪 80 年代初。当时，在拉美地区 21 国召开的伊比利亚美洲会议上，拉美各国达成了"不存在'发现'之理，而只存在'相遇'之说"这一共识，进而于 1984 年 12 月 10 日在圣多明各城召开的"拉美国家特别会议"上，获得一致通过。此后，国内外新闻媒体对此又做了进一步报道。如美国的《今日美国报》等以"哥伦布是英雄，还是恶棍"为题，刊文对其做了重新评价。美国、西班牙，拉丁美洲乃至全世界都卷入了一场对这位似乎早经诸多史家论定其历史地位的人物"究竟是英雄，还是恶棍"的争论。曾任全美意大利裔基金会（NIAF）副主席的玛丽亚·斯卡拉皮齐亚说："有关哥伦布的一切都是可以辩论的。对当地土著人来说,他不是伟大的发现者,而是入侵者;对欧洲裔美国人来说,他不是第一个移民,而是第一个奴隶主。"美国有 27 个教育工作者团体赞同全国社会研究委员会的呼吁(它们分别代表了美国地理学家、历史学家、美国印第安人,以及其他方面的人士),要求学校在教学时,不要再把这位意大利探险家说成是"发现美洲"的英雄。

哥伦布的英雄称号,以及那顶光环最为明亮的"新大陆发现者"的桂冠,既被国际性的专门会议及相当普遍的国际舆论众口一词地予以摘除,那么,他的最终入籍"海盗""刽子手"名册,实在只是一种以西方为中心的史论正向衰微倾斜而去的连锁过程中的一环罢了。而徐福,从冷寂一隅,到被再认识、再评价,直至在全国,以至在国际性的学术讨论会上被肯定、被揄扬,也绝不是哪个好事者在特意挑题,妄作翻案文章,而是今日考古学、史学的研究方法、研究深度的开掘与研究广度的拓展的必然结果。如何宗禹在"太平洋历史学会首届学术讨论会"上发表的《秦方士徐福东渡日本探寻延年益寿仙药的历史地理背景与科技文化影响初探》的论文中,提出该会及联合国海事委员会纪念徐福这位"曾改变了世界面貌和文化思想的,属于世界性的历史伟人"的建议,受到与会者的热烈欢迎。此后,日本成立的全国性的"日本徐福会"在组团访华时,于人民大会堂举行的有中日双方有关负责人和中外记者参加的招待会上,公开宣称徐福是"日本文化的始祖"。徐福对日本、东亚乃至世界文明的发展所做的贡献已冲破国界,得到世界性的承认。

美丽而富饶的美洲大陆,没有哥伦布、亚美利哥等人,照样会被绘入世界地图,因为它是一种客观存在。徐福在 2200 年前所做远航的那一壮丽图景,虽被浓云稠雾长期掩盖,随着时间的推移、随着历史的发展,却终于从日见散淡的迷雾中露出其本身的光彩,昭彰而体面地被一页一页地写进世界历史的卷帙中去。因为他所做的那次伟大航行，及其所有的实践活动，已被逐渐证实也是一种客观存在，就像今日世界对哥伦布已有了更符合他实际形象的评价一样，今天对徐福的一切赞誉，乃是实至而名归，乃是理所当然。

九、徐福研究的现实意义

中国是人类历史上四大文明古国之一。而将中华民族的灿烂文明跨过大海传诸后进蛮荒地区，以促进人类社会进步者，在中国历史，尤其是古代史上，却寥若晨星。这一状况，使得众多研究中华民族在世界民族之林中所占地位的学者和不少仁人志士都深感遗憾。

毋庸讳言，中国这类人物确不如以开海拓殖为"业"的西方各国多，却又绝非没有。之所以不得显于世界者，笔者以为除了前一章中所述原因，还与曾经在这方面有过作为，甚至做出过杰出贡献的人物未被理会、未受到足够的重视与揄扬很有点关系。即以罗马帝国及其文明为例，罗马帝国固然是欧洲历史上一个强国，且自有其颇具影响的文明。但细细看来，其国、其人物、其思想观念，却又不全如罗马史家们所言的那般崇高、辉煌。翻开一部世界史：罗马帝国只存在了 400 多年，其后即分裂为东罗马帝国和西罗马帝国。观其国运，治乱参半，升平之时，不过 200 余年。其国家形象之所以灿灿然耀人眼目，其子民中的英杰之所以衮衮然冠盖如云，宣传之功不可忽视：连身为欧洲人的威尔斯都说，曾为罗马帝国后裔的西方作家，多以爱国之偏见过誉罗马，致使它头上的光晕比实际上的大得多；它的英雄人物，也直如河汉众星，令后世人只觉他们的风采，他们的伟大了。以罗马帝国的航海史为例，当时的航海者，若说业绩，不外乎打家劫舍、对近海诸岛不断骚扰。但出现在航海史上的罗马帝国的众多海上人物，在后世许多人的心目中，却大多成了世界级英雄、人类的大功臣。

再看中国。中国早在2000多年前已进入封建社会，中华民族悠久而从不曾间断过的伟大文明像火炬一样，一直燃烧在世界东方。在中国整个上古时代，这一火炬曾是那样明亮。当时的中国是世界上屈指可数的，最先进的几个文明国家之一。仅就海上业绩而言，2000余年来，出现了以齐景公、勾践、徐福、孙权，直至唐代的鉴真，元代的亦黑迷失、孛罗，明代的郑和等为代表的、有所成就的海上人物，但我们却忍心让他们至今被埋藏在如《史记》《唐书》《明史》，以及《岛夷志略》等实际上没有多少人翻阅的历史卷帙中，而未将他们请出来，为之别竖新碑，再立新传。这确是一个不小的疏漏。梁启超是近代史上意识到这一问题，并身体力行为此写下许多文字的，不多的几个人物之一，如本书的主人公徐福，如孤身万里过葱岭、开通西域的张骞，如不畏千难万险去西天取经的玄奘，都曾受到他的重视。他在研究、弘扬中华民族优秀人物方面所做的工作，是极其受人称道的。毛泽东更将他列为中国近代史上启蒙思想的先驱者。这是很值得令人思索一番的。

弘扬民族文化，振奋民族精神，实现中华民族的伟大复兴，绝不是靠喊几句口号便能做到的，而一定要有足以令人振奋的人事典型。回顾往昔的历史，挖掘、研究、弘扬其灿烂辉煌的成分，与改革开放，学习西方先进的科学技术并无对立之处。不了解过去，不仅会滑向虚无，还可能堵住研究，乃至通往未来的路。断代的历史再怎么缺序、折腾，就整个中华民族的一部通史而言，居高临下望去，仍像是一条大体趋直的路。民族主义不可煽动，但民族意识却一定还是要的，因为它正是使这条路一以贯通、大体趋直的精魂。美国作家悉尼·胡克在《历史中的英雄》一书中就讲过："每一个国家的历史，都是由它的伟大人物——神话人物或现实生活里的人物的功勋向青年展示出来的。"我们当然可以，而且应该这么做。

徐福，作为一位中国历史和世界历史上罕见的传奇人物，就理应受到足够的重视与弘扬。何宗禹先生在太平洋历史学会上郑重其事地向该学会与联合国海委会（及与其关联的组织），以及环太平洋国相对应的组织提出的，秦方士徐福奉使东渡的公元前 210 年，应确定为世界性的徐福始航纪念的周年的建议，受到与会者的欢迎，便是一个良好的开端。事实上，经对现有史料、典籍及地下出土物的考证；经通过众多学者的不懈努力，对徐福的研究已经取得重大进展，环绕徐福其人两千二百余年的那层神秘之雾，已逐渐消散，徐福东渡这一千古之谜也已渐见底里。国人已经逐渐明白，在上古的秦代，我们曾有过徐福这样一位伟大的先人。他在 2200 年前，曾指挥一支庞大的船队，率领三千童男童女，满载着代表当时世界最先进发展水平的物质和文化成果，进行了中国航海史上规模空前的一次远航，从而，以所携中华文明，开化了蛮荒之地的日本 (梁启超语)。徐福是最早开拓海上丝绸之路的东方航线，开创了中日韩三国友好交往先河，向东亚以及世界传播中华文明的伟大使者，同时，他又是第一位否定了威尔斯提出的，曾被东西方史家奉为定义一般的"最初的航海者皆以劫掠为事"一说，以非劫掠征讨的和平方式进行拓殖的历史伟人。

徐福其人出海的最初动机如何，仍在深入的探索中，但其所取得的，为世人瞩目的辉煌成就，客观上对人类文明、世界文化，尤其是东方世界文化的发展及其面貌的改变，做出了重大贡献。对伟人的研究与评价是历史的需要，也是民族的需要，有了伟人，历史的篇章才显得更加丰富多彩。历史虽非由伟人谱写，却因有了他们的凌驾波涛，叱咤风云，而更显得辉煌。中国建设"一带一路"的宏伟工程已经进行了六年。过去几年与世界各国联手共建，已绘就了一幅美不胜收的大写意，值此中日和平友好条约缔结 41 周年和国庆 70 周年这一双庆喜日，这一蓝图已从大写意，走深走实地进入了工笔画阶段，深入进行海洋文化，海上人物研究的价值已日益显现，做好这一研究，讲好徐福故事，对发扬海洋文化的优良传统，弘扬民族文化，振奋民族精神，实现中华民族的伟大复兴，将起到巨大的积极作用。同时，为人类文明发展空间的开拓，为"一带一路"以及人类命运共同体的构筑，也将提供一份无可替代的、光前裕后的历史借鉴。当此之际，推出本书这份积累多年的成果，对期望相向而行，携手面向未来的中日两国人民以及对此持有兴趣的朋友们，不啻是献给各位的一份颇具分量的重礼。

虹桥人影

一、虹桥飞渡

中日两国学者合写的第一本有关徐福研究的著作，书名为《徐福——弥生的虹桥》。笔者为该书写过一篇题为"弥生文化——徐福东渡的重礼"的书评，分别刊于上海的《新民晚报》和北京的《人民日报》（海外版），对将徐福这位屹立于中日文化交往源头，输送中华文明，开化日本的一代伟人，比作连接大海两边的虹桥，表示了赞赏备至之意：不但比喻贴切，联想也极为瑰丽。

徐福自琅琊泛海，直抵东瀛，漂洋过海，跨度非常之大。海天苍苍，风浪冥迷；长桥卧波，直道行空，非如此恢宏壮丽的虹桥，谈何连接！而凡为架建此桥出过心力者；凡在此虹桥上行走过的人物，或仅是与这些人物牵连的人、事、文，以及由这些人、事、文生发开去的种种活动，如考察探访、祭祀纪念、游行庆典、研讨交流、纸上交锋……因桥的恢宏久长，自是不胜其多，大大小小，林林总总，总可以千百计。其类别虽异，形式也无法划一，然皆与徐福其人其事关联，皆为徐福崇拜者、研究者所乐于知道者则一也。笔者择其尚可称为要者，发为"虹桥人影"一编，附于书后，以供读者参考。

徐福其人其事具有国际性，与其有关的一切自非中国一国所能占尽，为便于读者披阅上的方便，谨粗粗分为中国、日本两部分。

限于篇幅，本文无法罗列每一个国家每一个朝代的人、事、物，并及所有有关的黄卷、图书、稗官野史，而只能从已见的书籍、资料、采访记录，以及本人参与或经历的活动所得中（除本书前已引介者），撮举其重大的、较具影响的，或较能引起读者兴趣的有关人物、论著、研究成果、诗文，乃至碑志、刻石，旁及较有代表性的和徐福其人其事的探讨与研究相关的文化、人事往来等，以"鸿爪芳踪"为名，大致按时间为顺序地列举如下。

二、鸿爪芳踪

（一）中国部分

1.《史记》（西汉·司马迁 著）

《史记》之《秦始皇本纪》《淮南衡山列传》《封禅书》等，分别用不同形式，在不同场合，言之凿凿地记载了徐福其人其事。这是使徐福其人其事见诸文字的第一部著作。由于作者司马迁享有"良史之才"的声誉，以及《史记》在我国历史典籍中无与伦比的崇高地位，所记徐福其人其事的确实可信，殆无疑义。迄今为止，中国所有有关徐福的记载，文论、诗歌，以至小说、戏剧等等，皆本诸《史记》。或云，为此虹桥勒铭的第一人，太史公也。

2.《汉书》（东汉·班固 著）

《汉书·伍被传》云："又使徐福入海求仙药，多赍珍宝，童男女三千人，五谷种种百工而行。徐福得平原广泽，止王不来。"《汉书》所记时代与《史记》时有重叠，汉武中期以前的西汉历史，两书所记同，且后出的《汉书》常移用《史记》。徐福其人其事的记叙，即明显属于这一类。

3.《三国志》（晋·陈寿 著）

《三国志·吴志·孙权传》云："长老传言秦始皇帝遣方士徐福

将童男女数千人入海，求蓬莱神山及仙药，止此洲不还……所在绝远……但得夷洲数千人还。"

《三国志》成书与卫温等人去夷洲不久。钱大昕在《三国辨疑序》中云，"盖史臣载笔，事久则议论易公；世近则见闻必确。"故《三国志》所载徐福之事是卫温、诸葛直之远航所见所闻而成书的，确和转抄《史记》《汉书》《后汉书》等文字不同。另《三国志·魏志·东夷传》中的《倭人传》则记载了日本弥生时代的邪马台国与魏国往来的历史，是研究日本弥生时代社会状况仅有的史料，非常珍贵。

4.《后汉书》（南朝宋·范晔 著）

《后汉书·东夷列传》云："会稽海外有东鳀人，分为二十余国，又有夷洲及澶洲，传言秦始皇遣方士徐福将童男女数千人，入海求蓬莱神仙，不得。徐福畏诛，不敢还，遂止此洲……所在绝远，不可往来。"范晔关于徐福止住的记载，关于夷、澶二洲云云，是取诸《三国志》的，但上引一段文字，却是作者自加的。又因该段记载列于《倭传》之末段，直可视作《倭传》之组成部分，夷、澶二洲遂被视为今日的日本列岛。只是夷、澶二洲之位置至今未得确证。但据陈寿、范晔所记，当时已有人亲见，是人烟稠密"有数万家"的地方，较《史记》时代所录自是不同，所以许多研究者认为，所指竟或即是日本，也是有可能的。如孙光圻在《中国古代航海史》中便持如是分析。他认为从上列著作对澶洲的表述中所表明的，该岛应为日本列岛，或云至少是在赴"三神山"的"航海位置"上。《东夷列传》又载，"建武中元二年，倭奴国奉贡朝贺，使人自称大夫，倭国之极南界也。光武赐以印绶。"据王辑五《中国日本交通史》载，该金印已在日本出土，出土地点在日本筑前志贺岛。光武帝那次赐印的得主是日本邪马台国女王卑弥呼。在中国历史典籍中，《汉书》以后，向来都是把日本列岛称作"倭"或"女王国"的。日本地下出土物与考古考证结果与中国历史典籍的记载是一致的。该枚金印一出土，便被日本视为国宝。1983 年 8 月 15 日，日本曾隆重地专为此一无价之宝发行一枚邮票，票面上赫然精印一枚金光闪烁的虎头印纽金印，上方是"汉委奴国王"五个篆刻汉字。因是汉皇赐予日本国王的，所以，这次朝贺被一些史家认为是"中日政府间正式交往"的开端（徐福出使日本，以对蛮荒时代的开化为主，勇则勇也，伟则伟也，却毕竟是往而未来，故有此说）。其实，所谓"政府间的正式交往"是更在此前的。试观《后汉书》又称，"倭在韩东南大海中，依山岛为居，凡百余国。自武帝灭朝鲜，使驿通于汉者三十许国。"所记即汉武帝灭朝鲜后事，在元封二年，即公元前 109 年。可见，中日政府间的交往并非始于东汉光武帝，而应在西汉武帝时。则徐福的东渡日本，仅在那次交往的百余年前，云何臆说事？

5.《括地志》（唐·李泰 著）

《括地志》是一部大型的地理著作，由唐初魏王李泰主持修撰。该书有载："澶洲在东海之中。秦始皇使徐福将童男女入海求仙人，止在此洲，共数万家，至今洲上人有至会稽市易者。吴《外国图》云：'澶洲去琅琊万里。'"此是从地理学角度而提及徐福其人其事的，内容未超过《史记》《三国志》诸书。

6. 唐诗中的徐福

唐代，由于日本崇华气氛极浓，中日交往频繁，遣唐使增多，除了史书，文学作品如诗歌等也累见徐福其人其事出现。唐朝诗人如李白、独孤及、白居易、李商隐等都有以徐福东渡为素材的诗作。徐福为历史中人物，而非传说中人，由此端也可见出。名闻一时的众多诗人，哪会为一传说中人发出这么多的感慨来？李白宦海浮沉，郁郁不得志，常有乘桴出海、云游八极的向往，故每以道家、谪仙自居，或有将也是以道名、以乘桴蹈海为世知的徐福引以为同宗同道的深意，所以，他写徐福的诗篇幅长、情也深。其他诗

353

人也有不少以徐福其人入诗的，已如前述，表明徐福其人早在唐代即是以"历史中人"而非"传说中人"存在了。

7.《义楚六帖》（五代后周·义楚 著）

"日本国亦名倭国。东海中，秦时，徐福将五百童男、五百童女，止此国也。今人物一如长安……又东北千余里有山，名富士，亦名蓬莱。其山峻，三面是海。一朵上耸，顶有火烟。日中，上有诸宝流下，夜则却上，常闻音乐。徐福止此，谓蓬莱。至今，子孙皆曰秦氏。"

直接指名徐福出海止住地为日本的，此为第一部书。该书所记为五代后唐天成年间事，此期距离日本视唐为天朝、顶礼崇拜并不很远，这就很值得注意了。当时，渡海来大陆求佛、求经、留学者如潮如涌，情形一如今日国人西渡欧美。提供这段事实的宽辅便是其时（后唐天成二年，即公元 927 年）来到中国的一僧人，他对与之交往甚厚的济州开元寺和尚义楚，讲述了日本的历史、风土人情，义楚听来颇感兴趣，为之笔记，并写入后周时成书的《义楚六帖》。可见，徐福东渡止住东瀛早在一千多年前的日本，已成为乡谈巷议，以至连一位法门的和尚也引以为谈资，并云徐福是日本"秦氏"一族的祖先。

8.《徐福祠献晋诗》（元·祖元禅师 著）

先生采药未曾回，故国山河几度埃。

今日一香聊远寄，老僧亦为避秦来。

这是祖元和尚东渡日本后，到徐福墓献香祭奠时的一首献诗，为日本所存关于徐福的最早一首汉诗。作者祖元禅师（1228—1286），号无学，元代浙江会稽人。1279 年（元世祖至元年间），东渡日本，被任为镰仓建长寺主持。三年后，建圆觉寺，任该寺开山祖师，被敕赠为佛光国师。他在日本创建了临济宗（佛教禅宗之一派），成为日本佛教的创始人之一。

9.《日本刀歌》（宋·欧阳修 著）

欧阳修是唐宋八大家之一，后人又将其与韩愈、柳宗元和苏轼合称"千古文章四大家"。其人不但在诗文上有极高的声名，在史学上也有很高的成就，曾主修《新唐书》，并独撰《新五代史》，有《欧阳文忠集》传世。其在诗文与史学方面的造诣在《日本刀歌》中都有充分的体现。

10.《明太祖御赐和一首》（明·朱元璋 著）

熊野峰高血食祠，松根琥珀亦应肥。
当年徐福求仙药，直到如今更不归。

此诗为明太祖对入居中国八年的日本僧人绝海中津《应制三山》一诗（熊野峰前徐福祠，满山药草雨余肥。只今海上波涛稳，万里好风须早归）的和诗。据日本《禅林文艺史谭》之"佛光国师篇"载，"献香于纪州熊野灵祠的"佛光国师有诗"先生采药未曾回……"。绝海中津为佛光国师无学之四世法孙，他的《应制三山诗》即本于他先法祖的诗篇作成。因明初政治尚称清明，所以绝海念及先法师时，遂有表达此种心情的诗。绝海在中国期间，曾被明太祖召见，于英武殿垂询熊野徐福祠古迹的情况，绝海以新作诗献呈。明太祖看后，很是高兴，即步其韵和此诗。从无学、绝海中津、明太祖的诗可见，后世所言"熊野灵祠"所供之神为徐福其人无疑。故此，诗被后世之徐福研究者视为"徐福止住日本"乃至"徐福即神武天皇"论的最有力的旁证之一。

11.《日本考》（明·李言恭、郝杰 撰）

李言恭为明总督京营戎政少保兼太子太保临淮侯，郝杰为协理京营戎政察院右都御史兼兵部右侍郎。

该书论及徐福时，语多偏见，为笔者迄今曾见诸书所仅有。在《日本考·卷之二·沿革》中，作者云："秦遣方士徐福将童男女数千人入海求仙，不得，惧诛，止夷、澶二洲，号'秦王国'，属倭国。中国总呼曰徐倭，非日本正号。其性多狙诈狠贪，往往窥伺得间则肆为寇掠，故边海复以倭寇目之。"该书校注则云："这里的'中国总呼曰徐倭，非日本正号'恐系当时中国部分人的想法。"笔者以为此撰此注皆欠妥。"中国总呼曰徐倭"的说法无史实依据，连民间口碑相传的侧证都提不出来。倭寇之骚乱中国并成一患，是在明朝，始于东南沿海，直至近海诸地。笔者曾在受倭寇侵扰严重的浙江沿海做过考察，从未闻有"徐倭"云云。其次，"恐系当时中国部分人"的说法也欠严谨。从"恐系"二字，可看出仅属注者的悬揣，而并非一时的定论。

12.《日本杂事诗》（清·黄遵宪 著）

黄遵宪（1848—1905），字公度，广东嘉应州人，光绪年间中国第一任驻日公使馆参赞，对日本历史和现状极感兴趣。有《日本国志》一书，其中谈到徐福之事，对徐福有极高的评价，是当代历史上，以史家目光论定并推崇徐福其人其事的第一人。又有《日本杂事诗》，即黄氏向中国介绍日本新事物的诗集。内中多处涉及徐福其人其事，对中国这位航海事业的先驱人物，对由于他的东渡而对日本社会发展所做贡献的事略，极尽搜求和研究。黄氏从两国历史的久远渊源，并实地考察，在书中首次做了"徐福即神武天皇"的推想，称他为此一专题研究的第一发轫人，实是当之而无愧的。

13.《徐福与海流》等论文（王辑五 著，见于 20 世纪 30 年代的《禹贡半月刊》等刊物）

王辑五乃一出身清贫，在极艰苦的条件下，自费赴日留学的社会学者。他于 20 世纪 30 年代，中国并无一人问津徐福其人其事时期，有感而发，单枪匹马，独自驰骋在这一领域，连续发表数篇关于徐福研究的专文。其中，在《北师大月刊》发表的《徐福与海流》广征博引于当时中日两边所见所闻的资料，且多有自己的见解，较完整地阐述了徐福凭借日本海流到达日本的可能性。并在《禹贡半月刊》发表《中倭交通路线考》《再论徐福》《徐福入海求仙考》等。1937 年，出版《中国日本交通史》（实即木宫泰彦《日中文化交流史》之前身《日中交通史》之编译著述）。他就徐福东渡日本的海上航线，多次发表学术文章，系统而全面，是 20 世纪 30 年代中国学者中，把徐福研究视为事业而又最具成就的一人。

14.《关于徐福之传说》（廖世功 撰，载于 1941 年 7 月的《侨声》杂志）

廖世功为当日中国驻法国巴黎的总领事。他以精深的知识和广博的见闻，对《史记》所载徐福"得平原广泽，止王不来"之说进行论证，认为此一"平原广泽"，即为今日之北美大平原。此外，对徐福其人，他认为只是当时中国东南沿海以大海为生那一集团的代表，并非一实有其人的历史人物。

15.《日本神武开国考》（又名《徐福入日本建国考》，卫挺生著，1950 年于台湾出版）

关于作者、该书主要内容，以及该书出版后在中日两国产生的影响，前文已有详述，此处略。

16. 1975 年，香港徐福会成立。同年 8 月，该会发起组织访问日本。返港后，林建同著《徐福史迹考察记》及《徐福》两书。该书虽支持卫挺生教授之观点，却未如卫著一样受到日本方面的反对。林氏则自谓，此乃开展国民外交的伟力。因为日本人民很多是支持卫氏观点的，对徐福其人怀有崇高敬仰。

17. 1980 年，台湾非学界出身的徐福研究家彭双松，以徐福在日遗迹的田野考察，补充了卫氏仅以史籍考证之不足，著《徐福研究》一书，再次论证了"徐福即神武天皇"说，又一次震动日本学界及朝野。彭氏在徐福研究中，另辟蹊径的田野考察，一扫中国学界在古代史研究方面只重典籍，而轻视田野实际考察工作，因而理论结构较片面的弊病，深为徐福研究界并学界推崇。台湾著名学者杨家骆，即以长序为之称誉。

18．1981 年，中国读者甚众的刊物《读者文摘》摘要刊登了介绍卫挺生的《"神武天皇＝徐福"之谜》一文。卫挺生 20 世纪 50 年代的研究成果首次为大陆读者知悉。

19．1982 年，李秀石在《外国文史知识》上发表《徐福东渡之谜》、严绍璗在《文史知识》上发表《徐福东渡的史实和传说》等，国内研究徐福的文章日见其多。大陆人得以更多地了解了国内外徐福研究方面的诸多成果。

20．1982 年，台湾"中华学术国际华学会议秘书处"在其编印的"华学月刊"（1982 年 6 月期）上发表了彭双松的《徐福即神武天皇考》，同时发表了他的《我参加了徐福祭》一文，扩大了徐福研究在中国港台地区的影响，于徐福研究事业的推波助澜，颇有贡献。

21．1984 年，罗其湘、汪承恭在《光明日报》发表《秦代东渡日本的徐福故址之发现和考证》一文，第一次论证了徐福故里为江苏省赣榆县徐福村，引起国内外学界，特别是关心徐福其人其事的中日史界的高度重视。徐福故里之被认定，是迄今徐福研究中最具突破性的一项成果。

22．1985 年，江苏省赣榆县徐福研究会（后改名为"连云港市徐福研究会"）成立。同时，出版不定期会刊《徐福研究》。该研究会因系徐福故里人建立，颇受国内外徐福研究界重视。该刊编委、赣榆县委宣传部于锦鸿先生，对流传于徐福故里的有关徐福其人其事的民间传说进行了搜集整理，并沿黄海、渤海海岸线，先后在苏、鲁、冀诸省有关地区，对徐福可能经历的旧地，进行了实地考察，写成《徐福东渡前之行踪》等文，对徐福研究起到一定的推动作用。

23．1985年，"中国中日关系史研究会"第一届学术会在北京举行。"连云港市徐福研究会"罗其湘等人在会上宣读了徐福研究的论文，并介绍了该会徐福研究的现状、进展，以及所得的成果。中国日本史学会名誉会长吴杰，代表古代史组高兴地向与会全体代表做介绍。由于徐福研究会的一系列论文与成果，徐福成了古代史组最引人注目的中心。吴杰在向大会做汇报时说，该次年会对连云港"徐福会"在徐福研究方面所取得的进展和成果，给予了很高评价。吴杰以及汪向荣等中日关系研究方面前辈的评述受到相关中外人士的注目，对后进的徐福研究者们是一个很大的鼓舞。

24．1986年，日本新宫市市长田阪匡玄、徐福会会长仲田掘雄和佐贺徐福会的大岛克子代表所在地人民，分别致信徐福故里赣榆县副县长许恒道和徐福村父老，以热情的语气表达了"徐福第二祖国"人民对这位伟大先人的共同崇仰。兹节录来信的部分内容，以表明日本人民于中国人民对其人其事的共识和中日两国人民世代友好的强烈愿望。

徐福出港已经过两千二百年的岁月。今天，我们的徐福会能够给徐福的诞生地写上亲笔信，全体会员不胜感激。

据《史记》等记载，可以推测徐福的诞生地大约在琅琊郡附近。然而现在，徐福村作为诞生地保留了下来。我们发现了我们的故里而感到非常激动。

熊野峰前徐福祠，在发现之前，是经过了一千五百多年的漫长岁月的。我们认为，日本的上古时代，熊野的上古时代，和徐福有着十分密切的关系。

徐福会祝愿从今日起，徐福的两个祖国——中国和日本，徐福村和新宫市世代友好下去。

（以上录自新宫市市长田阪匡玄来信）

徐福曾到本县三次，指导本地平原地区人民种水稻、传授中国的各种文化生活。本地农人从两千二百年前开始，直到现在，每年四月二十四日至二十六日，都要奉祀，以示感谢。另外，每隔五十年举行一次大规模的纪念活动，以示对徐福的尊崇。

中国人不知道徐福入海后的情况；日本人不知道徐福故乡的情况。盼望今后能相互了解、熟悉。

（以上录自佐贺徐福会大岛克子的来信）

25．1987年，吴杰发表《关于徐福东渡日本的若干问题》一文。这是在学界久负盛名、在中日学界处于很高地位的学者，执笔为徐福研究写下的最具分量的论文之一。由于吴杰教授对中日史学方面深厚的造诣和他游学日本多年所积累的，对日本从政治、社会、哲学、民族心理到经济、民俗、考古等方面的丰富学识，论文给日本带去了巨大影响。如对如此大规模移民的足迹，何以被全部掩盖过去这一问题的探讨；对研究弥生文化必须联系徐福船队的组成与所携的深刻理解；以及对徐福东渡船队规模的分析等，都非常令人信服，并给后学者们以很大的启发。论文同时为今后的徐福研究指出了几条可资取向的途径：比较考古学的研究、日本原始史料的收集与考订、日本某些神社历史的探讨、日本民间传说的收集与汇辑成书等。

26．1987年4月，"中国首届徐福学术讨论会"在徐州、赣榆两地举行。该讨论会的成果为《全国首届徐福学术讨论会论文集》。

27．1988年5月，日本国新宫市市长田阪匡玄为团长一行八人的访华团，访问徐福故里赣榆县，专程参加徐福祠和徐福像落成的揭幕式。同月，日本国新宫徐福研究会会长奥野利雄等来赣榆拜谒徐福祠。

28．1988年8月，第一部由中日两国学者（中国为罗其湘，日本为饭野孝宥）合著的徐福研究专著《徐福——弥生的虹桥》在东京书籍株式会社出版。该书对中日两国的徐福研究产生了广泛的影响。

29．1988年10月，日本国佐贺市议长木下棋一郎为团长的友好访华团一行四十四人前往徐福故里瞻仰了徐福祠，参观了徐福故里文物，进行了两国间的徐福研究学术交流。同月，中国旅日华侨总会副会长、江苏同乡会会长许朝坤等十一人参拜了徐福祠。

30．1989年5月，连云港徐福会会长徐洪松、副会长许恒道访问了徐福在日遗迹最为集中的新宫、佐贺两地，受到当地政界、徐福众多信徒及广大市民的热烈欢迎。

31．1989年10月，日本国NHK电视台一行三人来到徐福故里赣榆县，拍摄电视片《徐福东渡传说》。该电视纪录片系与中国中央电视台合拍。该片随后即在中央电视台向全国播映；于同年11月日本国文化节期间，向日本全国进行播映。从此，轰动一时的徐福故里的诸多圣迹、遗址，如徐福村、徐福祠、徐福东渡出海口、古获港，以及当年徐福出海造船的遗址、大小王坊村等场景，不但为中国，也为日本全国公众所知。徐福其人其事自载入史册以来，以如此隆重的形式被介绍给他两个故国的广大人民，这是第一次。

32．1990年12月，赣榆县举办了首届"中国赣榆徐福节"，应邀参加的中外宾客、学者、专家共计四千余人，盛况空前。徐福节期间，进行了徐福学术讨论会，国内著名学者四十余人和与会的日本代表一起讨论，盛赞徐福东渡的不朽业绩，认为徐福是架设中日友好桥梁的第一人，也是世界上最早的航海家和探险家。该次学术讨论会的成果为中国科技出版社出版的《纪念徐福东渡两千二百周年论文集》。

33．1992 年 10 月，程天良有《神秘之雾的消散》一书出版。2000 年，该书由作家、日本国际笔会理事池上正治译成日文在日本出版。

34．2000 年，世界知识出版社出版了李连庆主编的《徐福热》一书。慈溪徐福研究会出版了罗其湘的《徐福考论》。燕山出版社出版了李书和主编的《秦皇求仙、徐福东渡与秦皇岛》。

除上列诸文、著作外，新中国成立以来出版的其他历史著作中，还有翦伯赞的《秦汉史》、范文澜的《中国通史简编》、吕思勉的《读史札记》等，均论及徐福其人其事。其中比较系统、全面，而又著名的为马非百著《秦集史》（中华书局版）。

该书论徐福其人其事云："徐市东渡日本事，中日学者最初皆首肯之。嗣后……日本学者之否定徐福论者始渐兴起。惟近自日本海左旋回流路发现以来，已证实徐福东渡之可能。考古学者就各地出土铜铎观察之结果，亦可证实秦人系大陆民族东渡之途径，于是又有对于否定徐市论更加否定者矣。吾尝就中日两国文献上探究之。我国文献上关于徐市之纪事，最早者当推《史记》……至于日本文献上关于徐福之记事，亦数见不鲜……而尤以纪伊《续风土记》《日本名胜志》等所记为特详。总而言之，中日文件上关于徐福东渡事，虽不免有辗转抄袭，传闻失实之处，而否定徐福之有力反证，则至今尚未见之。况中日两国仅隔一衣带水……其经由朝鲜北部东渡者固不乏人，而由山东半岛经朝鲜南部东渡者亦所在而有。徐福，齐人、习海外事，然则徐福之东渡，殆必取由后者之途径无疑矣……其得平原广泽而止王不来，岂非预定之计划耶？可不谓之豪杰哉！"

马非百是中国著名的秦史专家，在《秦集史·人物传》之十八，专门为徐福列传，使之跻身李斯、张良、项羽间。其笔法与当年司马迁将陈涉入"世家"与勾践、孔子并列无二。

考证徐福故里的诸种资料、遗存并传说，以及罗其湘、汪承恭论文发表的信息传至马非百处后，他大感欣慰，并立即致信论证徐福故里的作者，以未能将这一切成果引入他先此出版的著作中，遗憾不已。信中，马非百以古代史专家独具的识见，高度推崇了徐福故里史地工作者与徐福研究者们收集的各种资料与传说的价值，并谓：当日司马迁撰写《史记》，不少篇章便是根据民间传说写成的。传说虽不即是历史，却是历史的一种反映和折射。这本是史家所最能理解的，但于徐福研究上，真正能言行一致地加以奉行了的人却不多，而马非百正是其中最为突出的一位。

（二）日本部分

日本历史，从上古的《记纪》起，因为伪说、杜撰多多，与史实脱节极大，多无从考核；记事与纪年的谬乱尤甚，几无可信者。所谓编年，除当代之外，常也只是一个概数。故此一部分的相关介绍，并不考较其年序，编年记事也都采取了从简的形式。

1.《义楚六帖》。该书作者虽系中国和尚义楚，资料来源则出自公元 927 年前后日本西渡来华的和尚宽辅，故也可视为日本对徐福最早之研究。

2.《今昔物语》，本名《宇治大纳言物语》，著成于《义楚六帖》后一百余年。作者源隆国，在后一条天皇（1016—1035）时，被任命为"长元中参议"。其后，至治历三年（1067 年），后冷泉天皇时，升任"权大纳言"，不久，退隐于宇之山庄。该书系其收录、采集流行于坊间的各种传说而成，故书之写法有类中国之笔记，多断续之记载，一如纪晓岚的《阅微草堂笔记》，然笔法则远逊："汝速去蓬莱山，祈求方士采取不老药。蓬莱之地还未曾见到此类药，但自古至今传闻有斯药也，速行可得……"

《今昔物语》对徐福其人其事的记载距今已有近千年。据彭双松考证，除并不在世面上流通的《宫下古文书》，该书是日本记载有关徐福事的最早一本，可见，徐福其人在日本社会流传之久远。此外，据彭双松氏费尽艰辛在日数度搜求，尚有《神皇纪》《神皇正统记》《西国三十三所案内》《国史略》《熊野见闻录》《金立神社由绪记》《镇西要略》《海道诸国记》《徐福传记》《纪州名胜志》《纪伊国志略》《西游记》《续西游记》《德兵卫之报告》《禅林文艺谭》《日本名胜地志》《异称日本传》《尾张风土记》《甲斐国志》等五十余种有关徐福的著作。

3.《神皇正统记》，北畠亲房 1393 年作。书中称，第七代孝灵天皇四十五年乙卯，秦始皇帝即位，拟派人来日本求仙方和长生不老之药。日本方面则想索取三皇五帝以来的遗书。始皇帝应允，随即将所求的律予赠送。其后三十五年，彼国焚书坑儒，只有在日本的孔子全经保存了下来。"三皇五帝遗书"本何所据，考无出处，也不知作者出自何种动机才作此写法。但不管怎样，在日本，这是较早的有关徐福的记载。

4.《异称日本传》，松下见林著。有云："日本者，神国也，徐福曰海中大神，似能言日本风……"

夷州，澶州皆称日本海岛。相传纪伊国熊野山下，飞鸟之地，有徐福坟。又曰，熊野新宫东南有蓬莱山，山有徐福祠，近沙门绝海入明，太祖皇帝召见，指日本地图，顾问海邦遗迹，敕赋熊野诗……（明太祖）御制赐和……所谓徐福祠，谓蓬莱山祠也。此祠属熊野大权现。熊野大权现者，神代明神书于国史式条，昭昭也。徐福观国之光，来止；脱于虎豹之秦。死为神，在熊野三山之间……

5. 《同文通考》，新井白石著，17 世纪末的著作。"今熊野附近有地曰秦住，士人相传为徐福居住之旧地。由此七八里有徐福祠，其间古墓参差，相传为其家臣之塚。如斯旧迹，今犹相传，且又有秦姓诸氏，则秦人之来往乃必然之事也。"

6. 《和歌山县史迹名胜记》有云："新宫镇的秦徐福之墓的石碑上刻有'秦徐福之墓'五个字于其上，系李梅溪所书，昔始皇称帝时，据说令徐福率童男女各五百人，五谷种子及农用器具一应齐全航海东渡，至熊野浦着陆，耕田种圃，饲男育女，其子孙繁衍终成熊野先辈，安度岁月……"

7. 《产业事迹考》有云："熊野捕鲸业为世所闻名。相传斯业之繁兴，始于曩徐福避秦难，航渡日本，在纪洲熊野浦着陆，于当地进行捕鲸活动，嗣后逐渐在日本各地传播开来。此说果然证明属实。捕鲸业系秦代徐福遗留的方法于我邦，是在纪州熊野浦开始，鲜有不知此事者，并有捕鲸歌谣记其事：'由大岛原游来的锤子鲸鱼，是二十只秦代船捕捞的好目标。'我国曾有人冒称秦姓者，都被认为秦氏的后代。此歌中所说的秦氏，却是真秦人，实乃徐氏一行人后裔无疑也。"

8. 明治维新以来，日本跻身世界列强，耻与中国认同。因此，一些涉政者对徐福开始有所怠慢、忽视，更必欲消除其已深远存在的影响而后快。由于这一指导思想，致使日本学术界少有人再问津徐福其人其事。但潜移默化已两千余年的民心，却并非如此易擦易拭，特别是徐福遗迹所在的大片地域，以及徐福一行人的后裔们、民间民俗学者，和徐福的崇拜者与研究者们却仍乐此不倦，继续从事收集整理徐福有关遗迹、传说，记载于乡土史或地方志上。如《秦徐福墓志铭》，为韩人张燕 1901 年所作。彼时，张燕亡命日本，住于新宫（以后该人返回韩国，任韩国军部大臣）。据彭双松考证，当时有人拟在当地建立徐福纪念碑，请这位韩国闻人作志铭。出于与徐福类似命运的感慨，张燕即挥笔留下这篇非常动人的《秦徐福墓志铭》。全文近千字，仅录其结尾之铭文，以飨读者："徐使来东，浮槎瀛滨。五百童子，远思嬴秦。长生灵药，爰求三神。富岳春英，熊野秋珍。仙侣相招，骑凤玉宸。古坟荒凉，碑铭维新。依依楠树，野雀来驯。毋坏我土，赖尔耕人。"

9. 日本大正四年（1914 年）十一月，和歌山县新宫市由保田宗次郎、山中利喜松等发起成立"徐福保存会"，募捐重建徐福墓地。

10. 1926 年，日本民间出版了《徐福》一书，书中刊有徐福遗迹的许多照片。在徐福祠所在地的和歌山县，形成了一个保护徐福史迹的组织——史迹保胜会。1930 年，该会举行"徐福来朝两千年祭"的纪念会，以怀念徐福东渡之事。

11. 昭和十四年（1939 年）十二月，徐福研究家野德太郎前往新宫市，成立"徐福事迹显彰会"，重建徐福墓。以仲田玄为中心的新宫徐福会的建立已如前述，这是日本历史上最早的一个从事徐福研究的团体。其每年举行一次的徐福祭，得到各界人士并华侨界的援助。

12. 1975 年，山平纪纲出版了《徐福东来传说考》和《徐福的风俗信仰在日本生根》，以较多篇幅记述了徐福东渡其事及其在日本的种种传说。

13. "日中历史探讨会"副会长、作家寺尾善雄《中国传来物语》一书中的"渡来人"一章，较广泛地介绍了在日本流传的有关徐福东渡的传说。

14. 佐贺县金立神社为纪念徐福，每 50 年举行一次盛大的祭祀活动。1980 年 4 月 27 日（昭和五十五年）举行的 2200 年大祭特别隆重，参加祭祀者逾万计。学界领袖坂田力三主持了此次大祭。佐贺民众所进行的纪念活动，以较学术研究更为隆重的形式纪念徐福东渡日本后所建立的丰功伟绩，向众多的徐福研究者们提供了最为实证的，也是最丰富、最具历史渊源的侧证资料。

15. 1984 年，和歌县新宫市徐福会会长仲田玄著《徐福之建国及其思想》一书。该书称"日本民族的始祖，是徐福和他带领东渡的一行人"。该书以大量材料论证了"徐福是日本民族的开国始祖"。仲田玄的研究成果再次表明，前此出齐的《日本文化史》引述的，通过卫挺生教授之书宣称的三大主张：一、日本之弥生文化乃中国文化；二、弥生文化在秦始皇时传入日本；三、今日日本人之大多数乃琅琊人之后裔。

16. 1986 年，弥生时代大部落遗迹与坟丘墓在佐贺县的吉野里丘陵开始挖掘。这一引人注目的，处于日本上古史阶段，迄今规模最为庞大的吉野里遗址的发现与挖掘，轰动了日本朝野上下。该遗址在为时三年的挖掘结束后，全部被列为保护区，并被指定为"国家史迹"。此后，向民众开放，仅一年有余，参观人数竟高达 300 多万人。何以会产生如此巨大的轰动的呢？请观挖掘被封杀不久后，日本出版的《弥生的使者——徐福》一书中的一段："《史记》中记述的徐福'得平原广泽，止王不来'中的'平原广泽'，是指佐贺平原。占其一角的吉野里遗址，即位于佐贺县神埼町和三田川町的佐贺平野之吉野里丘陵上。其发掘出来的，日本最大的弥生时代环濠集团部落和坟墓……给我们传来了超过 2000 多年的，令人喜悦的弥生时代的气息。"进入 20 世纪 90 年代后，当挖掘现场担当主干七田忠昭以自豪的口吻告诉我们，在天皇陛下夫妇以及皇太子夫妇行幸后，参观总人数已达 1200 万时，感到吃惊的就不只是日本人，而是全世界了。全日本每十个人中，就有一个人到现场去朝拜，只因为那里是弥生文化的发祥地。

17. 1986 年，以木下棋一郎为会长的佐贺县徐福会正式成立，同时定期发行《徐福会报》。这明显是受此"最大发现"的促进，当地各种形式的祭祀活动终于也有了定期向外界传播与交流的途径。

18. 1988 年，日本京都大学名誉教授樋口隆康、北九州大学教授福永光司、东海大学教授茂在寅男、天理大学教授金关恕等应邀，在北京与中国中日关系史研究会常务理事汪向荣教授、中国社科院考古所前所长安志敏教授等，进行了以徐福研究为专题的学术交流会。《西日本新闻》以《于北京热烈讨论——传播真理，以徐福为题目——初次的日中学术交流》的特大标题，向日本全国做了报道。兹摘录该交流会上的几段发言。

金关恕："如谈及古代日中文化之交流，当然，徐福之名首先会出现。一提到徐福，在日本，被认为是传播稻作文化的象征。自古以来便是颇受尊敬的人物。"

樋口隆康："战后，在日本，神话与传说均被否定。传说虽不是事实，但有真理存在……徐福渡来的传说是反映由中国渡来文化的真理，在学术界，此种想法渐渐出现。"

福永光司："在讨论会上，宜将中国文化如何传到有明海作为题目才对。古代之航海技术、造船技术等，是否由中国直接传入日本，或由中国经朝鲜再入日本，值得重视……"

茂在寅男："在日本全国，有徐福传说二十余处，就也奇怪，其传说地都在'黑潮'所洗处。若徐福大队人马渡来，则其船队一部，可能散在几处登陆。黑潮通过琉球西侧，其大部分虽通过九州南部，但一部分是经过对马海峡入日本海，其中九州西海岸之海流的一部分，反流由北向南，很自然进入有明海。不能只谈玄界滩，有明海也应置入船路之一部分。"

汪向荣："本人赞成茂在先生之说。徐福以大船团到日本，可能到达有明海以及和歌山等地。"

安志敏："九州占甚重要的位置，中日交流上亦是重要角色。尤其是福冈与佐贺有甚多绳纹至弥生时代的遗迹。"

樋口隆康："徐福传说是中国文化进入日本的最具代表性反映，由此来研究徐福，甚具意义。"

彭双松对此次学术活动所做的评价是："打破日本多年来禁忌，以公开场面堂堂言及徐福问题，日本的著名学者全无隐瞒地发表公正看法，此回是首次。"并认为，此为徐福研究新机运之开始。

19. 1988 年，"东京徐福研究会"等相继成立。近世，日本很多人认为徐福这个人物已不仅仅是历史传说，而是历史上确实存在的。现在，对徐福其人其事应更认真地进行研究。此前，日本的"徐福会""徐福研究会"等组织日见增多，便是一个最明显的证明。新宫市的"徐福研究会"成立于 1987 年，第一届会长为奥野利雄。在东京，由原 KBC 编成局次长壹岐一郎发起，于 1988 年正式成立"东京徐福研究会"，首届会长为日本太平洋学会理事长、工学博士茂在寅男。这是一个以很具声望的、资深的著名学者而担任"徐福研究会"会长的第一人，备受国内外人士注目。

20. 1989 年是佐贺市建市 100 周年。为资庆贺，佐贺日中友好协会、西日本新闻社联合举办了"探讨徐福日中友好佐贺讨论会"。

21. 在富士、吉田、京都及大阪也相继成立了"徐福研究会"后，各地徐福研究会间的交流也日趋增多。1991 年 5 月 13 日，全国性的"日本徐福会"终于在东京正式成立。第一届会长为日本文艺家协会副理事长岩谷大四。日本国际笔会长梅原猛、小学馆顾问相贺彻夫、NHK 名誉顾问坂本朝一等为顾问。中国驻日使馆文化参赞专往祝贺。为纪念日本徐福会的创立而派遣的该会访华团，在举行徐福东渡 2200 周年的纪念招待会间，向与会者郑重宣告"徐福……是日本文化的始祖"，并表示该会将以彰显徐福留下的伟

369

大足迹为宗旨。

22．1998 年 12 月 19 日，日本徐福会在东京举行理事会，根据会长岩谷大四的提议，日本徐福会定于每年 5 月 15 日为"徐福之日"。

23．1999 年 12 月 20 日，日本徐福研究学者须田育邦在慈溪市三北镇建造的徐福纪念馆举行开幕式。这是中国境内唯一一个由日人出资建造的徐福纪念馆。日本前首相羽田孜为纪念馆题名，中国徐福会会长李连庆出席开幕式。

24．2000 年 11 月，日本鹿儿岛县串木野市，坐落在冠山山巅的徐福巨石雕像落成。

25．2002 年，内藤大典撰文《弥生文化的形成》，文中叙及徐福时代之前，从春秋战国时代起，就陆续有逃避战乱而来的渡来人，在北九州玄界滩等地，为生存度日的小规模水稻种植。只是到了公元前 210 年后，徐福东渡，在有明海登陆，才开始催生弥生时代的大规模种植，才有了此后年代的飞跃发展。

26．进入 21 世纪后不久，前述逯志保博士进行的调查报告中反映的现状表明，日本的徐福研究者们并未因右翼当政者的加速右转，公然封杀古代史的传授，而停下他们的脚步。他们正在联合日中韩三国，为徐福其人其事的"申遗"进行着不懈的努力。

话说中华文化与一代海上伟人徐福

小引

与"写作"二字结缘以来，断断续续为报刊写过一些文字，皆是心血所聚，曾萌发过为之辑选一册散文集的念头，终因收拢不易和手边杂事太多——人事倥偬吧，而未成。但在平日有意无意间随手放在报刊文件堆中的旧报、剪报和文稿里，却发现所写的关于中华文化以及中华文明对周边国家影响方面的小文章还很有几篇，特别是 20 世纪 80 年代后期徐福故里发现后，前往参观考察一番后，由于对中国文明开化日本那一长段历史兴趣的逐渐增长，对这方面的关注就较多地见于文字间了。比如写被誉为艺坛大家、多才多艺的钱君匋先生在日本举办书画展期间，因偶遇徐福时代东渡日本一行人的一位后裔而产生的那一激动之情；比如听国家图书馆馆长任继愈侃侃纵谈"国图"新旧往事，述说有五千年积累的中华文明，连及谈到美国人说、写其本国 200 来年文化历史时所做的比较，就并无不少人常为担心的：一提五千年文明，便常会有的自炫自大，却是在从容与不无幽默中，给人以兴味饶绕之感。因为先生所言，皆昭明晃晃的史实，即使美国人自己听了，也会心悦诚服。不然，哪会有那么多孔子学院在美国相继开办？

任老这种宛转中越见令人信服的方式，与季羡林先生说西方人小看中国文化时表现出来的"不客气"，隐隐中还含着的几分愤慨之情，有很大的不同。这自然与季先生在欧洲驻留较长久，眼见得的多是些对中国文化知之甚少，竟或一无所知，只是跟着某些偏见十足的媒体、报刊饶舌，即所谓"报云亦云"者有关。

笔者在拜访任老后那几天，正巧在北京参加一次事涉日本历史文化的交流活动，联想到任先生那段饶有趣味的谈话，曾将之引入一次发言中，果然也为日本朋友所乐于接受。又比如在即将进入21世纪的"海洋世纪"之际写的，意在唤醒国人海洋意识，又与徐福关联的几篇文字，也为不少朋友所首肯……

这些短文，看去似与本书文字的体例并不一致，但因其皆与徐福其人其事与徐福那一时代中华文明对日本的开化，及其对东亚文明与世界文明发展的影响关联，竟至可以看作是引起本书写作的动因之一了，遂不避谫陋，辑录于此。其中几篇刊于报端时，曾因版面关系做过删节或整合等处置的，顺此又做了些恢复与补正，一并辑于文中，以供读者在披览本书时做些相互间的参阅，故虽以"外编"名之，却望勿以聊备一格的闲散文字待之才好。

一、弥生文化——徐福东渡的重礼

最近，日本东京出版了一本名为《徐福——弥生的虹桥》的新书，光明日报出版社同时以同名在国内出版，写的是古代中日两国的友好交往和科技文化交流的一段佳话。

该书是一本关于徐福研究的专著，记载了秦代徐福于 2200 年前奉使从其故里赣榆县（秦代属琅琊郡）东渡，开化日本，并与日本人共同开发当地弥生时代文明的不朽功勋和辉煌业绩。

弥生，是日本尚无文字记载的先史时代的一个历史时期。据日本近代考古学者的考证与研究，约在公元前 2 至 3 世纪之间，也即

《史记》所载始皇三十七年（公元前 210 年），徐福奉秦始皇之命东渡日本，在佐贺九年、岗水门三年，在九州共停留十二年，往当地传去"稻作农耕""桑蚕医药""新陶制作""金属冶炼"等新文化，从而使当时尚处草莽混沌、蒙昧未凿，以采集渔猎为生的九州、本州等地，飞越发展到以农耕为主的文明时代，生产力有了一个超越数个时代的突飞猛进的发展。这个因生产力的发展而进入的新时代，便是日本史称的弥生文化时代。

梁元帝赋有"虹桥左跨，雁苑南通"之句。将作为中日通交史上第一位伟人的徐福，比之为跨海从中国带先进文化去日本的虹桥，贴切悦耳，在联想上，也显得极为瑰丽。且该书又由在水一方的两国学者分头撰写，这寓意就更具深进的内涵了。该书的前一部分考证徐福确有其人，及其东渡始末，由中国学者、"徐福研究会"顾问罗其湘撰写。后一部分，即徐福东渡的路线及其与日本人民共同开发当地，使生产力突飞猛进，进入弥生文化时代的部分，由日本学者饭野孝宥撰写。

关于弥生文化，不是饭野孝宥一人的研究成果。1956 年出版的在日本和国际史学界都很具影响的《日本文化史》上便刊有关于徐福其人其事的记载。该书共十四巨册，直到 1961 年才出齐，执笔者皆为日本一流的考古与历史学者。该书出版至今，已逾整整半个世纪有余，可能早已淡出人们的视野，今特撮录其第一册所引用的中国学者卫挺生教授在《徐福入日本建国考》（又名《日本神武开国新考》）一书中提出的诸项结论中与本文有关的两处：一、日本弥生文化乃中国文化；二、弥生文化乃秦始皇时代输入日本（1988 年《新民晚报》《人民日报》海外版转载）

二、济州岛上说徐福

由西归浦的东烘溪蜿蜒而来，到海边高耸的绝壁前陡然飞流直下的正房海岸瀑布，是济州岛上最吸引人眼目的一道风景线。近几年来，与古代史研究关联甚密的石刻岩画研究者们对瀑布悬崖上"徐福过此"刻石的研究热，又为它增添了一层新的略带点神秘的亮色，因为史载的徐福东渡日本"止王不来"的几条可能的航路中，便有一条是途经济州岛而去的。

那年秋天，东亚徐福国际学术会议就在这座岛上召开。因为此次学术会议适逢与济州岛荣获"国际自由城市""世界和平之岛"及"韩国特别自治道"三项冠名的庆祝仪式一起进行，出席开幕式并庆宴的人数多达数百人，极一时之盛。笔者为对操办这次会议的东道主，济州道文化院院长洪淳晚先生及济州岛人的盛情邀请表示感谢之意，特在会上涂抹小诗一首云：

西辞琅琊意气道，阵马风樯过济州。

桃源何须寻方外，东瀛亦自有丹丘。

初意想通过这几句小诗，再次肯定一下济州岛在徐福东渡中所处的重要地位，将横亘三国之间的几处胜地和传说中的二三仙境，连成一幅亦真亦幻的图画，以示与会同好，并共同怀念当年以勃勃英气蹈海东渡的徐福先贤。没料到，那天却引起日、韩两国几位朋友们的兴趣。开幕式后，在会议大厅一侧的咖啡馆里，又一次向我提起它来。

来自各国的与会者无一例外地全是徐福的崇拜者。他们对凡涉徐福的点点滴滴、方方面面，都有积极与闻并深做探讨的兴致。他们对琅琊故地、与徐福其人关联的种种，都怀有浓厚的兴趣，对此，我并不感到意外。议论虽多属对小诗的诠注与释疑，却又无异是对会议大道的另辟蹊径。因为言谈之间虽不乏吟咏之乐，却仍有三句不离徐福其人其事这一本旨之概，只是少了点学院式考证的严肃与沉闷，而更多了点文学殿堂结社的轻松与愉快。如涉及琅琊古郡的话题就谈了不少，不但因为这个上古时代东夷人居住的旧地本身就是一处既含神秘色彩又极富历史内涵的地方——当地有"琅琊云烟起仙气"一说，自是指该地时有海市蜃楼可见，及徐福出海"求仙人"由此地启航之故；还因为它与日本文明发展的起源及日本民族的根之所在有关。日本出版的多卷本《日本文化史》上明白印着由日本历史学家定论的"日本弥生文化乃中国文化"和"弥生文化在秦始皇时代输入日本"。中国历史学家卫挺生据此，在《徐福入日本建国考》一书中，由徐福率众东渡而将之又考引出"今日日本人之大多数，乃琅琊人之后裔"一说。

2200 余年前，秦始皇南登琅琊，东望大海，"大乐之"，竟摒弃万机之重，在此一住达三月之久。后并"徙黔首三万户"，于先前曾为诸侯一代盟主的勾践所立的琅琊台上，再建高台，显然是有再来流连之意。东渡的徐福上书获始皇帝恩准在于斯，秦始皇为徐福射大鱼，亲驾护送出海也起于斯。一介方士得率数千童男童女，乘宏舸巨舶，目及手指在水一方的人间仙境，扬帆"大瀛海外"；又得至高无上的始皇帝以万金之躯随船护送，意气何等遒放，景象何等壮观！琅琊，真不愧一处风水占尽、人杰地灵的宝地，岂止虽辉煌耀眼却只缥缈云端之上的一句："琅琊云烟起仙气！"且上述事涉徐福东渡的种种，都是作为历史事件，明明白白记载在中国正史《史记》和《汉书》之上的，只因作者在"徐福得平原大泽，止王不来"一段文字上的失之过简，遂由记载形式上的语焉欠详，竟将一段史事、一个历史人物逐渐陷入云障雾遮的传说中去了。自从徐福故里在秦旧琅琊郡属的赣榆县发现后，其人终于从传说世界返回现实中来。可不久，却因龙口起而与争故里，众说纷纭，云翳又起，复使这个自石器时代便有少昊麾下东夷一族栖止的古城旧址，又热闹了一阵子。但从《史记》的白纸黑字所载，徐福从齐国故地、秦朝新设的琅琊郡出海，已是绝无可疑之处。至于其故里的确认之争，也只是在偌大中国版图之上，一块不大的毗邻地域之内，于徐福作为一个历史人物的重返现实，并无干碍。

作为中国文化东传首站的韩国朋友们，则对徐福船队的规模及其途经济州时那种磅礴的气势更感兴趣，于此所示的关注也更多。

对事关故国乡情的东西怀有更浓厚的兴趣，乃是各方前来躬与盛会者们共同的特点。这令我想起，若干年前，我向已故的中国日本史学会名誉会长、复旦大学历史系教授吴杰先生求教这一问题的情景来。"规模是庞大的，"吴教授说，"首先是人数，在《史记》所称的'发童男女数千人'之外，那率领船队的钦差与一应官员，护送的军士，随船的医生、财务及船工、水手并勤杂差役，以及为更长远打算而备的'五谷种种百工'，简直包括了大秦帝国当时农业及与此相关的生产技术并所有领域掌握先进科技成果的能工巧匠……"这又得加上多少人？以始皇帝那无远弗届的气概，不惜"费以巨万计"投入造就的舳舻相接和辎重如山中，人们已仿佛可见他的瞩目所在了。因为，倘真的仅为求仙寻药，则一叶扁舟，充其量，遣一支精干的小分队、三五条轻捷坚固的戈船，已足够敷用，来去倏然，潇洒得多，也自如得多……

如此船队，如此徐福，在终于得以顺利出海，并到达途程已过大半的济州岛时的豪迈心情，以及由此勇往直前，凌驾那澎湃波涛而起的气势，确如列阵齐发的战马和劲风鼓动的征帆，能不令人想起"阵马风樯"（杜牧在《李贺诗序》中云："风樯阵马，不足为其勇也"）那样雄劲的词句来吗？而且，朝鲜这片土地，自古便有箕子东走一段传说（见《尚书大传》《汉书·地理志》）。据传，殷商末期的那位大贤，是以商亡后被释之囚的身份，携众惨遁那片偏僻之地的。最终，他却以对朝鲜古代文明发展所做的贡献，而被当地人民视为恩公，尊为神祇。有当朝博士衔的徐福，当然是知晓此段往事的。当他在九百余年后，以大秦帝国东渡使者的身份途经箕子这片旧日封地的前前后后时，追比先贤，那种行将在海外（实现自己理想）建立一番功业的心境，自是远比这位前辈更具意气得多的。韩国朋友听罢颔首，与笔者握手，理解之意也就尽在不言之中了。

由于共同的文化渊源，韩、日的朋友们多有对中国典籍知之颇深之人，但于一诗一序这样的细枝末节上，于由此引发的心理感慨等纤毫幽微处，也能有如此这般的共鸣，仍令笔者欣慰不已。两千余年后的今日，由于弥生文化的得以确论、徐福故里在齐旧地被发现，也由于弥生时代巨大的吉野里遗址在东瀛佐贺平野上得以出土，以及济州岛徐福刻石及其他遗迹的一一勘查……徐福其人早已成为中、日、韩三国共同的话题。这位先人，因开创了日本列岛文明，在一片榛莽的蛮荒之地，建成人间丹丘的巨大贡献而永享大海两岸三地人民的祭祀。人们已将他视为影响世界文明发展与人类进步的一代海上伟人。

（原载于 2011 年 1 月《中华读书报》）

三、国家图书馆与中华民族的历史文化——听任继愈先生说"国图"

对一个热爱读书、亲近图书馆的人来说，能有机会亲聆国家图书馆掌门人谈书，说说国家图书馆的那些事儿，实在是一种难得的幸事。多年前，任继愈老先生职司"国图"馆长时，笔者正值在北京参加一次文化交流活动，得由国际战略基金会副会长、前国家新

外编

闻出版广电总局局长李连庆先生盛情陪同，前往任府拜访任老。

任老家住三里河南沙沟。李连庆先生告诉我，已故的钱钟书先生，以及仍然身健，至今还在埋头著书杨绛先生，也住在同一座院落里。这里可真称得上是京城书卷气最浓的一方圣地了。

任老的寓所在一幢三层楼房的底层，再普通不过的几间居室。室内陈设，朴实无华得近乎寒碜，但屋里的藏书之多，却又可以"豪富"称。书房、藏书室乃至客厅四周，除了高大的书橱，就是书柜、书箱，一律直摞到天花板。任老是哲学家，在哲学史、宗教史方面造诣尤深。那些藏书，自然多是与此相关的。丛刻、四库、四部，各种典籍之外的续编、缀编……盈室满架，古色古香，虽然与老人一样，显得与眼下这一艳俗浅薄的世界有些不太协调，但它们却与永恒相通，并不时假任老之手、之口，将那当中的蕴涵发向与之亲和的读者。如其时不久之前刚问世，由他主编的《佛学大辞典》的序言中所写的；如他对向他执弟子礼的晚辈学人们所教诲的："目前所处的时代，是一个对传统文化进行保存积累的时代，而不是产生大师的时代……"

作为一位睿智而深沉的学界名宿，任老对文化界的这些表述是何等的深刻啊！也因此，相对于人常授予的"大师"之类的称谓，任老更愿意以一个承续祖国传统文化的普通学者而自诩。任老推开进门第一间藏书室的门，目及手指，让我参观他的"家底"。在闲谈中，他更提到国家图书馆以千万为计数单位的馆藏，言辞之间出现最多的便是一个"书"字。

论学问，我与任老相去太远，只有景仰之情，但若说到书，以及对书的爱好与收藏之乐，却窃喜还是可充当任老的一名追随者和忘年朋友的。也许正是这一共同之处，任老侃侃道书，延及国图的那些事儿，我的洗耳恭听也愈见聚精会神。任老当时虽已年近九旬，但精神矍铄、思维敏捷，凡与书籍关联之话题，无论古今中外，闳论与轶闻兼具，无不侃侃而谈，如滔滔江水，流淌着老人深湛的学养与藻思，显示出他对中国传统文化的一腔纯情与挚爱。如任老在谈到一个民族的文学、史学、哲学、宗教等话题时就说："这种种，最能体现一个民族的性格和风尚。年轻人应多了解祖国的历史。中国的历史文化从上古至今，绵延不绝。就这一点而言，只有中国人才有这个条件，美国人就没有，写到 200 多年以前，他们就要写到欧洲去了。"正如任老讲中国历史文化时提到的美国历史文化一样，进入世人视线、引起人们注意，尚能或可能由此为人认知的，真正能反映日本国体概貌的历史文化，连 200 年都不到，也就是明治以来的 100 多年吧！若写到 200 多年以前，就如同美国写家必会写到欧洲去一般，他们也就必得写到中国的历史文化里去了。我当时正在京参加一次研讨徐福东渡与日本民族起源的文化交流活动，联想到任先生那段饶有趣味的谈话，便将之引入一次发言中，果然也为日本朋友所乐于接受。一些真正具有学者风范的日本史家也从不讳言这一点，如当代著名学者加藤周一在谈到日本的历史文化时，就曾直言："每当我寻求日本文化的历史性源泉时，几乎所有的领域归根结底都与中国的古典文化联系在一起……汉字、法律、宗教等等，古代中国对日本具有压倒性的影响。"作为非当事国的哈佛学者，对中国和日本历史文化都有深湛研究的前美国驻日大使赖肖尔，以一个旁观者的角度说到这一点时，给人的印象就尤其深刻了。且看赖先生在他的《日本人》译本序言中写下的这段话："因为日本在开始成为一个具有较高文明的国家时，中国已经历了至少两千年的高度文明。从汉代开始有了小规模的接触后，日本在此后的几个世纪里开始大量吸收中国的高度文明。它袭用了中国的书写体系，中国的许多伦理观念、历史观点……这种文化的借鉴以七世纪到九世纪间最为盛行，并一直持续到十七世纪。甚至在十九世纪初，许多受过教育的日本人仍感到自己是中国文化

外
编

379

的子孙。"

中国国家图书馆为世界五大国立图书馆之一，是中华民族最大的知识宝库。能听到老馆长任继愈先生闲话中国历史文化、图书，延及国家图书馆的趣话，真是"此言只合任府有，丹丘之外哪得闻"，已不啻爱书如我者的一大享受了。

再比如谈到国家图书馆的藏书量。见之于文献或一般媒体上的排序，其在世界五大国立图书馆中并不称最。但听过任老一席话后，却又敢将这一顺序重做一番排列。原来，中国国家图书馆的前身是可以推溯到百年前的京师图书馆的。这是戊戌变法中被慈禧太后一手扼杀的，废除新令的诏书下达后，新政中唯一幸存的一项。它原本属于为培养维新变法需要的官员特设的京师大学堂。此京师大学堂当时受最高当局的直接呵护。任老风趣地比喻说，这颇有点类似于如今为培养推行改革开放高官而设立的中央党校，入学的自非一般士人学子。便是当日掌变法最高权柄的光绪皇帝，也不时会去大学堂的图书馆浏览一番。涉足其间的，当然也就不会是一般的读者了。由于这一有着特殊地位的读者群，还直接决定了它的藏书内容。该馆所藏几乎全是弃旧图新、治国安邦的宏论巨制，或符合推行变法之道的经典译著等，坊间浅显不入流的各种出版物，如煽情搞笑的说部、插科打诨的唱本，乃至等而下之的房内秘术、降神招魂等闲杂之书，一概都登不了它的大雅之堂。或许竟只是这一传统意识的潜在影响，而并非全是因为矜持，使它真还有点像其前任馆长梁启超曾为它定义过的"贵族图书馆"味儿。但任老也认为，国家图书馆的性质应当有别于一般的公共图书馆。至今，国家图书馆所收的书目仍未远离这一传统的大旨。如学校采用的教科书，国外几大国立图书馆是不论大、中、小学，凡经出版，照单全收，及于各类教材的补充读物，也悉予录存。但中国国家图书馆在这方面的收藏，只以大学教材为限。你若常逛书店书摊，或留意出版信息，便不难看出，那几类国图不收书目所涉及的范围和品种，该会是多么巨大的一个数字。如果把诸如此类的收藏也——计入，则中国国家图书馆的馆藏数该居世界五大国立图书馆的第几位，就可想而知了。

正因国图藏书的高格大调，不少学术研究上需要的、冷僻艰涩的，或早期出版印数极少的书籍，以及即在国外也属极其稀有的一些学术机构的赠书或交换书等就属它的收藏最富。这就更使它成为从事学术研究的学者们常往的朝圣之地，不远万里而来的国外朋友也络绎不绝。国图不但帮助国内外许多学者写成了他们的皇皇大著，同时，它还是不少学人的起步点。受到国图珍藏眷顾的所有人都不会忘记它赐予的恩惠。就连身为国家图书馆馆长的任老，也动情地说："我也是靠图书馆成长起来的，受到过国图非常多的恩惠。"前些年，国外翻译出版了笔者的一本小册子，至今，我再翻检使用这本书时，仍不禁会想到国图为我提供的那几册至为珍贵的参考书，而对它心存一种深深的感激之情。后来，再去搜检图书资料时，在国图的书架上偶然撞见我的那本小册子，更感到一种对它先前所施恩惠，竟也尽己所能地做出过一点微薄回报的欣慰。

（原刊于 2005 年 1 月《文汇读书周报》）

四、亲历东京旧书节

去年岁尾，在日本参加"徐福东渡与日本民族起源"的学术交流活动期间，适逢一年一度已进行到第 49 回的"东京名物神田古本まつり"。其中的"まつり"，在日汉辞典上解释为"祭祀""祭"。在次一级的几个注释中，还有"节"这一解。整句译来，便是"东京名物神田旧书节"了。句中暂予略去"名物"二字，下面再去说它。

外编

一百多家旧书店提供一百多万册图书的旧书节，够引人注目的了。我便决定不错过机会，前往一观。前后耗时三天，看书、买书，观节，也观人，颇具感触。研究中日关系史颇深的几位朋友，曾以共识之喟谓，"前贤蒋百里、戴季陶二氏七八十年前就曾有过的国人对日本的了解，远逊于日人对中国的了解"一说，至今如故。有鉴于此，笔者既看了，又有此感触，虽仅一隅一角，也不敢私藏，遂为文细说，以与读者分享。

日本文化，自秦徐福时代传自大陆，其源头在中国，世人尽知。瓜不离藤，故其引经据典，复制古代仪式等诸事，总也摆脱不了中华文化的"香火"。这"祭"与"节"的含义，自然也都是包含其中的。只是在此基础上，往往又有所发挥，便是他们的长处了。如日本各地每年大大小小的节庆活动不计其数，为使这些活动，尤其事涉文化一类的活动更增添一种庄重与传统的韵味，他们常爱为之缀上一个用汉字书写的"祭"字。如京都的"时代祭"（京都三大祭中那一以古装游行街头的习俗服装节），佐贺前些日子刚举行过的"文化祭"（佐贺县高等学校举行各种活动的学生节），以及近几天正在东京忙活的这个"古本祭"。后两个"祭"，一前一后，我都是参加了的。以笔者的亲身感受，眼看着活动现场那些随风摇曳的"祭"字旗，眼看着身边来来回回、兴致极高的参与人群，胸间确乎有着一种热腾腾的节日韵味的感觉在涌动。

善搞此种节庆活动的东京书商协会一类的联盟，于节前各种广告中，在"第49回"几字之下又特别标示了"东京名物"四字。这种做法——把旧书节揄扬为以地方特产而称名的活动，其实也是从别国移借而来的。日本人的"拿来主义"一向做得很坦荡：历时已200余年的巴黎旧书街，也常举行旧书节、书市一类的旧书展销活动，因有世界文化名城这一背景和塞纳河畔这一土生土长的地方特色，因而逐渐在口碑中被拉升为具有"名特"情致的"巴黎一景"，不但巴黎人欣喜，其名声更远播世界，早可与枫丹白露庭院和香榭丽舍大道相提并论了。日本人对法国人这种即使一书街书市也不甘平庸，而力创"名特"的做法非常欣赏，自然十分乐意拿来一用。因为是拿来，又有意争奇，经苦心经营，竟以 160 家旧书店数及一次集市书节供书 100 多万册，连创两项世界之最者，便是明证。遂使东京这个以神田书街立名的"古本まつり"，虽只有五十年不到的历史，却终于后来居上地给世人留下了"东京名物"的印象。

旧书节正日那天，笔者一早便赶到神保町，这"名物"也果然不虚其名。长长一条靖国通大街，从骏河台下伸展到专修大学前，绵延数公里，都设有高大的书棚。各书店前的人行道上，也一律摆出一排接一排长长的书摊。整条大街被围成一条瞧不见尽头的长廊，长廊上的观书人熙来攘往，川流不息。长廊一侧的各条横向的小街小巷，也全都连绵成书节市场。最有趣的莫过于这些小街小巷两边的墙面，大多被充分利用地当作靠山，临时制作成整排整排高大的书架。日本国土狭小，东京一带，土地尤其金贵，才有此书架爬上了外墙的奇观。因为是小街小巷，拥挤在这些书架前的淘书人群较之外侧宽敞大道两边的人流，更显出一种蓬勃沸反的热闹劲。笔者还注意到，这些为数甚众的墙上书铺，到了晚间也并未撤架，只是在书架外面围上一层窗帘似的帷幕。当微风穿巷而过，拂开帷幕时，那整架整架的图书照样露脸向人，挥洒笑意，把白天那浓浓的书祭情致，一直带到夜间。

旧书节期间，那一大条长廊和成串的小街，从早到晚，人头攒动，熙熙攘攘地挤满了淘书人。不但有为数众多的书痴书迷，便是平素与书不甚亲近的人，也都前来一凑热闹。涌动的人流不但满溢这条长廊路面上的各色书店，把陈列街面的书摊和挂壁的书架也全都围了个严严实实。晚来的人竟只能隔着人墙，瞧瞧那高高的"L"

型书架上端的一两排图书和悬挂在书摊上方"神田古本まつり"的横幅了。笔者那天好不容易才挤近书摊，占得一席站位。在翻阅浏览片刻之后又发现，虽云旧书，那书价却高得令人瞠目。一部《孟浩然诗集注》，标价55000日元；一册《长征路上的歌》，要价6700日元；连一本薄薄两百来页的《我与少奇》（王光美著）也要卖3500日元，实是中国一般读者少敢问津的。好在只是节上所见，观节嘛，能开开这高书价的眼界，也算不虚此一行。不过，话又说回来，只要舍得时间，便宜书还是能淘到的，特别是出版年代较早的文史类书。几经辗转，我终于搜罗到一厚册《天皇家族秘史》和一部大32开铜版纸精印的《大探险时代》，书面虽略有涂抹，书里却一页不缺，书价只标200日元（约合人民币十三四元），平心而论，是不算高的。距神保町不很远的本乡书店街上的旧书，售价还要便宜。笔者在那里一家琳琅阁书店觅得的《近世学者与文人群像》（台湾商务版）、《日本禁书百影》（上海书店版）和《民国书影过眼录》（上海远东版），售价都只有100日元，标价者比上海福州路旧书店里那几位伙计还手下留情。略经探询，店主告知，这里的顾客以周边大学区里的教书先生和学生为主，书价想高也高不起来，但书店的经营宗旨是薄利多销，所以照样有赚头。

近几年，日本出版物的销售量连续滑坡。据日本出版科研所统计，已经连续三年出现负增长，难怪有论家叹曰："印刷物的生存，在网络信息时代，已越来越见其艰难了。"但神田街头的旧书节却是人潮如涌，气象万千。若套用范文正公的一句观景名句，直可叹为"予观夫，东京胜状，在神田一街"。

旧书节之所以壮观若此，究其原因，不但是旧书供量甚巨，选淘余地非常之大，令各地闻讯的书迷趋之若鹜，还因当前金融危机带来的普遍币源吃紧和囊中羞涩，以致把众多本可到新书店等地的人，也都推到这旧书摊前来了。为了证实这一估计的庶几不差，笔者特地到神保町后街的广文馆、东京堂几家新书店转了一转，果然都是门庭冷寂，店内书架前只有稀稀落落不多的几个人。而旧书摊前，岂止东京，远道从全国各地赶来的，也济济有众。连前来日本旅游的，包括欧美等地的洋游客，竟也大有人在。再一细观，原来书架上原版的旧"洋书"之多，也令人起眼，其数量虽低于"和书"，却远高于"汉籍"。常闻自明治维新以来，日本国策变化巨大，有"从'和魂汉才'全面向'和魂洋才'转变"一说，却未料这一转变竟在神田旧书节的书架上也显得如此昭彰。

在整个世界图书市场都冷落萧条之今日，这里却是如此一番景象。因此，神田古旧书店联盟在旧书节上特发布告示：凡是购书满 5000 日元者，全国各地，无论远近，一律以"无料宅急便"（免费快递）将所购图书直送到府上，真可谓是服务到家了。笔者以为，这可不能全与图书销售下降的无奈之举挂钩，其中还应包含书商对仍然热爱纸质图书的读者的一种情怀：这里既有感谢之意，也有书市低迷与不景气中，对同为书界中人的相惜与相互慰藉——你既投桃，还看得起我这老朋友，我必报李，相送到家，而不以道里计。不是笔者因与书情深而以意气说事，从深层次的阅读、从研究以至引用等等角度看，毕竟还是印成白纸黑字的书籍实在，即使是旧书。恍恍惚惚、飘飘浮浮在网络或手机上的文字常令人眼花缭乱，难能卒读。那常不十分负责任的，有时甚至是驴唇不对马嘴的言论，你在印制出来的新旧书页上，又曾见到过几回？

（原刊于 2009 年 3 月《文汇读书周报》）

五、先生不是鬻画人

偶观报端一条"曾熙书画展"并"钱君匋书画篆刻收藏精品展"在上海鲁迅纪念馆展出的消息，又见刊于同日版面上，曾氏后人缅怀其叔祖的一篇文章，骤然间唤起我对君匋先生的几点回忆。

记得那已是几年前的旧事了。鲁迅纪念馆忽然间邮来厚厚的一个大信封。拆开一看，原来是该馆为朝华文库增设"钱君匋专库"而编辑出版的一册纪念文集。因其中收有笔者一则怀念先生的小文，特别寄赠存念。当时我因出差在外，为设专库的种种纪念活动都未能眼见，至今引为憾事。君匋先生驾鹤西去已十余年了，此番鲁迅纪念馆又为钱老的珍藏辟地供展，已是该馆为先生做的又一回较为重要的纪念活动了，自是要前往一观的。

君匋先生所购的书画，一如他素所尊崇的鲁迅先生的购书，是占去他一生收入绝大部分的一项开支，其中精品自然多多。此次展出的就有文徵明、徐渭、陈洪绶、石涛、赵之谦、吴昌硕、齐白石等美术史上永为尊者的力作。其实，那几幅珍藏的精品在笔者与钱老多年的过往中，已观赏过几回。先生还曾取青藤笔意，为我绘过一幅花卉，至今犹悬挂在我的书房里。有不谙书画之道的来访者，或因偶尔耳闻过一些书画拍卖等信息之故，有时竟会问起此画"求价几何"。因此，又使我想起坊间曾闻人言"求钱君匋书画，润格不菲"一说。

记得一次，趁钱老应瑞金宾馆之邀，在园中小楼静憩，前往探视间闲聊时，提起此说来。先生并不见忌讳地亲口坦言于我："为书画收润笔，乃向例，但也不能一概而论。不菲云云，则有些言之有过了。"这是很实在的几句话。先生是一个不善辞令的人，但每有所言，皆直举胸臆，予人以信然不虚的真诚。笔者就曾亲眼见钱老的私淑弟子辈，或新知旧雨与之往来时，多有得书画后，只付喜色与称谢的。然钱老却以为，与雅好翰墨者做点书画交流，能与同乐，如聚兰亭，亦人生一快意事，云何润格哉？

下面一件事，因是亲历，尤其可见先生的所言实属心声。那件事发生在新华书店总店为我写君匋先生的传记做首发式签售后，笔者为答谢各方前来参与的友朋，在上海展览馆的友谊酒家设宴款客之际。出席的有君匋先生的弟子，传记出版人、时任湖南文艺出版社老总的弘征先生，以及作协、报社与我们单位的几位钦敬先生才艺的朋友，济济一堂，不下十余人。席间，有好扯闲篇者谓，翰墨香气之醇厚与临池之乐，远胜珍馐佳馔，有贻人长寿之效。众人拊掌应和，场面之乐也融融。其实，这只是艺友们相聚的把盏凑趣，哪知老人闻言，豪兴顿起，竟以高龄之躯，满口应允，愿为深得个中三昧者挥毫。友谊酒家的员工也久闻这位海上大家的令名，席后即备纸墨。钱老连书几幅，兴致犹浓，却引得一旁君匋先生的侄子着急起来，忙上前劝阻。这时，我才想起新华总店方面的一番良苦用心来。原来，总店的老总考虑到先生已届耄耋之年，事前曾特意叮嘱我，签售活动的前前后后务必请钱府来一位至亲晚辈陪侍一侧。日间签售的过分热烈与忙乎，已被这位陪侍仁兄挡驾了不少。但君匋先生不忍拂却来人的一腔情兴，不但所购之书，连携来的私家珍藏，诸如先生所著的书画印集，乃至乐谱、散文集、诗集也一并允签："拿来，拿来，我都给你们签……"候签者满脸欣喜的期待之情，一如此刻席后求书画的朋友们。但毕竟已是九二高龄的老人了，如此应对，能不劳累？要不是亲侍一旁的侄子力劝，钱老手中的毛笔不知何时才放得下来。但是，我观先生，却略无倦意，不禁暗暗称奇。其间，也未见先生只字提及润格等等。

翰墨交流，即人之相与，情之互动。或取诸怀抱，或因寄所托，静躁不同，取舍万殊，如动辄以润格云云置论，岂不是忒煞了这人世间的风景？更有甚者，当你获知钱老将须以亿万之巨论其值的 4000 多件艺术珍藏悉数无偿捐赠给几处博物馆、艺术院，以供后人观摩时，你就更不会将翰墨书画诸道间事，全都去与润格、经济、所得等硬往一处牵扯了。

另外几件事因也与此云云关联，就一并移来展示于读者了。便

外编

是先生在新加坡和日本举办的两次规模盛大、展仪隆重的书画展上的一段往事了。新加坡那次书画展，已在《钱君匋及其师友别传》一书中详细写过，这里就不多重复了，但有一点，还是可以简单地再引述一下的，即那个前前后后都由新加坡佛教国师广洽法师一手操办的书画展。在展出之前，新加坡几家大报在头版头条都对君匋先生其人其艺术成就做过报道，开幕式又有五位国务部长到场祝贺和参观，故其远近赶来的观众如流的情景，一时传为美谈。这固然因为广洽法师不但在新加坡，即使在整个崇信佛教的东南亚也是佛界领袖的影响力，还因为他们对中国书画艺术有着深厚的理解与热爱。君匋先生恪守乃师丰子恺的教诲，对师叔辈的广洽法师"戒财戒贪"等等的教谕等同领受（已入佛门的广洽法师与身居处士的丰子恺，同为弘一法师亲传的至爱信徒）：这一回，在新加坡展出的所有作品只供展出，一件也不出售。这在当地被视为品位最高的一种展览形式。先前，林风眠、张大千、徐悲鸿等都曾携作品前来做过展出，但都是标价出售的。

去日本的那次展览，广洽法师虽未直接施教，君匋先生却与在新的展出同一处置——只展不售，连由赠予可能引起的感恩与回报，都在此例。谁料，却由于一时"心为所动"，破了一次例，而那个"心为所动"恰又是因为徐福其人其事所引起。

日本人对中国书法艺术的鉴赏力与崇敬由来已久。日本历史文化的源头便在中国。而中华文化的最早输入者便是秦代东渡日本的使者徐福。对来自中国的艺术展览，观者的盛况自不必提，这里就只说说那次破例的事了。就在展览行将结束的一个下午，一位白发老者见到展主君匋先生，如遇故人般地施礼致敬之后，亲切地说起自己的身世。原来，由先祖们传承的家谱上记载，他们家是秦代东渡日本一行人的后裔。现在日本有着与他们同一身世的后人，还有秦姓，以及久武、宫下等诸姓，最公开而又广为人知的自然是日本前首相羽田孜先生了。老者说,此前他并不曾向什么人提起过自己的身世。可是这一回,遇见来自故国的又是自己最深爱的书画艺术家,一时激动,情不自禁地便向先生讲述了这一切。他哪里知道,正是这个"情不自禁",竟使君匋先生激动地拿起一册他心爱的书画集,立时题字奉赠。

事后,君匋先生对我讲起这件事时,还不无玩笑味地对我说,这次仅有的破例与你也有点关系呢!原来,君匋先生看过我赠他的那本《神秘之雾的消散》的小册子后,对有如此人生的徐福及其一行先人,曾生起过很大的崇敬之心。此番身在异国,竟会见到他们的后裔就站在自己眼前,能不为之动情吗?

先生绝非鬻画人,且其一生成就也绝不是仅与书画相连的。君匋先生除了书画的大名,同时还兼具音乐家、书籍装帧家、艺术鉴赏家、出版家、散文作家、诗人等数项桂冠。尤其是诗人的桂冠,现今几乎已不为人知。中国的诗歌自"五四"以来,从有韵的格律诗转向可韵可不韵的白话诗。此后二三十年,竟至进入一个新诗时代。君匋先生生逢其时,曾以新诗之作,驰骋当日诗坛。其 20 世纪 20 年代末出版的诗集《水晶座》,曾获叶圣陶、赵景深、汪静之、章克标等文坛大家的交口盛赞,是一位可毫无愧色屹立于中国诗坛的诗人。虽然,青年时代便与钱老有深交的施蛰存先生,却仍曾以他独具的慧眼劝我:"钱君匋与管城子厮磨最深,你为他写传,文字与笔意最好还是落在书画翰墨诸道之间。"施先生对书画金石都有深湛的研究,此说实乃最知君匋如先生者才道得出来的中覈之论。作为晚辈,自是唯唯受教,以致即使为此小文,也谨依所嘱。

确然,钱老一生虽对文艺诸道皆有所涉及,却独对翰墨持情最深。尤其是后半生的半个多世纪里,更将他的一腔热情与精力全都付与了书画印。这一"全都付与"的断语,不但有上述先生知交的公允至论,还从先生一件很小的看似并不起眼,实则凝重得足以令人感动的细节中透露出来。事情虽已过去多年，至今仍深深刻印在我的记忆中。

为先生作的那本传记在湖南文艺出版社出版之前，承《文汇报》社厚爱，允先在该报以连载形式刊出。刊出前的编辑过程中，主编徐伟敏先生出于对钱老的尊重，曾来电嘱我："关于连载的题名，你最好先去听听钱老的意见。"那一细节就发生在我依嘱前往钱府征询之时。

钱老听我陈述来意之后，接过我递给他的事前拟就的几个题名，略略一看，几乎不加思索地一口就认定写在第一行上的那一个。

"此生，"钱老轻轻念完这前这两个字后，稍稍顿了顿，终于又念完余下的"只与翰墨亲"那几个字。接着，郑重地伸出手来，指着那一行对我说："就是这一个！"

此生！一个人能有几回此生？却一并都付与了"翰墨"二字。这一付与，能不刻骨铭心？作为特意就此前来征求他意见的人，眼见此情此景，又怎能不为之感动？

先生曾以从艺七十年的漫长感受，深刻地对我说过："书画篆刻之道，特立独存于世界艺术之林，最足体现中华文化的精髓。"钱老不但自己为之倾尽了一生的热情，对它将来的永世传承与光大，对后来的情深此道者，也都寄予深切的关怀与厚望。一次，钱老谈起他的捐赠，还是执着在这一点上。他曾动情地对笔者说："每每想到初出茅庐的年轻时代，想观摩一件艺术精品，是何等的难事啊！收藏家的珍品，是决不会轻易示人的，往往在人家门前徘徊几十次，也不敢贸然进门求观。书画店里虽有上佳的名作，可为衣食所逼，又哪有购买的能力？只有望画兴叹……"此次鲁迅纪念馆为钱老的珍藏辟地重展，又一次再现了先生生前的遗愿。有这样对书画情深似海的艺术家，有这样忠诚于艺术，如鲁迅纪念馆这样的推助者，中华文明的传承与光大必将如君匋先生所祈愿的那样生生不息，从古到今，从今到永远！

（原刊于 2011 年 2 月《文汇报·笔会》）

六、面对辉煌的既往——为海上伟人生发的一份感慨

以浩渺的蔚蓝色展示大海特有魅力的"国际海洋年"刚成为过去，联合国麾下的专家们便向全世界宣称，即将到来的 21 世纪是"海洋世纪"。随着下一个新千年的展开，人类社会的发展将进入海洋时代。自哥伦布等航海家们"大冒险""大发展"的狂热成为历史以来，已沉寂了许久的海洋，在这世纪的辞旧迎新之际，复又备受关注与崇敬起来，海洋母亲进入了她发展史上最为辉煌的年代。有为之士无不为之欢欣鼓舞。

在与联合国的合作方面，我们向来有着不俗的表现，如对联合国关于开展海洋年活动的要求，我国就曾热情地同声相应。去年六月份，中国海洋节在青岛盛大举办，便是够隆重的表示之一。笔者没做过这方面的统计，不知国内报刊为此都花费了多大的版面，写下过多少文字。只记得，我是在上海一家发行量挺大的报纸上看到这一消息的，篇幅约在三四百字大小。而该报同一天向读者提供的有关物质消费与享受，并从中可以赚得大量广告费的版面，少说，可以超过这一篇幅的几十倍！畸重物质而畸轻精神一至于斯！其他可见于国内的大部分报刊，绝多向人们报道的也只是诸如"大海中生存着动物 17 万种、植物 2.5 万种、海水中溶有 80 种元素"等一系列显示其蕴藏的物质财富是何等丰富，以及与此相关的，如何开发或保护这些物质财富等等的文字，长篇累牍，不厌其详，而对她所造就和拥有的同样十分巨大的精神财富的报道，迄今却寥若晨星，国人的海洋意识如此蒙浑，除了浩叹，无复可言。

其实，大海绝不只是向人类提供物质财富，她还以其独具的

外编

391

惊涛骇浪，洗礼过多少不畏艰险的勇士，玉成过几多轰轰烈烈的海上事业，从而积聚起非常巨大的一笔可以激励后人的精神财富。秦代的航海家徐福，便是其中最为耀眼的一颗明星。可不知是不以为然，还是由于疏忽，我们却忍心让他成了一颗高悬天际一隅久被遗忘的星宿。倒是由海上事业的拓展而发家致富的西方诸国，面对大海，一直不曾数典忘祖，念兹写兹，推本溯源，连绵不断。这些国家对他们的海上英雄及其创立的业绩，敬若神明，视为激发后人爱国热情的无穷动力。这些海上"伟绩"的创造者们，在那些国家，成了天之骄子、世界的宠儿。海军上将、总督、世界伟人、新世界的伟大先驱……各种至高无上的头衔纷叠加冠。岂止报刊，这些骄子和宠儿还雍雍容容地登堂入室，占据了历史、文学戏剧的好大篇章。哥伦布、达·伽马、麦哲伦、柯泰斯……这些名字犹如高悬无际的明星，彪炳耀眼，众目瞩望。相比之下，中国那些同样曾光耀一时的一代海上伟人，在他们的祖国所受的冷遇就不能不令人发出为之不平的感慨来了。

是的，不止一个时代，都有过那么一小群庸人，他们将浑身的热情与注意力都投向了对物质财富的耽盯与豪取上。但是，那令人仰止的星辰，却决不会因为这群人的冷落而衰微了它们自身的光芒。物质珍宝忽焉聚散，精神财富却永远不会衰减，就看人们目光的投向了。我曾想过，是否能像大大小小的经济学家对大海深藏的物质财富，孜孜进行一系列探求、分析那样地，对海洋所拥有的精神财富也做一番挖掘与探求。毕竟，中国是世界历史上最先走向海洋的大国之一。世界上，还没有哪一个国家能像中国那样，从上古到 15 世纪，自始至终一直雄居世界航海舞台的前列，而经久不衰。且不说一万多年前传说时代中国人始祖燧人氏的"以匏济水"、伏羲氏的"乘桴"，已开始与海洋发生接触；也无论作为航海事业见诸文字记载的，已有数千年历史，如《世本》《史记》所载的，公元前 22 世纪的帝喾。这位帝喾被认为是中国并世界航海史上最早的有令名可考的一位人物。从公元前 21 世纪至元前 11 世纪的帝芒、相土、周武王……各有其海上活动的事略载诸史册。至公元前 6 世纪的齐景公，"游于海上而乐之"已能"六月不归"，可见其造船、航行技术已经达到的水平。其后两千余年来，中国就曾出现过以齐景公、勾践、徐福、孙权，直至唐代的鉴真，元代的亦黑迷失、孛罗，明代的郑和等为代表的非常杰出一批航海家。秦代受秦始皇派遣的徐福已能率六十余艘巨舶、五千余人马横渡大海，将当时世界最见光辉灿烂的中华文化和物质文明播向东邻，完成了上古时代世界航海史上无与伦比的伟大航行。"开化日本"的一代海上伟人徐福之外，梁启超在《祖国大航海家郑和》一文中对郑和也有"及观郑君，则全世界历史上所号称之航海伟人能与并肩者，何其寡也"的赞誉，曾令国人读后，意气无不为之风发昂扬。

中华民族在海洋上的非凡活动及其对航海事业的卓越贡献，不但展现了中国古代航海家的开拓精神，而且为整个人类的航海史留下了浩气长存的光辉篇章。而我们对这一切却缺乏最起码的热情，令人难解地疏远了簇拥着中华民族走向发展与进步的大海母亲，淡忘了那些曾在波涛汹涌的大海上演出过轰轰烈烈壮剧的伟大先人，以致逢此海洋盛世，连她抚育并一手托起的海之骄子们都未得到一种应有的礼遇，忍心让他们冷落一隅，让他们一直沉滞、埋藏在如《史记》《唐书》以及《说苑》《岛夷志略》等实际上没有多少人翻阅的历史卷帙中，而未将他们请出来，为之别竖新碑，另立新传，广为揄扬。

梁启超是近代史上意识到这一问题，并身体力行地为此鼓呼的不多几个人物之一，从本文前曾提到的，他对一代海上伟人徐福的肯定与揄扬可见。梁氏在弘扬中华民族优秀人物方面所做的工作是极其受人称道的，毛泽东将他列为中国近代史上启蒙思想的先驱，这是很值得令人深思一番的。

使中国走向海洋、走向世界，跻身世界先进民族之林，与列强争雄比胜，正是一切爱国的、希望中国挺进现代化的人们所企盼的。但激励人们的心志、奋发人们的精神、进行爱国主义教育，绝不是靠一段时间内风风火火地喊几句口号、刷几幅标语便能做到的。除了要像春雨的润物，将那"强劲"蕴涵在细密、连绵、持久之中，尤其得有上好的"教材"，也就是必须要有足够弘扬、足以令人振奋得起来人和事。世界上没有一个伟大民族是没有自己的伟大人物的。巨大的精神感召力正是来自这些人物。即使在像美国那样一个追求时尚，历史短浅的国家中。作家悉尼·虎克在其《历史中的英雄》中也说过："一个国家的历史，是由她的伟大人物——神话中的人物或现实生活里的人物的功勋向青年人展示出来的。"每一句，甚至每一个用来记述历史伟人功勋的字眼中，都须能渗透着浓重的民族感情，因为只有那样，才能显示出一个民族的灵魂与精髓，才能振奋起一个民族的自信、自强与自立之心。是啊，如果建国只有两百来年的美国历史中真的没有这样的人物，虎克先生也说，便是从神话里，人家也要请出一位来呢，何况我们的徐福、郑和并非神话造就，而本就是载诸史册的人物。

（原刊于 2000 年 6 月《中国海洋报》）

七、依然辉煌而动人的千古壮剧——关于一代海上伟人徐福的断想

《史记》永远有这样的魅力，卷帙中一段极简略记载的字里行间，便包含着一桩曾经惊天动地的历史事件，隐居着一位至今可歌可泣的历史伟人。你若去细探究一番，又会发现，那三两百字内的蕴涵，常足够现今写家们作出数十万字的铺陈来。

2200 年前，一个敢于凌驾万顷汹涌波涛的航海家徐福，率领

着载有数千人马的庞大船队，乘风破浪地在《秦始皇本纪》那几页书卷的随意披阅中，浮现在我的眼前。

我早就听说，往事虽越千年，可那些海之骄子在东渡前留下的种种遗迹，至今仍在向人们述说着往昔的那段辉煌。几次前往察访，果如所闻，尽管入眼所见满目苍凉，已是散落在一片荒烟衰草中的秦砖汉瓦古树桩，但你只要走近，依然能够辨识得清清楚楚：由三万黔首筑起，专供秦始皇东眺大海的琅琊台，仍旧高高地矗立在琅琊湾海边。沐涫岛、斋堂岛、登瀛岛上的乡亲们，至今口碑相传、津津乐道着他们祖先在此沐浴、斋戒，而后登船远航东瀛的种种往事与传说。海州湾北端岚山头上的"岚山丹灶"遗址，因是徐福出海前的结庐之处，直到今天，仍是人们乐于探访的一处旅游胜地……

岚山头位于"C"字形的海州湾最北端，在那个"C"字的起笔点上，无遮无掩地直面一片汪洋。天风浪浪，海山苍苍。从岚山头纵目东望，水天一色，茫无际涯。倘有天文望远镜般高倍的远视之力，再向极东纵目，在直线位置上，便可望见当时徐福东渡的登陆地——日本列岛的九州了。

"岚山丹灶"遗址是 2200 年前秦代方士徐福的结庐之处。相传，当日徐福还偏就看中了这样一方宝地。身在嶙峋崖岸，庐接海上波涛，韬光养晦，设帐授徒，阐释"乐土并非仅在中原大地，赤县神州之外，尚有茫茫无际的大瀛海在焉"的海国思想，感召着一批海上精英，谋划着伟大的出海事业。

海岸边饱含着腥咸味的水气，不断地蒸腾着，晃动着。透过朦胧水气，你恍惚已见得那位与海之波澜、山之悬崖为伴为侣的徐福，像海畔的鹤、像山巅的云，鹄立端坐。白日，望汹涌的激浪澎湃，淬砺着他谋划跨海的勇气；夜晚，闻与波涛灵犀相通的絮语，向他传递着一种神秘、遥远而清晰的召唤。又仿佛瞧见早就"思御舟而远行兮，欲凌波渡其无垠"的徐福，得悉始皇帝巡视至齐国旧地秦国新郡的海隅，即北赴琅琊台，上书言出海事，遂演绎出一部蹈海东渡的千古壮剧。

如今，游人览胜至此，指着"岚山丹灶"这处遗址，总要述说一番那段海风吹不散、海水浸不烂的历史往事，表明人们并未忘却这位海上伟人。

岚山头属齐地，而结庐于此的徐福又正是《史记》所云的齐人。遥想当年徐福身居如此简陋的茅舍，立意却充塞于天地之间，心雄万夫地筹划着跨海东渡的伟大事业，怎能不令人景仰？近代启蒙思想家梁启超有感于当时西方列强恃海上盛势屡犯中国，并口出狂言，小视"中国海上无人"。沉痛中，他演说、著文，着意唤醒国人的自信自强之心：只是在清王朝入主中原，才由中衰走上式微的中国，历史上曾是称雄海上的有数大国之一，如今，自也可以振奋中兴，再与列强争胜，步入海上强国之林的。因此，这位思想家的先驱，对中国历史上有海国思想与海上业绩的伟人便格外情有独钟，并不遗余力地予以张扬。梁氏对徐福，尤其倾注着一股极大的热情。他在《中国学术思想变迁之大势》中直接提及徐福其人令名时，以"开化日本"四字特别提示了他出海拓殖的一番事业，以及他在中日交往史以至东亚文明发展史上无比崇高的历史地位："及秦汉时，遂有渡海求蓬莱事，徐福开化日本……"

下面是见于《史记》上的几段记载："秦始皇大悦，遣振男女三千人，资之五谷种种百工而行。"（《史记·淮南衡山列传》）"后三年，游碣石，考入海方士，从上郡归。"（《史记·封禅书》）"乃令入海者赍捕巨鱼具，而自以连弩候大鱼出射之。自琅琊至荣成山，弗见。至之罘，见巨鱼，射杀一鱼，遂并海西。"（《史记·秦始皇本纪》）。

首段，徐福上书秦始皇之后，立即获得了肯定的回答。司马迁便把始皇帝以非常高兴的心情批准上书，恩准征人、造船，拨给大量物资，遂了徐福出海宏愿这件事，记载在他的《史记》上。第二则记述了秦始皇将东渡一事，视为他扫平六合、统一全国后的头等大事，不但准造船队，拨给巨资，对出海人员，也拂开简上万机，不远万里，亲临大海操练现场，对组织东渡的海上方士们逐一进行当面考察。下一则更记述了徐福最后一次出海时，秦始皇对"下士"的高度"礼贤"。这位建立过无数功业的千古一帝完成了他轰轰烈烈五十年人生的最后一桩壮举，正是躬与东渡其事，亲自护送徐福出海：自琅琊北行，绕过成山头，在波涛汹涌的大海中，跟随船队航行千余里，至之罘海面，以连弩亲手射杀巨鱼，为执行他这一派遣任务的使者扫平海路。

惜墨如金的司马迁却在《史记》的数处，对事涉徐福东渡中的秦始皇做了上述记录，可说是他对促成这次史无前例的渡海盛举的始皇帝的一大礼赞，他也是当之无愧的，诚如李白在"古风"中所诵，"连弩射海鱼，长鲸正崔嵬"，形象何等英武！同时，这也是对徐福的一大礼赞。因为在燕齐众多的海上方士中，徐福是独受赏识、拔擢，并唯一受皇帝亲自护驾出海的人。

事实上，徐福名为"海上方士"，但方士"专业"的医卜、观星、炼丹等，只字未见于史籍，而为秦帝国的渡海事业奔波统筹、操练试航的事略，却数见于被史家奉为经典的《史记》《汉书》之上，直至最后，作为皇帝派遣的使者率众扬帆出海。所以，说这位先人是大秦帝国的出海使节和航海家，则更确切得多。

以中华高度发展的文化，开启蛮荒异域的文明，本就是人世间一大功德，更是人皆争而为之的事业，读过这段史事的著名历史学家吕思勉，在他的《读史札记》中就把这一观点诠释得再透彻不过了："文化悬殊，则此方中庸之才，入彼即能开物成务。"何况胸怀、抱负本就十分远大的徐福？如此众多的人员物资、如此庞大的船队，明眼人一看可知，这分明是有计划、有目的的拓殖海外，建立世外桃源新乐土，作为长居久安准备的移民架势。维新变法的先驱人物黄遵宪，是历史上最早看到这一点的人物。他在那部曾对光绪帝及其维新派起过巨大影响的《日本国志》中说："君房（徐福字）方士，习闻其说，故有男女渡海之请，其志固不在小。日本……崇神立国，始有规模，计徐福东渡已及百年矣，当时主政者，非其子孙殆其党徒欤？"这一观点，因他的所见与分析鞭辟入里，影响深远，不但启示了吕思勉，便是梁启超那"开化日本之说"，也是受此影响而发出的。鼓吹变法革新的先贤们多有渊博的学识、精微的思辨和雄健的笔力。百年之前，黄遵宪出使日本，为官多年，甚得研究日本历史的"地利"之便，故论及与日本相关的人事，有他人无可比肩的深刻、严谨与精到之处，不但国内，便是在日本，也尽受各界人士的推崇。如日本著名诗人龟谷省轩，便极赞他那曾论及徐福的《日本国志》："其所考证，凿凿中竅。"这就使后他出生的梁启超在发挥他的这一思想时，更见气壮有据，文也越发铿锵有金石之声，"跨海东渡，开化日本"这一崇高无比的身份，令一衣带水的岛国那边敬仰徐福其人的万千民众，至今把他视为"日本文化的始祖"，尊为向日本传授稻作农耕、桑蚕、医药的"丰穰之神""桑蚕之神"和"医药之神"。而中国的国民自也以能产生这样一位影响世界文明发展与人类进步的一代海上伟人而自豪。

自中国由盛转衰以来的一两百年间，中华民族的伟大复兴便成了紧紧攫住中国这个国家、民族和其子民之心，且虽几经动乱与失意也挥之不去的一梦。这个梦，自是与中国曾拥有过的兴盛，曾呈现过的辉煌紧密关联的。黄遵宪的启示、梁启超的鼓呼，此后千百仁人志士的洒热血、抛头颅，莫不以此为其夙愿与宏图的指向。而这些人物的当其首者，又正是以论徐福其人其事开其端的。黄、梁二氏在《日本国志》《中国学术思想变迁之大势》中的所议所论，距今不过一百余年内外，其为实现中华民族复兴之梦的笔墨所构，至今鼓舞着为这一伟大事业奋勇作为者们的蹈励之志。本文开篇所用的标题，便是这一蕴涵的集中表现。

（原刊于2000年6月《中国海洋报·海洋大观》）

八、沛泽有遗韵，东西两乡关——兼说徐福对老子哲学思想的继承

序云：赣榆故里，地处海州湾北，境内河道纵横，百川汇海，水源充盈，有沛泽遗韵；佐贺新梓，南依有明内海，北傍博多一湾，平原宽广，风流水便，复也可隐可居之理想乡关。余观夫，海之波澜，地之阔平，俱似大道，同境同尘（尘，踪迹，流风余韵，皆可称尘。《文选·魏都赋》有：且魏地者……先王之桑梓，列圣之遗尘）。两地有绿野寥廓，见草甸平畴，其与老子归隐地沛泽自然环境之相似乃尔，令人有不胜惊叹之慨。

去年岁尾，应佐贺县徐福会之邀，笔者前往与会之际，承同往赴会的须田育邦先生热情租车亲驾陪同，顺便对其地周边又进行了一次考察，同时对该地从事徐福研究颇具心得的同行学者，如七田忠昭、太田记代子诸君进行了一系列面对面的采访与探讨。前观后瞻，感喟不已，乃因此成小诗一首。现以小诗之释句为文，浅析一番老子道法自然的哲学思想，在春秋战国时代形成的脉络，和继承老子此一思想的徐福，缘何选择九州作为第二故乡，开发日本文明的基本动因。诗曰：

老子归隐，沛泽之畔，

情融天地，道法自然。（注一）

东佐西赣，俱涵遗韵，

载行载止，广泽平原。（注二）

止王方外，福被先民，

乡关两瞻，波里浪间。（注三）

释句：

（注一）老子归隐：老子，姓李，名耳，字伯阳，谥曰聃，即老聃。春秋时，楚国相人（相在苦县故城南，为春秋时古地名）。著《老子》（又名《道德经》）五千余言，为春秋时思想家，道家的创始人。

沛泽，一指沛县之大泽，因后世汉高祖刘邦斩蛇起义于斯，人称该地有藏龙卧虎之势。但一说郡县至秦代方立建制，故古之沛泽并非在沛县，而是另有所指：为上古贤者，尧让天下而不受的许由隐居之地。

以上种种，孰说为是，此处不做结论。但因一"沛"字，则该地百川汇流，水丰草茂，气候温暖，因之，在农耕社会被视为肥美沃野，近乎超尘的世外桃源却是绝对不成问题的。昔之圣贤先哲，隐居地旷天低，莽莽苍苍的辽阔芳原之上，非常适合他们观察和探讨自然天道。"人法地，地法天，天法道，道法自然"（《老子·廿五章》）的哲学体系，即产生于此等环境及居此一环境人物的心中，实可谓得于自然，成于自然。又《庄子·天运篇》云："孔子行年五十有一而不闻道，乃南之沛，见老聃。"事在周敬王十八年至二十年（即公元前 500 年前后之间），当时周王室已显衰象。老子在周景王（及嗣后的周敬王）时，为王室史官，因王子朝之乱，弃官回归故乡相邑。此后，国无宁日。老子为避吴楚战争之乱，又从故乡相邑归隐沛泽。

（注二）东佐西赣：地处齐故地的赣榆和北九州的佐贺，在自然地理环境上，俱有沛泽遗韵，已如前述。信奉并追随"道法自

400

然"哲学学说的徐福有幸出生于湖泽温湿、膏腴千里的齐地赣榆，是天意给他的恩惠；而止王于河汉纵横、平原广阔的佐贺，则是出于他本人的选择了。

其"载行"东渡事见于《史记·淮南衡山列传》："秦皇帝大悦，遣振男女三千人，资之五谷种种百工而行。""载止"九州事，见于同书："徐福得平原广泽，止王不来。"徐福之所以选择佐贺这样一处河水澹澹的平野作为他的"载止"之地，既是出于对齐地故土的怀念，也与崇尚天道自然这一学说的创始人在选择归隐地时，最终选取了"沛泽"有关。老子自弃史官而去，即与周王室决裂，潜心学问之道。他在创立"道法自然"这一哲学体系，在阐述宁静无为而治的思想时，常引自然为证，从天道自然无为，探求社会的无为而治。继承老子这一哲学思想，又与秦帝国的治国之道持不同政见的徐福，自然对有沛泽遗韵的佐贺情有独钟。至于其地宜于开发稻耕，提升文明，造福当地人民，更是显而易见的事情。徐福在日本领土上的"和平进入"；他对当地土著的不掠不杀不伐；他的专务农桑，继承老子无为而治的治国思想，也因此得到了最大限度的展现。徐福在北九州平原宽广的佐贺大地上与当地人民一道，成就了自渔猎采集至农耕文明的飞跃。佐贺的繁荣、日本的文明，有此一哲学体系传人的徐福首开，实在是当地人民的福分。广受泽被的佐贺人，因之也通过多种形式，表达了他们对这位恩公的深切敬意与怀念，绵延千年，至今香火不断。

（注三）止王方外："徐福得平原广泽，止王不来"已如上述，见于司马迁笔下的《淮南衡山列传》。方外：尘世以外的仙境，超然于物外的世外桃源。唐韩翃《同题仙游观》："何用别寻方外去，人间亦自有丹丘。"此处借指当日的佐贺原野。缘于此，生于斯，长于斯，世世代代居于斯的佐贺学者，著名的东亚文化研究专家内藤大典，对徐福怀有先祖一般的崇敬，其对徐福的研究，也完全在

外编

此一情状下展开，所获成果也最丰。

（注四）乡关两瞻：乡关者，故乡也。《梁书·元帝纪·劝进表》有云："瞻望乡关，诚均休戚。"唐崔颢《黄鹤楼》诗："日暮乡关何处是，烟波江上使人愁。"徐福因德高如山，广受人敬，而此种对伟人的敬仰，常又及于其故土乡关的一山一水，乃至一草一木，所谓望其地，瞻其德是也。故人们对其东西两故里，也都有"欲一瞻其丰采而后快"的向往，《诗经·小雅》云"高山仰止，景行景止"，有"虽不能至，心向往之"之慨。而赣榆、佐贺皆滨于海，故人文之盛，又常见于波里浪尖，遂使率众东渡开化一方之盛举得以流芳百世。唐代诗人熊曒有《祖龙词》一诗赞徐福云："平吞六国更何求，童女童男问十洲。沧海不回应怅望，始知徐福解风流。"

作为徐福域外乡关的佐贺，当日还处于渔猎采集的原始绳纹时代，徐福携先秦文化渡海而来，"止王"九州之平原广泽，开创了日本弥生文化的全新时代，使佐贺一跃而成了日本古文明的朝阳初升之地。毕生致力于佐贺古文化研究的内藤大典在他的《弥生文化之旗手——徐福》一文中说："弥生时代是日本古代史的空白，也是以徐福东渡为转折点的'日本黎明'的时代。"日本文化史专家、哲学家，日本国际笔会会长，著名学者梅原猛在其《日本与日本人》一文中则说："2300年前，正是动乱年代春秋战国时代结束，秦汉帝国确立之时，当时中国……具有稻作农业经验的人……首先在北九州开始稻作农业并获得成功……而且此后不久，稻作便在日本广泛流传开来，弥生时代这六百年间（公元前三世纪到公元三世纪）稻作扩散到全国，这并不只是文化的传来、弥生文化的渡来，更是携米民族的渡来，由此产生了日本。"佐贺地方志更详细记载了徐福在佐贺新梓的种种功德。从此，他就被佐贺的父老崇为稻耕、医药、桑蚕……的大神，而被永远供奉于金立神社。佐贺也随之成为他在异国的第二故乡。由于当地几位热爱乡土的同行学者以及徐福研究专家，如内藤大典、副岛清高，以及村冈央麻、七田忠昭、太田记代子等人不辞辛劳地奔波于中日两地，尤其是徐福的两个故乡的种种努力，由于他们坚持多年地勤于笔耕，以及广向世界的宣传与大声鼓呼，更由于吉野里遗址地下出土文物昭示的有力佐证，赣榆、佐贺作为"徐福二故乡"的名声已广为人知。先人徐福在中日两国人民心目中的崇高形象已经得到确认，他在世界上的影响也日见扩大，与日俱增，这是非常值得庆贺的事情。今天，中、日、韩三国及中国港台澳等海外徐福研究界各路人马群贤毕至，济济一堂于慈溪，便是徐福其人其事与徐福文化日益向世界更广大范围得到传播的最有力的明证。

（选自《徐福文化国际论坛论文汇编（2009）》）

九、我的一位日本朋友

又一次和鸟居贞义热烈握手，是在北海道的首府札幌。日历虽刚翻到十一月，这儿却已是大雪纷飞，一派隆冬的景象了。只是，通过双手间传递的暖流随即便把千里冰封中散发出的凛冽寒意一驱而尽。

此前，我们曾分别相见于北京、秦皇岛和日本九州岛北部的佐贺。在佐贺的那回，记忆特别清晰，因为日本史前时代的那座规模巨大的吉野里环濠遗址，便是在佐贺平野上被发现的，后来被定为"国家级特别史迹"。这一曾轰动日本朝野的弥生时代遗存，当时在日本全国众口相传。有鉴于这一发现与日本民族的起源、日本国的创建密切相关，历史内涵极不寻常，国民的情绪非常激动，都希望能前往一睹这一史前遗迹的风采。为此，有关当局不得不做出局部对外开放的决定。其实，当时遗址挖掘尚未全部完成，事后听说，从全国各地涌来参观的人数竟超过五百多万！那盛况比西安秦陵兵马俑刚展出的时候还热闹，在日本国堪称史无前例。

我们当时是作为中国各徐福研究团体的代表，应邀前往参观的。因为与此次交流活动的内容有关，还与鸟居等日方代表一起，被破例允许进入正在进行挖掘的现场。这一遗址被认为是日本考古史上迄今最为重要的发现之一。由于挖掘现场采取的保密措施和由此而起的神秘色彩，我们这一小小特权还使被拦在挖掘现场之外的日本参观者们着实艳羡了一阵子。

令与会代表们尤其感兴趣的是，吉野里环濠遗址与我国西安的西杨村兵马俑遗存虽海天苍苍，相距万里，但两者间却有着异常密切的关联：两处文化遗址所处的年代都在公元前 3 世纪。据《史记》记载，正是在那一历史时期，号称"千古一帝"，定要做出中国历史上最伟大功业的秦始皇，不惜耗费国库"以巨万计"的庞大财力，于公元前 219 年"遣徐福发童男女数千人"，东渡出海，使这位当日华夏的特使一举成为中日文化交往初始源头上的第一位伟人。据日本历史学家井上清的《日本历史》记载，以及此次参观中目睹的、对深埋地下 2200 余年前的这些珍藏的考古显示，停滞在原始蛮荒时期达八千年之久的绳纹时代的日本列岛，也恰正是在那一时期，突然进入了向高度文明转化的弥生时代。弥生时代是日本公元前 3 世纪开始的仅数百年的历史时期。在此一时期，日本从一个榛莽野蛮的狩猎采集时代，突飞猛进地发展成为具有农耕稻作的高度文明社会。而按社会发展史的一般规律，一个民族要完成这一过渡，时间是须以千年为单位计的。这一过渡的"飞跃"特征，很长时期以来，在世界文化史上曾是一个令众多学者百思而未得其解的历史之谜。日本考古学家、东京大学教授泉靖一，便曾发出"以采集、狩猎、渔捞为生的绳纹时代的文化，竟能克服其长期（有数千年之久）停滞的状态，突然地进入稻作农耕的高度文明，同时在短期中发展为具有高度文明的生活，此是一个很大很大的、历史的、考古的疑问"的感叹。

经过对历史典籍及考古所得的长期研究与探索，最后，还是日本自己的学者们终于找到了通向这一历史谜底的幽径。著名的哲学家、国际文化史学者梅原猛，古代史学者森浩一和海洋考古学者茂在寅男等，曾分别在他们的著作中指出，若想揭开日本弥生时代那一超乎人们想象力之上的历史之谜，还是要从载入《史记》的徐福东渡这一历史事件中去找答案。嗣后，日本颇负盛名、所倾心力也最巨的东亚文化史学者内藤大典等，通过对吉野里等遗址地下珍藏的多年研究，令人信服地论述了中国秦代东渡的徐福，实际上就是开创日本弥生时代的真正旗手，是日本早期文明的开启人。成立于东京、全国性的"日本徐福会"的访华团，在20世纪末于中国举行的"庆祝徐福东渡2200周年大会"上郑重宣称："徐福……是日本始祖"，并表示，该会"愿为显彰徐福留下的伟大足迹而努力"。

我和鸟居都深为那次参观的安排而高兴，它为我们那次交流活动的后几轮讨论注入了新鲜的内容和强劲的支持。

在札幌小住一宿，第二天一早，我们便驱车更北方向的上富良野，前往考察供奉有童男童女神像的静修熊野神社，这是我们这次为期两周，由中、日、韩三国徐福研究团共同参加的考察交流活动的第一站。途中，我与鸟居比肩而坐。望着车窗外广袤田野上那一片银装素裹的景色，我的思绪又回到在北京举行的那次徐福国际学术讨论会的现场。来自世界各地的学者与代表，以及当时应邀与会的尼泊尔驻华大使、日本驻华公使等，众口一词地盛赞着先人徐福向后进地区传播文明做出的伟大贡献。就是在那次会议上，我感受到这位日本朋友超过一般交往礼仪的热情而友好的表示，记忆中闪过的种种情景历历在目，令人感动，只是当时却让我给疏忽了。一向喜爱沉到书本里过着一种"躲进小楼成一统"生活的我，对一切来自交际方面的善意都缺乏敏感；也许还因为潜存于意识深处的对

外编

日本曾经作为战争敌国的那种总难以抹去的阴影……由鸟居，我又想起池上正治、逵志保、世本直卫等几位一直以同样的至诚之心对待徐福研究、对待我的日本朋友来……骤然间，我心头渐起的几许自责，竟转为一阵惶恐：我有何德，招引嘤鸣？当鸟居又一次为我拍照，并在衣袋中取出前回会上为我拍下的照片时，我几乎是身不由己地立即主动伸出手去——即便真有潜存的宿见，也该捐弃了：他们都是战后走向人生之途的一代人，心中想到的也许仅仅是研究与友谊。那手，握得很沉重，不是那种一握便松开的，而是紧紧的、久久的。其中是否还夹杂着一丝对往日疏慢的歉意，我已记不清楚了，只是，从此，我和鸟居便成了一旦再见，必先报以这种握手式的朋友。多次参加这种文化交流、主题活动之外，这确然可以称得上是一种收获。

事后才知道，先前，鸟居曾看过我被译介到日本的一本小册子，其中的不少观点竟与他对那位一代海上伟人虔敬有加的观点不谋而合。于是，我意识到这是我久所听闻、却头一回得以眼见的那种爱于某一事业，便视同好皆为挚友的人物。是的，鸟居先生对先人徐福至敬至诚的研究，完全出自他一己内心的感知，犹如英国那位痴迷研究中国明代大航海家郑和的孟席斯，其中并无任何功利之心，也谈不上什么政治图谋之类的动机，只是对一个悬持千古的历史之谜的热忱探究，对一位可能导致日本古代史改写的古人的心驰神往——这就够了。超乎虚荣功利、超乎政治标榜，才有真正的交友之道可言。舍此，友谊便有沦俗的可能。

大巴士沿着修建得极为宽敞的高速公路，朝地处上富良野大雪山国立公园方向的静修熊野神社疾驰着。窗外那一派凛冽中，显得分外妖娆的北国风光令人目不暇接。随着从驾驶室里飘逸出来的一段轻快的乐曲，那位随车的年轻导游情不自禁地唱起了取材于此地的那首日本小曲——《北国之春》。我们虽听不懂日语，但那首早被译成中文的旋律却还是记得的。操两种语言的二重唱，让车上的气氛变得活跃起来。车行途中，鸟居郑重地赠我一本他将在此次活动中进行交流的大作，写的是他对徐福东渡时期的秦代以及日本处于相近历史时期（即弥生时代）立柱建筑中使用的度量衡进行比勘的研究。内容艰涩枯燥，我却看得津津有味。经历两千二百余年岁月无情淘洗的遗存，剥蚀漫漶，立柱间的尺寸早已难以辨认，而且从春秋战国直至秦代，随着生产力的发展，度量衡又都有着不同程度的变化趋势。对上古时期这些历史遗存进行丈量比勘，是一件非常繁复杂而吃力的活儿。然而，鸟居却乐此不疲，并自信从中定能寻出些能够为古人伟绩佐证的东西来。他还将论文中的各种数据精心地列表对照，打印了几十份，发往大洋两边的行家里手处征询指教。这不禁使我想起林徽因夫妇，在那些斑驳陆离的古建筑梁柱间攀上爬下的情景，以及他们那些由此而撰成的古建筑方面的著作来。鸟居的敬业精神实在令人钦佩。无怪乎北京大学考古文博院的高崇文教授和中国科学院考古研究所前副所长安志敏先生，对他不辞辛劳开辟的这一徐福研究的新途径都赞赏备至，在复函中还预言，循此研究下去，肯定会有新的突破。

鸟居却谦逊地告诉我，这不是他的创造，而是从他祖父鸟居龙藏博士著作中参悟出来的一点心得。鸟居龙藏博士对中日古代史深有研究，是当时燕京大学中唯一的一位日本籍考古学教授。后来，我在燕京大学学报等有关资料中看到，这位鸟居龙藏博士不但是一位研究成果累累的饱学尊宿，对中国及他的中国朋友也都怀有很深的敬意。1936 年，冰心女士随同丈夫吴文藻出席哈佛大学 300 周年校庆的途中，鸟居龙藏博士专程到横滨港口迎接，并为之举行了一个盛大的茶会，令冰心夫妇不胜感动。此外，这位学者为人也深明大义，且富有正义感。日军占领北平时，博士拒绝为日军服务，还公然反对这场侵略战争，后虽遭日本宪兵不断恫吓以至凌辱，终

外编

未屈服。当时，燕大分散各处的同仁闻而惊叹，无不为之感佩有加。在被监控于一处混居着日伪特务的小四合院的某天，日本宪兵前往搜查，威吓博士之余，又训斥当时同住一处年仅八岁的小孙女鸟居玲子："今后，你要回日本上学，念日本书，说日本话，交日本朋友！"深受其祖父影响的玲子竟凛然对云："我就是要上中国学校，念中国书，说中国话，交中国朋友！"这位玲子女士如今已是一位古稀老人了，在那回赴日考察交流结束后，于东京会馆举行的一个有日本前首相光临的招待会上，我有幸见到了她。玲子女士大半生都生活在北京，说一口地道的北京话，热心于中日文化交流的种种活动。前些年，由于她祖父与冰心女士的友谊，她还积极参与"日本冰心研究会"的组建活动，并曾作为该会的成员造访北京。乃祖乃姐，鸟居一门都是对中国人民怀着深情并致力于中日文化交流活动的友好人士。鸟居对徐福其人的崇敬、对投身徐福研究与中日文化交流活动的一片至诚，可谓渊源有自。

回国后，鸟居贞义托我带一件小玩意给他在上海的朋友。我从他这位朋友处偶然获知，退休前，鸟居先生原是日本一家国际知名跨国大公司的董事。这位朋友对我至今才知道鸟居先生的又一身份似乎有一点小小的惊讶，而我对此却无一丝一毫的意外，只觉得我与鸟居是心有同好的朋友而已，各人先前的经济地位与身份等等与彼此间的交往并无多大关系。有鸟居这样一位执着于徐福研究的朋友，是我的荣幸；徐福学界有鸟居这样一位穷年累月、上求下索的研究者，是徐福研究界的荣幸。而且，正因此点，才令人颇具荣幸之感。可以说，他是很值得朋友们动笔去写一写的一位朋友。

十、吕不韦与徐福出海

吕不韦与徐福，一个是当权秦国朝政十四年，号称"秦始皇仲父"的堂堂丞相，一个是在这位不可一世的大人物饮鸩归天十六年后才登上历史舞台的海上方士，乍看，似乎是风马牛不相及的两个人物，其实不然。

徐福是海上方士，出海固是素所追求的美事，但如果他的几次上书不能获得秦始皇的恩准，亦是绝无可能获得"费以巨万"的财力组织船队，并"五谷种种百工"出海的。是什么样的深层原因使徐福每奏必准，数度出海的？这就与吕不韦其人有关了。其在表面上至今犹可得而观之者，便是吕不韦为相时，"集儒士，使善所闻，为十二纪、八览、六论，合十余万言"的《吕氏春秋》。秦始皇在秦庄襄王（异人）去世，继位秦王时，才十三岁，号称"仲父"的吕不韦不仅辅佐朝政，同时还负有对这位少年天子进行教育的重任。这部《吕氏春秋》自然是吕不韦最着意的教材之一。且观《吕氏春秋》卷二十六《士容论第六·审时·士容》向这位少年君王灌输的思想："南面称寡而不以侈大，今日君民而欲服海外。"故称"寡"成为一国之君，仍不以所据为大，当了驾驭万民的国王，仍有使四海咸来归顺称臣之志的思想。秦始皇一直牢记在心。而且，岂止"于己"，"于人"也做到了：支持、拥护这同一思想的人，即可引为"国士"，而委以可助成王业的大任。

其实，"欲威海外"是秦国诸先王一直萦绕于怀的夙愿："秦穆公问由余'圣者国界若何？'由余对曰：'臣闻昔者尧有天下，饭于土簋，饮于土铏。其地南至交趾，北至幽都，东西至日月所出入者。'"（《韩非子·十过》）秦之早期，自穆公，经康、共、桓、景、哀……直至武、昭、孝文，传至秦始皇，共十九位君王，向往日出之地的理想未曾稍变。熟知此一国情而又操持秦国两朝朝政的吕不韦，自是要把这一思想写进他的《吕氏春秋》，而秦始皇自也会心领神会地加以接受。于是，敢于请缨出海，与秦始皇"欲威海外"的抱负不谋而合的徐福，立即获准，成了有史以来受遣出海的第一人，实乃是顺理成章的事情。"求仙药"云云不过如上海话所说的"带带过"而已。若出海只为求一两仙人、若干神药，则一叶扁舟便可出海；充其量，一支精干的小分队、三五艘轻捷坚固的戈船也足够了，何须动用秦朝国库"费以巨万计"的偌大资金，统率一支庞大的船队，携带"五谷种种百工"——简直囊括了大秦帝国当日所有领域的先进科技成果、能工巧匠，并数千童男童女？以如此众多的人员、如此庞大的船队，舳舻相接，辎重如山，浩荡出海，明眼人一看可知，这分明是有计划的海外拓殖。而徐福也果然不负两位所望，以当日尚未十分发达的造船与航海技术，大无畏地凌驾于汹涌波涛，率众做出如此一桩震古烁今的渡海壮举，从而使自己成为中国航海史上传诵千古的历史伟人。

（原刊于《新民晚报·夜光杯》）

十一、徐福塑像走进上海世博会的前前后

岂止是年年不断的隆重祭祀，更令人称奇的是，在日本的不少地方都可见到徐福的塑像。日本作家，也是徐福崇拜者的池上正治先生，还曾就此专门做过一次调查：徐福在日本各地的塑像从青森、京都、富士吉田、佐贺、福冈、宫崎、新宫、熊野，到鹿儿岛、串木野、八丈岛，竟达两位数之多。而据笔者做过的一次粗略查览，千年来未曾更替过的，号称"万世一系"的神武天皇在全日本的塑像，从1897年在德岛竖立的第一座立像，到1907年在爱知县丰桥八町练兵场竖立的立像，包括被奉为使近代日本走向强国、功高盖世的明治大帝的塑像，也都未超过两位数。仔细研究一下日

410

本的徐福塑像，已不啻是解读这个国家民众对其感情的第二大聚光点了。

在世人的眼光中，日本是一个非常排外的国家。有关资料显示，在世界各国中，外国人在一个国家的移民以其所占比例计，日本最少。在日本的领土之上，为外国人塑像就更属凤毛麟角之事了。日本人对外国人的态度由此可见一斑……但以笔者所见，此一评介似近峻苛，至少，作为外国人的徐福的在日境遇就属例外。在广场、车站、国立公园、风景胜地，以及与徐福在日遗迹关联的山崖、海隅，都有这位先人的塑像，而且每一回塑像的安放也都有隆重的祭祀仪式。仪式又一律都按照深涵徐福故国香火余韵的古制进行。当地的政要、名人并及与有关联的来宾百姓……凡受邀到场参与仪式者，也莫不有"以此为荣焉"之感。祭毕，又一律有媒体为之广传，以示吉礼之重。

20 世纪 60 年代，为熊野那智地方庙内的徐福塑像举行开光大典时，就特邀了中国台湾政界元老何应钦将军参加，其意，自然同时还在于日方在兹念兹，对二战中那段遣返战俘往事的永志不忘。何氏亲率一文化代表团前往，显示了中方宽广的人文胸怀。前些年，日本前首相羽田孜先生在前往徐福故里赣榆县金山乡参拜徐福祠时，在徐福塑像前庄重题下"日中友好始祖徐福"一行大字，很是代表了日本人民的此种心声。题字人在日本之所以获得"平民首相"的好口碑，绝不是凭空得来。

进入 21 世纪，为徐福在日本塑像的盛事仍在继续。2002 年，本州岛最北端的津轻半岛上，又竖起了一尊徐福塑像，地点在青森县北端的小泊村。当地特邀国际战略基金会副会长、中国徐福会会长李连庆先生前往为之揭幕。笔者那次也应邀与往。那座有四米多高的徐福塑像是用整块青山石雕塑而成，安放在当地的津轻国立公园内。为安置塑像庆典进行的祭祀活动，仍按古制进行。主祭人峨冠博带领头，执行祭礼者一一跟随，施礼、诵经……仪式虽烦冗，但气氛端肃，场面大有先秦时代祭祖式的遗风。揭幕式的当晚和第二天，我们即在向国内外刊播的媒体上，又一次看到了那尊高高的塑像。

塑像，尤其是竖立在供人们公开瞻仰的国立公园这样公共场所里的大型纪念塑像，最能表明该人物在那一国家人民心目中的地位。自20世纪60年代起，同样是以航海探险名世的哥伦布、达·伽马、斯坦利、利奥波德二世、阿尔贝一世等人的塑像，在其殖民的中南美洲和非洲大陆，先后被推倒在地，连竖像所在大街的名字都彻底被取消，予以改换。人们想起这些冒险家当日对他们祖先残酷的屠杀和无耻的掠夺，怎能容忍其至今还傲然耸立在自己的国土之上？而同样身在异国的徐福，其塑像所受到的却是如此这般的种种礼遇。亲眼看到此情此景，笔者心中的感慨不止一端而起。巍巍哉徐福，日本人民对这位把他们引向文明的恩公那极尽虔诚的敬意与怀念之情绵绵无期，久而弥隆。今日又见徐福塑像终于昂然走进上海世博会，接受上海、全国，以至全世界前来参观者的瞻仰，该是何等令人高兴的事情！

徐福塑像走进上海世博，虽说是这位古人一生所成勋业的实至名归，却又并非易事。最大阻力便是来自从斯人走向历史舞台以来，便与之纠缠至今的"传说"二字。纠缠者认为，一个只是传说中的历史人物，竟走进堂堂国家博物馆的展厅之上，供人瞻仰，似乎颇有点名不正言不顺的味道。于是，围绕徐福塑像能不能走进世博会，争议又起，还挺热闹了一阵子。其实，历史上的人事都是后人写成的。只要看看近当代与我们距离只有百十来年，甚至几十年的那些名人传记、行状，就常有虚实难辨、类乎传说的成分冒出来，何况与我们相隔两千余年的古人？且传说并非杜撰，上古的传说更多可看作某种史实的折射，这早已成为读史、研史者们的共识。很多历史上的断层与史实的真相，常常便是传说导引的线索，经探赜索隐，经钩深致远而追根究出其底，而推本溯出其源来的。其中最为人知的例子，便是《荷马史诗》中希腊上古时期那场为争夺美人海伦，引两国兵戎相见，厮杀了十年之久的特洛伊战争。前两个世纪的 70 年代，德国考古学家亨利奇·斯里曼硬是根据那几乎被常人已认定为只是行吟诗人口头演唱的几段传闻，沿河逐流，翻山越岭，几经艰辛，终于在小亚细亚半岛和伯罗奔尼撒半岛的山谷中，使特洛伊和迈锡尼两座古城的遗址在 3000 年后，从废墟底下又重见了天日。因为他坚信传说中的那个特洛伊木马计折射着一段真实的历史。所以，与其把传说视为读典籍论古人的障碍或畏途，倒不如像斯先生那样，将之视为我们走向探求之途的导图、打开宝藏的钥匙。

便是基于上述那场争议中很有说服力的种种见地，徐福先人才终于得以绕过设在他面前 2000 年之久的那道"传说"栏杆。相较也曾被认为言颇不顺的大仲马走进先贤祠在法国引起的那番声响挺大、已带有点火药味的喧腾，关于徐福能否走进世博会的争议，声息虽没有那么轰轰然，却也颇具韧劲。因而，上海海事大学在其间所起的作用（或云发挥的影响力），就很值得一提了。

也算是一种机缘吧！这件"海博的展示理念与创意"的工作，偏就交给了海大。而海大在受命此一重托期间，恰巧又与徐福先人结了缘。当海大那份《中国航海博物馆陈列展示细目》的初稿于 2007 年 3 月应令告成时，已是它与以日本神奈川县日中友好协会会长（兼县徐福会会长）田岛孝子和日本"创造与拯救研究会"会首须田育邦为代表的日方，为建立一个双方合作的"徐福国际海洋文化研究中心"的讨论进行到第二个年头的事了。在那些岁月中，合作双方，并及建立此一研究中心的倡议人——笔者，不论以任何形式的接触或讨论，议题几乎全部围绕着一个人物——徐福。由于

413

田岛、须田两位先生及其麾下团队在大海两岸的穿针引线与沟通之诚意，也由于海大在海洋文化研究方面的深厚积累，徐福其人其事的底底里里，及其在日的影响，在所有参与其事并拓而展之为闻见其事者们中，已益渐为人深所了解。尤其是海大，海博的展示理念与创意设计从起意到终成，它都是担纲的主干……

凡此过程，对徐福走进世博会的影响，已可不言而喻。

终于，绕过了一道又一道的栏杆，徐福塑像最后终于得以走进世博会期间开馆的中国航海博物馆展厅。也因此，这份争议的"胜出"，不啻是为徐福先人争得的一个正名之举。消息一经传出，举世与徐福结缘的一切人等无不为之雀跃。而前前后后参与过与闻说过此一争议的若干朋友，尤其感慨系之。因为在谋划筹建"研究中心"的那么多次议论中，因"兹事体大"，确乎是被列为最初的重要构想和努力方向之一的。为已被冷寂两千多年的一位航海伟人正名，使这位先人得其所哉，正是他们的一大宏愿——总不能让他老人家老是在残垣断壁的破庙里独为孤云啊！

要不是在具体实施环节上遇到一些滞碍，而果然是按照人们一厢情愿的那个最初构想，徐福塑像应该是在世博开幕后的不几天里，便在它的分场活动中，以隆重的揭幕式与"研究中心"同时亮相上海滩的。而且，那位曾奉徐福为"日中友好始祖"的日本前首相羽田孜先生，此前经郑重相邀，也已应允到时一定前来助兴，并为此发表专题演讲。惜乎，后来有文件下达：所有与世博配套的文化活动与项目的最终决定，都须按照上一级关于世博会整体布局的要求执行。于是，除徐福塑像仍可按原设想在世博会上进入中国航海博物馆，海大提出的其他与此配套的项目均暂不做安排。于是，如此可快人意的一件美事也就只好留下一些，待诸下一轮的某个喜庆吉日了。

当此一信息私下由田岛女士深感遗憾地传到羽田孜先生处时，

我们又领略了一回这位平民首相的平民气度："这种大型的国际文化活动，每个环节都可能出现一些意外。"那天，羽田孜先生仿佛并不在意似的对田岛女士说："其实，这是很平常的事情。"田岛孝子这才松下了这口气来。但我仍忘不了田岛女士对我们说"这才松下了这口气来"那句话时的神情，且对她此前承受的压力之重，有了更深一层的体会。

也因此，这件事的结局虽已放下很久，但此后我每再见到田岛其人，悒悒之意仍会再度泛起。因为田岛其人一次又一次勉力牵线的私下外交，最后竟以受挫告终，其中，也有我的一份失责。作为国人，对此一类事态的种种可能本该有着一份更为宽泛的思考。但在那之前，我却从未就此说过一句话，做过一次有类似可能发生的提醒。尤其令我遗憾的是，堂堂一座高等学府也只有此后发生的，一些诸如自我宽解与对相关参人员的抚慰。所幸，徐福终于还是走进了海博馆。

此后，我每再遇见田岛女士，面对对方一如既往的那一脸灿灿的笑容，总也无法做出对等的表示。那段往事直如拂之不去的一片阴云，永远高悬着，定格在那儿了。不堪回首，哪还挤兑得出一丝的笑意来。

再此后，我甚至回避可能再遇见田岛的所有聚会。与其相对无言地悒悒，不如不见。倒是同也陷入这场尴尬的须田育邦，如他那位以饰演硬汉角色闻名的同胞高仓健，至今保持着深深的沉默。于是，我又想起陪田岛和须田首次造访海事大学的那番情景来。

海大担当此事的，主持海洋文化研究所的时平教授，当时曾悄悄地问我："将哪位当主宾接待？"问得太突然，我一愣之下，没有率尔地立时回答，但脑海里却颇作了一番翻腾：须田先生是唯一一位独自出资在中国建造起一座徐福纪念馆的外国友好人士。其人东大文学系出身，学力允称丰沛，这从他赠送笔者阐述中日上古文化渊源的大作《八云立つ》中可以见出；又兼人高马大，曾让我看他国内订制的一身最佳式样的棒球队员行头，对我表示过，希望有朝一日在中国创办一个类似棒球协会的组织，帮助中国发展棒球运动的事业，抱有很高的热情。在与居地处慈溪的徐福纪念馆楼上贵宾室，讨论此后纪念馆在中国开展哪些活动的数日期间，会友之余，还一同在当地一处体育馆对掷过几回他从日本带来的一箱簇新的垒球，又邀我一同徒步登过当地的名胜达蓬山，探访徐福东渡启航地秦渡庵的遗址……据此往返所见，这位仁兄不但富有学养，体魄也甚健。有如此底气，才怀有一腔伏枥老骥的满满壮志，不然，哪敢公然昭彰地在名片上印着担当"创造与拯救"世人这般大任的一个团体主干的头衔？经过一番不小的翻腾之后，我对时平教授说："就须田先生吧！"

做过这样的回答后，我放松般地抬头望了望接待室大厅四壁悬挂着的那些字画匾框，若有发现似的，指着写有"诲人育邦"四字的那幅横联，笑着补充道："堪当此重任者，须田君也。"同室人闻语，一时愕愕。待想起须田先生的尊讳，转而便也跟着拊掌大笑起来，气氛倒也颇有些融融之意。可当时谁也没想到，有这么多人欣欣然热情参与的这一台戏，竟会以如此一个人意不如的形式收场。徐福像虽已走进海博馆的展厅，也引起了国内外并港台澳同胞的一阵欢呼，可其中的那段曲折，曲折中的种种隐情，又有几人曾经感知？因此，我不由得想起"书生谋事，纸上谈兵"这句俗语的含义之深："级别"在解决实际问题中所显示出来的分量，哪是说说写写便能与之抗衡得了的？

（选自"日中韩之间两千年不衰的徐福缘"学术交流会文件）

附录一

以图明文和以图作注的几组图片

本附录由以图明文和以图作注两个部分构成——（一）"行走于书写道上"：是作者由求学问道至化于著述（如本书和本文的书写等等）这一行程中的几处足迹与身影；（二）"徐福缘"：是与本书各册页并其主题人物徐福关联的几组图片。

求学问道之途，已见于自述状上，这里只是那一行程上留下的几处足迹与几点身影，以与问学与书写之间的转化作一映衬。

徐福其人其事，在围绕着日本民族及其全部文化发展的古代史中，早已成为与绳纹文化、弥生文化等等历史时代、历史事件分不开，也绕不过的话题。

弥生文化即中华文化，是由大陆华夏文明与科学技术成果（即《史记》所载的"五谷种种百工"云）移往植入，且以其超出历史发展规律的跨越与飞跃为特征而促成。此说早已为日本最具成就的，权威而有影响的史家们铁板钉钉一般所论证，也即：这都是学者专家们的研究成果，其人其论，其证其引述，在本书各章各册页间随处可见。

而古老的，"徐福是稻耕农作与医药大神"的传说，与日本各传承地上所传、所见的徐福墓、徐福庙、徐福登陆地等等众多遗迹，以至后人为绘、为雕、为塑的碑刻、画像、雕像等等，则不但是历史的记忆，实际上，乃日本民族对早期携中华文明开化日本的东渡人知恩、感恩，集化在一位代表人物身上，以不同形式的种种

417

施放而已。这一点，"感恩说"的创始人，荷兰哲学家斯宾诺莎说得最为透彻，这也就是本文所说的徐福缘。

今日徐福在日本，已是庶民万众景仰的稻耕医药之神。他的遍布各处胜地、景点、国立公园乃至遍野、岬地、神社的画像和雕塑，已如一国家的领袖、一教派的教主一般，随处可见，至今有增无减。直至已进入21世纪的今日，本州岛最北端景色宜人的津轻国家森林公园里，又竖起了一座高达4米的花岗岩徐福雕像。笔者曾受邀参加了这座雕像的揭幕式，雕像见于本附录的"徐福缘"上。向读者介绍的，与之关联的其他各处的纪念物，则遍载于本书各册页间，不胜枚举。

徐福纪念馆

418

一、行走于书写道上

▶ 20世纪60年代初，工人学理论、学哲学活动见于企业，至于基层班组。上海总工会职司教育的部门遂有系统学习活动的组织，图为作者参加的总工会学习班合影。中坐者为作者，时为电业组组长。（上海市图片摄影社摄于总工会会议室）

▶ 进入20世纪80年代，"改革开放"四字从主流媒体用语渐深入到坊间，百废俱兴，于学，也更见蓬勃。政经外语，以至本人因转行所需的，新闻专业的研习，都在问学之列。图为上海新闻工作者协会研讨班在无锡活动时，与会人员的合影，后三排左二为作者。（办班人员摄于现场）

▶ 同一时代的文学、艺术、传媒等与文字关联的活动，风起云涌，俱有引人入胜之力，故虽已年过不惑，仍愿参与。图为作者参加鲁迅文学院函授班学习期间，与部分学员在杭州西子湖畔聚会时，摄于湖畔茶室外。

▲　图为与中央党校函授部"本科经管班"学员的合影，后左四为作者。

▼　或属天意，20世纪80年代，徐福故里发现后，其人其事也挤进了这一热闹非凡的时代，且热浪所涌，及于日本列岛。只是其上下层反响颇具反差：其关联地与庶民层俱热；上层之政界则静观沉默。所以，日本前首相羽田孜"我也是徐福的后代"语一出，政坛为之震动。尤甚者，在不同场合，羽田先生又数次公开声称，此后，凡有事涉徐福（如研讨会）活动等，只要受邀，又不在国会会期，一定参加；有关专论大作发表，一定拜读：与会者与作者都是我的朋友——他们将使我得以更了解这位先人的史迹。图为羽田先生践其言参与的一次徐福学术研讨会。中立者为羽田孜，左三为中国徐福会会长李连庆，右四为作者。

► 《神秘之雾的消散》一书首发式现场，该书与中日关系史学会副会长杨正光主编的《徐福国际学术讨论会论文集》同时首发。主席台后排左二为学林出版社总编辑柳肇端先生，左三为作者。地点在徐福故里，时值中国第三届徐福节和徐福国际学术研讨会在当地举行。

► 与《神秘之雾的消散》一书日文译者池上正治（图左）的合影，摄于上海和平饭店。池上先生是日本翻译家协会常任理事。

► 《神秘之雾的消散》一书在日本热销后，新宫市徐福会长，年届九旬的奥野利雄先生（中立者）特请书店专柜客服人员与作者（左二）在徐福公园门外合影以为纪念。右为中国徐福会常务理事林晓兵。

▼ 继《神秘之雾的消散》一书之后，日本作家饭野孝宥先生（左三）书写徐福的又一本大作《弥生的日轮》也分别在两岸出版。笔者此前曾为作者与中国学者罗其湘合撰的《弥生的虹桥》写过一书评，分别刊于《新民晚报》和《人民日报》，算是文字之交。此番，承其题赠的新作在东京举办出版纪念会，日本前首相羽田孜先生（左二）专程赴会祝贺，以示对作者弘扬其先人史绩的感谢。羽田孜向有"平民首相"之称，信然不虚也。

◄　作者在飞行研讨会东京站赠书羽田孜后，应邀与先生的合影。此为羽田孜先生践行其"事涉徐福种种活动心声与誓愿"的又一例：凡使我获知先人徐福更多史绩的作者，都是我的朋友。

▼　各路来宾济济一堂说海洋。徐福乃中国航海史第一位伟人，自应是其说之一。图为作者（后右四）在中国老教授协会海洋分会工作会议上，和与会人员合影。

► 鉴于钱君匋先生（中坐者）是20
世纪30年代中国图书编辑出版界元老辈
中继叶圣陶后仅存的一人，又兼多才多
艺，仰慕者甚众，新华书店总店特为钱
老传记的出版在南京东路书店举行了首
发签售活动（左为作者）。当晚，电视
台又予播放。事后，钱老言及于此，对
新华书店的这番盛情安排称谢不已。

► 当日出席首发签售活动的，除出版
该传记的湖南文艺出版社总编辑弘征先
生（图右），还有各界前来助兴的友好，
左为钱老的忘年交，上海作家竹林女
士。（文学报记者徐福生摄）

► 图为作者采访钱君匋时，与钱老合
影于钱寓的画室。

◄ 为协助钱老了解其应广西文联邀请在桂参加活动的详情，作者受托亲往采访。图为途经桂林时，在独秀峰上留影。

◄ 受日本哲学家梅原猛欲将徐福搬上歌剧舞台的启示，笔者数次与谢晋探讨将徐福搬上银幕之事。如果不是因为摄制道具中多有巨型木船，投资成本过高等等原因，招致受阻，徐福可能早已成为谢导历史巨片《鸦片战争》后的第二位历史伟人。（《文汇报》记者方毓强摄）

◄ 以下为受《文汇报·文化天地》委托，采访《花轿泪》剧组，摄于"梅陇镇酒家"的一组照片，摄影者为《上影画报》记者颜昌铭。左为剧组演员郭邓如鸶。郭邓女士为美籍华人，是获得艾美奖的第一位华人女士，饮誉美国华人界。客串影视前，在金陵女大执社会学教席。近日金陵女大建校95年之际，女士的丈夫郭锡恩为纪念夫人曾供职该校，专门设立郭邓如鸶奖学金，以奖掖学业有成的学子。

◄ 郭邓如鸶女士热爱祖国，热爱祖国优秀的电影人才，改革开放初，曾热心引荐谢晋与美国电影界同行交流往还。女士来沪拍戏时，谢晋曾寒夜前往探视，二人结下深厚的友谊。

二、徐福缘

（1）东渡徐福

▶　日本作家池上正治发表了《徐福形象遍亚洲》一文后，徐福塑像从此引人注目。据不完全统计，至其发文前，中日韩三国计有石雕、铜雕、泥塑木雕等数十座，而徐福故里这尊花岗岩雕像（如图所示），连底座通高20米，巍峨高耸，居其尊，就耸立在赣榆县南郊汽车站外镇海路的通衢大道上。雕像为徐福同里人氏，中国美术家协会会员潘学修先生创作，从黎明星稀到午夜月明，举首可见。其轩昂气宇，大有携中华文明蹈海"开化日本"之概（梁启超语）。

▼　徐福祠，在徐福故里江苏省赣榆县金山镇徐福村，为徐福庙原址重建，占地2400平方米。祠内正殿为宫殿式建筑，中央塑有徐福坐像。东西配殿各陈列有徐福村自春秋到秦汉时代出土的文物和人大常委会副委员长等国家领导人的题词，日本前首相"日中友好始祖徐福"的题词，也陈列其中。

◀ 图为作者在徐福祠门外"徐福村"碑前留影。碑文为全国政协副主席赵朴初题写。

◀ 据中日韩三国学者共同研究的结果，徐福东渡是沿自古以来东渡人常行的线路，途径韩国的济州岛，然后来到日本的。已在济州岛发现可证此说的"徐市过之"刻石。此一刻石，高悬在图片所示的西归浦正房瀑布的悬崖上。

◀ 在右翼政客密集的首都东京，能在国立博物馆内看到如此一幅实属敏感话题的徐福画像（《徐福王子渡海图》）是山本弘峰先生的功劳。他在飞行研究会的一年之前，即以"历史研讨"为由作了申请登记（在日本，参观国宝级文物，有时须事前登记）。该画最初藏于王子神社，现存于东京国立博物馆内，被奉为国宝。

► 已如上述，据笔者粗粗查核，两个多世纪以来，中日韩三国的徐福雕像已有40多座，至今仍有增无减，直到进入21世纪的今日，日本本州岛最北端青森县小泊村的国家森林公园，又竖起了一座高达4米的花岗岩雕像（如图所示），可见当地人民对这位恩公的敬重怀念之深。作者应邀参加了这座雕像的揭幕式。

▼ 徐福在日本受到的敬重，从中国徐福会访问佐贺，参加文化交流活动时，会议东道主和与会民众要求访问团全体人员登台亮相，接受欢迎的情景可见。右三持花向欢迎人群致意者为作者。

（2）友情系于徐福

◄　图为筹建"上海徐福国际海洋文化研究中心"诸同仁在上海海事大学第一次见面时的合影。右三为日本佐贺县日中友好协会会长兼徐福会会长田岛孝子女士，左三为"创造与拯救协会"会长须田育邦，左二为海事大学副校长金永兴，右二为该校海洋文化研究所所长时平，左一为建立此一研究中心的倡议人作者。其中田岛女士自告奋勇，允以与日前首相羽田孜个人的朋友之谊，承担筹建过程中礼仪上的联络工作，受到与会同仁的称赞。

◄　热心于弘扬徐福其人历史伟绩的江苏省滩涂开发办公室主任许恒道（右二），获江苏省政协支持与批准为江苏省徐福会（筹）会长后，积极与省史学各界进行联络探讨。图为与作者（右一，副会长）一起拜访南京博物院古代史专家罗宗真教授（左一）时，摄于南京博物院会客室。

◄　非常赞赏卫挺生博士《徐福入日本建国考》一书的徐福崇拜者，美籍华人江炳辉（图右），生于福建，长于台湾，长期生活、经商于日本、美国。为弘扬徐福先人开化日本的伟绩，其积极奔走于美国各大学、古代史学界及汉学界，筹建徐福国际文化研究中心，深受中日徐福研究界赞赏。中为田岛孝子女士。

▶ 坚持徐福研究数十年，成果累累的国际文化博士逵志保（图中）在徐福热的鼓舞下，正联合中日韩三国的有志之士，为徐福其人史迹列入"世界文化遗产名录"而努力。笔者特惠赠国内名家申遗专著，以力挺逵女士早日获得成功。左为东京都八丈岛徐福会会长笹本直卫，也是申遗事业的坚决支持者。

▶ 日本"秦始皇与徐福研究会"会长山本弘峰（中立者）耗时一年，游说文部、外务各省，联络中日韩三国各级徐福会，积极筹办成以飞行为主要交通方式的"日中韩国际徐福研讨会"，其为弘扬"日中友好始祖徐福"精神所做的努力，功不可没。右为作者，左为江炳辉。

▶ 夫唱妇随。贤内助山本夫人（图右）力挺山本先生的构想，与先生一道，以"秦始皇与徐福研究会"一己的团体之力，以长达一年的游说与准备，以不辞辛劳的全程奉陪，完成了徐福研究历史上迄今罕有的一次"飞行研讨会"。作者特与合影，以示敬佩之意。

◀ 徐福崇拜者以所拥、所持的相关图书，向作者求签求题，也是此类文化交流活动常见的场景。图为中国徐福会会长李连庆（右）与作者为持书人题签的情景。

◀ 图为"飞行研讨会"途中，在熊野会场题签后，又应邀与持书人合影。

（3）徐福在日本

◀ 金立神社位于佐贺县金立山巅。据神社珍藏的《金立神社由绪记》记载，神社的存在已有两千余年，徐福为该神社的唯一祭神。神社的祭奠有大祭、例祭、祈愿祭等，几乎月月都有，可见当地民众对徐福的敬仰之深。

▶ 作者身后为吉野里遗址的远眺之景。该遗址占地50公顷，被视为日本弥生文化的缩影，故遗址挖掘现场的担当主干七田忠昭先生说："我们在其中可以看到以徐福为代表的中国文化流入的实际情形。"

▶ 图为吉野里遗址当日的挖掘现场，为会议主办方为参加学术交流活动人员破例开放时拍摄。

▶ 七田忠昭先生通过其大作《吉野里遗迹》一书，以大量珍贵出土文物一见证人的身份，对弥生文化在日本历史上及其重要的地位进行了成功的解读，功不可没。图为作者与七田忠昭先生的合影。

▶ 徐福长寿宫坐落在佐贺市北部金立山下的金立公园内，建筑高大雄伟，式样别致动人，是金立公园内的标志性建筑，宫内宣传的内容以徐福开化日本文明、祈求人类健康为主题，发挥着宣传徐福业绩，弘扬徐福精神的重要作用。

◀ 图为佐贺县议员太田记代子（前立发言者）在徐福国际学术研讨会上做现场发言的情景。这是一次未经大会安排的自由发言。由于情动于衷，发言者激动地至于下泪。太田的发言，揭示了吉野里遗址不为人知的几个层面，使与会者更看清了日本右翼分子对待古代史的真实面目。

◀ 笔者被太田女士发言的真挚所感动，会后即对她进行了采访。图为采访后的合影。

◀ 新宫徐福公园，正门为高大壮观的中国式大牌坊门楼。公园内陈列有秦徐福墓、徐福石像、绝海和尚和明太祖诗碑等文物与设施。其中建于17世纪的徐福墓和自18世纪以来已三度重雕的"徐福墓显彰碑"，是园内最著名的景点。

◀ 徐福显彰碑，是徐福公园内的又一新景观，是龙口市徐福会所赠。碑文记述了徐福一生的业绩。图为飞行研讨会熊野站会议期间，部分与会人前往参观时的合影。后排中为会议主持人山本弘峰，右一为江炳辉，右二为新宫徐福会会长奥野利雄，左一为作者。

（4）韩国行

▲　2001年中国徐福会访问韩国时与韩国史学界及济州岛徐福学会的朋友们的合影。前排左五为济州道文化院院长洪淳晚，右六为中国徐福会会长李连庆，右二为作者。

▶　中国徐福会访问团访问韩国时，驻韩国大使武大畏先生在首尔中国驻韩国大使馆内，设宴招待访问团全体团员。中坐者为武大畏大使，左二为中国徐福会会长李连庆，右一为作者。

▶　中国徐福会访问团全体人员参观韩国植物园。左三为该园创办人崔园长，左五为济州道文化院院长洪淳晚，右五为中国徐福会会长李连庆，右三为作者。

▲　2006年秋，东亚徐福国际学术会议在济州岛召开。因为此次学术会议适逢济州道荣获"国际自由城市"等三项冠名的庆祝仪式一起进行，出席开幕式的人数多达数百人之盛，会议东道主、济州道文化院院长洪淳晚致函笔者邀请出席，并欢迎笔者组团莅会，又特附言，与会者在韩期间所有费用，均由会议承办方负责，盛情难却，遂组团赴会。图为此次学术会议与会人员合影，中立者为洪淳晚先生。

◄　赴会前，笔者特为会议题贺诗一首，并请与会人员郝庆祥与王银珍合作制成彩绘诗幅，以备分赠与会人员。东道主洪淳晚先生会前特设专宴招待上海团组人员。图为专宴前，和上海团组人员合影。

▼　图为上海团组人员在西归浦海岸景区合影。中坐者为团组领队作者本人，左为上海海事大学海洋文化研究所主任时平教授，右为《文汇报·笔会》主编刘绪源先生，后左为江苏省徐福会（筹）顾问、江苏省书画研究院院长、东南大学文学院兼职教授郝庆祥先生，后右为上海徐福国际海洋文化研究中心筹备组顾问、科普作家王银珍女士。

（5）照亮蒙昧东瀛的两度光明

▶ 东渡徐福所携之中华文明，为照亮蒙昧东瀛大黑暗的第一缕曙光。图为蒙恩人——绳文时代日本列岛的初民（此一初民形象，系根据达尔文人类进化理论绘就），即列岛处于一万年前，过着采集渔猎、与兽争食的绳文时代的原始人群。

　　下列一组图片，为列岛曾经度过的第二度大黑暗时期的重现——是对正向第三度可能的大黑暗滑去的一群军国主义分子的示警：

▶ 1945年，火焰弹与集中大轰炸后的东京。除标志"存为后用"的建筑，全市几夷为平地，一片焦土。

▶ 1945年，火焰弹轰炸后的东京废墟，左图为被熊熊烈火烧塌后的钢架。

▶ 1945年，东京废墟中的幸存者。右图为从存留建筑物中捡得的蒲包遮体的，衣食无着的少女。

▶ 1945年，摧毁冲绳的大血战后留下的日军遗骸。

◀ 日本列岛上空第一次，也是迄今为止人类历史上仅有的一次，被视为可以灭绝人类的原子弹爆炸。

瞧瞧战舰上投降式的现场——战争罪犯面对舰上如簇军团、如林大炮缴械投降的情景：国之既亡，族将安在？其实已有欲更加严惩日本列岛这个战争渊薮的声音发出。日本列岛上空暗云密布，岛民惶惶不可终日之状，可以想象。当日战胜国四大国中，只有中国对日本战俘施以"放归"的仁政：直如大黑暗中的一道闪光，整个列岛为之一震：灭族一举，或可得赦无？今将日本历史上这第二度大黑暗的情景再予重现，以示警诫一心想重走老路的军国主义分子：到只能等待外来光明又一度的照亮来拯救之时，将悔之晚也。前事不忘，后事之师，勿谓言之不预！

◀ 图为密苏里战舰上的日寇战犯投降式。

主要参考书目

[1]（汉）司马迁. 史记 [M]. 北京：中华书局，2014.

[2]（汉）班固. 汉书 [M]. 北京：中华书局，2012.

[3]（晋）陈寿. 三国志 [M]. 北京：中华书局，2012.

[4] 杨伯峻. 春秋左传注 [M. 北京：中华书局，2016.

[5] 范文澜. 中国通史简编 [M]. 北京：人民出版社，1964.

[6] 郭沫若. 中国史稿 [M]. 北京：人民出版社，1979.

[7] 吕思勉. 秦汉史 [M]. 上海：上海古籍出版社，2005.

[8] 马非百. 秦集史 [M]. 北京：中华书局，1982.

[9] 马非百. 秦始皇帝传 [M]. 江苏：江苏古籍出版社，1985.

[10] 林剑鸣. 秦史稿 [M]. 上海：上海人民出版社，1981.

[11] 翦伯赞. 秦汉史 [M]. 北京：北京大学出版社，1983.

[12] 沈仁安. 日本起源考 [M]. 北京：昆仑出版社，2004.

[13] 张其昀. 中华五千年史. 第八册秦代史 [M]. 台北：华冈出版有限公司，1976.

[14] 黄遵宪. 日本国志 [M]. 北京：中华书局，2005.

[15] 梁启超. 中国历史研究法 [M]. 上海：上海古籍出版社，1998.

[16] 任继愈. 中国哲学史简编 [M]. 北京：人民出版社，1973.

[17]（英）H·G·威尔斯. 世界史纲 [M]. 北京：商务印书馆，1927.

[18] 斯米尔诺夫.（苏联科学院主编）[M]. 世界通史. 北京：三联书店，1965.

[19] 柴德赓. 史籍举要 [M]. 北京：北京出版社，1982.

[20] 沈起炜. 中国历史大事年表 [M]. 上海：上海辞书出版社，1983.

[21] 蔡尚思. 中国文化史概要 [M]. 湖南：湖南人民出版社，1979.

[22] 韩养民，张来斌. 秦汉风俗 [M]. 陕西：陕西人民出版社，1987.

[23] 吕思勉. 读史札记 [M]. 上海：上海古籍出版社，1982.

[24] 吴杰主编. 日本史辞典 [M]. 上海：复旦大学出版，1992.

[25] 翦伯赞，邵循正，胡华. 中国历史概要 [M]. 北京：知识出版社，1980.

[26] 彭德清主编. 中国航海史（古代航海史）[M]. 北京：人民交通出版社，1988.

[27] 孙光圻. 中国古代航海史 [M]. 北京：海洋出版社，1989.

[28] 汪向荣等. 日本的中国移民 [M]. 北京：三联书店，1987.

[29] 杨正光主编. 从徐福到黄遵宪 [M]. 北京：时事出版社，1985.

[30] 李言恭，郝杰. 日本考 [M]. 北京：中华书局，1983.

[31] 周立亮等. 赣榆县交通史 [M]. 江苏：南京大学出版社，1988.

[32] 宋世亮. 赣榆县文史资料 [M]. 1988.

[33] 席龙飞. 蓬莱古船与登州古港 [M]. 辽宁：大连海运学院出版社，1989.

[34] 黄景海等. 秦皇岛港纪事 [M]. 辽宁：大连海运学院出版社，1989.

[35] 吴杰等. 全国首届徐福学术讨论会论文集 [M]. 北京：中国矿业大学出版社，1988.

[36] 郭圣铭. 地理大发现 [M]. 北京：商务印书馆，1984.

[37] 唐敬杲. 列子集释 [M]. 上海：国学丛书版印行，1926.

[38] 王夫之. 楚辞集释 [M]. 上海：上海人民出版社，1972.

[39] 杨家骆. 日知录集释 [M]. 台湾：世界书局，1980.

[40] 金兆梓等. 中国传统思想之检讨 [M]. 上海：中华书局，1948.

[41] 梁启超. 饮冰室合集 [M]. 上海：中华书局，1935.

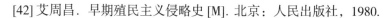

[42] 艾周昌. 早期殖民主义侵略史 [M]. 北京：人民出版社，1980.

[43] 彭双松. 徐福研究 [M]. 台湾：台湾富蕙图书出版社，1984.

[44] 彭双松. 徐福与邪马台国 [M]. 台湾：台湾富蕙图书出版社，1984.

[45] 林建同. 徐福史迹考察记 [M]. 香港：香港徐福会丛书梅花书屋，1973.

[46] 林建同. 徐福研究 [M]. 香港：香港徐福会丛书梅花书屋，1973.

[47] 卫挺生. 日本神武开国新考（又名：徐福入日本建国考）[M]. 台湾：商务印书馆，1950.

[48] 王辑五. 中国日本交通史 [M]. 上海：商务印书馆，1937.

[49] 吴杰等. 从《日本书纪》看中国侨人的记载 [M]. 北京：人民出版社，1985.

[50] 培根. 培根论说文集 [M]. 北京：北京燕山出版社，2007.

[51] 肯尼思·韩歇尔. 日本小史 [M]. 北京：中国发展出版社，2007.

[52] 康拉德·托特曼. 日本史 [M]. 上海：上海人民出版社，2010.

[53] 阿列克斯·科尔. 犬与鬼，现代日本的堕落 [M]. 北京：中信出版社，2006.

[54] 汤重南. 日本历史人物传 [M]. 哈尔滨：黑龙江人民出版社，1987.

[55] 汤重南. 日本帝国的兴亡 [M]. 北京：世界知识出版社，2001.

[56] 加藤周一. 日本文化论 [M]. 北京：昆仑出版社.

[57] 木宫泰彦. 日中文化交流史 [M]. 北京：商务印书馆，1980.

[58] 程麻. 解读大和魂——缺德的日本人 [M]. 北京：中国社会科学出版社，2012.

[59] E·Friedell，王孝鱼译. 现代文化史 [M]. 上海：商务印书馆，1937.

[60] 悉尼·胡克. 历史中的英雄 [M]. 上海：上海人民出版社，1964.

[61] 埃·索蒂略斯，李德恩译. 哥伦布传 [M]. 北京：海洋出版社，1984.

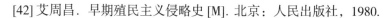

附录

[62] 厄里希·丰·丹尼肯. 众神之车——历史上的未解之谜 [M]. 上海：上海科学技术出版社，1983.

[63] 马基雅维里. 君王论 [M]. 湖南：湖南人民出版社，1987.

[64] 斯宾诺莎. 伦理学 [M]. 天津：天津人民出版社，1996.

[65] 井上亘. 虚伪的日本 [M]. 北京：社会科学院文献出版社，2012.

[66] 壹岐一郎. 徐福集团东渡与古代日本 [M]. 天津：天津人民出版社，1996.

[67] 吉田茂. 激荡的百年史 [M]. 西安：陕西师范大学出版社，2006.

[68] 孙家正. 文化境界 [M]. 上海：文汇出版社，2006.

[69] 徐静波. 静观日本 [M]. 北京：华文出版社，2015.

[70] 饭野孝宥. 弥生的日轮 [M]. 北京：光明日报出版社，1994.

[71] 郦道元. 水经注 [M]. 长春：时代文艺出版社，2001.

[72] 李炳才. 日本：神话与现实 [M]. 海口：海南人民出版社，1999.

[73] 刘传贤. 赣榆方言志 [M]. 北京：中华书局，2001.

[74] 朱云影. 中国文化对日韩越的影响 [M]. 桂林：广西师范大学出版社，2007.